CAIWU FENXI

高等学校会计学与财务管理专业系列教材

财务分析

（第二版）

主　编　梁毕明　徐芳奕　马　媛

中国教育出版传媒集团
高等教育出版社·北京

内容提要

本书是高等学校会计学与财务管理专业系列教材之一，是在上一版的基础上修订、更新完善而成的。全书共4篇13章，主要内容包括：财务分析基础（财务分析概论，财务分析信息），财务报表分析（资产负债表分析，利润表分析，现金流量表分析，所有者权益变动表分析），财务效率分析（企业盈利能力分析，企业营运能力分析，企业偿债能力分析，企业增长能力分析），财务综合评价与分析（企业综合分析，企业战略管理与分析，智能财务分析）。

本书设置有案例专栏、练习题、案例分析等特色模块，适合作为高等学校会计学与财务管理专业相关课程教材，也可作为相关从业人员的自学用书。

图书在版编目(CIP)数据

财务分析 / 梁毕明，徐芳奕，马媛主编．—2版．—北京：高等教育出版社，2022.9（2024.1 重印）

ISBN 978-7-04-058988-7

Ⅰ．①财…　Ⅱ．①梁…　②徐…　③马…　Ⅲ．①会计分析—高等学校—教材　Ⅳ．①F231.2

中国版本图书馆 CIP 数据核字（2022）第 121946 号

策划编辑　刘自挥　郭昕宇　　责任编辑　郭昕宇　　封面设计　张文豪　　责任印制　高忠富

出版发行	高等教育出版社	网　　址	http://www.hep.edu.cn
社　　址	北京市西城区德外大街4号		http://www.hep.com.cn
邮政编码	100120	网上订购	http://www.hepmall.com.cn
印　　刷	上海当纳利印刷有限公司		http://www.hepmall.com
开　　本	787mm×1092mm　1/16		http://www.hepmall.cn
印　　张	19.5	版　　次	2016年8月第1版
字　　数	460千字		2022年9月第2版
购书热线	010-58581118	印　　次	2024年1月第2次印刷
咨询电话	400-810-0598	定　　价	42.00元

物 料 号　58988-00

教师教学资源服务指南

教师可扫描下方二维码，关注微信公众号“高教财经教学研究”，免费申请课件和样书、下载试卷、观看师资培训课程和直播录像等。

课件申请

点击导航栏中的“教学服务”，点击子菜单中的“课件申请”，填写相关信息即可免费申请课件。

样书申请

点击导航栏中的“教学服务”，点击子菜单中的“免费样书”，填写相关信息即可免费申请样书。

试卷下载

点击导航栏中的“教学服务”，点击子菜单中的“免费试卷”，填写相关信息即可免费下载试卷，试卷涵盖基础会计学、中级财务会计、审计学、税法等多门课程。

教师培训

点击导航栏中的“教师培训”，点击子菜单中的“培训课程”，即可选择相应课程进行学习：

①点击“培训专栏”可以观看教师培训课程，由名师分享财会类课程的教学重点、难点及经验。

②点击“直播回放”可以回看“名师谈教学与科研直播讲堂”的直播录像。

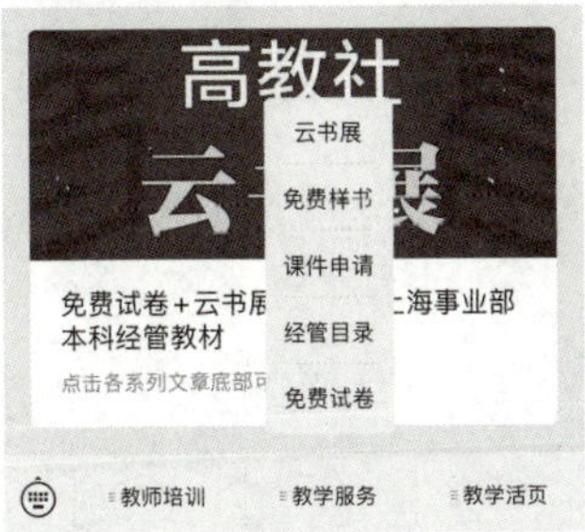

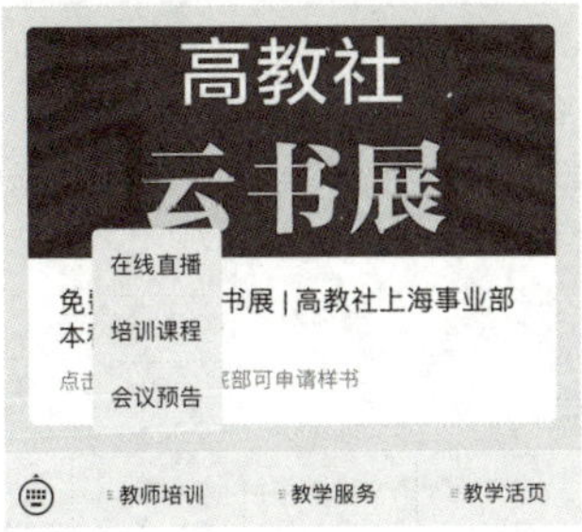

第二版前言

党的二十大提出，构建高水平社会主义市场经济体制，充分发挥市场在资源配置中的决定性作用，更好发挥政府作用。2022 年 A 股上市公司新增 428 家，截至 2022 年末 A 股上市公司总数已经突破五千家，上市公司的战略规划、基本运营、财务状况等相关信息备受关注。财务报告作为上市公司对外披露信息的主要载体，是利益相关者做出相关决策的基本依据。

财务分析是在财务管理和会计学知识的基础上，结合经济学、管理学等学科知识而发展形成的一门综合性学科。财务分析可以应用于经济社会的诸多领域，如各非金融机构会计主体的内部分析，以及金融机构的信贷审批、风险管理、投资分析、政府监管部门的稽查、审计。随着人工智能和大数据技术的广泛应用，会计核算软件日渐成熟，企业财务共享服务中心不断涌现，财务相关职业对人才的需求方面发生了很大变化，具备财务分析技能是财务相关专业人才素质提升的重要体现。

财务分析是帮助财务信息的使用者获得企业财务信息的桥梁，是帮助其做出正确决策的手段。根据《财政部关于修订印发 2019 年度一般企业财务报表格式的通知》（财会〔2019〕6 号）及相关法律法规，编者更新了第一版教材中相应的内容；同时，增加了对智能财务分析的初探内容。财务分析课程作为高等学校会计学与财务管理专业的主干核心课，是学生专业知识结构体系中的重要支撑，是连接财务与会计的重要桥梁和纽带。

本书由梁毕明、徐芳奕、马媛任主编。全书主要由三位作者完成修订，分工如下：梁毕明主要负责第一篇、第三篇、第四篇（第一章、第二章、第七章、第八章、第九章、第十章、第十一章、第十二章和第十三章）；徐芳奕主要负责第二篇（第三章、第四章、第五章和第六章）；马媛主要负责教材的课后习题。梁毕明最后进行全书的统稿和协调。另外，吉林财经大学会计学院研究生余越和徐铭泽同学对教材的校对也付出了辛苦努力。编者对上述老师和同学一并表示感谢。

限于作者水平，书中疏漏或不当之处在所难免，敬请读者批评指正。

编　者

2022 年 7 月

第一版前言

截至 2015 年年末中国 A 股上市公司已经超过 2 800 家，财务报告作为上市公司对外披露的会计信息，是企业对外提供财务会计信息的主要形式，是外部信息使用者做出经济决策的基本依据，财务报告的质量直接关系着企业的经济利益。随着信息时代到来，对于公司财务信息需求、甄别也显得更加重要，信息的价值越来越大。

财务分析是帮助会计信息的需求者获得企业信息的桥梁，是帮助其做出正确决策的手段。根据《财务部关于修订印发 2018 年度一般企业财务报表格式的通知》（财会〔2018〕15 号），编者更新了教材中相应的内容。然而现有财务分析系大多注重运用财务信息进行分析，对非财务信息的分析不足，这就使得财务分析结果不够全面，无法满足各种信息需求者的要求，因此亟待完善。财务分析课程作为高等教育学校会计学专业与财务管理专业的主干核心课，是学生专业知识结构体系中的重要支撑，起着重要的财务与会计的连接桥梁和纽带作用。

本书由梁毕明、徐芳奕、陈凤霞任主编。本书主要由三位作者完成，分工情况如下：梁毕明主要负责第一篇、第三篇、第四篇（第一章、第二章、第七章、第八章、第九章、第十章、第十一章和第十二章）；徐芳奕主要负责第二篇（第三章、第四章、第五章和第六章）；陈凤霞负责教材的课后习题。梁毕明老师负责全书的统稿和协调。另外，会计学院研究生贾楠和张梅同学对教材的校对也付出辛苦努力。对上述老师和同学一并表示感谢。

由于作者水平有限，书中疏漏之处在所难免，敬请读者批评指正。

编　者

2018 年 8 月

目 录

第一篇 财务分析基础

第二篇 财务报表分析

第三篇　财务效率分析

第四篇　财务综合评价与分析

1

第一篇

财务分析基础

第一章　财务分析概论

学习目标

1. 理解财务分析的概念及其在广义和狭义上的差异，以及不同财务分析主体的财务分析目的。

2. 掌握财务分析的基本程序和方法。

3. 能够从财务分析的产生与发展方面说明财务分析与相关学科和技术方法的关系，学会灵活运用财务分析基本方法。

引导案例

瑞幸咖啡财务造假事件

瑞幸咖啡成立于2017年6月，其在中国市场上的迅速扩张在资本市场上打破了多项纪录，以新型O2O快速消费零售商业模式销售咖啡。2018年，从试运营到正式运营仅用了5个月时间，商店数目达到525家，2019年底，门店数量超过4 500家，短短两年时间，成为中国最大的咖啡连锁品牌。2019年5月，瑞幸咖啡在美国纽约纳斯达克成功上市，从成立到上市仅仅用了19个月的时间，募集6.95亿美元，成为2019年当地最大的亚洲上市公司，2020年1月，完成可转债的增发和发行，融资规模超过11亿美元。

基于财务分析视角，分析瑞幸咖啡造假事件如下：经营现金流为负，且长期依赖外部融资填补资金；与同行业星巴克对比后发现，销售数量存在造假嫌疑；收入增长不符合环比增长规律，材料费占产品收入比例不正当下降；在优惠券减少发放的情况下，收入反而增加，不符合消费者常规心理；身为零售公司，存货与销售收入的变动不一致，库存周转天数变动甚至相反。

2020年4月2日，瑞幸咖啡自爆公司存在财务造假行为，虚增销售总额22亿元，相应成本及费用也因虚假交易大幅膨胀，且被专家指出，系公司系统性的造假行为，瑞幸咖啡自此股价下跌75.57%，从26.2美元至4.6美元，市值蒸发49.7亿美元，并且有6家以上的律师事务所以瑞幸咖啡遗漏重要信息和误导性陈述为由提出诉讼。

资料来源：杨英．瑞幸咖啡财务造假案例分析——基于财务分析的视角［J］．市场周刊，2020，33（11）：107-109.

第一节 财务分析的产生与发展

一、财务分析的产生

一般认为，财务分析的初始形态是财务报表分析。财务报表分析产生于19世纪末20世纪初，是由美国银行界倡导的。当时，美国经济发展迅速，企业规模不断扩大，资本日渐聚集，股份公司纷纷建立；与此同时，市场环境日趋复杂，企业竞争日益加剧，一些企业破产消亡，经济危机时有发生。在这种情况下，企业贷款需求不断扩大，借贷资本在企业资本中的比重日益提高，而银行贷款不能收回的风险也随之加大。为此，银行家不能再像以往那样只根据企业经营者个人的信用品质来进行贷款决策，而需要了解企业的经营情况和财务状况，调查和分析企业的信用状况和财务实力，以评价与判断企业的偿付能力及违约风险，从而要求企业提供反映其财务情况的财务报表，作为其考察、评价企业信用状况的主要依据。因此，当时的财务分析主要是为银行服务的信用分析。

在1883年和1884年发生的两次经济危机中，有的企业利用虚假信息向银行借款，导致银行发放的贷款收不回来，从而促使银行更加关注企业的信用风险、财务状况以及偿还债务的能力。1895年2月，美国纽约银行协会要求申请借款的企业向银行提交书面的、有其负责人签字的资产负债表。纽约州银行协会的做法受到了其他州银行协会的追随。1898年美国个人信用调查协会、1899年美国银行协会也相继要求借款企业提交财务报表。此后，美国银行开始根据企业资产和负债的数量对比来判断企业对借款的偿还能力和还款保障程度，并且将流动比率、速动比率等一系列比率分析指标作为判断依据。

随着人类实践探索的深入与认识水平的提高，人们逐渐发现财务报表及其提供的数据资料存在一定的局限性，仅仅依据财务报表资料有时难以正确判断企业的真实情况与偿债能力，因此在实践中创造了基于财务报表的比率分析法等多种技术方法。20世纪20年代以后，银行界的亚历山大、沃勒等发表了有关财务报表分析和信用分析的论著，财务分析从此成为一个独立的学科，且在以后的研究与实践中不断发展成为一门多层次、宽领域、全方位的科学。

二、财务分析的发展

资本及债务市场的形成与发展，使企业筹资的范围日益扩大，非银行债权人和股权投资者日益增多，社会公众也进入了资本市场与债务市场，投资者需要更为广泛、更为丰富的信息资料，财务报表分析由主要为贷款银行服务扩展到为所有的资金提供者服务，财务分析的内容由信用状况、财务风险及偿债能力扩展到筹资结构、利润分配及盈利能力等，从而形成了较为完备的外部财务分析体系。

股份公司使所有权与管理经营权分离下的受托经管责任关系得以确立且普遍存在，经营管理者为改进经营管理，增强公司的盈利能力与偿债能力，以取得投资者和债权人的信任与支持，他们需要并开发了内部财务分析，从而使财务分析由外部分析扩展到内部分析，分析主体由外部利害关系人扩展到内部经营管理者。比如，日本的财务分析就经历了由信用分析到投资分析至经营分析等发展阶段。由此，财务分析从以银行等金融机构为主体的偿债及风险等信用分析，扩展到以企业的投资者为主体的收益及盈利等投资分析，进一步发展到以公司的经营管理者为主体的效率及发展等经营分析。在财务分析的主体、目的及内容，由单一化向多元化、简单化向复杂化的发展过程中，财务分析的方法自比较、比率的简单分析法向多因素、多变量的复杂分析法演变，财务分析的程序也从事后分析向事前分析、事中及事后相结合的全过程分析发展。

伴随着现代公司制企业的诞生和发展，不仅债权人、投资者需要进行企业财务分析，公司的经营管理者也逐步认识到了财务分析的重要性，开始通过财务分析掌握和评价自身的财务状况，改善经营管理。由于企业既是财务报表的编制者，又是经营活动的从事者，不仅拥有债权人、投资者所能查阅的财务报表，而且还拥有大量不对外披露的内部财务报表、经营活动报表和其他信息资料，因此，企业进行的财务分析不仅在资料范围上大大超过了债权人、投资者，而且在分析内容上突破了债权人、投资者围绕财务报表进行指标分析的局限，使财务分析内容拓展到经营活动分析、利润分析、成本分析和资金分析等项目和内容。

20 世纪 50 年代初期，国内部分学者和苏联专家将企业经济活动分析作为“有计划领导和管理社会主义企业的重要方法”引入我国。最初，在我国东北地区铁路系统中开展经济活动分析，建立了有关制度，自上而下地检查分析企业生产财务计划的执行情况，全面系统地考核评价经济核算与经济管理及其效果，促使企业从“供给制”向“经济核算制”转变。

进入 20 世纪 80 年代以后，伴随着信息时代的到来，世界经济一体化趋势逐渐增强，会计准则、财务报告规则逐步趋同，企业财务分析也越来越成为社会经济活动的重要内容。无论是企业的经营管理者、所有者、债权人、政府经济管理部门，还是企业的潜在投资者、供应商和其他利益相关者，都可以通过财务分析获得相关的有用信息。特别是随着计算机技术、网络技术的迅猛发展和普及应用，财务分析的信息基础发生了根本性的变化，人们对财务数据的获取、信息的提炼更加方便、迅速和准确，极大地提高了分析人员收集、存储、分析和处理各种财务信息的能力，为企业财务分析内容的拓展、方法的完善、质量的提升带来了更大的发展空间。

财务分析实践活动不断开展和深入，有关理论研究也日益拓展和深入，为企业财务分析提供了可能。企业财务分析的理论方法和操作技能已广泛应用于社会经济的各个领域，在社会经济发展和企业经营管理活动中发挥着越来越大的作用。

第二节　财务分析的概念与主体

一、财务分析的概念

企业财务分析的概念有广义与狭义之分，二者在财务报告使用范围、财务报告使用目的、分析内容、分析方法、分析深度、分析时间等方面都存在差异。

（一）财务报告使用范围的差异

狭义企业财务分析又称财务报表分析，是依据企业公开披露的财务报告和相关信息，对企业财务状况及经营成果进行的分析、研究与评价。因此,狭义企业财务分析的分析报告在使用范围上没有特别限制,企业利益相关者都可以使用狭义企业财务报告分析进行有关决策活动。因为狭义企业财务分析报告的使用者主要是企业外部利益相关者,所以,狭义企业财务分析也称为外部财务分析。

广义企业财务分析是依据企业各类财务报告和相关信息,对企业财务状况、筹资活动、投资活动、经营活动及其经营成果进行的分析、研究和评价。所谓各类财务报告和相关信息是指信息资料的范围既包括企业公开披露的,也包括不公开披露的。企业依据内部信息而形成的财务分析报告属于商业秘密,一般是不会提供给企业外部利益相关者的。也就是说,企业外部利益相关者适用的财务分析报告一般仅局限于狭义企业财务分析的分析结果。例如,企业财务部门每月都会以各种财务报告、会计账簿、经营活动信息等资料为依据,对企业上月的主要经营指标完成情况和影响收入、成本、利润、资金的因素进行财务分析。由此形成的财务分析报告仅提供给企业董事长、总经理和有关部门,或者用于企业内部召开的财务分析会议,一般不会提供给企业外部利益相关者使用。因此,企业依据不对外披露的信息资料进行的财务分析也称为内部财务分析。也就是说,广义企业财务分析是由内部财务分析和外部财务分析共同组成的。

(二)财务报告使用目的的差异

狭义企业财务分析报告的使用目的主要是进行投资决策、贷款决策、赊销决策和其他决策。

广义企业财务分析报告的使用目的主要是进行投资决策、贷款决策、赊销决策和其他决策,还包括发现经营活动中存在的问题和不足,改进经营管理,为企业财务预测、决策、计划、控制和考核等经营管理活动提供依据。

(三)财务分析内容的差异

狭义企业财务分析的信息来源局限于企业公开披露的财务报告、审计报告和其他信息资料,其分析内容也局限于偿债能力、营运能力、盈利能力、发展能力和综合能力等有关财务指标的计算、分析与评价。

广义财务分析的信息来源包括所有财务报告和经营活动信息资料,其分析内容具有全面性,是对企业财务状况、筹资活动、投资活动、经营活动及其经营成果的全面分析、研究与评价。

(四)财务分析方法的差异

狭义企业财务分析的分析方法主要包括趋势分析法、比率分析法、因素分析法等定量分析法。

广义企业财务分析的分析方法主要包括归纳分析法、演绎分析法、参与观察法、调查分析法等定性分析法。

(五)财务分析深度的差异

财务报告、审计报告都属于经过财务会计人员、审计人员加工后的二手资料,因为没有原始的一手资料做补充,所以,狭义企业财务分析的分析深度比较肤浅,甚至有时会出现就指标论指标的情况。

广义企业财务分析不仅拥有全部财务报告和经营活动信息资料,而且还拥有详实的经营活动的原始资料,甚至有的分析主体本身就是企业筹资活动、投资活动及经营活动的亲历者，因此，广义企业财务分析的分析深度是狭义企业财务分析无法比拟的。

（六）财务分析时间的差异

我国《企业会计制度》第一百五十七条规定，企业月度财务会计报告应当于月度终了后6天内（节假日顺延，下同）对外提供；季度中期财务会计报告应当于季度终了后15天内对外提供；半年度中期财务会计报告应当于年度中期结束后60天内（相当于两个连续的月份）对外提供；年度财务会计报告应当于年度终了后4个月内对外提供。因此，狭义企业财务分析的分析时间受制于企业财务会计报告对外提供的具体时间，具有分析定期性和滞后性的特点。

广义企业财务分析的分析时间不仅不受企业财务会计报告具体出具时间的限制，而且还可以根据经营管理的需要灵活确定，除了可以在财务报表编制完成后立即进行定期分析，还可以对筹资活动、投资活动及经营活动进行日常分析，对特殊事项进行专题分析等。

二、企业财务分析的主体

企业财务分析的主体有使用主体与分析主体之分。企业财务分析的使用主体是指以企业财务分析报告为依据从事筹资活动、投资活动、经营活动和进行有关决策的单位或个人。企业财务分析的分析主体是指掌握财务分析技能、具体实施企业财务分析的单位或个人。

（一）使用主体和分析主体的角色定位

使用主体和分析主体可能是同一个单位或个人，也可能是不同的单位或个人。例如，企业财务部门一般是分析主体，但使用主体却不局限于财务部门自身，财务部门分析得出的财务分析报告除了本部门使用外，还要提供给企业决策层、经营管理层和有关部门及员工使用；社会中介机构可以接受委托为单位或个人提供企业财务分析咨询服务，在这种情况下，社会中介机构本身只是分析主体和财务分析报告的提供者，而不是使用主体，使用主体是委托其进行企业财务分析的单位或个人；广大股民可能不是上市公司的分析主体，但这并不妨碍其成为上市公司分析报告的使用主体。

（二）使用主体和分析主体的技能要求

1. 使用主体的技能要求

使用主体是分析报告的使用者，尽管不要求其必须掌握财务分析技能，但其应当能够正确使用财务分析报告提供的信息进行有关决策。例如，企业总经理一般不掌握财务分析技能，但他一定能够使用财务分析报告提供的信息进行经营、财务、成本、投融资等决策。

2. 分析主体的技能要求

分析主体是企业财务分析的实施者，因此，要求其应当熟练掌握并正确运用企业财务分析技能。分析主体只有熟练掌握分析技能并且正确运用，才能得出客观、准确的财务分析结果，才能向使用主体提供有用的决策依据。否则，就有可能向使用主体提供无用的甚至有害的分析报告，导致使用主体的决策失误。

第三节　财务分析的目的

企业财务分析的目的是指企业财务分析所要达到的目标和结果。

企业财务分析的目的具有两层含义：第一层含义是指分析主体进行企业财务分析的目的；第二层含义是指使用主体使用企业财务分析报告的目的。分析主体进行企业财务分析的目的非常简单，就是向信息使用主体提供准确的、有用的分析报告。需要强调的是，由于分析主体进行企业财务分析是为使用主体服务的，因此，分析主体进行企业财务分析的目的必须服从于使用主体使用企业财务分析报告的目的。从这个意义上讲，企业财务分析的目的实际上是指使用主体使用企业财务分析报告的目的，也就是企业财务分析目的的第二层含义。

一、经营管理者的目的

经营管理者是从事企业经营活动、财务活动的主体，为了履行其经营管理职责，经营管理者必须全面掌握企业的财务状况和经营成果，及时发现并改进经营活动中存在的问题和不足。因此，经营管理者使用企业财务分析报告的目的是综合的、多方面的，归纳起来，主要包括以下三方面。

（一）及时了解主要经营指标的完成情况

企业的主要经营指标包括营业收入、利润总额、缴纳税金、资金周转率等。当月度、季度或年度财务报告编制完成后，企业经营管理者最希望了解的是经营指标的完成情况。

（二）准确把握企业财务状况

财务状况是企业在某一时刻的资产、负债及所有者权益情况，是企业经营活动成果在财务方面的综合反映。财务状况一般包括企业的盈利状况，现金流量状况，资产质量、规模、结构状况，资本结构状况，负债结构状况等。准确把握企业财务状况，对于企业调整经营策略，实施筹资决策、投资决策，改善资产结构、资本结构，有效规避财务风险具有十分重要的意义。

（三）全面了解经营活动中存在的问题和不足

企业经营管理水平是在不断解决问题、不断克服困难、不断堵塞漏洞的过程中逐步提升的。企业的各类财务报告和其他经营资料综合反映了企业的经营活动过程及其结果，通过对其进行系统而深入的财务分析，可以发现企业供产销各个环节、人财物各个方面的问题和不足，为改进和完善企业经营管理提供依据。因此，全面揭示企业经营活动中存在的问题和不足也是企业财务分析的内容。

二、投资者的目的

投资者是企业资本的提供者，现实的投资者也是企业的股东，是企业财产的所有者，也是企业最终风险的承担者。毫无疑问，作为投资者，他们最关心的是投资回报率；而作为企业最终风险的承担者，他们也非常关注企业的整体财务状况和发展能力。因此，投资者使用企业财务分析报告的目的主要包括以下两个方面：

（一）了解企业投资回报情况

通过投资获得高额回报是投资者最直接的投资目的，因此，作为投资者最关心的就是企业的获利能力，它不仅决定着投资者能够分到多少股利，而且上市公司的投资者还可以从股票价格的不断攀升中获得价差收益。因此，了解企业投资回报情况是投资者使用企业财务分析报告的主要目的。

（二）了解企业财务状况

企业财务状况的优劣和发展趋势，不仅影响到企业的获利能力，也关系到企业的生存和发展，如果企业是上市公司的话还会影响到股票的价格。因此，了解企业财务状况，为是否长期持有企业股份或股票提供决策依据，也是投资者使用企业财务分析报告的重要目的。

三、债权人的目的

债权人为企业提供债权资金，并按期收回本金和利息。按照资金借贷期间可将债权人分为短期债权人和长期债权人。如果借款企业的财务状况、信用状况良好，则债权人的权益能够得到保障；如果借款企业的财务状况、信用状况不好或者发生资金链断裂的情况，则债权人的权益将处于危险之中。因此，债权人使用企业财务分析报告的目的主要包括以下四个方面。

（一）了解企业的偿债能力

债权人最关心的是企业偿债能力的强弱，这对于债权人作出是否收回贷款、停止贷款、继续贷款、增加贷款等决策是至关重要的。因此，了解企业偿债能力是债权人使用企业财务分析报告的主要目的。

（二）了解企业的财务状况

企业偿债能力的强弱主要与企业财务状况有关，如果企业的资产结构、资本结构不合理，财务状况有恶化的趋势，这对债权人而言是非常危险的信号。因此，了解企业财务状况也是债权人使用企业财务分析报告的主要目的。

（三）了解企业的信用情况

作为潜在的债权人，他们除了关心拟贷款企业的偿债能力和财务状况外，还非常关心企业的信用情况。因为，在现实生活中，确实存在一些赖账不还的单位或个人。所以，债权人在决定是否对某一企业贷款时，必然要审慎了解借款企业的信用记录。因此，了解企业的信用情况是债权人使用企业财务分析报告的重要目的。

（四）了解债权资金的使用情况

一般而言，债权人将债权资金带给企业时都在借款合同中规定了该项资金的用途。短期借款一般用于流动资金周转，长期借款一般用于项目投资。如果企业按照约定使用借入资金，则债权人的贷款风险受控；如果企业不按照约定使用借入资金，甚至将其用于证券、期货、期权等虚拟资本的交易活动，则将使债权人的债权资金陷入非常危险的境地。因此，了解债权资金的使用情况也是债权人使用企业财务分析报告的重要目的。

四、政府部门的目的

对企业负有监督职能的政府部门主要有市场监管、税务、财政、审计、国有资产管理、证券管理和社会保障等部门。政府部门需要根据本部门的职责履行对企业经营活动的监督职能。一般而言,政府部门使用企业财务分析报告的目的主要包括以下三个方面。

(一)了解企业的税源及依法纳税情况

税务机关负责所管辖地区的税收征管工作,为了履行税收征管职责,必然需要使用企业财务报告了解企业的税源及依法纳税情况。

(二)了解企业的依法经营情况

市场监督管理部门负责市场监督和行政执法的有关工作,承担着运用法规管理和维护市场经营秩序等责任,因此,需要使用企业财务分析报告了解企业的依法经营情况;税务、审计、财政、国有资产管理、证券管理和社会保障等部门为了履行各自的监管职能,也需要使用企业财务报告了解企业的依法经营情况。

(三)了解企业的发展及财务状况

政府经济管理部门负责制定地区经济政策、调节经济运行;由于企业是国民经济的重要支柱,企业经营状况、财务状况的好坏事关国民经济的运行是否正常。因此,政府经济管理部门需要使用企业财务分析报告了解企业的发展及财务状况,为宏观经济决策服务。

五、会计师事务所的目的

会计师事务所是依法独立承担注册会计师业务的中介服务机构,受企业或当事人委托承办有关审计、会计、咨询、税务等方面的业务。因此,会计师事务所使用企业财务分析报告的目的主要包括以下两个方面。

(一)掌握企业的财务状况

按照中国注册会计师审计准则的规定,对企业财务报表发表审计意见是注册会计师的责任,注册会计师对企业财务报表进行审计后,需要出具审计报告,并说明企业的会计处理是否符合一般公认会计原则,对企业提供的财务报告是否足以公允表达某一特定时刻的财务状况和一定时期经营成果表示意见。因此,为了保证审计质量、规避审计风险,注册会计师需要通过企业财务分析了解、掌握企业的财务状况,以便发表客观、公正的审计意见。

(二)了解企业执行财务会计法规的情况

企业执行国家财务会计法规的情况直接关系到企业财务报告的正确性,因此,注册会计师需要使用企业财务分析报告了解企业执行财务会计法规的情况。

六、业务关联单位的目的

业务关联单位是指与企业发生购销业务或相互提供劳务的单位或个人。购销单位与企业之间有着密切的产品、物资或劳务买卖关系,在市场经济条件下,赊购、赊销是业务活动中经常发生的结算方式,因此,业务关联单位的企业财务分析目的主要包括以下三个方面。

(一)了解企业的财务状况

企业财务状况在一定程度上反映了企业的经济实力,一个财务状况不好的企业在采购业务中必然希望赊购物资,在产品销售业务中必然希望现款交易。因此,业务关联单位需要使用企业财务分析报告了解企业的财务状况,以便采取相应的营销对策。

(二)了解企业的偿债能力

企业的供应商非常关心企业偿债能力的强弱,如果企业不具备偿债能力,供应商就不能采用延期收款的供货方式。因此,了解企业的偿债能力是供应商使用企业财务分析报告的主要目的。

(三)了解企业的信用情况

企业的供应商不仅关心企业的偿债能力和财务状况,还非常关心企业的信用情况,以防止对方长期压款不还;产品销售客户则非常关心对方是否恪守有关销售承诺,能否保持良好的合作关系。因此,了解企业的信用情况是业务关联单位使用企业财务分析报告的重要目的。

七、企业员工的目的

企业员工的经济利益与企业的经营状况、盈利水平是紧密相连的。一个经营困难、连年亏损的企业,不可能使员工获得较高的收入;同时,企业员工需要了解企业的现状与未来,以便对自己的发展进行规划。因此,企业员工使用企业财务分析报告的目的主要包括以下两个方面。

(一)了解企业的盈利状况

企业的盈利状况直接影响着企业员工的薪金收入和福利待遇。因此,了解企业的盈利状况是企业员工使用企业财务分析报告的主要目的。

(二)了解企业的财务状况

财务状况是企业经营活动状况的晴雨表,它显示着企业经营活动的成果和经济实力,也与企业员工的经济利益和工作稳定性密切相关。因此,企业员工有必要通过使用企业财务分析报告了解企业的财务状况。

八、其他利益相关者的目的

其他利益相关者包括猎头公司、证券公司、咨询公司、有收购或兼并意向的单位及个人、社会公众等。这些单位或个人由于各种情况,一般会关注企业的财务状况、偿债能力、获利能力、发展能力和信用情况,以便为有关决策提供依据。这些关注事项构成了其他利益相关者使用企业财务分析报告的目的。

第四节　财务分析的程序

财务分析是一项十分复杂的系统性工作,除了需要掌握各种分析视角和分析方法外,还必须按照科学的程序进行,才能保证分析的效率和效果。一般来说,财务分析的基本程序包括以下几个步骤。

一、明确财务分析的目的

财务分析的目的是财务分析的出发点,只有明确了分析目的,才能确定分析范围的大小、收集信息的内容和数量、分析方法的选用等一系列问题。所以,在财务分析中必须首先明确分析目的。

二、确定财务分析的范围

财务分析的内容很多，但并不是每一次财务分析都必须涉及所有内容。只有根据不同的分析目的确定不同的分析范围，才能做到有的放矢，提高财务分析的效率。针对企业的哪个方面或哪些方面展开分析，分析的重点放在哪里，这些问题必须在开始收集信息之前确定下来。

三、收集相关信息

明确分析目的、确定分析范围后，接下来应当有针对性地收集相关信息。财务分析所依据的最主要的资料是企业对外报出的财务报表及报表附注。除此以外，企业内部供产销各方面的有关资料以及企业外部的评审意见、市场环境、经济政策、行业发展等方面的信息都与财务分析息息相关。财务分析中应收集充分的信息，但并不是越多越好。收集多少信息，收集什么信息，应完全服从于分析的目的和范围。对收集到的相关信息，还应对其进行鉴别和整理。对不真实的信息要予以剔除，对不规范的信息要进行调整。

四、选择财务分析的视角和方法

不同的分析师需要用到不同的分析方法，每一种分析方法都具有一定的独特性，分析方法本身并没有绝对的优劣之分，最适合分析目的、分析内容和所收集信息的方法就是最好的方法。财务分析的目的不同，财务分析的内容范围不同，为财务分析所收集的资料也不同，所选用的分析视角和分析方法也会有所差别。在财务分析中，既可以选择某一种分析方法，也可以将多种方法结合起来使用。

五、得出财务分析的结论

收集到相关信息并选定分析方法后，分析主体将利用所选定的方法对相关信息进行全面而深入的分析，对企业在某一会计期间内或者多个会计期间内的经营成果和财务状况做出客观评判，为相应的经济决策提供依据。对于企业内部的管理者而言，还可以进一步总结出管理中的经验教训，以便及时发现经营中存在的问题，并探寻问题的原因，找出相应的对策，从而不断改善公司的经营管理，最终实现公司的战略目标。

第五节　财务分析的方法

企业财务分析方法有广义与狭义之分。广义企业财务分析方法是指分析主体进行企业财务分析所采用的程序、步骤、技巧、方式、手段与行为的总称。狭义企业财务分析方法是指分析主体进行企业财务分析所运用的调查研究、计算推理、归纳论证、分析评价等一系列分析技术与手段。

财务分析的方法有很多种，既包括定量分析方法，也包括定性分析方法。在企业财务分析中，定量分析方法是最基本的分析方法，定性分析方法是辅助分析方法。常用的定量分析方法主要有比较分析法、比率分析法、趋势分析法和因素分析法等。各种分析方法都是在企业财务分析过程中逐步形成并不断完善、发展的，每种分析方法都具有鲜明的特征，都有其不同的使用范围和优缺点。

一、比较分析法

（一）比较分析法的概念

比较分析法，又称对比分析法，是通过相同项目在不同时期、不同主体之间，以及实际指标之间的相互比较，揭示数量差异，并从数量上说明分析对象规模大小、水平高低、速度快慢，以及各种关系是否协调的分析方法。

相同项目是指进行比较的经济指标必须在性质上相同，否则就不具有可比性。不同时期比较是指本期指标与上期、与去年同期或不同时期的相同项目进行比较；不同主体比较是指本企业与其他企业的相同项目进行比较。

（二）比较分析法的比较标准

比较标准又称为比较对象，是将分析指标与之相互比较，用以确定差异或发展趋势的某项具体指标。应用比较分析法对同一性质的指标进行数量比较时，要特别注意比较标准的可比性，即选择的比较标准要在内容、时间、计算口径、计价基础、总体性质等方面具有一致性。

比较分析法中常用的比较标准有预期标准、历史标准、行业标准和公认标准四类，根据分析目的来确定。分析目的不同，选择的比较标准也不同。

1. 预期标准

预期标准是指企业预先确定的比较标准，反映企业分析指标的目标水平，主要包括计划指标、预算指标、定额指标、责任指标等。将企业分析指标与预期标准相比较，可以对企业完成计划、预算、定额或责任指标的情况进行评判。

2. 历史标准

历史标准是一个广义的概念，是指分析标准期间或时点之前已经成为历史数据的比较标准，反映企业分析指标的历史水平；主要包括上期指标、去年同期指标以及历史上任意时期的指标。将企业分析指标与历史标准相比较，可以对分析指标的发展方向和变动趋势进行评判。

3. 行业标准

行业标准是指以企业所在行业的同类指标为比较标准，反映分析指标的行业水平。行业标准可以是本行业的平均水平、先进水平、历史水平或同期水平，也可以是本行业特定企业的水平。将企业分析指标与行业标准相比较，可以对企业在本行业中的地位和水平进行评判，并确定本企业与行业先进水平、特定企业之间的差距，为企业今后的发展指明方向。

4. 公认标准

公认标准是指各类企业在不同时期内都普遍适用的比较标准，反映各企业普遍认同的分析指标水平。例如，2∶1 的流动比率和 1∶1 的速动比率就是各企业普遍认同的公认标准，将企业分析指标与这些公认标准相比较，可以对企业的短期偿债能力及财务风险进行评判。

（三）比较分析法的基本计算公式

分析指标与比较标准进行比较的基本计算公式有两个：

一是计算分析指标与比较指标相比的增减变动额计算公式，简称增减额计算公式；二是计算分析指标与比较标准相比的增减表的比率，简称增减率计算公式。基本计算公式如下：

$$分析指标增减额 = 分析指标 - 比较指标 \tag{1-1}$$

$$分析指标增减率 = \frac{分析指标增减额}{比较指标} \tag{1-2}$$

在比较分析中，通过分析指标与比较标准的对比，可以揭示结果与标准之间的数量关系和差异，为分析指标的深度分析指明方向。

（四）比较分析法的主要形式

企业财务指标可分为绝对数指标和相对数指标两种。绝对数指标之间的相互比较，其差异额是绝对数；相对数指标之间的相互比较，其差异额是相对数。两种指标所揭示的指标差异具有不同的内涵，结合两种指标差异，可以从不同角度反映分析指标的状况与水平。因此，根据分析需要，比较分析法主要分为绝对数指标比较分析和相对数指标比较分析两种。

1. 绝对数指标比较分析

绝对数指标是反映分析对象在一定时间、地点、条件下的规模或水平的综合指标。绝对数指标的表现可分为总体绝对数、个体绝对数和差额绝对数三种。例如，产品总成本500万元为总体绝对数；产品单位成本100元为个体绝对数；产品单位成本比计划增加10元为差额绝对数。

绝对数指标比较分析是指将分析指标与比较标准进行直接比较，以揭示其数额差异的一种分析方法。例如，企业1月份实现利润200万元，2月份实现利润260万元，则2月份比1月份多实现利润60万元。

2. 相对数指标比较分析

相对数指标是由两个相互联系的指标对比产生的，是用来反映分析对象之间数量联系程度的综合指标，其数值表现为相对数。相对数的基本计算公式如下：

$$相对数 = \frac{比数}{基数} \tag{1-3}$$

其中，分子是用作与基础数值对比的指标数值，简称比数；分母是用作比较标准的指标数值，简称基数。相对数通常以系数、倍数、成数、百分数或千分数表示。

相对数指标比较分析是将有相互关系的相对数分析指标与相对数比较标准进行比较，以揭示其比率差异的分析方法。例如，企业1月份的销售利润率为10%，2月份为12%，则2月份比1月份的销售利润率提高2个百分点。

（五）比较分析法的局限性

在利用比较分析法的基本计算公式计算分析指标增减率时，受分母数值的影响，有时会出现计算出来的结果不符合经济现象的情况。具体表现为以下三种情况：

（1）分母数值为负数，分子数值为正数，则计算出来的增减率为负值。

（2）分母数值为零，分子数值不论为何数，都无法计算增减率的数值。

（3）分母数值趋于零时，计算出来的增减率绝对值趋近于无穷大。

上述三种情况得出的结果与现实中的经济现象不相符，在企业财务分析实践中还没有找出科学的解决办法。因此，如果出现上述情况应放弃计算分析指标的增减率，仅分析其绝对数值的变动情况。

二、比率分析法

（一）比率分析法的概念

比率分析法，是将某些彼此相关的财务指标相互比较，求出比率，用以分析和评价企业财务状况和经营成果的一种分析方法。在财务报表分析中，比率分析法又称为垂直分析法。比率分析法是企业财务分析最基本的分析方法，它通过单项指标间的比率计算，揭示出企业财务状况和经营成果的构成与质量。所谓比率，实际上就是一个相对数，通常有百分率、比值、倍数、系数、分数等表现形式。

运用比率分析法进行企业财务分析的方法一般分为两步：

第一步，利用相对数基本计算公式，将有关指标由绝对数转换为相对数。

第二步，将计算得到的相对数与比较标准进行比较，以确认相对数指标的状况，并由此判断企业财务状况和经营成果的优劣。比较标准包括预期标准、历史标准、行业标准和公认标准等。

从上述步骤可以看出，比率分析法实际上是比较分析法的一种类型，是比较分析法的相对数指标比较分析。

（二）财务比率的分类

由于进行企业财务分析的目的不同，比率指标的性质、作用和来源也各不相同，因此，财务比率有多种分类方法。

1. 按指标性质分类

按照指标自身的性质可以将财务比率分为短期偿债能力比率、长期偿债能力比率、资产管理比率、盈利能力比率、成本费用比率和现金流转比率等。

短期偿债能力比率又称为流动性比率，是反映企业短期负债偿还能力和短期财务风险状况的指标，主要包括流动比率、速动比率和现金比率等指标。

长期偿债能力比率又称为资本结构比率，是反映企业长期偿债能力和财务风险状况的指标，主要包括资产负债率、权益乘数和产权比率等指标。

资产管理比率又称运营效率比率，是用来衡量企业在资产管理方面效率的指标，主要包括存货周转率、应收账款周转率、流动资产周转率和固定资产利用率等指标。

盈利能力比率是反映企业盈利水平和程度的指标。盈利能力就是企业赚取利润的能力。盈利能力比率主要包括销售利润率、投资利润率、权益资本利润率等指标。

成本费用比率是反映企业成本费用变动和管理控制水平的指标，主要包括销售成本率、销售费用率和成本费用利润率等指标。

现金流转比率是反映企业营业收入及资产获取现金能力的指标，主要包括利润现金比率、销售现金收益率、资产现金收益率等指标。

2. 按指标作用分类

按照指标在分析中的作用可以将财务比率分为构成比率、效率比率和相关比率等。

构成比率又称结构比率，是某项财务指标的各组成部分数值占总体数值的百分比，反映部分与总体的关系。构成比率的基本计算公式如下：

$$构成比率=\frac{某个组成部分数值}{总体数值} \tag{1-4}$$

效率比率是某项经济活动中所费与所得的比率，反映投入与产出的关系。效率比率的基本公式如下：

$$效率比率=\frac{经营中所费}{经营中所得} \tag{1-5}$$

所有相关比率都是由两个相关项目相除得到的相对数，因此从广义上讲，所有财务比率都是相关比率。狭义的相关比率是把某个项目同与其有关，但又不同的项目加以对比所得的比率，反映有关经济活动的相互关系。相关比率的基本计算公式如下：

$$相关比率=\frac{某个项目数值}{相关项目数值} \tag{1-6}$$

3. 按指标来源分类

指标来源是指财务比率指标来自哪张财务报表。指标的来源不同，所形成的财务比率也不同。按指标来源分类可以将财务比率分为资产负债表比率、利润表比率、现金流量表比率和各表结合比率等。

资产负债表比率是指根据资产负债表的资料计算得到的财务比率。例如，流动比率、速动比率、资产负债率等。

利润表比率是指根据利润表的资料计算得到的财务比率。例如，销售利润率、成本利润率、费用利润率等。

现金流量表比率是指根据现金流量表的资料计算得到的财务比率。例如，营业现金流量比率、现金流量结构比率等。

各表结合比率是指将各种财务报表的资料结合计算得到的财务比率。包括资产负债表与利润表结合计算得到的比率，资产负债表与现金流量表结合计算得到的比率，现金流量表与利润表结合计算得到的比率。

（三）比率分析法的局限性

比率分析法是企业财务分析中用途很广的分析方法，通过比率分析法可以获得许多企业财务状况及经营管理方面的信息。但是，财务报表自身的局限性和比率分析法自身的局限性，导致比率分析法在具体应用中具有很难避免的局限性。

1. 财务报表自身的局限性

财务报表自身的局限性主要表现为：不同的会计政策和会计处理方法会对财务报表产生不同的影响；财务报表并没有完全反映企业的经济信息和可以利用的经济资源；受历史成本的制约，财务报表难以反映现实及未来的资产价值；财务报表信息可能会受到人为操纵因素的影响。

2. 比率分析法自身的局限性

比率分析法自身的局限性主要表现为：比率分析法只是对财务指标进行比较，没有涵盖财务指标以外的其他经济信息；有些财务比率缺乏科学性和严谨性；财务比率信息可能会受到人为操纵因素的影响。

三、趋势分析法

（一）趋势分析法的概念

趋势分析法，又称动态比率分析法，是将企业连续几个期间的财务信息进行定基对比和环比对比，得出有关财务指标的增减变动方向、数额和幅度，以揭示企业财务状况、经营成果、变化规律及发展趋势的一种分析方法。在财务报表分析中，趋势分析法又称水平分析法。

应用趋势分析法的一般步骤是：

（1）计算趋势比率或指数。从广义上讲，任何两个数值对比形成的相对数都可以称为指数；从狭义上讲，指数是用于测定多个项目在不同场合下综合变动的一种特殊相对数。

（2）比较分析计算结果。根据指数分析计算结果分析、判断企业有关财务指标的变动趋势及其合理性。

（3）揭示未来发展趋势。根据企业各期指数变化情况，研究、揭示企业财务状况、经营成果变化规律及发展趋势。

（二）趋势分析法的主要形式

根据基期指标数值是否固定，趋势分析法可分为定基分析和环比分析两种形式。

1. 定基分析

定基分析是指以某一时期的数值作为固定的基期指标数值，将其他各期指标数值与其对比计算出一系列动态比率进行的分析。

定基分析的基本计算公式有两个：一是用分析期指标数值除以固定基期指标数值；二是用分析期指标数值与固定基期指标数值的差额除以固定基期指标数值。基本计算公式如下：

$$\text{定基比率}=\frac{\text{分析期指标数值}}{\text{固定基期指标数值}} \tag{1-7}$$

$$\text{定基增长比率}=\frac{\text{分析期指标数值}-\text{固定基期指标数值}}{\text{固定基期指标数值}}\times 100\% \tag{1-8}$$

在定基分析中，固定基期指标是进行对比分析的基础，固定基期指标恰当与否，直接关系到计算出来的比率或指数是否正确。一般而言，固定基期指标的选择应注意两点：一是零和负数不能作为固定基期指标；二是要选择企业经营状况比较正常的年份。

2. 环比分析

环比分析是指以每一分析期的前期数值为基期指标数值，将各期数值与前一期指标数值对比计算出一系列动态比率进行的分析。

环比分析的基本计算公式也有两个：一是用分析期指标数值除以前一期指标数值；二是用分析期指标数值与前一期指标数值的差额除以前期指标数值。基本计算公式如下：

$$环比比率 = \frac{分析期指标数值}{前一期指标数值} \quad (1-9)$$

$$环比增长比率 = \frac{分析期指标数值 - 前一期指标数值}{前一期指标数值} \times 100\% \quad (1-10)$$

在环比分析中，当前期指标数值应大于零，否则计算出的结果就失去了意义。

（三）趋势分析法中需要注意的事项

在采取趋势分析法时，必须注意以下事项：

（1）用于趋势对比的各个时期的指标，在计算口径上必须保持一致性。

（2）应剔除偶发性因素的影响，使用于分析的数据能反映正常的经营状况。

（3）对某项有显著变动的指标要做重点分析，研究其产生的原因，以便采取对策，趋利避害。

（4）可以利用坐标图等方法工具，使分析结果更加直观。

四、因素分析法

（一）因素分析法的概念

因素分析法是依据分析指标与其影响因素的关系，从数量上确定各因素对分析指标影响方向和影响程度的一种分析方法。因素分析法适用于多种因素构成的综合性指标分析，如成本、利润、资金周转等方面的指标。

所谓因素，是指构成分析指标的要素与成分，是决定分析指标变化、发展的原因与条件。例如，产品制造成本的构成要素主要包括材料消耗费用、人工费用和制造费用，这些构成要素就是产品制造成本的影响因素。

应用比较分析法，可以确定企业有关经济指标变动的数据差异。至于产生差异的原因以及各种因素对差异形成的影响程度，则需要应用因素分析法来进行具体分析。因此，因素分析法是比较分析法的发展和补充。

因素分析法常用的方法有连环替代法和差额分析法两种。

（二）连环替代法

连环替代法是将分析指标分解为各个可以计量的因素，并根据各个因素之间的依存关系，依次测定各个因素变动对分析指标影响方向和影响程度的分析方法。

连环替代法是因素分析法的基本形式，其名称源于其分析程序的特点。基本程序如下：

第一步，确定分析目标。分析人员要根据分析目的确定需要分析的财务指标。例如，产品销售收入、产品制造成本、产品销售利润等指标。我们设需要分析的财务指标为 y。

第二步，确定影响分析指标的各个因素。分析指标往往受多个因素的影响，有直接因素也有间接因素。

直接因素是指不通过中间因素或中介环节，直接促成分析指标发生变化的因素；间接因素是指通过中间因素或中介环节，间接促成分析指标发生变化的因素。用数学思维来分析就是，A 导致 B 发生变化，A 就是 B 的直接因素；如果 C 导致 A 发生变化，A 再导致 B 发生变化，那么 C 就是 B 的间接因素。

例如，影响产品销售收入的直接因素就是销售数量和销售价格，间接因素有品种、质量、成本、销售渠道等；影响材料消耗总成本的直接因素是产品产量、单位产品材料消耗量、单位材料价格，间接因素有材料质量、材料规格型号、生产工艺、产品合格率、操作人员操作水平等。

本步骤需要确定影响分析指标的各个直接因素，当进行深度分析时，则需要确定影响分析指标的各个间接因素。

我们设影响财务指标 y 的直接因素有三个，分别是 a、b、c。

第三步，确定分析指标与各因素之间的关系。要根据分析指标的形成过程，找出分析指标与各因素之间的等量关系，即加减关系、乘除关系、乘方关系、函数关系等。例如，产品销售收入与销售数量和销售价格的等量关系是：产品销售收入 = 销售数量 × 销售价格。材料消耗总成本与产品产量、单位产品材料消耗量、单位材料价格的等量关系是：材料消耗总成本 = 产品产量 × 单位产品材料消耗量 × 单位材料价格。我们设影响财务指标 y 与影响因素 a、b、c 之间的等量关系为乘积关系，则得到分析指标 y 的如下等式：

$$y=a\times b\times c \tag{1-11}$$

第四步，列出分析指标、基准指标和分析对象的计算公式。

分析指标与基准指标在计算公式的等量关系上是相同的，但在具体数值上一般会有差异。分析人员需要按照等量关系和具体数值进行列示。我们设分析指标为 y_n，基准指标为 y_0，则得到基准指标与分析指标的计算公式如下：

$$y_0=a_0\times b_0\times c_0 \tag{1-12}$$

$$y_n=a_n\times b_n\times c_n \tag{1-13}$$

分析对象是分析指标与基准指标的差异额。我们设差异额为 Δy，则计算公式是：

$$\Delta y=y_n-y_0 \tag{1-14}$$

第五步，连环顺序替代，计算替代结果。连环顺序替代是指以基准指标计算公式为基础，用分析指标计算公式中的各个因素顺序地替代其相应的基准因素，每次替代一个因素，替代后的因素要在替代公式中保留下来；计算替代结果是指在每次替代后，要将替代后计算公式的计算结果与替代前计算公式的计算结果进行比较。计算公式中有几个因素就顺序替代几次，并相应比较替代前后的两个计算公式的计算结果，确定两者的差异数值。

分析指标为 y_n 和基准指标为 y_0 的连环顺序替代方法如下：

（1）以分析指标公式中排列顺序第一位的因素 a_n 替换基准指标公式中的 a_0，得等式（1–16）：

$$\text{基准指标公式：} y_0=a_0\times b_0\times c_0 \tag{1-15}$$

$$\text{第一次替代：} y_1=a_n\times b_0\times c_0 \tag{1-16}$$

将等式（1–16）与等式（1–15）进行比较，得出两者间的差异数值 Δa，计算公式为：

$$\Delta a=y_1-y_0 \tag{1-17}$$

（2）以分析指标公式中排列顺序第二位的因素 b_n 替换基准指标公式中的 b_0，得等式（1–18）：

$$\text{第二次替代：} y_2=a_n\times b_n\times c_0 \quad (1\text{–}18)$$

将等式（1–18）与等式（1–16）进行比较，得出两者间的差异数值 Δb，计算公式为：

$$\Delta b=y_2-y_1 \quad (1\text{–}19)$$

（3）以分析指标公式中排列顺序第三位的因素 c_n 替换基准指标公式中的 c_0，得等式（1–20）：

$$\text{第三次替代：} y_n=a_n\times b_n\times c_n \quad (1\text{–}20)$$

将等式（1–20）与等式（1–18）进行比较，得出两者间的差异数值 Δc。计算公式为：

$$\Delta c=y_n-y_2 \quad (1\text{–}21)$$

第六步，检验因素分析结果。将各因素变动后对分析指标的影响数额进行累加，检验是否等于总差异。计算公式如下：

$$\Delta a+\Delta b+\Delta c=\Delta y \quad (1\text{–}22)$$

如果二者相等，则说明分析结果可能是正确的；如果二者不相等，则说明分析结果肯定是错误的。

（三）差额分析法

差额分析法是连环替代法的一种简化形式，它是利用各个因素的分析值与基准值之间的差异，依次顺序替换，直接计算出各因素变动对分析指标影响程度的一种分析方法。

在连环替代法中已知：

$$\Delta y=y_n-y_0$$
$$\Delta a=y_1-y_0$$
$$\Delta b=y_2-y_1$$
$$\Delta c=y_n-y_2$$

所以，得如下等式：

$$\begin{aligned}\Delta a&=a_n\times b_0\times c_0-a_0\times b_0\times c_0=(a_n-a_0)\times b_0\times c_0\\ \Delta b&=a_n\times b_n\times c_0-a_n\times b_0\times c_0=a_n\times(b_n-b_0)\times c_0\\ \Delta c&=a_n\times b_n\times c_n-a_n\times b_n\times c_0=a_n\times b_n\times(c_n-c_0)\end{aligned} \quad (1\text{–}23)$$

（四）因素分析法应用中需要注意的事项

因素分析法既可以全面分析若干因素对某一经济指标的共同影响，又可以单独分析其中某个因素对某一经济指标的影响，在企业财务分析中的应用十分广泛。但在应用因素分析法时必须注意以下四个方面的问题：

1. 因素分解的关联性

构成经济指标的因素，必须在客观上存在因果关系，要能够反映形成该项指标差异的内在构成原因，否则就失去了其存在价值。

2. 因果替代的顺序性

替代因素时，必须按照各因素的依存关系，排列成一定的顺序并依次替代。一般替代顺序是：先替代数量因素，后替代质量因素；先替代用实物量、劳动量表示的因素，后替代用价值量表示的因素；先替代主要因素、原始因素，后替代次要因素、派生因素；在除式关系中，先替代分子，后替代分母。

3. 替代顺序的连环性

连环替代法在计算每一个因素变动的影响时，都是在前一次计算的基础上进行，并采用连环比较的方法确定因素变化的影响结果。因为只有保持计算程序上的连环性，才能使各个因素影响之和等于分析指标变动的差异，以全面说明分析指标变动的原因。

4. 计算结果的假定性

连环替代法计算的各因素变动的影响数，会因替代计算顺序的不同而有所差别，因而计算结果难免带有假定性。即它不可能使每个因素计算的结果，都能达到绝对准确。它只是在某种假定前提下的影响结果，离开了这种假定前提条件，也就不会是这种影响结果。

因此，在进行企业财务分析时，分析人员应当力求使这种假定合乎逻辑，使计算结果的假定性不影响分析结果的准确性和可比性。

本章小结

1. 一般认为，财务分析的初始形态是财务报表分析，产生于19世纪末20世纪初，是由美国银行界倡导的。

2. 企业财务分析是指分析人员根据信息使用者的需求，以企业财务报告为主要依据，结合企业内部及外部相关信息资料，运用一系列分析技术和方法，对企业财务状况、筹资活动、投资活动、经营活动及其经营结果进行分析、研究和评价，并向信息使用者提供分析报告的一项管理活动。

3. 企业财务分析的目的是指企业财务分析所要达到的目标和结果。企业财务分析本身不是目的，而是手段，它是为实现一定的分析目的服务的。

4. 财务分析是一项十分复杂的系统性工作，除了需要掌握各种分析视角和分析方法，还必须按照科学的程序进行，才能保证分析的效率和效果。一般来说，财务分析的基本程序包括以下几个步骤：明确分析的目的、确定分析的范围、收集相关信息、选择分析视角和分析方法、得出分析结论。

5. 企业财务分析方法有广义与狭义之分。广义企业财务分析方法是指分析主体进行企业财务分析所采用的程序、步骤、技巧、方式、手段与行为的总称；狭义企业财务分析方法是指分析主体进行企业财务分析所运用的调查研究、计算推理、归纳论证、分析评价等一系列分析技术与手段。

练 习 题

一、名词解释

1. 财务分析　2. 预期标准　3. 行业标准　4. 公认标准　5. 趋势分析法

二、单项选择题

1. 财务分析开始于(　　)。

A. 投资者　B. 银行家　C. 财务分析师　D. 企业经理

2. 财务分析的对象是(　　)。

A. 财务报表　B. 财务报告　C. 财务活动　D. 财务效率

3. 企业投资者进行财务分析的根本目的是关心企业的(　　)。

A. 盈利能力　B. 营运能力　C. 偿债能力　D. 增长能力

4. 从企业债权者角度看,财务分析的最直接目的是(　　)。

A. 企业的盈利能力　B. 企业的营运能力

C. 企业的偿债能力　D. 企业的增长能力

5. 企业资产经营的效率主要反映企业的(　　)。

A. 盈利能力　B. 偿债能力　C. 财务分析应用　D. 综合分析

6. 业绩评价属于(　　)范畴。

A. 会计分析　B. 财务分析　C. 财务分析应用　D. 综合分析

三、多项选择题

1. 关于财务分析的目的表述正确的有(　　)。

A. 帮助企业相关利益人进行决策和评价

B. 为投资决策、宏观经济等提供依据

C. 为信贷决策、销售决策提供依据

D. 为企业内部经营管理业绩评价、监督和选择经营管理者提供依据

E. 了解财务信息的供求关系,获得高质量的财务信息

2. 财务分析的内容包括(　　)。

A. 会计报表解读　B. 财务综合分析

C. 盈利能力分析　D. 生产能力分析

E. 发展能力分析

3. 财务综合分析的方法包括(　　)。

A. 比率分析法　B. 沃尔评分法

C. 杜邦财务分析法　D. 趋势分析法

E. 比较分析法

4. 关于财务分析评价基准的下列表述中,正确的有(　　)。

A. 采用不同基准会使得同一分析对象得到相同的分析结论

B. 经验基准的形成一般没有理论支撑，只是简单的根据事实现象归纳的结果

C. 某一经验标准在不同行业不同时间段均适用

D. 在使用行业标准时需要考虑是否调整不同企业间的会计政策差异

E. 企业的比较结果超越历史，说明企业已经处于一个优良的状况

5. 目前我国会计准则要求企业披露的财务报告包括(　　　　)等。

A. 资产负债表　　　　B. 利润表

C. 审计报告　　　　D. 所有者权益变动表

E. 附注

四、判断题

1. 财务分析的基础是会计报表，会计报表的基础是会计技术。　(　　)

2. 比率能够综合反映与比率计算相关的某一报表的联系，但给人们不保险的最终印象。　(　　)

3. 财务分析是在企业经济分析上形成的一门综合性、边缘性学科。　(　　)

4. 财务分析与财务管理的相同点在于二者都将财务问题作为研究的对象。(　　)

5. 前景分析就是预测分析。　(　　)

6. 财务分析作为一个全面系统的分析体系，通常包括分析理论、分析方法、具体分析及分析应用等内容。　(　　)

7. 通过对企业经营目标完成情况的分析，可评价企业的盈利能力和资本保值、增值能力。　(　　)

五、简答题

1. 财务分析的程序是什么？

2. 对投资者来说，财务分析的目的是什么？

案例分析

沃伦·巴菲特是一个具有传奇色彩的人物，他从将100美元投入股市开始，已经创造了超过200亿美元的财富。如将巴菲特旗下的伯克希尔·哈撒韦公司32年来的逐年投资绩效与美国标准普尔500种股票价格指数绩效相比，可以发现巴菲特在其中的29年击败指数，只有3年落后指数。更难能可贵的是其中5年当美国股市陷入空头走势回落之际，巴菲特却创下逐年“永不亏损”的纪录。他不仅在投资领域成为无人能比的美国首富，而且成为了美国股市权威的领袖，被美国著名的基金经理人彼得·林奇誉为“历史上最优秀投资者”，使全球各地的股票投资者都热衷于巴菲特投资方法和理念。巴菲特投资成功的最重要的经验是注重对公司的分析研究，阅读大量的年刊、

季报和各类期刊，了解公司的发展前景及策略，仔细评估公司的投资价值，把握好入市时机。可见，财务报表分析对于投资决策的重要性所在。当然，财务报表分析的应用领域不仅仅是投资决策这一方面。

要求：结合本案例，说明企业投资者进行财务分析的依据和目的。

第二章　财务分析信息

学习目标

1. 掌握财务分析信息的作用、种类和要求，以及财务分析评价标准。
2. 熟悉财务报表的分类和内容，以及与财务活动的关系。
3. 掌握利润表、资产负债表、现金流量表所提供的信息。
4. 熟悉审计报告的非财务信息的内容。

引导案例

万福生科财务信息失真事件

万福生科于2011年在创业板上市，上市前股权结构为大股东龚永福及其妻子杨荣华持有80.38%股份，负责公司采购与销售的也是股东亲属，为后续财务信息造假奠定基础。

龚永福从创办万福大米厂，引进“大米淀粉糖加工”技术，设立湘鲁万福公司，到创业板上市，于2009年变更为万福生科（湖南）农业开发股份有限公司，原因有二：一是高科技“稻米淀粉糖深加工及副产物高效综合利用”技术荣获国家科技进步二等奖；二是万福生科建立了一条“榨干取尽”全产业链的循环经济模式，万福生科上市后，发行股份1 700万股，募集资金4.25亿元。

2012年，湖南证监局上市公司检查组对万福生科进行上市后的例行现场检查，从半年期预付账款开始发现财务信息的一系列造假问题，其资产负债表披露的预付账款与科目余额表的余额“账表不符”，追踪资金去向，实质为预付账款根本没有打给供应商，而是自然人，下游回款同理，银行回单也是专人负责造假。万福生科私刻银行业务章，从采购销售以自有资金体外循环，分批回款现金存取的方式增强隐蔽性。万福生科造假流程遍及到它的进、存、产、销的各个经营环节上，参与的人员比较多，每个参与的人员完成各自负责的一部分，增加调查难度，同时财务人员会根据虚增后的各产品销售收入、毛利率以及生产消耗率直接倒算相关生产财务成本，达到了产销平衡。但是，万福生科异常的高毛利率和较低的存货周转率还是掩盖不了虚构经营业绩的事实，2013年它发布公告承认自2008年至2011年财务报告存在虚假记载，累积虚增营业收入7.4亿元，虚增营业利润1.8亿元，虚增净利润1.6亿元。

资料来源：赵上松．基于内部控制视角下企业财务信息失真案例研究——以万福生科为例[J]．财会学习，2017（24）：55–56.

第一节　财务分析信息概述

一、财务分析信息的作用和种类

（一）财务分析信息的作用

财务信息主要指以财务报表（又称会计报表）为主的会计数据。会计数据是对企业活动的价值反映。财务分析信息是财务分析的基础和不可分割的组成部分。它对于保证财务分析工作的顺利进行、提高财务分析的质量与效果都有着重要的作用。

（1）财务分析信息是财务分析的基本依据。财务分析实际上就是对财务信息的分析，如要分析企业的资产、负债和所有者权益状况，就必须有资产负债表的信息，而要分析企业的盈利状况，就需要有利润表的信息等等。

（2）搜集和整理财务分析信息是财务分析的重要步骤和方法之一。从一定意义上说，财务分析信息的搜集与整理过程，就是财务分析的过程。

（3）财务分析信息的数量和质量决定着财务分析的质量与效果。正因为财务分析信息是财务分析的基本依据和基本环节，因此，财务信息的准确性、完整性、及时性对提高财务分析的质量和效果是至关重要的。

（二）财务分析信息的种类

进行财务分析的信息是多种多样的，不同的分析目的、不同的分析内容，所使用的财务信息可能是不同的。因此，从不同角度看，财务分析信息的种类是不同的。

1. 内部信息与外部信息

财务分析信息按信息来源可分为内部信息和外部信息两类。所谓内部信息是指从企业内部可取得的财务信息。外部信息则是指从企业外部取得的信息。

（1）企业的内部信息主要包括以下几个方面：

① 会计信息。会计信息又可分为财务会计信息和管理会计信息。

财务会计信息主要指财务报告，包括资产负债表、利润表、现金流量表等企业会计准则要求企业编制的各种报表、财务情况说明书及有关附表等。管理会计信息主要包括责任会计核算信息、决策会计信息和企业成本报表等信息。

② 统计与业务信息。统计信息主要指各种统计报表和企业内部统计信息。业务信息则指与各部门经营业务及技术状况有关的核算与报表信息。总之，统计与业务信息包括了企业的会计信息之外其他反映企业实际财务状况或经营状况的信息。

③ 计划及预算信息。这些信息是企业管理的目标或标准，包括企业的生产计划、经营计划、财务计划、财务预算，以及各种消耗定额、储备定额、资金定额等。

（2）企业的外部信息主要包括以下几个方面：

① 国家经济政策与法规信息。国家的宏观经济信息主要指与企业财务活动密切相关的信息，如物价上涨率或通货膨胀率、银行利息率、各种税率等；有关法规包括会计法、税法、会计准则、审计准则、会计制度等。

② 综合部门发布的信息。包括国家统计局定期公布的统计报告和统计分析；商务部

的经济形势分析；国家发展和改革委员会的国民经济计划及有关部门的经济形势预测；各证券市场和资金市场的有关股价、债券利息等方面的信息等。

③ 中介机构信息。如会计师事务所、资产评估事务所等提供的企业审计报告和资产评估报告等。

④ 报纸杂志的信息。指各种经济著作和报纸及杂志的科研成果、调查报告、经济分析中所提供的与企业财务分析有关的信息。

⑤ 企业间交换的信息。指企业与同行业其他企业或有业务往来的企业间相互交换的报表及业务信息等。

⑥ 国外有关信息。指从国外取得的各种经济信息。取得的渠道有出国考察访问、购买国外经济信息报纸杂志、国际会议交流等。

2. 定期信息与不定期信息

财务分析信息根据取得的时间的确定性程度可分为定期信息和不定期信息。定期信息是指企业经常性需要、可定期取得的信息。不定期信息则是根据临时需要搜集的信息。

（1）定期信息主要包括：

① 会计信息。会计信息，尤其是财务会计信息是以会计制度规定的时间，按月度和年度核算和编报的，是企业财务分析中可定期取得的信息。

② 统计信息。企业的统计月报、季报和年报信息也是财务分析的定期信息之一。

③ 综合经济部门的信息。综合经济信息有的按月公布，有的按季公布，有的按年公布，也有一些市场信息是按日或按旬公布的。

④ 中介机构信息。

定期财务分析信息为企业定期财务分析提供了可能，奠定了基础。

（2）不定期信息主要有：

① 宏观经济政策信息。

② 企业间不定期交换信息。

③ 国外经济信息。

④ 主要报纸杂志信息等。

不定期的经济信息，有的是因为信息不能定期提供形成的，有的是因为企业不定期分析需要形成的。企业在财务分析中，应注重定期信息的搜集与整理，同时也应及时搜集不定期信息。

3. 实际信息与标准信息

财务分析信息根据实际发生与否可分为实际信息和标准信息。实际信息是指反映各项经济指标实际完成情况的信息。标准信息是指用于作为评价标准而搜集与整理的信息，如预算信息、行业信息等。

财务分析通常是以实际信息为基础进行的，但标准信息对于评价企业财务状况也是不可缺少的。

二、财务分析信息的要求

财务分析信息的要求主要是为了保证财务分析结果的正确性，是财务报告中所提供的会计信息和其他信息应具备的基本特征。财务分析信息的要求包括财务报告中会计信息的可靠性、相关性、可理解性、可比性、实质重于形式、重要性、谨慎性和及时性要求，以及完整性和系统性要求。

（一）可靠性

可靠性要求企业应当以实际发生的交易或者事项为依据进行确认、计量和报告，如实反映符合确认和计量要求的各项会计要素及其他相关信息，保证分析信息真实可靠、内容完整。为了贯彻可靠性要求，企业应当以实际发生的交易或者事项为依据进行确认、计量，将符合会计要素定义及其确认条件的资产、负债、所有者权益、收入、费用和利润等如实反映在财务报表中，不得根据虚构的、没有发生的或者尚未发生的交易或者事项进行确认、计量和报告。

（二）相关性

相关性要求企业提供的会计信息应当与投资者等财务报告使用者的经济决策需要相关，有助于投资者等财务报告使用者对企业过去、现在或者未来的情况作出评价或者预测。会计信息是否有用，是否具有价值，关键是看其与使用者的决策需要是否相关，是否有助于决策或者提高决策水平。相关的会计信息应当能够有助于使用者评价企业过去的决策，证实或者修正过去的有关预测，因而具有反馈价值。相关的会计信息还应当具有预测价值，有助于使用者根据财务报告所提供的会计信息预测企业未来的财务状况、经营成果和现金流量。会计信息质量的相关性要求，需要企业在确认、计量和报告会计信息的过程中，充分考虑使用者的决策模式和信息需要。但是，相关性是以可靠性为基础的，两者之间并不矛盾，不应将两者对立起来。也就是说，会计信息在可靠性前提下，尽可能地做到相关性，以满足投资者等财务报告使用者的决策需要。

（三）可理解性

可理解性要求企业提供的会计信息应当清晰明了，便于投资者等财务报告使用者理解和使用。企业编制财务报告、提供会计信息的目的在于使用，而要使使用者有效使用会计信息，应当能让其了解会计信息的内涵，弄懂会计信息的内容，这就要求财务报告所提供的会计信息应当清晰明了，易于理解。只有这样，才能提高会计信息的有用性，实现财务报告的目标，满足向投资者等财务报告使用者提供决策有用信息的要求。

会计信息毕竟是一种专业性较强的信息产品，在强调会计信息的可理解性要求的同时，还应假定使用者具有一定的有关企业经营活动和会计方面的知识，并且愿意付出努力去研究这些信息。对于某些复杂的信息，如交易本身较为复杂或者会计处理较为复杂，但其对使用者的经济决策相关的，企业就应当在财务报告中充分披露。

（四）可比性

可比性要求企业提供的会计信息应当相互可比。这主要包括两层含义：

（1）同一企业不同时期可比。为了便于投资者等财务报告使用者了解企业财务状况、经营成果和现金流量的变化趋势，比较企业在不同时期的财务报告信息，全面、客观地评价过去、预测未来，从而做出决策，会计信息质量的可比性要求同一企业不同时期发生的相同或者相似的交易或者事项，应当采用一致的会计政策，不得随意变更。但是，满足会计信息可比性要求，并非表明企业不得变更会计政策，如果按照规定或者在会计政策变更后可以提供更可靠、更相关的会计信息，可以变更会计政策。有关会计政策变更的情况，应当在附注中予以说明。

（2）不同企业相同会计期间可比。为了便于投资者等财务报告使用者评价不同企业的财务状况、经营成果和现金流量及其变动情况，会计信息质量的可比性要求不同企业同一会计期间发生的相同或者相似的交易或者事项，应当采用规定的会计政策，确保会计信息口径一致、相互可比，以使不同企业按照一致的确认、计量和报告要求提供有关会计信息。

（五）实质重于形式

实质重于形式要求企业应当按照交易或者事项的经济实质进行会计确认、计量和报告，而不是仅仅以交易或者事项的法律形式为依据。企业发生的交易或事项在多数情况下其经济实质和法律形式是一致的，但在有些情况下也会出现不一致。例如，企业按照销售合同销售商品但又签订了售后回购协议，虽然从法律形式上看实现了收入，但如果企业没有将商品所有权上的主要风险和报酬转移给购货方，没有满足收入确认的各项条件，即使签订了商品销售合同或者已将商品交付给购货方，也不应当确认销售收入。

（六）重要性

重要性要求企业提供的会计信息应当反映与企业财务状况、经营成果和现金流量有关的所有重要交易或者事项。如果财务报告中提供的会计信息的省略或者错报会影响投资者等使用者据此做出决策的，该信息就具有重要性。重要性的应用需要依赖职业判断，企业应当根据其所处环境和实际情况，从项目的性质和金额大小两方面加以判断。

（七）谨慎性

谨慎性要求企业对交易或者事项进行会计确认、计量和报告时保持应有的谨慎，不应高估资产或者收益、低估负债或者费用。在市场经济环境下，企业的生产经营活动面临着许多风险和不确定性，如应收款项的可收回性、固定资产的使用寿命、无形资产的使用寿命、售出存货可能发生的退货或者返修等。会计信息质量的谨慎性要求，需要企业在面临不确定性因素的情况下做出职业判断时，应当保持应有的谨慎，充分估计到各种风险和损失，既不高估资产或者收益，也不低估负债或者费用。例如，要求企业对售出商品所提供的产品质量保证确认一项预计负债，就体现了会计信息质量的谨慎性要求。

谨慎性的运用也不允许企业设置秘密准备，如果企业故意低估资产或者收入，或者故意高估负债或者费用，将不符合会计信息的可靠性和相关性要求，损害会计信息质量，扭曲企业实际的财务状况和经营成果，从而对使用者的决策产生误导，这是会计准则所不允许的。

（八）及时性

及时性要求企业对于已经发生的交易或者事项，应当及时进行确认、计量和报告，不得提前或者延后。会计信息的价值在于帮助所有者或者其他方面做出经济决策，具有时效性。即使是可靠的、相关的会计信息，如果不及时提供，就失去了时效性，对于使用者的效用就大大降低，甚至不再具有实际意义。在会计确认、计量和报告过程中贯彻及时性，一是要求及时收集会计信息，即在经济交易或者事项发生后，及时收集整理各种原始单据或者凭证；二是要求及时处理会计信息，即按照会计准则的规定，及时对经济交易或者事项进行确认或者计量，并编制财务报告；三是要求及时传递会计信息，即按照国家规定的有关时限，及时地将编制的财务报告传递给财务报告使用者，便于其及时使用和决策。在实务中，为了及时提供会计信息，可能需要在有关交易或者事项的信息全部获得之前即进行会计处理，这样就满足了会计信息的及时性要求，但可能会影响会计信息的可靠性。反之，如果企业等到与交易或者事项有关的全部信息获得之后再进行会计处理，这样的信息披露可能会由于时效性问题，对于投资者等财务报告使用者决策的有用性大大降低。这就需要在及时性和可靠性之间作相应权衡，以最好地满足投资者等财务报告使用者的经济决策需要作为判断标准。

（九）完整性

财务分析主要依据的是财务报表，但不仅仅限于财务报表，财务分析信息必须在数量和种类上满足财务分析目的的需要。报表与报表间、数据与数据间，有着某种内在的联系，如果缺少需要的某些信息，就会影响分析结果的正确性。

（十）系统性

财务分析信息的数量繁多，种类庞杂，时间延续性强，因此，一方面要对分析信息进行科学的分类，将同类型的信息归类保管，分门别类地满足不同财务分析主体的需要。另一方面要保持分析信息的连续性，特别在进行趋势分析时，分析信息在时间上的连续性则尤其重要。

三、财务分析的评价标准

确立财务分析评价标准是财务分析的一项重要内容，不同的财务分析评价标准，针对同一分析对象会得出不同的分析结论。因此，财务分析评价标准十分重要，通常，财务分析评价标准作以下分类。

（一）经验标准

经验标准指这个标准的形成依据大量的实践经验的检验。优点是相对稳定客观。缺点是并非广泛适用，随时间的推移而变化。

（二）历史标准

历史标准指以企业过去某一时间的实际业绩为标准。优点：① 比较可靠，是企业曾达到的水平。② 具有较高的可比性。缺点：① 比较保守，因为现实要求与历史要求可能不同。② 历史标准适用范围较窄，不能全面评价企业在同行业中的地位与水平。

（三）行业标准

行业标准是按行业制定的，反映行业财务状况和经营状况的基本水平。其优点有：① 说明企业在行业中所处的地位与水平。② 还可以判断企业的变动趋势。缺点有：① 同行业中的两家公司不一定是可比的。② 一些大的公司现在往往是跨行业经营，公司不同经营业务可能有着不同的盈利水平和风险程度，采用行业标准不适合。③ 应用行业标准还受企业采用的会计方法的限制，影响成本的水平。

（四）预算标准

预算标准指企业根据自身经营条件或经营状况所制定的目标标准。其优点有：① 比较全面地反映企业的状况。② 可考核、评价企业各级各部门经营者的经营业绩，以及对企业总体目标实现的影响。缺点有：① 预算标准对于外部财务分析的作用不明显。② 预算标准的确定也受人为因素影响，缺乏客观依据。

第二节 财务报告

一、财务报告的概念

财务报告，是指企业对外提供的反映企业某一特定日期的财务状况和某一会计期间的经营成果、现金流量等会计信息的文件。财务报告包括财务报表和其他应当在财务报告中披露的相关信息和资料。财务报表至少应当包括：① 资产负债表；② 利润表；③ 现金流量表；④ 所有者权益（或股东权益，下同）变动表；⑤ 附注。

二、财务报表的分类和作用

（一）财务报表的分类

企业财务报表按照不同的划分标准或从不同的角度划分，可分为以下几类：

第一，按财务报表反映的经济内容可分为资产负债表、利润表、所有者权益变动表和现金流量表。

（1）资产负债表主要是反映企业在一定日期的资产、负债和所有者权益状况的财务报表。

（2）利润表主要是反映企业在某一时期内经营成果的财务报表。

（3）所有者权益变动表是反映公司本期（年度或中期）内至截至期末所有者权益变动情况的财务报表。

（4）现金流量表是反映企业在某一时期内现金流入、流出及净流量的财务报表。了解财务报表的经济内容，对于准确搜集与整理分析信息，实现分析目的是十分有益的。

第二，按财务报表编制范围可分为企业财务报表和合并财务报表。

（1）企业财务报表，是指独立法人企业编制的反映本单位情况的财务报表。

（2）合并财务报表是指总公司将所属独立子公司报表与母公司报表合并编制的财务报表。了解和掌握单位报表和合并报表的内容和特点，对于分析不同类型的企业财务状况是有益的。如果对一个母子公司进行分析，而不明确合并报表的基本内容和特点，那么是很难得出正确结论的。

第三，按财务报表的使用对象可分为：对外报表和对内报表。

（1）对外报表是指根据国家有关法规，企业定期向其利益关系人（如投资者、债权人、政府部门等）报送的财务报表，如资产负债表、利润表、现金流量表、所有者权益变动表及相关附表等。

（2）对内报表，亦称管理报表，是根据企业内部经营管理的需要，自行设计与填制的会计报表，如成本费用报表、责任会计报表等。

第四，按财务报表编制时期可分为：年度报表、季度报表和月度报表。

（二）财务报表的作用

1. 财务报表可以满足投资者、债权人、政府及有关部门、社会公众等的信息需要

近年来，我国企业改革持续深入，产权日益多元化，资本市场快速发展，机构投资者及

其他投资者队伍日益壮大,对会计信息的要求日益提高,在这种情况下,投资者更加关心其投资的风险和报酬,他们需要会计信息来进行决策、评估企业支付股利的能力等。除了投资者之外,企业财务报告的使用者还有债权人、政府及有关部门、社会公众等。例如,企业贷款人、供应商等债权人通常十分关心企业的偿债能力和财务风险,他们需要信息来评估企业能否如期支付贷款本金及其利息,能否如期支付所欠货款等;政府及其有关部门作为经济管理和经济监管部门,通常关心经济资源分配的公平、合理,市场经济秩序的公正、有序,宏观决策所依据信息的真实可靠等,因此,他们需要信息来监管企业的有关活动(尤其是经济活动)、制定税收政策、进行税收征管和国民经济统计等;社会公众也关心企业的生产经营活动,包括对所在地经济作出的贡献,如增加就业、刺激消费、提供社区服务等,因此,在财务报表中提供有关企业发展前景及其能力、经营效益及其效率等方面的信息,可以满足社会公众的信息需要。

2. 财务报表可以反映企业管理层受托责任的履行情况

现代企业制度强调企业所有权和经营权相分离,企业管理层是受托人,受托经营管理企业及其各项资产,负有受托责任。企业投资者和债权人等也需要及时或者经常性地了解企业管理层保管、使用资产的情况,以便评价企业管理层的责任情况和业绩情况,并决定是否需要调整投资或者信贷政策,是否需要加强企业内部控制和其他制度建设,是否需要更换管理层等。因此,财务报表应当反映企业管理层受托责任的履行情况,以有助于外部投资者和债权人等评价企业的经营管理和资源使用的有效性。

三、财务报告与财务活动

(一)企业目标与财务目标

任何一个学科体系与内容的建立都不能离开其应用领域的目标或目的。财务分析作为对企业财务活动及其效率与结果的分析,其目标必然与企业的财务目标相一致。目前,关于企业财务目标的提法或观点较多,如股东权益目标、企业价值目标、利润目标、经济效益目标等。要研究企业财务目标,首先应明确企业目标。其实,企业的目标从根本上必然与企业的所有者目标相一致。

作为一个企业,其生存与发展的基础是拥有一定资源,包括资本资源和劳动力资源。企业的所有者是资本资源的所有者还是劳动力资源的所有者呢?这里存在两种不同的观点。一种观点认为,资本所有者是企业的所有者,即资本所有者以其资本投入为基础,雇用劳动力,资本所有者是企业的所有者,劳动者是企业的雇工,这就是所谓资本雇佣劳动制。另一种观点认为,劳动所有者即劳动者是企业所有者,劳动者以劳动为基础,通过雇佣资本进行生产经营。此时,劳动者是企业所有者,资本是企业购买的生产要素,这就是所谓劳动雇佣资本制。在商品经济条件下,劳动雇佣资本制是不能成立的,因为在劳动雇佣资本制度下,企业只能负盈,不能负亏,或者说劳动者只能分享收益,不能承担风险。现代企业制度属于资本雇佣劳动制。因此,企业所有者是资本所有者,企业目标应与企业资本所有者目标相一致,即资本的保值与增值。

企业资本保值增值目标与企业财务目标是否一致呢?回答是肯定的。无论是股东权益目标、企业价值目标、利润目标,还是经济效益目标,都是如此。追求股东权益或股东价值增加是企业财务的根本目标,它与追求企业价值或其他利益方利益并不矛盾。股东价值增加,从长远看,必然使企业各利益方同时受益,不可能以损害其他利益方为基础。股东是公司中为增进自己权益而同时增进每人权益的唯一利益方。同时,股东价值目标与利润目标和经济效益目标也不矛盾,利润是直接目标,经济效益是核心目标。

（二）财务目标与财务活动

企业追求财务目标的过程正是企业进行财务活动的过程,这个过程包括筹资活动、投资活动、经营活动和分配活动。图 2-1 反映了企业财务活动过程与财务目标的关系。

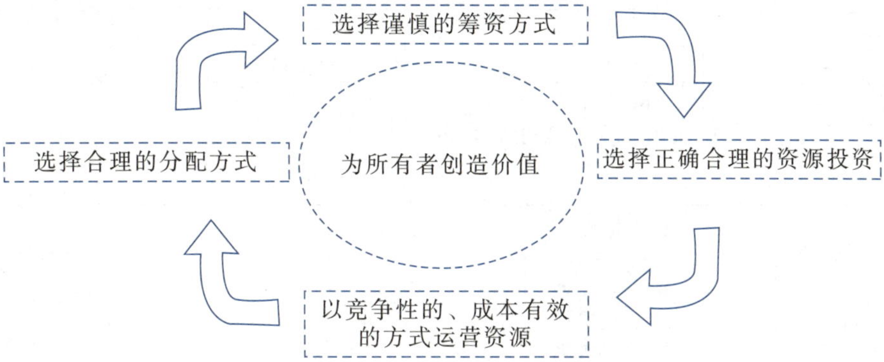

图 2-1　企业财务活动过程与财务目标的关系

企业筹资活动过程是资本的来源过程或资本取得的过程,包括自有资本（所有者权益）和借入资本（负债）。企业在筹资活动中或在取得资本时,要考虑资本成本、筹资风险、支付能力、资本结构等因素。筹资活动的目的在于以较低的资本成本和较小的风险取得企业所需要的资本。企业投资活动过程是资本的使用过程或资产的取得过程,包括流动资产、固定资产、长期投资、无形资产等。企业在投资活动过程中,要考虑投资收益、投资风险、投资结构及资产利用程度等因素。投资活动的目的在于充分使用资产,以一定的资产、较小的风险取得尽可能大的产出。企业经营活动过程是资本的耗费过程和资本的收回过程,包括发生各种成本费用和取得的各项收入。企业在经营活动中,要考虑生产要素和商品或劳务的数量、结构、质量、消耗、价格等因素。经营活动的目的在于以较低的成本费用,取得较多的收入,实现更多的利润。企业分配活动过程是资本退出经营的过程或利润分配的过程,包括形成资本公积和提取盈余公积,向股东支付股利和留存利润等。企业在分配过程中,要考虑资本需要量、股东的利益、国家政策、企业形象等因素。分配活动的目的在于兼顾各方面利益,使企业步入良性循环的轨道。

（三）财务活动与财务报表

企业的基本财务报表是由资产负债表、利润表、所有者权益变动表和现金流量表组成的。企业的各项财务活动都直接或间接地通过财务报表来体现,两者的关系如图 2-2 所示。

财务报表,包括动态报表和静态报表,它不仅能直接反映筹资活动、投资活动、经营活动和分配活动的状态或状况,而且可间接揭示或通过财务分析揭示财务活动的效率或能力,包括盈利能力、营运能力、偿债能力和增长能力。

盈利能力是指企业投入一定资源所取得利润的能力。根据不同的资源投入,盈利能力可分为资本经营盈利能力,即利润与所有者权益之比;资产经营盈利能力,即利润与总资产之比;商品经营盈利能力,即利润与成本费用之比。

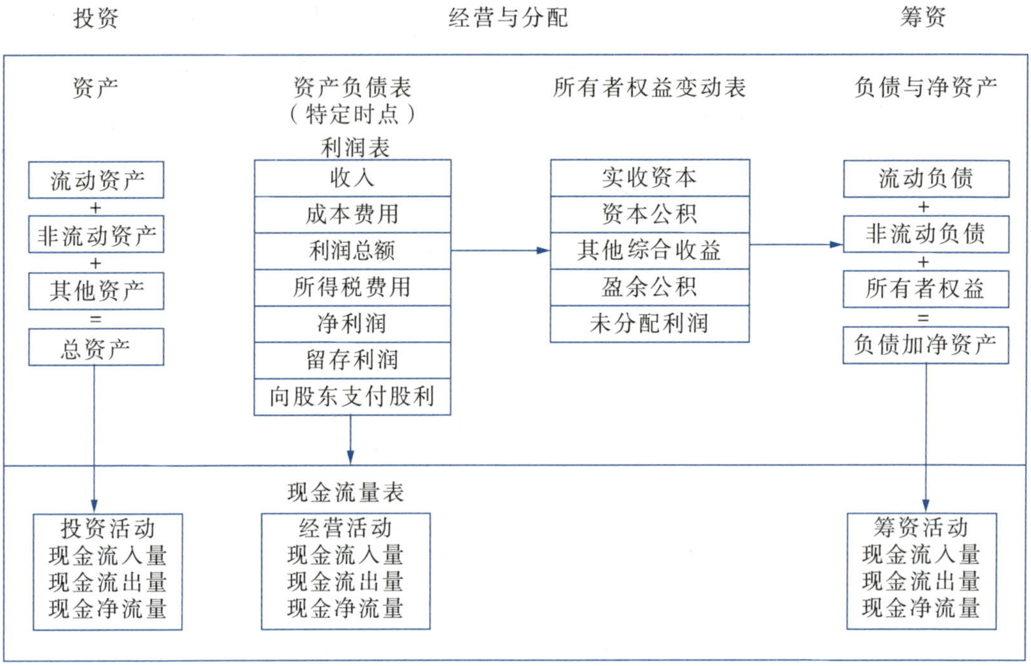

图 2-2　财务活动与财务报表的关系

营运能力是指企业营运资产的效率。根据不同的资产范围，营运能力可分为：全部资产营运能力，如总资产周转率等；流动资产营运能力，如流动资产周转率和存货周转率等；固定资产营运能力，如固定资产收入率等。

偿债能力是指企业偿还本身所欠债务的能力。根据偿债期长短可分为短期偿债能力，如流动比率、速动比率等；长期偿债能力，如资产负债率、利息保证倍数等。

增长能力是指企业保持持续发展或增长的能力。根据影响增长能力的因素可分为销售增长能力，如销售增长率；资本增长能力，如资本积累率及资本增长率；可持续增长能力，如可持续增长比率等。

上述各种能力是企业财务运行效率的体现，而财务效率的计算与分析离不开财务报表。

第三节　财务报表与附注

一、财务报表

资产负债表、利润表、现金流量表、所有者权益变动表是财务报告重要组成部分，它们为财务分析提供了可供参考的重要信息。

（一）资产负债表

资产负债表是反映企业在某一时点财务状况的会计报表，为财务分析提供下列信息：

1. 企业偿债能力信息

偿债能力是指企业以其资产偿付债务的能力，短期偿债能力主要体现在资产的流动性上。流动性，是指资产转换成现金或负债到期清偿所需的时间。企业拥有和控制的经济资源包括流动资产、非流动资产及其他资产。企业的流动资产，除现金及银行存款可随时用于偿还负债外，其余流动资产变现越快，其流动性越强，偿债能力也越强。一般来讲，交易性金融资产的流动性较应收票据和应收账款强，而应收账款的变现能力又较存货强。可见，通过对企业流动资产构成的分析，可以识别企业的短期偿债能力。企业的长期偿债能力主要指企业以全部资产清偿全部负债的能力。一般认为，资产越多，负债越少，其长期偿债能力越强；反之，若资不抵债，企业则缺乏长期偿债能力。资不抵债往往因企业长期亏损、蚀耗资产引起，还可能因为举债过多所致。所以，企业的长期偿债能力一方面取决于其获利能力，另一方面取决于其资本结构。通过资本结构分析，可以识别企业的长期偿债能力及财务稳定性。

2. 企业财务弹性信息

财务弹性指标反映企业两个方面的综合财务能力，即迎接各种环境挑战、抓住经营机遇的能力，包括进攻性适应能力和防御性适应能力。所谓进攻性适应能力，指企业有财力去抓住经营中出现的稍纵即逝的获利机会及时进行投资，不致放任其流失。所谓防御性适应能力，指企业能在客观环境极为不利的情况下或因某一决策失误使其陷入困境时转危为安的生存能力。企业的财务弹性主要来自于资产变现能力、从经营活动中产生现金流入的能力、对外筹集和调度资金的能力，以及在不影响正常经营的前提下变卖资产获取现金的能力。资产负债表本身并不直接提供有关企业财务弹性的信息，但是可通过对资产分布状况及资产权益分析，间接识别企业财务弹性。

3. 企业资源占用情况信息

企业经营业绩主要取决于其获利能力，企业获利能力大小，直接影响到企业盈利水平及其稳定的增长，也关系到能否向债权人还本付息和向投资者支付较高股利。但企业要获得盈利必须占用一定数额的资源，资源占用状况对获利有一定影响。获得利润与占用资源相比称为资金利润率或资产报酬率，它是衡量获利能力的重要指标。可见，了解资源占用状况为分析、识别、评价企业的经营业绩奠定了基础。

（二）利润表

利润表是反映企业在一定期间（如年度、月度或季度）内生产经营成果（或亏损）的会计报表，为财务分析提供下列信息：

1. 反映企业财务成果的信息

企业的财务成果，即企业的实现利润，是企业经营的根本目的所在，是企业经营者、投资者以及长期债权者都十分关心的信息。利润表系统明确地提供了企业不同业务的财务成果信息，对于分析评价各方面的经营业绩，以及与同类企业的同类业务对比，都是有益的。

2. 反映企业盈利能力的信息

企业盈利能力是企业投资者和经营者都非常关心的问题。它不仅可用于评价企业的经营业绩，而且是投资者、经营者进行决策的重要依据。盈利能力通常体现为财务成果和与其相关的一些指标之间的比率关系，如财务成果与收入的比率关系，财务成果与成本费用的比率关系等。利润表不仅提供了财务成果的信息，也提供了盈利能力分析所需要的收入信息和成本费用信息，这对于评价企业盈利能力是十分重要的。另外，其他反映盈利能力的指标的计算，也离不开利润表提供的数据。

3. 反映企业营业收入、成本费用状况的信息

企业营业收入和成本费用状况是企业生产经营状况的直接和具体体现，因此，对营业收入的分析往往成为经营分析中的重点。通过营业收入和成本费用分析，可找出企业生产经营过程中存在的问题和不足，这对于评价企业业绩、规划企业未来都是有重要作用的。

4. 提供了企业经营业绩结构的信息

在利润表中，经营业绩的来源被划分为经常性的营业利润和非经常性的营业外收支；营业利润中又分为营业收入、投资收益、公允价值变动损益、其他收益、资产处置损益等。比较不同业绩之间的差异，能够反映经营业绩的结构，为分析企业经营业绩的质量和未来的持续性提供必要的信息。

（三）现金流量表

现金流量表提供了反映企业财务变动情况的详细信息，为分析、研究企业的资金来源与资金运用情况提供了依据。它为财务分析提供下列信息：

1. 企业资金来源与运用的信息

这对于分析企业资金来源与运用的合理性、判断企业的营运状况和效果、评价企业的经营业绩都是非常有益的。

2. 企业现金增减变动原因的信息

特别是通过对经营现金流量、投资现金流量和筹资现金流量的揭示，可以搞清企业现金增减变动的具体原因，不仅可以明确企业当期现金增减的合理性，而且可为改善企业资金管理指明方向。

3. 提供了资产负债表和利润表分析所需要进一步了解的信息

分析资产负债表的资产、负债和所有者权益的状况与变动，以及分析利润表中的利润形成与分配的状况与变动，仅从两表自身分析有时是不够的，或者是难以说清的。其实，资产、负债、所有者权益、收入、成本、利润都是互相联系的，但将它们分列在两个表中反映，割裂了它们之间的联系。现金流量表提供的信息，将资产负债表与利润表衔接起来，说明了利润形成与分配同资金来源与运用的关系，这对于分析、研究企业总体经营与财务状况有着重要的意义与作用。

（四）所有者权益变动表

所有者权益变动表是反映企业在一定期间（如年度、季度或月度）内，所有者权益的各组成部分当期增减变动情况的报表。它为财务分析提供下列信息：

1. 所有者权益变动的原因

在所有者权益变动表中，导致所有者权益变动的原因按照“净利润”“其他综合收益”及“与所有者的资本交易”等不同类别分别进行列示。这种列示方法，提供不同活动对所有者权益变动产生影响的信息，能够清晰明确地反映引发所有者权益变动的原因。

2. 所有者权益内部结构的变动

在所有者权益变动表中，除了提供不同原因对所有者权益产生的影响之外，还列示所有者权益内部结构变动。资本公积或盈余公积转增资本，盈余公积弥补亏损等造成所有者权益内部结构变动的因素都分别列示，从而为了解所有者权益的内部结构变动提供了信息。

3. 为利润表和资产负债表提供辅助信息

所有者权益变动表中的“其他综合收益”以及“利润分配”与利润表之间存在较强的关联性。“其他综合收益”与利润表中的“其他综合收益”相辅相成,共同反映了公允价值变动对企业产生的影响。“利润分配”则提供了企业利润分配的去向和数量,为利润表提供辅助信息。所有者权益变动表中提供的所有者结构变动信息与资产负债表中所有者权益部分相辅相成,提供了所有者权益变动的详细信息。

4. 企业全面收益的信息

从企业所有者的角度看,所有者权益的变动反映了其在公司中所拥有财务情况的变动。若不考虑增资、发放股利以及内部结转,影响所有者权益变动的主要因素就是综合收益额的变动,其被视为企业的全面收益。全面收益不但反映了企业的经营情况,还反映了公允价值变动对企业所有者财富状况产生的影响,能为所有者提供更为全面的投资决策信息。

二、财务报表附注

(一)财务报表附注的概念

附注是财务报表不可或缺的组成部分,是对在资产负债表、利润表、现金流量表和所有者权益变动表等报表中列示项目的文字描述或明细资料,以及对未能在这些报表中列示项目的说明等。

财务报表中的数字是经过分类与汇总后的结果,是对企业发生的经济业务的高度简化和浓缩后的数字,如果没有形成这些数字所使用的会计政策、理解为什么必须披露这些信息,财务报表就不可能充分发挥效用。因此,附注与资产负债表、利润表、现金流量表、所有者权益变动表等报表具有同等的重要性,是财务报表的重要组成部分。

(二)财务报表附注的内容

报表使用者要想了解企业的财务状况、经营成果和现金流量,还应当全面关注附注。企业应当按照规定披露附注信息,主要包括下列内容。

(1)企业的基本情况:① 企业注册地、组织形式和总部地址。② 企业的业务性质和主要经营活动。③ 母公司以及集团最终母公司的名称。④ 财务报告的批准报出者和财务报告批准报出日。⑤ 财务报表的编制基础。⑥ 遵循企业会计准则的声明。企业应当声明编制的财务报表符合企业会计准则的要求,真实、完整地反映了企业的财务状况、经营成果和现金流量等有关信息。

(2)重要会计政策和会计估计,包括重要会计政策的说明以及重要会计估计的说明;会计政策和会计估计变更以及差错更正的说明。

(3)报表重要项目的说明。企业对报表重要项目的说明,应当按照资产负债表、利润表、现金流量表、所有者权益变动表及其项目列示的顺序,采用文字和数字描述相结合的方式进行披露。报表重要项目的明细金额合计,应当与报表项目金额相衔接。

(4)其他需要说明的参考事项,以及有助于财务报表使用者评价企业管理资本的目标、政策及程序的信息。

第四节 审计报告

一、审计报告的概念和内容

审计报告是由注册会计师根据注册会计师审计准则的要求，在实施了必要审计程序后出具的书面文件。它用于对被审计单位的会计报表发表审计意见。

审计报告的格式一般包括标题、收件人、正文、附件、签章以及报告日期。审计报告正文内容通常包含：审计意见、形成审计意见的基础、关键审计事项（事项描述、审计应对）、管理层和治理层对财务报表的责任、注册会计师对财务报表审计的责任等。

二、审计报告的分类

审计报告分为两大类：一种是标准无保留意见审计报告；另一种是非标准意见审计报告（简称非标意见）。前者表明，会计师认为财务报表质量合格；后者表明，会计师认为财务报表质量不合格。

非标准意见审计报告，进一步可以分为四种：① 带强调事项段的无保留意见审计报告，说明报表存在瑕疵；② 保留意见的审计报告，说明报表存在错误；③ 否定意见的审计报告，说明报表问题严重；④ 无法表示意见的审计报告，说明报表可能存在严重问题，会计师甚至无法完成审计程序。

（一）无保留意见的审计报告

注册会计师经过审计后，如果认为同时满足下列条件，则应出具无保留意见的审计报告：被审计单位会计报表的编制符合企业会计准则及国家其他有关财务会计法规的规定；会计报表在所有重大方面公允地反映了被审计单位的财务状况、经营成果和资金变动情况；会计处理方法的选用符合一贯性原则；在实施必要审计程序的过程中未受阻碍和限制；不存在应调整而被审计单位未予调整的重要事项。在无保留意见的审计报告中，意见段会出现“在所有重大方面公允地反映了”等专业术语。

（二）带强调事项段无保留意见的审计报告

注册会计师经过审计后，认为被审计者编制的财务报表符合相关会计准则的要求并在所有重大方面公允反映了被审计者的财务状况、经营成果和现金流量，但是存在需要说明的事项，如对持续经营能力产生重大疑虑及重大不确定事项等。

（三）保留意见的审计报告

注册会计师经过审计后，认为被审计单位会计报表的反映就其整体而言是公允的，但存在下列情况之一时，应出具保留意见的审计报告：个别重要的财务会计事项的处理或个别重要的会计报表项目的编制不符合企业会计准则及国家其他有关财务会计法规的规定，被审计单位拒绝进行调整；因审计范围受到重要的局部限制，无法按照独立审计准则的要求取得应有的审计证据；个别重要会计处理方法的选用不符合一贯性原则。在保留意见的审计报告中，意见段之前会另设说明段，以说明所持保留意见的理由，并在意见段中使用“除存在上述问题以外”“除上述问题造成的影响以外”“除上述情况待定以外”等专业术语。

（四）否定意见的审计报告

注册会计师经过审计后，认为被审计单位会计报表存在下属情况之一时，应出具否定意见的审计报告：会计处理方法的选用严重违反企业会计准则及国家其他有关财务会计法规的规定，被审计单位拒绝进行调整；会计报表严重歪曲了被审计单位的财务状况、经营成果和资金变动情况，被审计单位拒绝进行调整。

在否定意见的审计报告中，意见段之前会另设说明段，说明所持否定意见的理由，并在意见段中使用“由于上述问题造成的重大影响”“由于受到前段所述事项的影响”等专业术语。

（五）无法表示意见的审计报告

注册会计师在审计过程中，由于审计范围受到委托人、被审计单位或客观环境的严重限制，不能获得必要的审计证据，以致无法对会计报表整体反映情况发表审计意见时，应出具无法表示意见的审计报告。在拒绝表示意见的审计报告中，意见段之前会另设说明段，以说明所持无法表示意见的理由，并在意见段中使用“由于审计范围受到严重限制”“由于无法实施必要的审计程序”“由于无法获取重要的审计证据”“我们无法对上述会计报表整体反映发表意见”等专业术语。在上述各类审计报告中，显然无保留意见的审计报告是最正面的一种审计报告，其次是保留意见的审计报告，再然后是否定意见和无法表示意见的审计报告。会计报表使用者可以根据外部审计报告的意见类型，来判断会计报表整体的真实性和合规性，进而决定在财务分析中对会计报表的依赖程度。

第五节　非财务信息

一、非财务信息的概念和特点

非财务信息是指以非财务资料形式出现与企业的生产经营活动有着直接或间接联系的各种信息资料，一般而言，不在财务报表上反映的信息内容大都可以认定为非财务信息，它客观存在于经济系统的信息传递过程中。

与财务信息相比，非财务信息具有以下特点：

（1）空间上的广泛性。

非财务信息可以来自企业内部，也可以来自企业外部，而财务信息主要来自企业内部。在网络时代，由于信息的交流变得更为通畅，获取非财务信息的途径也进一步得到扩展。

（2）时间上的延续性。

非财务信息可能与企业过去交易或事项有关，也可能与现在甚至将来的交易或事项有关，而财务信息一般只与企业过去交易或事项有关。

（3）非货币性。

非财务信息一般不以货币形式出现，大多是一种定性的描述。

（4）真实性。

由于非财务信息多而杂，外部对它的重视程度不够，所以企业刻意去修饰它的可能性比财务信息要小。特别是外部的财务信息，就更加真实可信，一般不是企业所能控制的。

二、非财务信息的内容

（一）背景信息

主要包括：企业经营总体规划和战略目标；企业经营活动和资产的范围与内容，所处行业的特点、产品寿命周期及产品结构。

（二）经营业绩说明

主要包括：经营活动指标、成本指标、关键经营业务指标、关键资源数量与质量指标。

（三）管理部门的分析讨论

主要包括：企业财务状况、经营业绩变化的原因和未来的发展趋势。

（四）前瞻性信息

主要包括：企业面临的机会与风险、管理者的计划、企业发展的关键因素、实际经营业绩与以前披露的机会与风险的比较。

（五）社会责任

主要包括：环境责任指标，包括处理废水、废渣、废气的情况，对社会环境治理提供的服务，减少耗用稀有及不可再生资源的措施与效果；人力资源信息，如企业员工构成情况信息、员工安全和健康信息、员工培训、员工福利和社会保障信息；企业经营对当地社会影响，包括对带动地区经济发展的积极作用，为当地提供就业机会情况，对居民居住环境和社会稳定的影响及措施。

（六）核心竞争力及持续发展

主要包括：研究与开发创新能力、员工能力、资源利用情况。

本章小结

1. 财务分析信息主要是为了保证财务分析结果的正确性，而对财务分析信息的基本要求，是财务报告中所提供的会计信息和其他信息应具备的基本特征。根据基本准则规定，它除了应具备财务报告中会计信息所应包括的可靠性、相关性、可理解性、可比性、实质重于形式、重要性、谨慎性和及时性外，还应具备完整性和系统性。

2. 财务报告，是指企业对外提供的反映企业某一特定日期的财务状况和某一会计期间的经营成果、现金流量等会计信息的文件。财务报告包括财务报表和其他应当在财务报告中披露的相关信息和资料。财务报表至少应当包括：① 资产负债表；② 利润表；③ 现金流量表；④ 所有者权益变动表；⑤ 附注。

3. 任何一个学科体系与内容的建立都不能离开其应用领域的目标或目的。财务分析作为对企业财务活动及其效率与结果的分析，其目标必然与企业的财务目标相一致。

4. 企业的基本财务报表是由资产负债表、利润表、所有者权益变动表和现金流量表组成。企业的各项财务活动都直接或间接地通过财务报表来体现。

5. 财务报表，包括动态报表和静态报表，它不仅能直接反映筹资活动、投资活动、经营活动和分配活动的状态或状况，而且可间接揭示或通过财务分析揭示财务活动的效率或能力，包括盈利能力、营运能力、偿债能力和增长能力。

6. 附注是财务报表不可或缺的组成部分，是对在资产负债表、利润表、现金流量表和所有者权益变动表等报表中列示项目的文字描述或明细资料，以及对未能在这些报表中列示项目的说明等。

7. 审计报告是注册会计师根据注册会计师审计准则的要求，在实施了必要的审计程序后出具的，对被审计单位年度会计报表发表审计意见的书面文件。

8. 非财务信息是指以非财务资料形式出现与企业的生产经营活动有着直接或间接联系的各种信息资料，一般而言，不在财务报表上反映的信息内容大都可以认定为非财务信息，它客观存在于经济系统的信息传递过程中。

练 习 题

一、名词解释

1. 经验标准　2. 预算标准　3. 财务报告　4. 财务信息　5. 非财务信息

二、单项选择题

1. 下列各项财务分析标准中，可比性较高的是（　　）。

A. 经验标准　B. 历史标准　C. 行业标准　D. 预算标准

2. 为了评价判断企业所处的地位与水平，在分析时通常采用的标准是（　　）。

A. 经验标准　B. 历史标准　C. 行业标准　D. 预算标准

3. 在各项财务分析标准中，考虑因素最全面的标准是（　　）。

A. 经验标准　B. 历史标准　C. 行业标准　D. 预算标准

4. 固定资产收入率属于（　　）。

A. 盈利能力指标　B. 营运能力指标

C. 偿债能力指标　D. 增长能力指标

5. 可提供企业变现能力信息的会计报表是（　　）。

A. 现金流量表　B. 所有者权益变动表

C. 资产负债表　D. 利润分配表

三、多项选择题

1. 企业在投资活动过程中，要考虑的因素有（　　）。

A. 投资风险　B. 投资收益

C. 资本结构　D. 投资结构

E. 资产利用程度

2. 经过日常加工形成的财务信息主要有(　　)。

A. 会计凭证　　B. 会计报表

C. 会计账簿　　D. 财务情况说明书

E. 财务比率

3. 下列属于内部非公开信息的有(　　)。

A. 财务报告　　B. 财务预算

C. 市场信息　　D. 企业成本构成

E. 审计报告

4. 对企业管理者而言,进行资产结构和资产管理效果分析的意义主要体现在(　　)。

A. 优化资本结构　　B. 改善财务状况

C. 加速资金周转　　D. 减少资产经营风险

E. 以上都不是

四、判断题

1. 经验标准的形成依据大量的实践经验的检验,因此是适用于一切领域或一切情况的绝对标准。(　　)

2. 股东价值目标与利润目标和经济效益目标并不矛盾,利润是直接目标,经济效益是核心目标。(　　)

3. 财务活动及其结果都可以直接或间接地通过财务报表来反映体现。(　　)

4. 根据不同的资源投入,盈利能力可分为资本经营盈利能力、资产经营盈利能力和商品经营盈利能力。(　　)

5. 资产负债表是反映企业某一时点财务状况的会计报表,因此,资产负债表附表反映的也是某一时点的财务状况。(　　)

6. 不仅长期投资可计提减值准备,短期投资也可计提减值准备。(　　)

五、简答题

1. 财务分析信息的种类和作用是什么?

2. 财务分析信息的要求是什么?

3. 财务分析评价标准有哪些,其优缺点分别是什么?

案例分析

瑞幸咖啡的财务信息造假

2017 年 6 月成立的瑞幸咖啡,总部设立于厦门,采用新型的“快取 + 外卖厨房”的商业模式,打破了以往的传统咖啡销售模式,于 2019 年年底迅速挤占市场,成为我国的咖啡服务中的佼佼者。2019年5月17日，瑞幸咖啡在美国纳斯达克上市，创造了18个月快速上市的神话。2020年1月31日，瑞幸咖啡财务造假22亿元的事实被揭露，同年5月15日被强制退市。

2020年7月31日，财政部完成了对瑞幸咖啡的境内运营主体的会计信息质量检查。检查发现，自2019年4月起至2019年年末，瑞幸咖啡公司虚增收入21.19亿元（占对外披露收入51.5亿元的41.16%），虚增成本费用12.11亿元，虚增利润9.08亿元。

2020年10月12日，市场监管总局发布瑞幸咖啡及其关联公司不正当竞争案的行政处罚决定书：2019年4月至12月，瑞幸咖啡及其北京分公司在多家第三方公司帮助下，采用“个人及企业刷单造假”“API企业客户交易造假”等方式，虚增收入，通过开展虚假交易、伪造银行流水、建立虚假数据库、伪造卡券消费记录等手段，累计制作虚假咖啡卡券订单1.23亿单。同时，瑞幸咖啡及其北京分公司与多家第三方公司开展虚假交易，通过虚构原材料采购、外卖配送业务，虚增劳务外包业务、虚构广告业务等方式虚增成本支出，平衡业绩利润数据。通过资金不断循环，实现营业收入大幅虚增，最终形成极具吸引力的虚假业绩，欺骗、误导消费者和相关公众。决定对瑞幸咖啡作出行政处罚，罚款200万元。

要求：分析瑞幸财务造假事件中涉及哪些财务信息和非财务信息，谈谈如何以较强的财务思维和批判的眼光辩证看待上市公司的财务报表。

2

第二篇

财务报表分析

第三章　资产负债表分析

学习目标

1. 了解资产负债表的概念和作用。
2. 掌握资产负债表的基本结构和主要项目分析。
3. 掌握资产负债表分析总体评价的思路。
4. 能够灵活使用恰当的财务分析方法对资产负债表总体、局部或项目进行分析。

引导案例

无法判断 ST 秋林的财务报表是否符合持续经营假设

哈尔滨秋林集团股份有限公司是一个以商业为主的集团化、现代化大型商业零售企业，2017 年营业总收入达 68.15 亿元，较 2016 年同比增长 7.17%；2018 年第一季度营业收入达 29.09 亿元，同比增长 122.67%。但随后公司净利润减少，在 2019 年 2 月，秋林集团董事长失联、市值约 30 亿元的黄金消失，于 2019 年 4 月 10 日被证监会实施风险警示，企业陷入了财务困境，股票简称变为 *ST 秋林（600891）。

中注协发布上市公司 2019 年年报审计情况快报中显示，大信会计师事务所（特殊普通合伙）出具了无法表示意见的财务报表审计报告，形成的基础内容如下：因审计范围受到限制，我们对贵公司上期财务报表项目中应收账款、其他应收款、存货、可供出售金融资产、收入成本等项目账面价值和发生额无法认定，也无法认定关联方关系及交易披露的完整性、对外担保及诉讼事项和内部控制失效可能对财务报表的影响，因而出具了无法表示意见的审计报告。截至 2019 年 12 月 31 日，涉及对应数据的应收账款余额 27 380.33 万元，坏账准备 1 480.66 万元，其他应收款 393 231.70 万元，坏账准备 388 237.67 万元，存货 14 654.56 万元，跌价准备 263.43 万元，其他权益工具投资（可供出售金融资产）公允价值为零，以及关联方关系及交易的披露等事项，因贵公司相关子公司已停止经营，我们无法实施有效的审计程序，无法判断上述上期数据及事项对本期财务报表的影响。

贵公司 2019 年度发生亏损 5.30 亿元，截至 2019 年 12 月 31 日归属于母公司的净资产 -16.32 亿元，资产负债率 214.63%，流动负债超过流动资产 11.97 亿元，财务状况持续恶化。报告期内，贵公司黄金珠宝业务经营停滞，对外借款全部逾期，欠缴税款，黄金业务子公司员工大量离职并提起劳动仲裁，多个银行账户因诉讼事项被冻结，重要子公司深圳金桔莱存货被查封扣押及其全资子公司海丰金桔莱被法院查封。此外，贵公司“16 秋林 01”及“16 秋林 02”两期债券已全部违约，无力兑付“18 秋林 01”第一期债券利息，因涉及诉讼事项，大额募集资金专用账户被冻结，主要房产被查封，所持子公司股权被冻结。虽然贵公司披露了拟采取的改善措施，但我们仍无法取得与评估持续经营能力相关的充分、适当的审计证据，因而无法判断贵公司运用持续经营假设编制2019年度财务报表是否恰当。

资料来源：简雪.*ST秋林财务困境成因及对策研究[D].长春：吉林大学，2020.

第一节　资产负债表概述

一、资产负债表的概念和特点

资产负债表是反映企业在某一特定日期财务状况的报表。它反映企业在某一特定日期所拥有或控制的经济资源、所承担的现时义务和所有者对净资产的要求权。资产负债表只是一幅静态的画面，它只描述了它被发布那一时点公司的财务状况。比如，资产总额是多少，流动资产有多少，非流动资产有多少，在这些资产里面，有多少是借来的，又有多少是企业所有者投资进来的。这些问题仅仅是资产和负债的绝对金额。因此，仅从某一张资产负债表，很难判别出在前次和本次资产负债表发布这一会计期间公司财务状况有何变化。

资产负债表（准备时点报表）有以下特点：

（1）不同时点报表项加起来是没有意义的，我们不能把一年12个月的资产负债表的各个项目全部相加来计算企业一年的总资产和总负债。时点报表所反映的数据是企业资产、负债的即时存量，也就是说，时点报表反映的是企业继续持有资产（或负债）的数字。

（2）时点报表中的每一个数字都是某一个时刻的数字，是随着企业数以万计的日常交易而不断变化的结果。今天企业的银行存款是1 200万元，明天可能就会是1 100万元或者是1 300万元，这个数字时时刻刻都在变化，时点报表上的数字只能反映报表时刻的情况，过了那一时刻就是另外的情况了。所以，资产负债表只反映到这一天为止，企业有多少资产，有多少负债。如果要了解企业去年拥有的资产和负债的情况，就应查找该企业去年年底（去年的）资产负债表上的数字；要了解某个月的资产负债情况，就应相应地查某月底的相关账目。

（3）既然资产负债表中反映的是某一时刻的数据，那么它所反映出的资产和负债就是代表企业目前所拥有的、并可以使用的资产和目前所承担的、未来将要偿还的债务。

二、会计计量属性

会计计量是为了将符合确认条件的会计要素登记入账并列报于财务报表而确定其金额的过程。企业应当按照规定的会计计量属性进行计量，确定相关金额。计量属性是指所计量的某一要素的特性方面，如桌子的长度、铁矿石的质量、楼房的高度等。从会计角度，计量属性反映的是会计要素金额的确定基础，主要包括历史成本、重置成本、可变现净值、现值和公允价值。

（1）历史成本又称实际成本，就是取得或制造某项财产物资时所实际支付的现金或者其他等价物。在历史成本计量下，资产按照其购置时支付的现金或者现金等价物的金额，或者按照购置资产时所付出的对价的公允价值计量。负债按照其因承担现时义务而实际收到的款项或者资产的金额，或者承担现时义务的合同金额，或者按照日常活动中为偿还负债预期需要支付的现金或者现金等价物的金额计量。

（2）重置成本又称现行成本，是指按照当前市场条件，重新取得同样一项资产所需支付的现金或现金等价物金额。在重置成本计量下，资产按照现在购买相同或者相似资产所需支付的现金或者现金等价物的金额计量。负债按照现在偿付该项债务所需支付的现金或者现金等价物的金额计量。

（3）可变现净值，是指在正常生产经营过程中，以预计售价减去进一步加工成本和销售所必需的预计税金、费用后的净值。在可变现净值计量下，资产按照其正常对外销售所能收到现金或者现金等价物的金额扣减该资产至完工时估计将要发生的成本、估计的销售费用以及相关税金后的金额计量。

（4）现值，是指对未来现金流量以恰当的折现率进行折现后的价值，是考虑货币时间价值因素等的一种计量属性。在现值计量下，资产按照预计从持续使用和最终处置中所产生的未来净现金流入量的折现金额计量。负债按照预计期限内需要偿还的未来净现金流出量的折现金额计量。

（5）公允价值，是市场参与者在计量日发生的有序交易中，出售一项资产所能收到或者转移一项负债所需支付的价格，即脱手价格。这个定义从市场参与者、有序交易、主要市场或者最有利市场、估值技术、输入值和公允价值层次等方面统一了公允价值的计量，并改进了公允价值的相关披露，帮助财务报表使用者能够合理评价公允价值计量所使用的估值技术和输入值，并且能够了解重大不可观察输入值在持续的公允价值计量中对当期损益或其他综合收益的影响。

虽然现行权责发生制的会计体系仍然以历史成本作为主要的计量属性，但无论如何，历史成本已不再作为一项会计核算的基本原则。多种计量属性的并存及公允价值的引入，资产负债表中资产、负债项目的账面价值与市场价值的关系更加密切，为确定企业价值提供了决策相关的信息。

三、资产负债表的作用

（1）资产负债表可以提供某一日期资产的总额及其结构，表明企业拥有或控制的资源及其分布情况，使用者可以一目了然地从资产负债表上了解企业在某一特定日期所拥有的资产总量及其结构。由于不同形态的资产对企业的经营活动有不同的影响，因而对企业资产结构的分析可以就企业的资产质量作出一定的判断。

（2）资产负债表可以提供某一日期的负债总额及其结构，表明企业要用多少资产或劳务清偿债务以及清偿时间。

（3）资产负债表可以反映所有者所拥有的权益及组成，据以判断资本保值、增值的情况以及对负债的保障程度。

（4）通过对企业不同时点资产负债表的比较，可以对企业财务状况的发展趋势作出判断。可以肯定地说，企业某一特定日期（时点）的资产负债表对信息使用者的作用极其有限。只有把不同时点的资产负债表结合起来进行分析，才能把握企业财务状况的发展趋势。同样，将不同企业同一时点的资产负债表进行对比，还可对不同企业的相对财务状况作出评价。

第二节　资产负债表的结构分析

一、资产负债表的基本结构

在我国，资产负债表采用账户式结构，报表分为左右两方，在左方资产方，按照资产变现能力的强弱，由强到弱的排列顺序为流动资产和非流动资产，反映全部资产的分布及存在形态。右方负债与所有者权益方，则按负债偿还的先后顺序将负债按流动负债和非流动负债分别列示。所有者权益则列示在负债的下方。右方反映全部负债和所有者权益的内容及构成情况。资产负债表左右双方平衡，资产总计等于负债和所有者权益总计，即"资产 = 负债 + 所有者权益"。此外，为了使使用者通过比较不同时点资产负债表的数据，掌握企业财务状况的变动情况及发展趋势，企业需要提供比较资产负债表。资产负债表对各项目再分为"上年年末余额"和"期末余额"两栏分别填列，如表 3–1 所示。

表 3–1　资产负债表

会企 01 表

编制单位：　　　　　　　　　　＿＿年＿＿月＿＿日　　　　　　　　　　单位：元

资产	期末余额	上年年末余额	负债和所有者权益（或股东权益）	期末余额	上年年末余额
流动资产：			流动负债：		
货币资金			短期借款		
交易性金融资产			交易性金融负债		
衍生金融资产			衍生金融负债		
应收票据			应付票据		
应收账款			应付账款		
应收款项融资			预收款项		
预付款项			合同负债		
其他应收款			应付职工薪酬		
存货			应交税费		
合同资产			其他应付款		
持有待售资产			持有待售负债		
一年内到期的非流动资产			一年内到期的非流动负债		
其他流动资产			其他流动负债		
流动资产合计			流动负债合计		

续表

资产	期末余额	上年年末余额	负债和所有者权益（或股东权益）	期末余额	上年年末余额
非流动资产：			非流动负债：		
债权投资			长期借款		
其他债权投资			应付债券		
长期应收款			其中：优先股		
长期股权投资			永续债		
其他权益工具投资			租赁负债		
其他非流动金融资产			长期应付款		
投资性房地产			预计负债		
固定资产			递延收益		
在建工程			递延所得税负债		
生产性生物资产			其他非流动负债		
油气资产			非流动负债合计		
使用权资产			负债合计		
无形资产			所有者权益（或股东权益）：		
开发支出			实收资本（或股本）		
商誉			其他权益工具		
长期待摊费用			其中：优先股		
递延所得税资产			永续债		
其他非流动资产			资本公积		
非流动资产合计			减：库存股		
			其他综合收益		
			专项储备		
			盈余公积		
			未分配利润		
			所有者权益（或股东权益）合计		
资产总计			负债和所有者权益（或股东权益）总计		

二、资产负债表的平衡

在资产负债表中，"资产总计"中的数据和"负债和所有者权益总计"中的数据应该是相等的，这就是我们所说的会计平衡，其表现形式是资产负债表两边相等，用会计公式表示：

资产 = 负债 + 所有者权益

资产负债表一方的增多或减少，必然伴随着另一方相应的增多或减少，否则，资产负债表无法"平衡"。

会计的这种平衡来源于企业的经济活动。企业的运营必须有一定的物质基础，也就是所说的资产，企业的任何资产都有特定来源的，总的来说，资产的来源分为两种，一是借来的，二是所有者（股东）投入的。可以说，企业的资产不是从负债中形成的，就是从所有者（股东）的投入中形成的。因此，资产总是等于负债加所有者权益。所有者（股东）投资是为了赚钱，赚来的钱当然都属于所有者，为了赚钱就要有成本，成本也都算在所有者的账上，也就是说如果企业赚钱了，资产自然就会增加，同时所有者的财富（所有者权益）也相应增加，资产负债表两边同时等额增加，又形成了新的平衡。

第三节　资产负债表的项目分析

一、主要资产项目分析

（一）货币资金

货币资金是指在企业生产经营过程中处于货币形态的那部分资金，按其形态和用途不同可分为包括库存现金、银行存款和其他货币资金。它是企业中最活跃的资金，流动性强，是企业的重要支付手段和流通手段，因而是流动资产的审查重点。其他货币资金包括外埠存款、银行汇票存款、银行本票存款、信用证保证金存款、信用卡存款、存出投资款等。企业货币资金的多少，表明企业现金的充裕程度。如果上市公司年报中货币资金余额较少，说明企业的货币资金短缺、经营比较困难。原因在于，一般来说，年终是体现企业绩效和收成的时候，此时企业一般会加大资金回笼的力度，而且经常会为下一年的运营做好资金供应的准备工作，这些都会导致年终的货币资金余额明显上升。当然，现金持有水平也不是越高越好，过多的冗余现金意味着企业的资金利用效果不好，或者是可能存在比较严重的代理问题。理论上说，现金占企业总资产的比重在 20%~30% 为宜（不同行业、不同特点的企业表现并不完全相同）。

在分析企业货币资金的时候要从以下几方面入手：

1. 分析货币资金规模的合理性

企业的货币资金规模过大，占总资产的比重过高，反映企业资金使用效率较低，会降低企业的盈利能力。反之，企业的货币资金规模过小，占总资产的比重过低，则意味着企业缺乏必要的货币资金，可能会影响企业的正常经营。分析企业货币资金规模的合理性，需要结合企业的以下多因素共同分析：第一，资产规模与交易量。一般说来，企业资产规模越大，交易量越大，处于货币形态的资产就越多。第二，筹资能力。如果企业有良好的信誉，筹资渠道通畅，就没必要持有大量的货币资金，因为货币资金的盈利性通常很低。第三，运用货币资金的能力。如果企业经营者运用货币资金的能力较强，则企业货币资金规模可维持较低的水平。第四，行业特点。处于不同行业的企业，货币资金合理规模存在差异，有的甚至差别很大。一家企业的货币资金持有量是否合理，要看这些货币资金是否能够满足企业日常交易的需要，合理预防突发事件，满足把握投资机遇的需要，以及即期支付（比如发放现金股利、偿还到期债务）的需要等等。第五，企业货币资金量。企业货币资金的目标持有量指既能满足企业正常经营需要，又避免了现金闲置的合理存量。企业应根据其目标持有量，控制货币资金存量规模及比重。

2. 分析货币资金变动的合理性

企业货币资金发生变动，可能基于以下原因：第一，销售规模的变动。企业销售规模发生变动时，其货币资金规模也会随之发生变动，二者之间具有一定的相关性。第二，信用政策的变动。如果企业采用严格的信用政策，提高现销比例，就可能会导致货币资金规模提高。第三，为大笔现金支出做准备。当企业准备派发现金股利，偿还将要到期的巨额银行借款，或准备集中购货时，就会增加企业的货币资金规模。但这种需要是暂时的，货币资金规模会随着企业现金的支出而降低。第四，资金调度。一般来说，企业货币资金存量规模过小，会降低企业的支付能力，影响到企业的信誉，因此而负担不必要的罚金支出等，或因此而丧失优惠进货的机会及最佳投资机会等。反之，如果货币资金存量规模过大，则会使企业丧失这部分资金的获利机会，影响企业资金的利用效果。企业管理人员对资金的调度会影响货币资金存量规模，如在货币资金存量规模过小时通过筹资活动提高其存量规模，而在其存量规模较大时，通过短期证券投资方法加以充分利用，就会降低其存量规模。第五，所筹资金尚未使用。企业通过发行新股、债券和银行借款而取得大量现金，但由于时间关系而没来得及运用或暂时没有合适的投资机会进行投资，就会形成较大的货币资金余额，货币资金的余额会随着今后资金运用于企业生产经营而逐渐趋于合理范围内。

3. 注意货币资金的质量

分析货币资金质量时，需要注意如下几点：一是高质量的货币资金必须是不受限制的手持现金和存款，也就是说，必须是能够不受妨碍地用于偿付流动性债务的现金和存款。二是限于偿还特定短期债务的货币资金，往往仍然被反映为流动资产，但通常会同时揭示其限制用途，在确定企业的短期偿债能力时，必须将此类货币资金与相关的短期债务数额一并剔除。三是短期借款的补偿性存款，一般也列为流动资产，但它实际上减少了企业（即借款人）可用于偿还债务的货币资金量，因此，在进行货币资金质量分析时可以考虑剔除。

4. 评价企业货币资金内部控制制度的完善程度及实际执行质量

从企业微观财务管理角度来看，企业在收支过程中内部控制制度的完善程度以及实际执行质量，直接关系到企业的货币资金运用质量。这里所说的企业货币资金收支过程中的内部控制制度，涉及企业货币资金收支的全过程。在货币资金的收入方面，由于收款主要由销售而引起，因此，与货币资金收入有关的内部控制制度主要应该涉及销售过程和具体的收款过程两个方面。在此过程中，企业应当尽可能地由具有不同授权的人员或部门来完成，以保持企业内部各部门或人员在收款业务全过程的互相牵制态势。在货币资金的支出方面，由于付款主要由采购而引起，因此，与货币资金支出有关内部控制制度主要应该涉及采购过程和具体的付款过程两个方面。与收款过程的内部控制制度一样，在货币资金支出的过程中，企业应当尽可能地由具有不同授权的人员或部门来完成，以保证企业内部各部门或人员在业务上的互相牵制态势。这是因为，在付款过程中，不同的内部控制制度以及对内部控制制度的执行质量，直接决定了企业接受产品（商品）或劳务的质量，并最终决定了企业的采购成本。

专栏 3–1

康美药业货币资金内部控制

康美药业股份有限公司是一家民营企业，主要生产、经营和批发销售医药产品，主营业务包括生产和销售中药饮片，进行中药材贸易等，该公司拥有行业内生产规模最大、品种最多的中药饮片业务。2018 年 10 月，康美药业被媒体质疑存贷双高、大股东股权质押、存货积压等问题明显，被指有财务造假行为，舆论不断发酵。2018 年 12 月 28 日，康美药业因被指控不按规定完整披露信息，收到了中国证监会的《调查通知书》，被证监会正式调查。2019 年 4 月 30 日，公司发布了 2018 年财务报告，将近 300 亿货币资金不翼而飞再一次让其成为舆论的焦点。随后公司发布的前期会计差错更正公告试图解释年报出现前后期重大差异的原因，"会计差错" 自查结果如表 3–2 所示。

表 3–2 "会计差错" 自查结果

报表项目	差错情况	报表项目	差错情况
应收账款	少计 1.61 亿元	财务费用	少计 2.28 亿元
存货	少计 195.46 亿元	销售商品、提供劳务收到的现金	多计 102.99 亿元
在建工程	少计 6.32 亿元	收到其他与经营活动相关的现金	少计 1.37 亿元
货币资金	多计 299.44 亿元	购买商品、接受劳务支付的现金	多计 73.01 亿元
营业收入	多计 88.98 亿元	支付其他与经营活动有关的现金	少计 38.21 亿元
营业成本	多计 76.62 亿元	购建固定资产、无形资产和其他长期资产支付的现金	少计 3.52 亿元
销售费用	少计 4.92 亿元	收到其他与筹资活动有关的现金	少计 3.6 亿元

2019 年 5 月 17 日，证监会通报康美药业案调查进展，称康美药业披露的 2016 至 2018 年财务报告存在重大虚假，被通报有使用虚假银行单据虚增存款 299.44 亿元、通过伪造业务凭证进行收入造假，于 2016 年收入虚增 69.48 亿元、2017 年收入虚增 88.98 亿元，部分资金转入关联方账户买卖本公司股票三项罪名。2019 年 5 月 21 日公司股票简称改为 ST 康美。

资料来源：王曙光，董洁 . 康美药业财务舞弊案例分析——基于审计失败的视角［J］. 财会通讯，2020（23）：116–120.

（二）交易性金融资产

金融资产属于企业资产的重要组成部分，主要包括：库存现金、银行存款、应收账款、应收票据、其他应收款项、股权投资、债权投资和衍生金融工具形成的资产等。企业应当结合其管理金融资产的业务模式和金融资产的合同现金流量特征，将取得的金融资产在初始确认时划分为以下几类：① 以摊余成本计量的金融资产；② 以公允价值计量且其变动计入其他综合收益的金融资产；③ 以公允价值计量且其变动计入当期损益的金融资产。金融资产的企业管理业务模式、合同现金流量特征及具体分类见二维码 3–1、3–2 内容。

通过投资获得交易性金融资产是企业的一种理财策略，当企业拥有过多的货币资金，存在银行拿利息又太不合算时，就可以通过买股票、债券、基金等形成流动性强、易于交易的投资，以获得更高的收益。交易性金融资产是现金的后备来源，因此，与货币资金一样，企业的交易性金融资产越多，其支付能力和财务适应能力就越强。不过，交易性金融资产与货币资金又有所不同。比较而言，交易性金融资产的风险要大于货币资金，尤其在证券市场尚不完善的时期。因此对于持有交易性金融资产的企业来说，应当注意防范风险，以增加资产的变现能力。对交易性金融资产的分析，应注意以下几点：

1. 分析交易性金融资产报表金额特点

交易性金融资产持有的目的就是通过短期的购入、售出有关证券来获利，其所使用的资金则是公司暂时闲置的货币资金。因此，交易性金融资产容易变现、持有时间较短、盈利与亏损难以把握。因此，在报表中，交易性金融资产一般以公允价值计量。

2. 结合管理者意图对交易性金融资产的分类合理性进行审慎分析

对资产的分类主要根据公司的投资意图，所以同一项投资可能可以划分为以摊余成本计量的金融资产、以公允价值计量且其变动计入其他综合收益的金融资产和以公允价值计量且其变动计入当期损益的金融资产。由于不同类别金融资产的计量，尤其是后续计量，存在显著的差别，分类的差异将对公司资产质量及收益产生非常大的影响。以收取合同现金流量为目标的业务模式分类为以摊余成本计量的金融资产，以收取合同现金流量和出售金融资产为目标的业务模式分类为以公允价值计量且其变动计入其他综合收益的金融资产，除上述两种业务模式以外分类为以公允价值计量且其变动计入当期损益的金融资产。尽管会计准则对金融资产的分类及重分类进行了严格的限定，但由于管理者的意图不断变化，也无法观察，企业在进行金融资产的分类时，可能会隐藏自己的真实意图，而根据分类本身对自身当期及未来财务状况的影响来确定。

专栏 3–2

中国平安投资浮亏 100 亿元

2021 年 2 月 4 日，中国平安举行 2020 年年度业绩发布会。针对近日备受关注的华夏幸福债务问题，中国平安总经理、联席 CEO 谢永林回应称，目前华夏幸福已成立债委会，中国平安是债委会联席主席，对其风险敞口共 540 亿元，后续将做好拨备准备。此外，在发布会上，中国平安管理层还就 2020 年整体业绩、寿险及健康险新业务价值下滑及汇丰银行分红等问题进行了回应。谢永林称，华夏幸福不是传统的地产公司，而是一家产业新城运营公司，当时投资华夏幸福是看中其商业模式，与险资投资秉性相符。据了解，2018 年 7 月和 2019 年 1 月，中国平安分别以 23.65 元 / 股和 24.597 元 / 股的价格，共买入华夏幸福 7.5 亿股股份，持股比例达到 25.25%，成为其第二大股东。双方还明确在产业新城、综合金融服务和新兴实业等领域加强战略协作。但是，近期，华夏幸福陷入资金危机。2021 年 2 月 1 日，华夏幸福发布公告称，公司及下属子公司发生债务逾期，涉及本息金额为 52.55 亿元，涉及银行贷款、信托贷款等债务形式。谢永林表示，虽然目前华夏幸福碰到问题，但政府还在积极施救，成立了债委会处理相关债务，并实施了债务展期等措施。"华夏幸福是中国平安 8 万亿元投资组合中的一项，对其总敞口共 540 亿元，但这不代表损失 540 亿元，后续会做好拨备准备。"谢永林说。目前，华夏幸福因并购事宜停牌，股价定格在 9.45 元 / 股。按此推算，中国平安已浮亏 100 亿元左右。2021 年 2 月 1 日，平安养老险发布公告称，公司以保险资金受让底层融资人为九通基业、担保人为华夏幸福的 4 笔金融产品，审议的受让金额不超过 24 亿元。2 月 2 日，平安人寿发布公告称，受让平安养老险受托账户持有的平安养老 – 九通基业基础设施债权投资计划等 10 笔另类金融产品。该 10 笔另类金融产品的融资主体或担保主体为华夏幸福以及九通基业，投资金额不超过 155 亿元。年报数据显示，2020 年，平安寿险及健康险业务保费收入同比下降 3.6%，新业务价值同比下降 34.7%，新业务价值率下降了 14 个百分点。

资料来源：朱艳霞 . 中国平安投资华夏幸福浮亏 100 亿　将做好拨备准备 [N]. 中国银行保险报，2021-02-05.

（三）衍生金融资产

衍生金融资产也叫金融衍生工具（financial derivative），又称"金融衍生产品"，是与基础金融产品相对应的一个概念，指建立在基础产品或基础变量之上，其价格随基础产品的价格（或数值）变动而变动的派生金融产品。金融衍生工具的基础变量包括金融工具、利率、汇率、各类价格指数、通货膨胀率甚至天气（温度）指数等。

（四）应收款项

应收款项是指企业在正常经营活动中，由于销售商品、产品或提供劳务而应向购货或接受劳务的单位或个人收取的款项，包括应向购货的客户或接受劳务的客户收取的价款及垫付的有关费用。这些应收款项既包括因销售而形成的应收账款和应收票据，又包括企业在购货中形成的预付账款，还包括企业在销售、购货以外的其他经营活动中形成的其他应收款、应收预付款，如存出保证金，应收的各种赔款、罚款等。这些应收款项绝大部分可以在将来以货币资金的形式收回，有的则以非现金资产或劳务的形式收回（如预付账款）企业还可以用应收款项去融资，筹措急需的资金，如应收账款抵借、应收账款出售等。

1. 应收票据

应收票据是由付款人或收款人签发、由付款人承兑、到期无条件付款的一种书面凭证。应收票据按承兑人不同分为商业承兑汇票和银行承兑汇票，按其是否附息分为附息商业汇票和不附息商业汇票。商业汇票既可以依法背书转让，也可以向银行申请贴现。在我国，应收票据是指企业持有的未到期或未兑现的商业票据。是一种载有一定付款日期、付款地点、付款金额和付款人的无条件支付的流通证券，也是一种可以由持票人自由转让给他人的债权凭证。应收票据的分类按照到期时间可分为短期应收票据和长期应收票据，如无特指，应收票据即为短期应收票据。应收票据常出现在以下三种情况：① 应收账款延期；② 为新顾客提供应用；③ 赊销商品。长期应收票据因长期合同而发生，包括销售机器设备等大型商品、提供贷款等，中国尚无长期应收票据业务。按是否带息分为带息应收票据和不带息应收票据。带息应收票据是票面注明利息的应收票据，其利息应单独计算；无息应收票据是票面不注明利息的应收票据，其利息包含在票面本金之中。

2. 应收账款

对应收账款的分析，应从以下方面进行：

（1）分析应收账款规模的合理性。企业应收账款并不一定是没有最好，目前的经济环境下，如果不采取赊销的方式企业的销售会受到较大影响。但是，企业必须要对应收账款的规模加以控制，否则坏账的风险就会很大。对于应收账款规模的分析，要结合行业状况和企业经营方式等来进行，要与企业的资产规模和销售规模相比较。报表使用者在判断企业应收账款规模的合理性时，可以将目标企业与同类企业进行对比并加以判断。同时，还要比较和分析企业信用政策的合理性，合理估计企业应收账款中存在的风险大小。

（2）分析应收账款变动的合理性。如果报表使用者发现企业某一期的应收账款规模变动，那么如何判断它是否属于合理的变动呢？企业应收账款的变动可以归纳为以下几种原因：① 企业信用政策改变，当企业实行比较严格的信用政策时，应收账款规模就会小些，反之，则会大些。② 企业销售规模变动导致应收账款变动。③ 收账政策、收账工作有效时，应收账款规模会小些，反之，会大些。④ 应收账款质量问题。如果应收账款质量较差，譬如存在长期挂账难于收回的账款，或者客户发生财务困难，暂时难以偿还所欠货款，应收账款规模会大些，反之，则会小些。⑤ 企业会计政策和会计估计变更的影响。如果一个企业在有关应收账款方面的会计政策或会计估计发生变更，应收账款也会发生相应的变化。例如，在坏账损失的核算上，降低坏账准备的提取比率，应收账款余额也可能因此而增加，但这并不一定意味着应收账款的真实增加。⑥ 利润操纵行为的结果。如果一个企业1–11 月份各月的营业收入都较为平均，而唯独 12 月份的营业收入猛增，且大部分是通过应收账款产生的。对此，报表使用者应继续进行深入分析。因为，有些企业为了粉饰报表、提高当期利润而虚拟销售并以应收账款的形式进行列示。待以报表的形式报出后，再以销售退回等理由撤销上述应收账款，其呈现出来的结果就是：企业期末的应收账款大幅增加，下一期期初又大幅回落。报表使用者应在排除季节性销售的影响后，对这种异常波动的原因进行追查。

（3）分析债务人的构成。可利用债务人的构成分析来对应收账款的质量进行评价，可以从以下几个方面来进行：

① 从企业与债务人的关联状况来分析。从企业与债务人的关联状况来看，可以把债务人分为关联方债务人与非关联方债务人。由于关联方彼此之间在债权债务方面的操纵色彩较强，因此，关联方债务人对债权企业的债务的偿还状况应得到报表使用者的足够重视。

② 从债务人的稳定程度来分析。从债务人的稳定程度来看，稳定债务人的偿债能力一般较好把握，因为企业对这类的债务人较熟悉，而临时性或不稳定的债务人的偿债能力一般较难把握。

③ 从债务人的信用等级来分析。一般情况下，债务人的信用等级越高，企业发生坏账的风险就越小，债权回收的可能性就越大。

④ 从债务人的行业构成来分析。由于不同行业的成长性差异可能很大，处于同一行业内的企业往往在财务质量方面有较大的相似性，因此，对债务人行业构成分析至关重要。

⑤ 从债务人的区域构成来分析。从债务人的区域构成来看，不同地区的债权人，由于存在经济发展水平、法制建设条件以及特定的经济环境等方面的差异，对企业自身债务的偿还心态及偿还能力有相当大的影响：经济发展水平较高、法制建设条件较好以及特定的经济环境较好地区的债务人，一般具有较好的债务清偿心理，因而企业对这些地区的债权的可回收性较强；经济发展水平较为落后、法制建设条件较为薄弱以及特定的经济环境较差（如正面临战争）地区的债务人，其还款能力较差。

（4）分析应收账款的账龄。可以通过会计报表附注中的账龄分析表所提供的数据来进行账龄分析。一般来说，1 年以内和 1—2 年的应收账款风险较小，回收的可能性较大，可以认为是比较优质的资产。2—3 年的应收账款回收的可能性较小，发生坏账损失的可能性较大。至于 3 年以上的应收账款基本上可以确认为 100% 的不良资产，其回收的可能性几乎为零。值得注意的是，应收账款账龄本身的确定并不是一件确凿无疑的事情，它很大程度上依赖于我们对账款回收的假定，比如是先发生的账款先回收，还是相反。这一点和存货的周转假定实质上是一致的。然而，由于准则对其缺乏明确的规定，实践中，很多企业则假定只要存在正常支付的账户账龄均为 1 年之内，但如果这些账户金额比较大，而且呈现不断增长的趋势，则由账龄所反映的应收账款回收问题显然被有意或无意地缩小了。

从表 3-3 中可以看出公司的账龄分布基本呈上大下小的锥式结构，绝大多数应收账款的账龄集中在 1 年以内，账龄结构基本合理，逾期账款数量和风险都很小。

表 3-3　某上市公司 2021 年年报附注中披露的应收账款账龄信息

账龄	年初数			年末数		
	金额 / 元	比例 /（%）	坏账准备 / 元	金额 / 元	比例 /（%）	坏账准备 / 元
1 年以内	13 041 010	58.90	1 152 051	12 966 264	58.75	1 148 313
1~2 年	7 539 598	34.05	851 980	7 795 403	35.32	884 770
2~3 年	1 077 620	4.87	278 881	779 525	3.53	161 567
3 年以上	481 422	2.17	115 336	530 005	2.40	206 902
合计	22 139 650	100	2 398 248	22 071 197	100	2 401 552

3. 预付账款

预付账款是指企业按照购货合同的规定，预先以货币资金或货币等价物支付供应单位的款项。一般情况下，企业的预付账款所形成的债权不会构成流动资产的主体部分。企业的预付账款较多，则可能是企业向相关单位提供贷款的信号。如果企业生产所需要的材料和设备或者所经营的商品均处在买方市场状态中，过多的预付账款也反映出企业在理财或管理方面存在问题。分析预付账款可从以下几方面进行：

（1）结合报表附注中对于预付账款的增减的解释来进行判断。如果一个企业的预付账款增长率超过销售成本、流动资产等项目的增长率，就可以初步判断其预付存在不合理增长的倾向。此时，如果一个企业在有关预付账款方面的会计政策发生变更，预付账款也会发生相应的变化。

（2）分析预付账款的账龄。一般来说，预付账款的账龄应当在1年以内，超过1年的预付账款一般都属于非正常购货业务。因此，从实务角度来说，正常预付账款的期限应当在3个月以内。如果超过3个月对方企业仍未交货的话，预付账款的回收将会存在一定风险，应给予必要的关注。

4. 其他应收款

其他应收款通常包括暂付款，是指企业在商品交易业务以外发生的各种应收、暂付款项。其他应收款分析应关注以下几方面：

（1）其他应收款的内容。这一项目常被戏称为费用的“垃圾箱”或者“聚宝盆”。因为，有些企业将本该算做当期费用的支出或损失，统统归到其他应收款中，这样做是为了调节利润。如果本期企业希望保持较好的利润状况，那么该企业可能的做法是将一些本应作为当期费用或损失的支出，放在其他应收款里作为资产，到了利润较充裕的时期，企业再将这些其他应收款转为当期费用，计入利润表，以达到平滑利润的目的。

（2）其他应收款的规模及变动的合理性。如果报表使用者发现，企业资产负债表中其他应收款与应收账款和预付账款的余额不相上下，甚至超过了这些账户的余额，那么应对这一现象予以充分关注，这些异常情况的出现，很可能是企业利用其他应收款进行舞弊的信号。有的企业还可能存在资金被挪用且未及时对其进行处理等问题，导致其他应收款数额较大。如果发现其他应收款账户中有过多的私人借款，就要怀疑企业的内部控制是否存在漏洞，该企业可能存在挪用公款等问题。

（3）注意关联方其他应收款余额及账龄。如果一家上市公司的其他应收款期限较长、金额和比例不断增长，而且主要是来自于关联交易和关联借款的话，那么发生坏账损失的风险会非常之高，该上市公司很有可能已经成为关联公司的“提款机”，而这里的关联公司最有可能就是其控股公司。

（4）其他方面与应收账款的分析方法类似。

5. 坏账准备

坏账准备是指企业的应收款项（含应收账款、其他应收款等）计提的，是备抵账户。企业对坏账损失的核算，采用备抵法。企业持有的未到期应收票据，如有确凿证据证明不能收回或收回的可能性不大时，应将其账面余额转入应收账款，并计提相应的坏账准备。企业的预付账款如有确凿证据表明其不符合预付账款性质，或者因供货单位破产、撤销等原因已无望再收到所购货物的，应将原计入预付账款的金额转入其他应收款，并计提相应的坏账准备。坏账准备分析时应注意：

（1）分析坏账准备的提取方法、提取比例的合理性。计提坏账准备的方法由企业自行确定。企业应当列出目录，具体注明计提坏账准备的范围、提取方法、账龄的划分和提取比例，按照管理权限，经股东大会或董事会，或经理（厂长）会议或类似机构批准，并且按照法律、行政法规的规定报有关各方备案，并备置于公司所在地，以供投资者查阅。坏账准备提取方法一经确定，不得随意变更。如需变更，仍然应按上述程序，经批准后报送有关各方备案，并在会计报表附注中予以说明。企业在确定坏账准备的计提比例时，应当根据企业以往的经验、债务单位的实际财务状况和现金流量的情况，以及其他相关信息合理地估计。

（2）比较企业前后会计期间坏账准备提取方法、提取比例是否改变。一般说来，企业坏账准备的提取方法和提取比例一经确定，就不能随意变更了。企业随意变更坏账准备的提取方法和提取比例，往往隐藏着一些不可告人的目的。分析时应首先查明当企业坏账准备提取方法和提取比例变更时，企业是否按照信息披露制度的规定，对其变更原因予以说明。然后分析企业这种变更的理由是否充分合理，是正常的会计估计变更还是为了调节利润。

（3）区别坏账准备提取数变动的原因。坏账准备提取数发生变动，既可能是因为应收款项变动引起的，也可能是因会计政策或会计估计变更引起的，分析时应加以区别。

（五）存货

存货是指企业在日常活动中持有以备出售的产成品或商品、处在生产过程中的在产品、在生产过程或提供劳务过程中耗用的材料、物料等。企业存货的取得主要是通过外购和自制两个途径。存货是流动资产重要组成部分，对其分析主要从以下几方面进行：

1. 对存货内部组成及变动情况的分析

企业存货资产遍布于企业生产经营全过程，种类繁多，按其性质可分为材料存货、在产品存货和产成品存货。各种存货资产在企业再生产过程中的作用是不同的，其中库存商品和发出商品存货是存在于流通领域的存货，不是保证企业再生产过程不间断进行的必要条件，必须压缩到最低限度。材料类存货是维护再生产活动的必要物质基础，它只是生产的潜在因素，所以应把它限制在能够保证再生产正常进行的最低水平上。在产品存货是保证生产过程连续性的存货，企业的生产规模和生产周期决定了在产品存货的存量，在企业正常经营条件下，在产品存货应保持一个稳定的比例。企业生产经营的特点决定了企业存货资产的结构，在正常情况下，存货资产内部组成结构应保持相对的稳定性。另外，企业各类存货规模及其变动是否合适，应结合企业具体情况进行分析评价。材料存货和在产品存货是保证企业生产经营活动连续进行必不可少的条件。一般说来，随着企业生产规模的扩大，材料存货和在产品存货相应增加是正常的，其非正常减少会对今后企业生产连续性产生影响。分析时，应特别注意对重要的异常变动项目进行重点分析，深入分析其原因，以便采取有针对性的措施加以纠正。

2. 对存货计价方法的分析

（1）存货发出计价方法的合理性及变更分析。存货是流动资产的重要组成项目，它的期末价值是否真实，直接影响企业期末拥有价值的真实性。又由于发出存货计价方法的不同，对经营成果也有较大的影响，即通过销售成本、营业费用等方面影响经营成果。发出存货计价方法有：先进先出法、移动加权平均法、月末一次加权平均法和个别计价法等。第一，采用移动加权平均法和月末一次加权平均法使得本期销货成本介于前期购货成本与本期购货成本之间，这两种方法得到销售成本不易操纵，因而被广泛采用。但这两种方法得到销售利润大于本期实际进货配比的销售利润，其结果会使企业“应纳所得税”增加，“未分配利润”增加。期末存货构成期末资产总价值的一部分，因为这部分价值也介于前期购货和本期购货成本之间，这两种方法的期末存货价值也脱离了每次实际进货成本，致使期末资产总值不真实。因此，这两种方法的使用，造成了会计信息的不真实。第二，个别计价法计算的期末存货及销售成本，均能以实际购货成本为基础，符合收益和费用相配比原则及期末资产真实性原则。但是,个别计价法在实际操作中,手续烦琐,成本较高,对大多数存货品种来说不太实用。第三,先进先出法的本身含义是假定先购进的存货先发出,该法使存货接近于购货成本,期末资产总价值较真实。但在通货膨胀条件下,销售成本偏低,使得利润虚增。

(2)存货的期末计价合理性分析。资产负债表日,存货应当按照成本与可变现净值孰低计量。当存货成本低于可变现净值时,存货按成本计量;当存货成本高于可变现净值时,存货按可变现净值计量,同时按照成本高于可变现净值的差额计提存货跌价准备,计入当期损益。企业的存货在符合条件的情况下,可以转回计提的存货跌价准备。不同存货可变现净值的构成不同。这就涉及对预计售价、预计完工成本以及销售所必需的预计费用等因素的估计。既然是人的估计,在很多情况下,上述因素的估计将难以避免当事人的主观因素的影响。因此,在通过对存货跌价准备计提的分析,考察存货的变现性时,应首先对其计提的合理性进行判别。一些企业利用存货项目的种类繁杂、金额庞大、重置频繁、计价方法多样、审计难度大等特点,采用种种非法手段,将呆滞商品、积压产品、残品等已经失去了变现性的存货及违规行为(如不符合财务制度的费用开支),通过在存货项目中长期挂账,来隐蔽潜在的亏损。另一方面,还要注意考察企业是否通过存货跌价准备计提来进行巨额摊销,为来年的"扭亏为盈"提供机会。

3. 通过关注存货毛利率和周转率之间动态关系评价存货质量

如果排除人为因素的影响,存货的毛利率在很大程度上体现了企业在存货项目上的获利空间,也反映了企业在日常经营活动中的初始获利空间。毛利率下降,或者意味着企业的产品在市场上的竞争力下降,或者意味着企业的产品生命周期出现了转折,或者意味着企业生产产品面临激烈的竞争。存货周转率是一个动态的内部管理指标,反映一定时期的存货流转速度。从公式上看,它是销售成本和平均存货水平的比值,通常越大越好。尽管存货周转率为一数值,它同样是一个动态运营的反映。在周转一次可以产生毛利的情况下,在其他条件相同时,企业存货周转速度越快,一定时期的盈利水平也就越高。在实务中经常会发生这样的情况:对于特定企业的特定存货而言,存货毛利率提高了,周转速度就会下降;毛利率降下来了,周转速度就会提高。但在某些特定情况下,也会出现毛利率越高周转速度越快的情况,如前几年的房地产市场。因此,分析存货的质量应该综合分析存货周转速度和毛利率之间的动态关系。

专栏 3–3

康得新财务舞弊案案例研究

康得新复合材料集团股份有限公司(以下简称"康得新")成立于 2001 年 8 月,为深圳中小板上市公司(股票代码:002450)。2019 年 1 月 21 日,康得新有到期债券 15 亿元无法兑付,公司债务危机曝光,银行账户被冻结。2019 年 4 月 30 日,*ST 康得披露 2018 年年报,公司实现净利润 2.81 亿元,同比大跌 88%。2019 年 7 月 5 日,收到证监会下发的行政处罚及市场禁入事先告知书,认定康得新 2015—2018 年连续 4 年净利润为负。

康得新财务舞弊手段主要为:① 虚增业务收入。康得新有伪造银行单据、勾结关联方虚构交易等诸多不法行为。康得新2015—2018年的造假金额占这4年销售收入的80%，达到119亿元，与在西单支行凭空消失的存款金额接近。② 未披露控股股东非经营性占用资金。康得集团与北京银行西单支行签订了用以即时划拨子公司康得新银行账户资金到康得集团的《现金管理服务协议》。康得新账户发生收款等金额入账时便会直接划到康得集团，付款时再从集团账户拨付，账户虽然已清零，但日常收支却未受影响，所以不会被轻易察觉。③ 未披露为控股股东提供关联担保的信息。2016—2017年，康得新子公司与厦门国际银行北京分行签订了3份《存单质押合同》，2018年与中航信托签订1份《存单质押合同》，合同中为康得集团提供担保的事项均为光电材料大额专户资金存单。

对康得新造假应收账款的分析：截至2018年12月31日，康得新账面余额60.94亿元的应收账款，坏账准备相应计提12.28亿元，但是对于上述计提的依据，康得新却未能给出。分析应收账款的历史数据和回款情况，全额或大部分收回的可能性不大，营业收入的真实性有待商榷。公证天业会计师事务所（特殊普通合伙）出具了保留意见的财务报表审计报告，内容如下：如财务报表所述，截至2020年12月31日，公司大额应收账款客户红河中汇通科技有限公司应收账款期末账面余额20 320.00万元，坏账准备期末余额4 064.00万元；康得投资集团有限公司、江苏悦恒企业服务有限公司其他应收款期末账面余额合计204 470.00万元，坏账准备期末余额合计201 933.08万元，我们未能获取充分、适当的审计证据，无法判断上述应收款项的可回收性和坏账准备计提的合理性。

资料来源：陈龚睿．康得新财务舞弊案例研究［J］．中国管理信息化，2021，24（4）：35-36.

中国注册会计师协会．中注协发布上市公司2020年年报审计情况快报（第三期）［EB/OL］．（2021-03-18）［2022-08-09］．https://www.cicpa.org.cn/xxfb/news/202103/t20210318_56073.html.

（六）合同资产

合同资产，是指企业已向客户转让商品而有权收取对价的权利，且该权利取决于时间流逝之外的其他因素。例如，企业向客户销售两项可明确区分的商品，企业因已交付其中一项商品而有权收取款项，但收取该款项还取决于企业交付另一项商品的，企业应当将该收款权利作为合同资产。企业拥有的无条件（即仅取决于时间流逝）向客户收取对价的权利应当作为应收款项单独列示。

（七）持有待售资产

持有待售资产，指企业为出售而持有的非货币性资产，包括商品、短期股票投资以及不准备持有至到期的债券投资等。持有待售资产是相对于非待售资产而言的。区分两者的主要依据是企业持有资产的目的，待售资产是指企业为出售而持有的非货币性资产。企业持有待售资产不是为在生产商品或提供劳务过程中使用，而是为了通过出售获利。例如，企业持有商品主要是为了通过销售获利，而不是为了通过使用获利，则该商品属于待售资产。由此可以看出，单独列示持有待售资产的好处是可以给投资者明示资产使用目的；以及使资产迅速变现，减少投资风险。

（八）债权投资和其他债权投资

以摊余成本计量的金融资产对应“债权投资”科目；以公允价值计量且其变动计入其

他综合收益的金融资产（债权）对应“其他债权投资”科目。这两者都是通过合同现金流量测试的，即在特定日期产生的合同现金流量仅为支付本金和以未偿付本金金额为基础计算的利息。这是两者与以公允价值计量且其变动计入当期损益的金融资产（交易性金融资产）的不同。

债权投资和其他债权投资的区别在于：企业管理其金融资产的业务模式不同，或者说交易目的不同。以摊余成本计量的金融资产，其交易目的仅是收取合同现金流量；以公允价值计量且其变动计入其他综合收益的金融资产，其交易既以收取合同现金流量为目的又以出售金融资产为目的。这也是划分这两类金融资产的依据。

（九）长期股权投资

长期股权投资是指投资方对被投资单位实施控制、共同控制及重大影响的权益性投资。包括以下内容：① 投资企业能够对被投资单位实施控制的权益性投资，即对子公司投资。② 投资企业与其他合营方一同对被投资单位实施共同控制的权益性投资，即对合营企业投资。③ 投资企业对被投资单位具有重大影响的权益性投资，即对联营企业投资。长期股权投资在持有期间，根据投资企业对被投资单位的影响程度及是否存在活跃市场、公允价值能否可靠计量等进行划分，分别采用成本法或权益法进行核算。投资方能够对被投资单位实施控制的长期股权投资应当采用成本法核算。投资方对联营企业和合营企业的长期股权投资，应当采用权益法核算。

企业进行长期股权投资的目的是多种多样的，有的是建立和维持与被投资企业之间稳定的业务关系，理顺上下游供销渠道；有的是实现横向联合，增大市场占有率和行业内的竞争实力；有的是增强企业多元化经营的能力，从而提高企业抗风险的能力或创造新的利润源泉。无论采用哪种方式、出于什么目的，对于大部分企业来说，进行长期股权投资的最终目的都是将其作为自身经营活动的有力补充，提升企业业绩的总体水平。由于长期股权投资通常期限较长、金额巨大，因此该项目对企业的财务状况影响较大。对于企业来说，进行长期股权投资意味着企业相应数额的资金在相当长的时间内无法自行支配使用。如果企业自身的营运资金并不充裕，或者缺乏足够的融资和调度资金的能力，那么长期股权投资将会使企业长期处于资金紧张状态，甚至最终陷入财务困境。另外，由于长期股权投资数额大、期限长、其间不确定因素较多，因而，相对于债权投资而言，投资风险更大，一旦投资失败，将会给企业带来重大的、长期的损失和负担，甚至是致命的打击。当然，风险和收益是伴生的，当长期股权投资能够带来很高的收益时，就会成为企业收益与现金流量的重要源泉，成为企业的“救命稻草”。在分析企业的长期股权投资项目时，应重点从其盈利性和变现性角度进行分析。

长期股权投资项目的盈利性呈现较大的波动性，具体要依据其投资方向、年度内所发生的重大变化、投资所运用的资产种类、投资收益确认方法等诸多因素来确定。

（1）长期股权投资方向对盈利性的影响。在考察长期股权投资方向时，应该要考察投资方的投资方向及构成与其核心竞争力之间的关系。在投资方属于在某个行业有核心竞争能力的条件下，其对外投资如果与其自身的核心竞争能力相一致，则在投资的管理上，除对被投资方有财务贡献外，投资方会在技术、管理、市场等方面对被投资方进行实质性贡献。在业绩方面，投资方由于与被投资方行业极有可能一致，因此，双方的业绩会经常呈同方向变化。反之，如果其对外投资与其自身的核心竞争能力不相一致，则可能是投资方实现其行业的多元化战略的努力。此时,投资方和被投资方在某些时期的业绩上极有可能出现互补的态势。

（2）长期股权投资年度内的重大变化对盈利性的影响。长期股权投资年度内的重大变化,不外乎以下几种情况：第一,收回或者转让某些长期股权投资导致长期股权投资减少。第二,增加新的长期股权投资导致长期股权投资增加。第三,因权益法确认投资收益导致长期股权投资增加。在第一种情况下,收回或者转让某些长期股权投资导致长期股权投资减少,或者是企业试图优化自身的投资结构而进行的投资结构调整,或者是企业为了变现而进行的股权投资的出售活动,还有可能是按照某些约定而收回投资；在第二种情况下,增加新的投资而导致长期股权投资增加,或者是企业继续其对外扩张的态势而进行的扩张努力,或者是为了实现业绩的增长而进行的投资组合调整,也有可能是为了利用表内表外的非货币资源而进行的资产重组活动。在第三种情况下,因权益法确认投资收益而导致长期股权投资增加,一般应该认为这种增加是一种泡沫资产的增加,对企业难以产生实质性正面贡献。

（3）长期股权投资所运用资产种类对盈利性的影响。概括起来说,就长期股权投资所运用的资产种类而言,企业既可以货币资金对外投资,以表内的非货币资源对外投资,还可以表外的无形资产对外投资。企业当期以货币资金对外投资的规模,可以通过现金流量表中的"投资所支付的现金"来加以反映。当期以表内的非货币资源对外投资的规模,可以通过现金流量表附注"间接法编制现金流量表"中的"不涉及现金收支的重大投资和筹资活动"来加以反映。在企业以货币资金对外投资的条件下,由于货币资金具有投资方向不受限制的特点,企业因此而形成的对外投资在方向上应该具有选择性强的特点,因而此类投资可以对投资方向的多元化形成直接贡献,见效也可能会比较快。在企业以表内的非货币资源对外投资的条件下,企业有可能是在实施资产重组战略,但其投资方向受原有资产结构和质量影响较大,在投资结构上可能与企业的原有经营活动联系较为紧密。在企业以表外的无形资产对外投资的条件下,这种投资的安排应该被认为是企业表外资源价值实现的一种方式。无论以何种非现金资源对外投资,均意味着企业在盘活现有资产,也意味着这种投资的方向与企业的核心竞争力联系比较密切,但是见效可能会比较慢。

（4）长期股权投资收益确认方法对盈利性的影响。长期股权投资收益的确认,因其具有一定的特殊性而对企业长期股权投资的盈利性分析有重要影响。在成本法下,长期股权投资应当按照初始投资成本计价。追加或收回投资应当调整长期股权投资的成本。被投资单位宣告分派的现金股利或利润,应当确认为当期投资收益。也就是说,成本法下的投资收益确认与货币资金的流入有直接关系,即成本法下的投资收益不会带来利润（投资收益）和长期投资的泡沫（这里的泡沫是指不能用于支付或者分配的资产和利润）成分。在权益法下,投资方取得长期股权投资后,应当按照应享有或应分担的被投资单位实现的净损益和其他综合收益的份额,分别确认投资收益和其他综合收益,同时调整长期股权投资的账面价值。投资方按照被投资单位宣告分派的利润或现金股利计算应享有的部分,相应减少长期股权投资的账面价值。投资方对于被投资单位除净损益、其他综合收益和利润分配以外所有者权益的其他变动,应当调整长期股权投资的账面价值并计入所有者权益中"其他资本公积"。一般情况下,被投资方不可能将其实现的净利润全部作为现金股利分配掉。因此，权益法确认投资收益会不可避免地出现投资收益和长期股权投资的泡沫成分。泡沫成分的大小取决于被投资方分派现金股利的程度。

（5）投资收益确认方法选择偏好对盈利性的影响。在实践中我们看到，在很多情况下，企业在应该采用权益法进行长期股权投资核算、确认投资收益的条件下却采用成本法，或者暂时中断运用权益法，改用成本法进行长期股权投资。此时必须注意的是，企业不用权益法的主要出发点并不是不希望使企业的资产和利润出现泡沫成分，而是不希望自己的利润受到被投资者不良业绩的影响。从个别财务报表来看，现行准则对子公司的投资由原来的权益法改按成本法核算，在子公司取得盈利的情况下，母公司的资产和权益与原来采用权益法的情况相比会有所减少，但在一定程度上会减少母公司的利润操纵空间，使母公司的经营业绩变得更加真实。

从变现性的角度分析，在被投资企业为有限责任公司的情况下，投资方的股权投资一般不能从被投资方撤出。投资方如果期望将手中持有的股权投资变现，就只能转让其股权。而转让投资不仅取决于转出方的意愿，还取决于转入方（购买转出方的投资的企业）的意愿与双方的讨价还价。这就是说，企业的长期股权投资，要么不能收回，要么以不确定的价格转让，这就使得投资方在股权转让中的损益难以预料。因此，该项目的账面金额与其可回收的金额之间有可能出现很大的差距，这使得长期股权投资的变现性也有可能会出现较大幅度的波动。此外，通过分析长期股权投资减值准备计提的情况，也可在一定程度上反映出该项目的变现性。

（十）其他权益工具投资

企业发行的除普通股（作为实收资本或股本）以外，按照金融负债和权益工具区分原则分类为权益工具的其他权益工具，按照以下原则进行会计处理：

（1）对于归类为权益工具的金融工具，无论其名称中是否包含“债”，其利息支出或股利分配都应当作为发行企业的利润分配，其回购、注销等作为权益的变动处理。

（2）对于归类为金融负债的金融工具，无论其名称中是否包含“股”，其利息支出或股利分配原则上按照借款费用进行处理，其回购或赎回产生的利得或损失等计入当期损益。

（3）企业（发行方）发行金融工具，其发生的手续费、佣金等交易费用，如分类为债务工具且以摊余成本计量的，应当计入所发行工具的初始计量金额；如分类为权益工具的，应当从权益（其他权益工具）中扣除。

（十一）投资性房地产

投资性房地产是指为赚取租金或资本增值，或者两者兼有而持有的房地产。投资性房地产在用途、状态、目的等方面与企业自用的厂房、办公楼等作为生产经营活动场所的房地产和房地产开发企业用于销售的房地产是不同的。投资性房地产是一种经营性活动，主要形式是出租建筑物、出租土地使用权，实质上属于一种让渡资产使用权行为。房地产租金就是让渡资产使用权而取得的使用费收入。投资性房地产的另一种形式是持有并准备增值后转让，其目的是赚取增值收益，也是企业为完成其经营目标所从事的经营性活动以及与之相关的其他活动形成的经济利益总流入。

对该项目的分析要注意以下事项：

1. 企业对投资性房地产的分类是否恰当

所谓分类是否恰当，即企业是否将投资性房地产与固定资产、无形资产的界限作了正确的区分。有的企业为了虚高资产，在房地产价格不断飙升的情况下，将本不属于投资性房地产的，如自用的房地产和持有并准备增值后转让的建筑物错误地确认为投资性房地产，并采用公允价值计量模式，若转换时公允价值大于账面价值，则应将其差额计入其他综合收益，这样就会导致总资产和所有者权益上升，资产内部的固定资产、无形资产虚减；在进行后续计量时，再将公允价值大于账面价值的差额计入公允价值变动损益，又会同时导致资产和营业利润增加，虚减累计折旧、累计摊销，影响到当期损益的确认。分析时要实地观察，还要询问相关人员，判断固定资产究竟是自用还是出租。甚至，有的企业将自用固定资产赠送或贱卖后还继续挂投资性房地产，不反映营业外收支，掩盖交易实质。分析时要重点关注租赁合同。另外，当上市公司的营业利润指标完成不了时，首先，将自用的建筑物类固定资产转作投资性房地产，然后再将其转让，这样就名正言顺地将固定资产清理净损益营业外收入转成了其他业务收入，从而将营业外收支转作了营业收入。

2. 计量模式变更的意图

投资性房地产应当按照成本进行初始确认和计量。在对投资性房地产进行后续计量时，通常应当采用成本模式。企业只有存在确凿证据表明其公允价值能够持续可靠取得时，才允许采用公允价值计量模式。同一企业只能采用一种模式对所有投资性房地产进行后续计量，不得同时采用两种计量模式。企业对投资性房地产的计量模式一经确定，不得随意变更。成本模式转为公允价值模式的，应当作为会计政策变更处理。已采用公允价值模式计量的投资性房地产，不得从公允价值模式转为成本模式。而采取公允价值模式，其投资性房地产不计提折旧或进行摊销，以会计期末其公允价值为基础调整其账面价值，公允价值与账面价值之间的差额计入当期损益。换言之，在近年国内各地房价大幅上涨的背景下，拥有投资性房地产的上市公司一旦采用公允价值，其业绩将会产生“三级跳”，届时出现每股收益 3 元甚至 5 元的公司皆是可能的。因此，当计量模式变更时，应警惕企业是否把原应采用历史成本计量的投资性房地产，在不具备采用公允价值计量模式的情况下，强行变更采用公允价值计量模式，以达到提高资产规模和利润的目的。

专栏 3–4

投资性房地产的计量模式

江苏中南建设集团股份有限公司于 2000 年在深圳证券交易所上市，经营范围广泛，不仅从事房地产投资、开发、销售及物业管理业务，而且对批发零售、土木工程、交通运输等行业进行项目投资。为准确反映企业投资性房地产的市场价值，公司董事会决定，从 2018 年 10 月 1 日起，将投资性房地产的后续计量模式由成本模式转变为公允价值模式。

一、对资产负债表的影响

投资性房地产计量模式变更对2018年9月30日合并资产负债表项目的影响见表 3–4。

表 3-4　投资性房地产计量模式变更对合并资产负债表项目的影响（2018 年 9 月 30 日）

项目	追溯调整前 / 万元	追溯调整后 / 万元	影响 / 万元	影响比例 /%
投资性房地产	208 495.26	415 128.00	206 632.74	99.10
未分配利润	859 020.28	1 013 994.83	154 974.55	18.04
归属于母公司所有者权益	1 601 961.58	1 756 936.14	154 974.56	9.67

从表 3-4 可以看出，追溯调整前，投资性房地产账面价值为 208 495.26 万元，追溯调整后，投资性房地产账面价值为 415 128.00 万元，比追溯调整前增加了 206 632.74 万元。由于从成本计量模式转变为公允价值计量模式，投资性房地产价值增长 99.10%，将近增长 1 倍。

追溯调整前，未分配利润为 859 020.28 万元，追溯调整后为 1 013 994.83 万元，比追溯调整前增加了 154 974.55 万元，影响比例达 18.04%，未分配利润大幅度增加。追溯调整使归属于母公司所有者权益也发生了变化。在追溯调整前为 1 601 961.58 万元，追溯调整后为 1 756 936.14 万元，比追溯调整前增加了 154 974.56 万元，影响比例为 9.67%。这表明，公司的所有者权益也大幅增加。当负债水平一定时，总资产与所有者权益的大幅增加会降低企业的资产负债率，从而优化资本结构，起到美化资产负债表的作用。

因此，在房价上升的背景下，企业选择公允价值模式不仅会提高投资性房地产与总资产的账面价值，而且会对资产负债表产生积极影响。

二、对利润表的影响

投资性房地产计量模式变更对 2018 年 9 月合并利润表项目的影响见表 3-5。

表 3-5　投资性房地产计量模式变更对合并利润表项目的影响（2018 年 9 月）

项目	追溯调整前 / 万元	追溯调整后 / 万元	影响 / 万元	影响比例 /（%）
公允价值变动损益	–91.82	9 899.48	9 991.30	
所得税费用	90 207.28	94 880.98	4 673.70	5.18
净利润	155 157.26	169 178.38	14 021.12	9.04
归属于母公司所有者的净利润	126 720.51	140 741.62	14 021.11	11.06

数据来源：《江苏中南建设集团股份有限公司关于投资性房地产应用公允价值计量会计政策的公告（更新后）》。

从表 3-5 可以看出，追溯调整前，公允价值变动损益为 –91.82 万元，追溯调整后为 9 899.48 万元，增加了 9 991.30 万元，由负转正。由于我国房屋的市场价格普遍高于历史成本，公允价值的急剧增长必然导致公允价值变动损益的大幅增加。

追溯调整前，所得税费用为 90 207.28 万元，追溯调整后为 94 880.98 万元，增加了 4 673.70 万元，影响比例为 5.18%。由于企业应纳税所得额增加，致使所得税费用增加。追溯调整前，净利润为 155 157.26 万元，追溯调整后为 169 178.38 万元，增加了 14 021.12 万元，影响比例为 9.04%。归属于母公司所有者的净利润也相应发生变化。追溯调整前，归属于母公司所有者的净利润是 126 720.51 万元，追溯调整后为 140 741.62 万元，增加了 14 021.11 万元，影响比例为 11.06%。由于利润总额增加，使得净利润随之增加。

可以看出，企业选择公允价值计量模式可以大幅增加公允价值变动损益，对利润表产生积极影响。

资料来源：闵志慧，李芳菲．投资性房地产公允价值计量模式对企业财务绩效的影响——以江苏中南建设集团为例[J]．财务管理研究，2020(11)：60-63.

（十二）固定资产

固定资产是指为生产商品、提供劳务、出租或经营管理而持有的，使用寿命超过一个会计年度的有形资产。很多企业，特别是生产制造企业，固定资产占总资产的比重非常大，有的甚至超过了 70%。因此，对固定资产的分析应特别仔细，具体从以下方面进行：

1. 分析固定资产的变动

对于固定资产规模的变动情况可以通过分析固定资产原值、净值和净额的变动情况进行了解。固定资产原值的变动主要是受当期固定资产增加额和当期固定资产减少额的影响。引起固定资产增加的主要原因是固定资产的投资转入、购买、自制、租入、接受捐赠、盘盈等。引起固定资产减少的主要原因是固定资产的出售、投资转出、报废、盘亏、毁损等。对固定资产原值的变动情况及变动原因进行分析时，可参考会计报表附注及其他相关资料。

对固定资产净值进行分析就是分析固定资产原值和累计折旧变动对固定资产净值变动的影响。应该明确的是，固定资产的累计折旧仅仅代表了企业认定的已经转移到其他资产（如在产品、产成品等）或费用（如管理费用、销售费用等）的固定资产价值量。在企业折旧政策多样化的条件下，固定资产的累计折旧并不代表企业固定资产的实际贬值程度。因此，固定资产净值与原值之间的对比也不能完全反映固定资产的实际新旧程度，更不能完全反映企业固定资产的实际使用效能。对固定资产净值进行分析就是分析固定资产原值、折旧变动和减值准备对固定资产净值变动的影响。

2. 分析固定资产的结构

按现行规定，企业无需对外披露固定资产使用情况，因此，固定资产的结构与变动分析只有在有条件的情况下才能进行，如能够获取内部固定资产信息。合理配置固定资产，既可以在不增加固定资金占用量的同时提高企业生产能力，又可以使固定资产得到充分利用。固定资产按经济用途和使用情况可分为生产用固定资产、非生产用固定资产、未使用和不需用固定资产等。在各类固定资产中，生产用固定资产，特别是其中的生产设备，同企业生产经营直接相关，在全部资产中占较大的比重。非生产用固定资产是指职工宿舍、食堂、俱乐部等非生产单位使用的房屋和设备。非生产用固定资产应在发展生产的基础上，根据实际需要适当增加，但其增长速度一般不应超过生产用固定资产的增长速度，因此它的比重降低应当属于正常现象。未使用和不需用的固定资产，对固定资金的有效使用是不利的，企业应该查明原因，采取措施积极处理，将这部分资金压缩到最低的限度。当遇到购入了未来得及安装的固定资产或某项资产正进行检修等情况时，企业应加强管理，并尽可能缩短安装和检修的时间，使固定资产尽早投入到生产营运中去。

固定资产结构分析应特别注意以下三个方面：① 分析生产用固定资产与非生产用固定资产之间比例的变化情况。② 分析未使用和不需用固定资产比率的变化情况，查明企业在处置闲置固定资产方面的工作是否具有效率。③ 分析生产用固定资产的内部结构是否合理，需要注意的是要对固定资产的配置做出切合实际的评价，就必须结合企业的生产技术特点进行分析。

3. 分析固定资产的规模

相对于流动资产而言，一般情况下，固定资产的变现能力较差，但收益性较高。企业如果持有较高比例的固定资产，就会降低其经营的灵活性，增大经营风险。如果固定资产比重过低，将影响企业整体资产的盈利性。因此，企业需要保持一个合理的固定资产和流动资产比例。报表使用者可以通过行业经验以及将固定资产的规模变动与总资产和流动资产的规模变动进行比较，来判断企业固定资产规模及其变动的合理性。

4. 分析固定资产的有关会计政策

固定资产的有关会计政策中，折旧是重点。企业选择折旧方法应从企业的实际情况出发，但是实际上企业往往利用折旧方法的选择，来达到调整固定资产净值和利润的目的。报表使用者还要观察企业固定资产的折旧方法是否前后一致。因为折旧方法一经确定，除非企业的经营环境发生变化，一般不得随意变更。企业变更固定资产折旧方法，可能是企业调节利润的信号。

此外，要分析企业对固定资产净残值以及资产使用年限的估计是否符合国家有关规定，是否符合企业的实际情况。资产折旧的基数和固定资产的净残值两项指标还比较容易确定，但在固定资产使用年限的确定上却较难把握。固定资产除存在有形磨损外还存在无形磨损，所处的企业和行业不同，固定资产的磨损情况也不相同，而且企业的状况会经常发生变化，因此，企业往往会有足够多的理由变更固定资产的折旧年限。

（十三）在建工程

在建工程指企业固定资产的新建、改建、扩建，或技术改造、设备更新和大修理工程等尚未完工的工程支出。在建工程通常有“自营”和“出包”两种方式。自营在建工程指企业自行购买工程用料、自行施工并进行管理的工程。出包在建工程是指企业通过签订合同，由其他工程队或单位承包建造的工程。对于在建工程的分析应注意以下两方面：

第一，就在建工程来说，它反映了公司未来的利润增长点。一般来说，上市公司要在其年报附注中披露与在建工程项目有关的项目名称、预计投资金额、已投入金额及完工进度等各方面内容。我们可以通过对在建工程的相关内容及数据进行分析，结合投资项目的行业特点和市场前景，来初步评价在建工程的未来发展潜力。一般来说，如果在建工程能够顺利完工并投入运营，通常会给企业带来新的增量收入和增量利润。此外，有些上市公司在募集资金到位后，会将大部分计划的工程项目进行变更（即所谓的募集资金用途变更），如转变为委托理财等短期投机炒作，因此在分析在建工程时要对这一现象应高度重视。

第二，按照要求，已经达到预定可使用状态但还没有办理决算的在建工程，应当估价入账，转为固定资产，并按照规定计提折旧。这一规定对于正确反映企业的经营成果有着重要的意义。可是，有很多企业的在建工程早已投入使用，却因迟迟不办理决算而长期“在建”，这样做有很多“好处”：① 只要在建工程没有正式转入固定资产，企业就可以继续利用该项在建工程将借款利息资本化，将利息作为在建工程的成本进入资产负债表。② 不进行完工决算，企业就可避免这项在建工程决算转为固定资产后，对该资产提取折旧费用，因为根据会计准则的要求，只有固定资产才需要提取折旧费用，在建的没有完工的资产是不用提取折旧费用的。③ 有的企业无视会计准则的要求，将本该属于销售方面的其他支出也都作为在建工程的支出计入在建工程的成本，从而降低了营业成本并最终致使企业虚增了利润。因此，如果企业的某些在建工程期限过长，又没有可靠合理的解释，报表使用者就要考虑是否有在建工程故意延迟决算的可能。

专栏 3–5

在建工程：上市公司操纵利润和财务造假的温床！

在建工程有三个特点：一是会计准则允许一部分费用项目通过在建工程进行资本化，有一些建设施工过程中发生的零星支出，符合条件的可以一并计入在建工程；二是和固定资产相比，在建工程是未达到预定使用状态，所以不需要计提折旧；三是在建工程不容易审计和量化，很多时候上市公司拍脑袋就可以决定进度。

2018 年和 2019 年天齐锂业的重要在建工程变动情况如表 3–6 和表 3–7 所示。

表 3–6　2018 年重要在建工程变动情况　　金额单位：元

项目名称	2018 年预算数	2018 年增加余额	2018 年期末余额	工程进度
雅江锂辉石矿采选一期工程	398 727 200.00	683 059.01	133 697 418.66	33.53%
一期年产 2.4 万吨锂项目	1 998 368 900.00	792 213 250.00	1 853 868 607.32	92.77%
二期年产 2.4 万吨锂项目	1 670 438 400.00	595 298 674.00	726 782 431.41	43.51%
2 万吨碳酸锂项目	1 431 010 000.00	31 045 798.09	31 045 798.09	2.17%

表 3–7　2019 年重要在建工程变动情况　　金额单位：元

项目名称	2019 年增加余额	2019 年期末余额	工程进度
雅江锂辉石矿采选一期工程		133 697 418.66	33.53%
一期年产 2.4 万吨锂项目	1 676 771 590.52	3 530 640 197.84	95.12%
二期年产 2.4 万吨锂项目	528 863 815.87	1 255 646 247.28	50.00%
2 万吨碳酸锂项目	13 597 626.75	44 643 424.84	3.12%

我们发现，一年过去了，“雅江锂辉石矿采选一期工程”进度为零；“一期年产 2.4 万吨锂项目”预算增加，进度推进了不到 3%；“二期年产 2.4 万吨锂项目”进度推进

了不到6%;“2万吨碳酸锂项目”推进了不足1%。截至2019年期末,“雅江锂辉石矿采选一期工程”进度仍然为零;“一期年产2.4万吨锂项目”进度推进了不到2%;“二期年产2.4万吨锂项目”进度推进为零,“2万吨碳酸锂项目”推进了1%。两年左右时间,四个大项目进度缓慢,尤其是第二个项目,2018年进度就是百分之九十几,一年多过去了,为什么还是百分之九十几。这说明天齐锂业要么经营出了问题,要么就是故意拖延工程进度,好把很多费用资本化和减少折旧费用。我们都知道2019年天齐锂业巨亏,截至2020年三季度天齐锂业仍然亏损,如果不想办法减少费用,增加利润,都要面临被ST和退市了。对于天齐锂业近几年的在建工程为何进度如此缓慢的问题,值得深究。

资料来源:鹏风股票研究小组.在建工程:上市公司操纵利润和财务造假的温床![EB/OL].(2020-12-31)[2022-08-09].https://mp.weixin.qq.com/s/9v2qGq19GmLMKF_TDnkFHQ.

(十四)油气资产

油气资产属于递耗资产。递耗资产是通过开掘、采伐、利用而逐渐耗竭,以致无法恢复或难以恢复、更新或按原样重置的自然资源,如矿藏、原始森林等。油气资产是油气生产企业的重要资产,其价值在总资产中占有较大比重。

(十五)使用权资产

使用权资产是指承租人可在租赁期内使用租赁资产的权利。《企业会计准则第21号——租赁》中,无论是融资租赁还是经营租赁,对于承租人而言都不再进行区分,都要通过统一设置的“使用权资产”科目进行处理。使用权资产核算的是承租人取得并持有的使用权资产的原价。过去,对于经营租赁,这个使用权是不量化为表内资产进行核算的;对于融资租赁资产我们则是基于实质重于形式原则,将租赁资产直接作为固定资产进行表内核算。

(十六)无形资产

无形资产是指企业拥有或者控制的没有实物形态的可辨认非货币性资产,包括专利权、非专利技术、商标权、著作权、土地使用权、特许经营权等。由于商誉属于不可辨认资产,因此不属于无形资产,只能算作“无形项目”。但是,企业并购过程中产生的外购商誉仍然满足资产确认条件,应当确认为企业的一项资产,并在资产负债表中单独列示。一般来说,无形资产具有如下特征:不具有实物形态;属于非货币性长期资产;为企业使用而非出售的资产;在创造经济利益方面存在较大不确定性。对于无形资产的分析主要注意以下方面:

第一,报表上作为“无形资产”和“开发支出”列示的是企业外购的无形资产和已经成功的开发支出。在现行准则中,将无形资产的开发划分为研究和开发两个阶段。研究阶段的支出应当计入当期损益,即费用化;而开发阶段的支出,如果能够满足相关条款规定时,进行资本化处理,计入无形资产。与无形资产自创有密切关系的研究支出和开发支出的不定部分已经作为会计期间发生的费用,并没有作为无形资产处理,只有符合一定条件的开发支出才可以作为无形资产处理,因此,作为“无形资产”和“开发支出”处理的基本上是企业外购的无形资产和部分成功的开发支出。但在实际操作中,因为研发过程的连续性以及复杂性,两个阶段的划分完全有赖于有关人员的职业判断,由此也决定了上市公司研发费用资本化还是费用化的界线不清晰。研发过程的这种主观性的划分使得无形资产的数额很可能受到管理者人为地调节,从而影响我们对无形资产质量的判断。

第二,对无形资产的摊销应反映企业预期消耗该项无形资产所产生的未来经济利益的方式,而不再仅仅局限于直线法,也不再固定年限。无形资产摊销年限或方法的灵活性也使得无形资产的质量很大程度上依赖于管理者的判断是否与客观经济事实一致。

第三,企业存在由于会计处理原因而导致的账外无形资产。研究和开发支出的会计处理,并不能影响自创无形资产的成功与否。长期以来,企业已经开发成功的无形资产就难以在资产负债表上出现,而是游离于资产负债表之外。因此,历史较为悠久,并重视研究和开发的企业,就有可能存在多项已经成功且能为企业未来发展作出积极贡献的无形资产。此外,作为无形资产重要组成部分的人力资源也未能在资产负债表上体现。

(十七)长期待摊费用

长期待摊费用是指企业已经发生但尚未摊销的,摊销期在 1 年以上(不含 1 年)的各种费用,如租入固定资产改良支出、大修理支出以及摊销期在 1 年以上(不含 1 年)的其他待摊费用。

长期待摊费用实质上是按照权责发生制原则资本化的支出,本身没有交换价值,不可转让,因而根本没有变现性,盈利性的大小要视具体项目情况而定。一般来说,其数额越大,表明未来企业的费用负担越重。

在分析长期待摊费用项目时,应注意企业是否存在人为将长期待摊费用作为利润调节器的情况。在当期利润不足的情况下,将部分本应当期承担的费用资本化为长期待摊费用,或将长期待摊费用挂账而延期摊销;而在当期利润较为富裕的情况下,又会采用“以丰补歉”的做法,加大长期待摊费用的摊销力度,为今后经营业绩的保持奠定基础。

二、主要负债项目分析

(一)短期借款

短期借款数额的多少,往往取决于企业生产经营和业务活动对流动资金的需要量、现有流动资产的沉淀和短缺情况等。企业应结合短期借款的使用情况和使用效果分析该项目。为了满足流动资产的资金需求,一定数额的短期借款是必需的,但如果数额过大,超过企业的实际需要,不仅会影响资金利用效果,还会因超出企业的偿债能力而给企业的持续发展带来不利影响。短期借款适度与否,可以根据流动负债的总量、当前的现金流量状况和对未来会计期间现金流量的预期来确定。

短期借款发生变化,其原因不外乎两大方面:① 生产经营需要;② 企业负债筹资政策变化。其变动的具体原因可归纳为:

(1)流动资产资金需要,特别是临时性占用流动资产需要发生变化。当季节性或临时性需要产生时,企业就可能通过举借短期借款来满足其资金需要,当这种季节性或临时性需要消除时,企业就会偿还这部分短期借款,从而造成短期借款的变化。

(2)节约利息支出。一般来讲,短期借款的利率低于长期借款和长期债券的利率,相对于长期借款,举借短期借款可以减少利息支出。

(3)调整负债结构和财务风险。企业增加短期借款,就可以相对减少对长期负债的需求，使企业负债结构发生变化。相对于长期负债而言，短期借款具有风险大、利率低的特点，负债结构变化将会引起负债成本和财务风险发生相应的变化。

（4）增加企业资金弹性。短期借款可以随借随还，有利于企业对资金存量进行调整。

（二）应付票据

应付票据是指由出票人出票，并由承兑人允诺在一定时期内支付一定款项的书面证明。在我国，应付票据是在商品购销活动中由于采用商业汇票结算方式而发生的。商业汇票分为银行承兑汇票和商业承兑汇票。应付票据，是指企业在商品购销活动和对工程价款进行结算因采用商业汇票结算方式而发生的，由出票人出票，委托付款人在指定日期无条件支付确定的金额给收款人或者票据的持票人，它包括商业承兑汇票和银行承兑汇票。在我国，商业汇票的付款期限最长为 6 个月，因而应付票据即短期应付票据。应付票据按是否带息分为带息应付票据和不带息应付票据两种。

（三）应付账款

应付账款用以核算企业因购买材料、商品和接受劳务供应等经营活动应支付的款项。通常是指因购买材料、商品或接受劳务供应等而发生的债务，这是买卖双方在购销活动中由于取得物资与支付货款在时间上不一致而产生的负债。

（四）预收账款

预收账款是指企业商品销售尚未发生或劳务尚未提供时，向购货方收取的货款或定金。例如，收到销货订单时同时收取的定金、预收商品包装物的押金、长期建筑合同开出的发票中超过成本部分的金额等。它需在收款后 1 年或长于 1 年的营业周期内用约定的商品、劳务或出租资产来抵偿。如果企业收取款项后，没有按照约定的条件提供商品或劳务，就必须退还预收款项并赔偿由此给客户造成的损失。预收账款一般被列为流动负债，如果有特别合约规定，企业的预收项目不能在 1 年或长于 1 年的营业周期内用提供商品、劳务来清偿债务，那么企业应将该项预收账款列为非流动负债。如果企业的产品处在卖方市场，就可能有较多的预收账款。

（五）应付职工薪酬

应付职工薪酬是企业根据有关规定应付给职工的各种薪酬，按照“工资、奖金、津贴、补贴”“职工福利”“社会保险费”“住房公积金”“工会经费”“职工教育经费”“辞退福利”“非货币性福利”“其他长期职工福利”等应付职工薪酬项目进行明细核算。应付职工薪酬的额度和期限如果在正常的范围内，就不会体现企业的资金和信誉状况。但如果出现明显的拖欠职工薪酬的情况，就表明企业的信誉不良或者是资金周转出现了困难。

（六）应交税费

在资产负债表中，应交税费是指截止到报表编制日，企业按照税法等规定应交纳而未交纳的各种税费。包括增值税、消费税、所得税、资源税、土地增值税、城市维护建设税、房产税、土地使用税、车船税、教育费附加、矿产资源补偿费等。交纳税费是每个企业应尽的法定义务。如果该项目的金额过多，一般情况说明该企业有拖欠国家税款的现象。如该项金额为负数，则表示企业多交的应当退给企业或以后年度抵交的税费。

（七）其他应付款

其他应付款是指企业应付、暂收其他单位或个人的款项，如应付租入固定资产的租金、包装物的租金、应付保险费、存入保证金、应付统筹退休金等。其中，应付租入固定资产的租金，是指企业采用短期或低价值方式租入固定应支付的租金。这项租金应计入企业的费用（销售费用），而使用权资产的租赁费，则应作为长期负债，计入长期应付款。存入保证金，是指其他单位或个人由于使用企业的某项资产而交付的押金（如出租、出借包装物押金），归还资产后将退还给原单位或个人的暂收款项。

（八）长期借款

长期借款是指企业向银行或其他金融机构借入的、期限在1年以上的款项。长期借款一般用于企业的固定资产购建、固定资产改扩建工程、固定资产大修理工程以及企业正常生产经营活动中对流动资产的需要等方面，如目前的大修理借款、更新改造借款、出口工业品生产专项借款、进口设备人民币借款。长期借款按其偿还方式不同，可分为定期偿还的长期借款和分期偿还的长期借款，前者是指在规定的借款到期日一次还清借款，后者是指在借款期限内分期偿还本息，至到期日全部还清借款。资产负债表中长期借款项目反映的是企业尚未归还长期借款本金和利息的总额。

一般来说，长期借款增加说明企业在资本市场上的信誉较好，但若企业经营不善则可能导致未来面临较大的财务风险。同时，分析企业长期借款增加时应特别注意是否有相应的固定资产增加，否则会导致企业资金成本过高，资金利用效率降低。另外，在分析长期借款时，应特别注意有无抵押或担保条款。

（九）应付债券

应付债券是指企业为筹集长期资金而发行的偿还期在1年以上的债券。同增发股票相比，当投资报酬率大于债券利率时，发行公司债券可以为股东带来较大的经济利益，而且因为公司债券的利息支出属于正常的财务费用，可抵免所得税。需要注意的是，如果公司债券利率高于企业投资报酬率时，利息费负担重。不论企业债券是按溢价还是按折价发行，应付债券均按实际收到的款项入账。在资产负债表中，应付债券项目反映的是企业应付债券期末的摊余价值（不一定等于面值）和应付债券应计未付的利息总额。

（十）租赁负债

租赁负债，是指承租人在租入资产确认使用权资产的同时确认租赁负债，不管是经营租赁还是融资租赁均要在资产负债表列示，它等于按照租赁期开始日尚未支付的租赁付款额的现值。租赁负债应当按照租赁期开始日尚未支付的租赁付款额的现值进行初始计量。租赁负债通常分别在非流动负债和一年内到期的非流动负债列示。在计算租赁付款额的现值时，承租人应当采用租赁内含利率作为折现率；无法确定租赁内含利率的，应当采用承租人增量借款利率作为折现率。租赁内含利率，是指使出租人的租赁收款额的现值与未担保余值的现值之和等于租赁资产公允价值与出租人的初始直接费用之和的利率。承租人增量借款利率，是指承租人在类似经济环境下为获得与使用权资产价值接近的资产，在类似期间以类似抵押条件借入资金须支付的利率。后续计量中，承租人应当按照固定的周期性利率（即折现率）计算租赁负债在租赁期内各期间的利息费用，并计入当期损益。

（十一）长期应付款

长期应付款即企业还没有偿还的除长期借款和长期债券以外的其他各种长期负债。一般来说，主要是采用补偿贸易方式而发生的应付引进设备款，和延期付款购买资产发生的应付款项等。如根据企业与外商签订来料加工合同、来料装配合同和中小型补偿贸易合同来引进国外设备所发生的应付款项，在设备完成安装并投产后，按合同规定的还款方式，用应收的加工装配收入和出口产品收入归还。

三、所有者权益（股东权益）项目分析

关于所有者权益（股东权益）项目变动的分析可参见本书第六章。

第四节　资产负债表的总体评价

一、关注总资产、总权益规模变动及其原因

（一）分析总资产规模和各类、各项资产的变动状况，揭示资产变动的主要方面，从总体上了解企业经过一定时期经营后资产的变动情况

首先，发现变动幅度较大或对总资产变动影响较大的重点类别和重点项目，特别是发生异常变动的项目。其次，要把对总资产影响较大的资产项目作为分析重点。该项目变动对总资产的影响，不仅取决于该项目本身的变动程度，还取决于该项目在总资产中所占的比重。当某项目本身变动幅度较大时，该项目在总资产中所占比重较小，则该项目变动对总资产变动的影响就不会太大；反之，即使某个项目本身变动程度较小，如果其比重较大时，其影响程度也很大。

（二）分析总权益规模和各类、各项筹资的变动状况，揭示总权益规模变动的主要方面，从总体上了解企业经过一定时期经营后所有者权益的变动情况

首先，发现变动幅度较大或对权益总额变动影响较大的重点类别和重点项目，为进一步分析指明方向。其次，分析评价权益资金变动对企业未来经营的影响。在资产负债表中，资产总额等于负债与所有者权益总额之和，当资产规模发生变动时，必然要有相应的资金来源，如果资产总额的增长幅度大于股东权益的增长幅度，表明企业债务负担加重，这虽然可能是因为企业筹资政策变动而引起的，但后果是引起偿债保证程度下降，偿债压力加重。因此，不仅要分析评价权益资金发生了怎样的变动，而且要注意分析评价这种变动对企业未来经营的影响。最后，注意分析评价表外业务的影响。例如，按现行会计准则规定，资产负债表仅反映了企业按历史成本原则核算的现时义务，一个企业所承担的或有负债并不反映在资产负债表上，而这可能成为企业现实负债的事项及对企业财务状况可能产生影响，也是分析评价时要特别关注的。

二、关注资产结构和资本结构及其适应情况

（一）关注资产结构

资产结构，是指各项资产相互之间、资产与其相应的来源之间由规模决定的比例关系。从资产自身的结构来看，既有按照流动性确定的流动资产与非流动资产的结构关系，也有按照利润贡献方式确定的经营性资产（主要包括货币资金、商业债权、存货、固定资产和无形资产等项目）和投资性资产（主要包括直接对外投资形成的交易性金融资产、债权投资、其他债权投资、其他权益工具投资、长期股权投资等项目）的结构关系，还有企业从事经营

的各个业务板块形成的资产结构关系等等。由于不同的结构所表现出来的经济含义和管理含义有显著区别,因此,对资产结构的考察意义重大。

（二）关注资本结构

本书将资本结构定义为企业资产负债表右方“负债与所有者权益”的结构,即资本结构既包括企业负债总规模与所有者权益规模的对比关系,也包括企业各类债务（如短期、长期）占总负债的构成比例和所有者权益中各类股东的持股构成比例,以及所有者权益中各项目的构成比例。这种理解有助于信息使用者将关注点转向企业财务资源对负债的依赖状况。资本结构揭示了利益相关者的基本利益关系,帮助我们回答给谁干的问题。在财务管理中对资本结构的决策分析主要关注资本成本。财务管理中对资本成本的表述总结起来就是三句话：任何资本都有成本（包括机会成本）；不同来源资本的成本不同；加权平均成本最低的资本结构就是最佳资本结构。如果假设不同来源、不同结构的资本产生的效益是相同的,那么这个结论就是正确的。但是如果不同来源、不同结构的资本产生的效益是不同的,这个结论会有失偏颇,这时不能仅仅关注成本,而且要进行成本与效益间的对比分析,决策过程中往往还要结合很多非定量因素。

（三）关注资产结构与资本结构的适应性

资产结构与资本结构的适应性主要体现在：首先,企业资产报酬率应能补偿企业资本成本。从成本效益关系的角度来分析,只有当企业的资产报酬率（应当为企业的利息和税前利润与企业总资产之比）大于企业的加权平均资本成本时,企业才能在向资金提供者支付报酬以后使企业的净资产得到增加,企业净资产的规模得以扩大。反之,在企业的资产报酬率小于企业的加权平均资本成本时,企业在向资金提供者支付报酬以后,将缩减企业的净资产,企业净资产的规模将逐渐缩小。其次,资产结构的长短期构成与资金来源的期限构成相匹配。即企业的流动资产作为企业最有活力的资产,应能为企业偿还短期债务提供可靠保障；同时,短期资产由于其收益率较低,应主要由资本成本相对较低的短期资金来源提供支持；企业的长期负债由于其资金成本较高,应与企业的长期资产项目相匹配。只有这样的资产结构,才能保证企业有可能在允许的范围内将资本成本和财务风险降至最低水平,尽量避免“短贷长投”现象的发生,达到最佳的生产经营状态。最后,这种适应性要求企业在可承受的财务风险状态下运行。然而在某些情况下,企业也会出现另类的资产结构与资本结构的对应关系。例如,在竞争优势极其明显的情况下,企业通过采用预收账款方式销售、加速存货周转、赊购存货等方式运营,就会表现出流动资产小于流动负债的态势。在这种情况下,流动资产的规模低于流动负债,并不反映企业的短期偿债能力存在问题,而恰恰是企业竞争优势和商业信誉良好的表现。但这种运营管理也会潜藏一定的风险,一旦企业的资金链出现问题,就有可能因发生连锁反应而使企业陷入支付危机。

专栏 3-6

*ST 保千的债务违约危机

*ST 保千的前身是 1997 年上市的江苏中达新材料集团股份有限公司（以下简称“中达股份”）。2015 年 2 月 17 日,经中国证券监督管理委员会批准,中达股份进行了

重大资产重组，将原有全部资产及负债出售给原控股股东申达集团有限公司（以下简称“申达集团”），由申达集团承接上市公司全部资产、负债、业务及人员。同时，中达股份拟向庄敏、日昇创沅、陈海昌、庄明、蒋俊杰以非公开发行股份的方式购买其合计持有的深圳市保千里电子有限公司 100% 股权。中达股份本次发行股份购买资产的发行价格为 2.12 元/股。根据银信评估于 2014 年 10 月 10 日出具的《评估报告》，截至评估基准日 2014 年 3 月 31 日，深圳市保千里股东全部权益价值的评估值为 288 314.00 万元。经交易双方协商确定，拟购买资产作价 288 314.00 万元。自此，深圳市保千里电子有限公司完成借壳上市，中达股份实际控制人变更为庄敏，并正式更名为江苏保千里视像科技集团股份有限公司。

2015 年以来，*ST 保千大量融资，负债金额年年攀升，负债总额由 2015 年的 12.17 亿元上升到 2019 年的 65.23 亿元。*ST 保千在 2015 年和 2016 年的资产负债率维持在 40% 至 70% 之内，2017 年，*ST 保千的资产负债率飙升至 257.85%，债务违约后，*ST 保千的资产负债率继续飞涨，分别于 2018 年和 2019 年达到 800.92% 和 1 079.34%。2015 年至 2019 年 *ST 保千的金融机构借款中，长期借款的规模比较小，仅在 2016 年大量借入 1.20 亿元。但其短期借款的规模却呈现持续上升的趋势，2015 年 *ST 保千的短期借款仅为 4.1 亿元，2016 年急剧上升，高达 23.28 亿元，2017 年上升为 23.47 亿元。2018 年和 2019 年债务违约后分别达到 25 亿元左右。短期借款的不断增多，导致 *ST 保千的短期偿债压力加大；债务的集中到期，也会使得公司的资金链紧张，资金无法良性循环，公司的违约风险就会不断上升。

违约事件过程：2016 年 12 月 27 日，*ST 保千收到中国证监会的调查通知，由于 *ST 保千涉嫌重大信息披露违法行为，中国证监会决定对公司进行立案调查。2017 年 7 月 11 日，证监会根据对 *ST 保千的调查依法下达处罚通知。由于在收购中达股份的过程中，*ST 保千向评估机构出具虚假协议，致使其评估值虚增，证监会决定对公司、收购人及其一致行动人处以不同程度的罚款，并责令改正，给予警告。违规上市曝光后，*ST 保千继续保持大额对外投资和对外担保，大股东股份质押也在持续。2017 年 8 月，庄敏辞去 *ST 保千董事长的职位，公司董事长、总裁、副总裁等职位进行了大变动。2017 年 9 月起，债权人纷纷起诉 *ST 保千，公司资产及股份陆续遭到冻结。2017 年 12 月 2 日，*ST 保千发布关于债务逾期的公告。公告称，截止 2017 年 12 月 1 日，*ST 保千及下属子公司到期未清偿债务总额约 45 466.40 万元，占公司 2016 年度经审计净资产的 10.39%。

资料来源：安然 .*ST 保千债务违约案例研究［D］. 沈阳：沈阳工业大学，2020.

三、关注企业战略与资产负债表的关系

资产负债表静态地反映企业在特定日期的财务状况，同时清晰地反映出企业运作的意图和战略实际配置以及企业资源的利用战略。企业战略与资产负债表的关系如表 3-7 所示。

表 3-7　企业战略与资产负债表的关系

资产（资源配置战略）	负债与所有者权益（资源利用战略）
经营性资产 投资性资产	商业信用资源
	借入资源
	股东入资资源
	股东留剩资源

资料来源：张新民．资产负债表：从要素到战略［J］．会计研究，2014（5）．

具体分析如下。

（一）资产结构与企业的资源配置战略

经营性资产包括货币资金、商业债权（包括应收票据和应收账款等）、存货、固定资产（包括在建工程等）、无形资产等。而投资性资产所占用的资源除了反映在典型的交易性金融资产、债权投资、其他权益工具投资、其他债权投资、长期股权投资等项目以外，还反映在以提供经营性资金方式对子公司投资的其他应收款项目上。按照企业经营性资产与投资性资产各自在资产总规模中的规模大小，可以将企业区分为以经营性资产为主的经营主导型、以投资性资产为主的投资主导型和经营性资产与投资性资产比较均衡的投资与经营并重型。而经营主导型、投资主导型以及经营与投资并重型恰恰是企业发展战略的具体表现。

1. 经营主导型企业的发展战略

资产结构中以经营性资产为主的企业，其战略十分清晰：以特定的行业和产品或劳务的生产与销售为主营业务的总体战略为主导，以适当的竞争战略（如低成本战略、差异化战略和聚焦战略等）和职能战略（如研发、采购、营销、财务、人力资源等战略）为基础，以固定资产、存货及其与市场的关系管理为核心，为企业的利益相关者持续创造价值，在行业内做大做强或者保持一定的竞争能力和竞争地位。经营主导型企业能够最大限度地保持其自身的核心竞争力。

2. 投资主导型企业的发展战略

资产结构中以投资性资产为主的企业，往往是规模较大的企业集团。其战略内涵同样十分清晰：以多元化或一体化的总体战略（或其他总体战略）为主导，以子公司采用适当的竞争战略和职能战略，特别是财务战略中的融资战略（子公司通过吸纳少数股东入资、子公司自身债务融资和对商业信用的利用等融资战略可以实现在母公司对其投资不变情况下的快速扩张）为基础，以对子公司的经营资产管理为核心，通过快速扩张为企业的利益相关者持续创造价值，做大做强企业集团或者在整体上保持一定的竞争能力和竞争地位。

3. 经营与投资并重型企业的发展战略

经营与投资并重型企业，其实施的往往是稳健的扩张战略：企业既通过保持完备的生产经营系统和研发系统来维持其核心竞争力，又通过对外控制性投资的扩张，来实现企业的跨越式发展。可见，当把企业的资产结构与发展战略联系在一起的时候，资产结构就成为企业实施其发展战略的必然结果。可以进一步认为，资产的规模与结构就是企业资源配置战略的实施结果。

（二）负债和股东权益与企业的资源利用战略

企业负债和股东权益构成了企业资产的来源渠道，其主要部分可以分成商业信用资源、借入资源、股东入资资源和股东留剩资源四类。对这些资源的利用，体现的是企业的资源利用战略。

1. 商业信用资源

商业信用主要包括应付票据、应付账款和预收款项，是企业与上下游企业或者用户进行结算时所产生的债务。企业利用商业信用资源的状况反映了其竞争地位或竞争优势。一方面，在企业具有高于同类企业获得商业信用资源平均水平的能力的条件下，企业通常具有较高的“两头吃”的能力——即企业利用上下游企业资金来支持自身发展的能力较强；在企业具有低于同类企业获得商业信用资源平均水平的能力的条件下，通常意味着企业“两头吃”的能力较弱，竞争地位较低。另一方面，商业信用资源具有综合成本低（综合成本低于贷款成本）、综合偿还压力低于账面金额（与预收款项对应的偿还资源为商品或劳务的账面成本）和固化上下游关系等特点，因此，企业对于商业信用资源的利用，绝不是被动的，而是积极主动的：企业往往将最大限度利用商业信用资源作为其优先选择的经营战略与财务战略。因此，企业对于商业信用资源的利用，不仅仅是企业上下游关系管理的局部问题，还是企业的战略选择问题，有效利用商业信用能够提升企业价值。

2. 借入资源

借入资源主要包括短期借款、长期借款和应付债券等。影响企业选择利用借入资源的因素很多，包括融资环境、融资成本、企业自身盈利能力、企业集团的资金管理体制、企业负债的整体规模以及现有资产负债率等。根据优序融资理论，为了实现现有股东利益最大化，在企业具有较强的盈利能力、不能进一步利用商业信用资源的条件下，企业应该尽可能选择借款或者发行债券。在实施集中统一管理企业集团内部资金的体制下，为了整个集团的融资战略（不是母公司自身的经营活动）而进行借款或发行债券，尽管会增加母公司自身利润表上的财务费用，但由于可能降低整个集团的整体融资成本而成为很多企业集团财务战略的首选。这就是说，对于借入资源的利用状况及其变化的分析，可以透视出企业集团的财务战略意图和整体战略规划。

3. 股东入资资源

股东入资包括股本（实收资本）和资本公积，是企业发展的原动力。股东对企业的入资具有极强的战略色彩。

（1）股权结构、股东范围、资本规模与企业战略。不同的股权结构设计、股东范围的选择以及资本规模的安排均具有极强的战略内涵。一方面，股权结构的分散程度、股东范围的广泛程度直接决定了企业控制权的实现方式，而恰恰是企业的控制权主导了企业的战略。另一方面，资本规模也直接制约着企业的战略：资本规模与企业的融资能力密切相关，股东入资与融资规模在很大程度上决定了企业可利用资源的规模，并进而制约着企业的战略与实施。

（2）股权结构、公司治理、核心人力资源与企业战略。公司治理要处理的主要是股东大会（或股东会）、董事会与企业经理层之间的关系，并确保公司在满足各利益相关者的正常利益基础上实现持续健康发展。在公司治理的过程中，股东依其持有的股份份额（股权结构）行使投票权，产生董事会。董事会决定公司的战略目标并决定核心人力资源；以核心人力资源为主导的管理团队负责实施公司的战略。而这一切的关键点在于，股权结构决定了公司治理的基本架构。

（3）股东入资形式、规模、结构与企业战略。股东对企业入资的资源形态和种类，除了货币资金以外，还有诸如存货、长期股权投资、固定资产和无形资产等。在股东对企业入资为货币资金的情况下，股东入资对企业战略执行的意义主要在于：第一，股东注入企业货币资金的规模在很大程度上决定了其能够撬动的债务融资规模；第二，以企业获得的股东入资和债务融资为主体的实际可支配资源则从根本上决定了其所能够实现的经营业务规模与企业对外扩张的能力。

4. 股东留剩资源（累积利润）

股东留剩资源是指企业实现的利润中，股东没有分配而留存在企业的权益部分。这部分股东留剩资源在报表上主要表现为盈余公积和未分配利润，也是企业的累积利润。股东留剩资源对企业的战略含义在于，在一定的盈利规模下，企业可以通过制定不同的股利分配政策，在一定程度上改变企业的财务结构，并对企业的战略形成支撑：在企业处于高负债率或投资支出压力较大的条件下，企业可以通过选择股票股利或者股票股利与现金股利相结合的分配方式，尽力降低现金股利支出的规模，使企业的股东权益在进行利润分配后仍然维持较高的规模，从而对降低企业的现金流出量、提高企业的债务融资能力乃至投资能力起到战略支撑的作用。反之，当企业负债率较低、现金流量充裕、投资现金支出压力不大的条件下，企业可以选择激进的股利分配政策，提高现金股利的分配规模。上述分析清晰地表明，企业负债和股东权益的组合状况具有深远的战略含义：即利用什么资源来实现企业的发展，也就是企业的资源利用战略。显然，处于不同发展阶段、不同竞争地位的企业，可以采用的资源利用战略是不同的。

四、关注主要的不良资产区域

就不良资产的区域而言，主要集中在其他应收款、周转缓慢的存货、因被投资企业巨额亏损而严重贬值的长期股权投资、利用率不高且难以产生效益的固定资产、无明确对应关系的无形资产、长期待摊费用等等。不良资产迟早会对企业的经营业绩造成负面影响，关注企业主要的不良资产区域，对预测企业的发展前景和业绩变动趋势将会提供重要帮助。

本章小结

1. 资产负债表是指反映企业在某一特定日期财务状况的报表。它反映企业在某一特定日期所拥有或控制的经济资源、所承担的现时义务和所有者对净资产的要求权。资产负债表只是一幅静态的画面，它只描述了某一时点公司的财务状况。

2. 从会计角度，计量属性反映的是会计要素金额的确定基础，主要包括历史成本、重置成本、可变现净值、现值和公允价值等。虽然现行权责发生制的会计体系仍然以历史成本作为主要的计量属性，但无论如何，历史成本已不再作为一项会计核算的基本原则。多种计量属性的并存及公允价值的引入，资产负债表中资产、负债项目的账面价值与市场价值的关系更加密切，为确定企业价值提供了决策相关的信息。

3. 在资产负债表中，“资产总计”中的数据和“负债及所有者权益总计”中的数据应该是相等的，这就是我们所说的会计平衡，其表现形式是资产负债表两边相等，用会计公式表示：资产 = 负债 + 所有者权益。

练 习 题

一、名词解释

1. 资产负债表　2. 重置成本　3. 可变现净值　4. 公允价值

二、单项选择题

1. 企业资产利用效率提高，形成资金绝对节约是指(　　)。

A. 增产增收时不增资　　B. 产值、收入持平，资产减少

C. 增长增收时增资　　D. 减产减收时增资

2. 短期借款的特点是(　　)。

A. 风险较大　　B. 利率较低

C. 弹性较差　　D. 满足长期资金需要

3. 存货发生减值是因为(　　)。

A. 采用先进先出法　　B. 采用后进先出法

C. 可变现净值低于账面成本　　D. 可变现净值高于账面成本

4. 在通货膨胀条件下，存货采用先进先出法对利润表的影响是(　　)。

A. 利润被低估　　B. 利润被高估

C. 基本反映当前利润水平　　D. 利润既可能被低估也可能被高估

5. 不随产量和销售规模变动而变动的资产项目是(　　)。

A. 货币资金　　B. 应收账款　　C. 存货　　D. 固定资产

6. 如果资产负债表上存货项目反映的是存货实有数量，则说明采用了(　　)。

A. 永续盘存法　　B. 定期盘存法

C. 加权平均法　　D. 个别计价法

三、多项选择题

1. 资产负债表分析的目的是(　　)。

A. 了解企业财务状况的变动情况

B. 评价企业会计对企业经营状况的反映程度

C. 修正资产负债表的数据

D. 评价企业的会计政策

E. 说明资产负债表的编制方法

2. 企业资产利用效率提高,使得资金相对节约是指(　　)。

A. 产值、收入不变,资产减少

B. 增产增收时增资,但增资幅度小

C. 增产增收时不增资

D. 减产减收时减资,但资产减少幅度大

E. 增产增收时增资,但增资幅度大

3. 引起材料存货变动的原因有(　　)。

A. 期初结存量　　B. 本期购入量

C. 本期耗用量　　D. 生产周期

E. 材料单位价格

4. 产成品存货变动的原因有(　　)。

A. 期初结存量　　B. 本期生产量

C. 本期销售量　　D. 生产周期

E. 产品单位成本

5. 引起股东权益结构变动的情况有(　　)。

A. 发行新股　　B. 配股

C. 资本公积转股　　D. 盈余公积转股

E. 以送股进行利润分配

6. 进行负债结构分析时必须考虑的因素有(　　)。

A. 负债规模　　B. 负债成本

C. 债务偿还期限　　D. 财务风险

E. 经营风险

7. 股东权益结构分析应考虑的因素有(　　)。

A. 企业控制权　　B. 企业利润分配政策

C. 财务风险　　D. 权益资金成本

E. 经济环境

8. 以下属于经营性资产的项目是(　　)。

A. 货币资金　　B. 应收账款　　C. 应收票据　　D. 其他应收款

四、判断题

1. 自查负债表中某项目的变动幅度越大,对资产或权益的影响就越大。(　　)

2. 增产增收的同时减少资产,会形成资金相对节约。(　　)

3. 如果本期总资产比上期有较大幅度增加,表明企业本期经营卓有成效。(　　)

4. 只要本期盈余公积增加,就可以断定企业本期经营是有成效的。(　　)

5. 资产负债表结构分析法通常采用水平分析法。(　　)

6. 固定资产比重越高，企业资产的弹性越差。（　　）

7. 资产结构变动一定会引起负债规模发生变动。（　　）

五、简答题

1. 资产负债表是什么类型的财务报表？其作用是什么？

2. 从哪些方面进行应收账款（应收票据）的分析？

3. 短期借款变动的原因有哪些？

4. 资产负债表的哪些信息能体现企业战略？

案例分析

某企业是一家上市公司，其年报有关资料如表3–8、表3–9和表3–10所示。

表3–8　资产负债表

单位：万元

资　　产	期初	期末	负债及股东权益	期初	期末
流动资产：			流动负债：		
货币资金	8 679	20 994	短期借款	13 766	37 225
交易性金融资产		1 000	应付账款	2 578	5 238
应收账款	9 419	13 596	应付职工薪酬	478	508
其他应收款	3 489	7 215	应交税费	51	461
存货	13 052	16 007	其他应付款	2 878	7 654
其他流动资产	2 828	3 277	流动负债合计	19 751	51 086
流动资产合计	37 432	59 752	非流动负债：		
非流动资产：			长期借款	640	320
长期股权投资	13 957	15 197	负债合计	20 391	51 406
固定资产	40 202	68 185	股东权益：		
在建工程	9 978	1 534	股本	16 535	24 803
无形资产	690	1 384	资本公积	25 752	17 484
			盈余公积	6 017	7 888
			未分配利润	13 395	19 225
非流动资产合计	64 827	86 300	股东权益合计	61 699	69 400
资产总计	82 090	120 806	负债和所有者权益总计	82 090	120 806

表 3-9　应收账款账龄表　　金额单位：万元

账龄	期初数	比例 /（%）	期末数	比例 /（%）
1 年以内	8 617	91.48	10 699	78.68
1~2 年	376	3.99	2 147	15.79
2~3 年	180	1.91	325	2.38
3 年以上	246	2.62	425	3.14
合计	9 419	100	13 596	100

表 3-10　其他应收款账龄表　　金额单位：万元

账龄	期初数	比例 /（%）	期末数	比例 /（%）
1 年以内	2 715	77.8	5 052	70.02
1~2 年	516	14.79	1 706	23.64
2~3 年	248	7.12	416	5.76
3 年以上	10	0.29	41	0.58
合计	3 489	100	7 215	100

要求：根据以上资料对该公司的财务状况进行分析并做出评价。

第四章　利润表分析

学习目标

1. 了解利润表的概念和利润表分析的作用。
2. 理解利润表的基本结构和编制基础。
3. 掌握利润表项目分析和总体评价的基本方法、思路与原理。

引导案例

乐视虚增收入 18.7 亿元，虚增利润 17.3 亿元

2021 年 4 月 13 日，证监会官网公布了乐视财务造假案的细节。乐视网 10 年共虚增收入 18.7 亿元，共虚增利润 17.3 亿元。自 2007 年起，乐视网就虚增收入和利润，且虚增数额逐年递增。2010 年上市后，乐视继续造假，2015 年，乐视虚增利润占当期披露利润总额的 516.32%。

乐视的上市是造假的起源。乐视网 2010 年登陆创业板，保荐机构是平安证券。乐视是当时首个在国内创业板上市的视频网站。乐视当时招股书称，其 2007 年收入 3 691 万元，净利润 1 469 万元，实现扭亏为盈。2009 年营收 1.34 亿元，净利润 4 412 万元。而据证监会调查结果，乐视早在 2007 年就开始财务造假，其中 2007 年虚增收入 939.95 万元，虚增利润 870.23 万元，虚增利润占当期披露利润总额的 59.27%；2008 年虚增收入 4 615.52 万元，虚增利润 4 308.25 万元，虚增利润占当期披露利润总额 136.00%；2009 年虚增收入 9 375.76 万元，虚增利润 8 883.18 万元，虚增利润占当期披露利润总额 186.22%。2009 年乐视公布的净利润 4 412 万元，若减去虚增的 8 883.18 万元利润，当年是亏损状态，不满足其 2010 年上市条件。上市前三年，乐视网通过贾跃亭实际控制的公司虚构了 10 笔收入，通过第三方公司虚构了 15 笔收入。通过冒充客户回款虚构了 6 笔收入，其中包括冒充联动优势科技有限公司回款 2 401.58 万元，冒充中国联通回款 7 581.77 万元。

但根据证监会的调查，乐视上市后的利润主要靠造假，每一年都有虚假利润，其中 2014 年造假利润占比高达总利润 93%。2011 年至 2016 年共虚增 17.3 亿元收入。乐视收入造假主要在广告业务。2010 年至 2016 年，与多家公司虚构业务、应收账款长期挂账，实现了虚增收入的目的。除利用自有资金循环和串通“走账”虚构业务收入外，乐视还通过伪造合同、以未实际执行框架合同或单边确认互换合同方式继续虚增业绩。

为了财务造假，乐视网还涉及未按规定披露关联交易。2017 年 4 月 17 日，乐视网以

“增资款”名义转给全资子公司重庆乐视小额贷款公司2.1亿元，乐视小贷收到上述2.1亿元后，立即以贷款名义分7笔每笔3 000万元将资金转给7家乐视网关联公司，上述7家公司收到资金后，当天便将资金全部转给乐视控股。

造假10年，乐视最终被罚款2.41亿元。参与造假的当事人，贾跃亭在国内多次上了失信人的名单，被限制了高消费，并被罚款2.41亿元，被采取终身证券市场禁入措施。

资料来源：任晓宁．乐视10年造假细节披露：上市本无资格、利润全靠“编”，虚增收入共18.7亿元[EB/OL].(2021-04-14)[2022-08-09].http://www.eeo.com.cn/2021/0414/484749.shtml.

第一节　利润表概述

一、利润表的概念

利润表是反映企业在一定会计期间的经营成果的报表。利润表的列报必须充分反映企业经营业绩的主要来源和构成，有助于使用者判断净利润的质量及其风险，有助于使用者预测净利润的持续性，从而作出正确的决策。通过利润表，可以反映企业一定会计期间的收入实现情况，如实现的营业收入有多少、实现的投资收益有多少、实现的营业外收入有多少；可以反映一定会计期间的费用耗费情况，如耗费的营业成本有多少、营业税费有多少、销售费用、管理费用、财务费用各有多少、营业外支出有多少；可以反映企业生产经营活动的成果，即净利润的实现情况，据以判断资本保值、增值情况等。

二、利润表分析的作用

利润额的高低及其发展趋势，是企业生存与发展的关键，也是企业投资者及其利益相关者关注的焦点，因此，利润表的编制与披露对信息使用者是至关重要的。具体地说，利润表分析的作用主要表现在以下几个方面。

（一）有利于预测企业经营成果和获利能力

经营成果和获利能力都与“利润”紧密相关。经营成果（或经营业绩）指企业在其所控制的资源上取得的报酬（扣除理财成本、筹资成本等减项），它可直接体现为一定期间的利润总额；而获利能力则指企业运用一定的经济资源（如人力、物力）获取经营成果的能力，它可通过各种相对指标予以体现，如资产收益率、净资产收益率、成本收益率以及人均收益率等。通过当期利润表数据，可反映一个企业当期的经营成果和获利能力；通过比较和分析同一企业不同时期、同企业同一时期的收益情况，可据以评价企业经营成果的好坏和获利能力的高低，预测未来的发展趋势。

（二）有利于预测企业未来的现金流动状况

我们知道，报表使用者主要关注各种预期的现金来源、金额、时间及其不确定性。这些预期的现金流动与企业的获利能力具有密切的联系。利润表揭示了企业过去的经营业绩及利润的来源、获利水平，同时，通过表格部分（收入、费用、利得和损失等）充分反映了它们之间的关系，可据以评价一个企业的产品收入、成本、费用变化对企业利润的影响。尽管过去的业绩不一定意味着未来的成功，但对一些重要的趋势可从中进行分析把握。如果过去经营成果与未来的活动之间存在着相互联系，那么，由此即能可靠地预测未来现金流量及其不确定程度，评估未来的投资价值。

（三）有利于预测企业的偿债能力

偿债能力是指企业以资产清偿债务的能力。利润表本身并不能直接提供关于偿债能力的信息，但企业的偿债能力不仅取决于资产的流动性和权益结构，也取决于企业的获利能力。获利能力不强，企业资产的流动性和权益结构必将逐步恶化，最终危及企业的偿债能力，陷入资不抵债的困境。因此，从长远看，债权人和管理人员通过比较、分析利润表的有关信息，可以间接地评价、预测企业的偿债能力，尤其是长期偿债能力，并揭示偿债能力的变化趋势，进而做出各种信贷决策和改进企业管理工作的决策。例如，债权人可据以决定维持、扩大或收缩现有信贷规模，并提出相应的信贷条件；管理者可据以找出偿债能力不强的原因，努力提高企业的偿债能力，改善企业的形象。

（四）有利于考核管理人员的绩效

企业实现利润的多少，是体现管理人员绩效的一个重要方面，是管理成功与否的重要体现。通过比较前后期利润表上各种收入、费用、成本及收益的增减变动情况，并分析发生差异的原因，可据以评价各职能部门和人员的业绩，以及他们的业绩与整个企业经营成果的关系，以便评判各管理部门的功过得失，及时做出生产、人事、销售等方面的调整，提出奖惩任免的建议。

（五）可作为企业经营成果分配的重要依据

现代企业也可以看成是市场经济条件下，以法律、章程为规范而由若干合同（契约）结合的经济实体。究其实质，现代企业可理解为由不同利益集团组成的“结合体”。各项利益集团之所以贡献资源（资金、技术、劳力等）或参与企业的活动，目的在于分享企业的经营成果。利润表直接反映企业的经营成果，在一定的经济政策、法律规定和企业分配制度的前提下，利润额的多少决定了各利益相关者的分享额，如国家税收收入、股东的股利、员工和管理人员的奖金等。

第二节　利润表的结构分析

一、利润表的基本结构

利润表是根据“利润 = 收入 − 费用”的基本关系编制的。在实际编制时，有两种方式可供选择：一是以企业一定时期的全部收入总和减去全部费用支出的总和。二是根据企业收入和费用的性质分类，尽可能相互配比，以计算出不同业务所取得的利润，将各种利润加起来即为利润总额，然后再减去所得税费用，即为净利润。相应地，利润表的格式也有两种：按照第一种方法计算净利润的格式称单步式利润表。按照第二种方法计算净利润的格式称为多步式利润表。在我国，企业利润表采用的基本上是多步式格式。

利润表一般由表头、表身和补充资料三部分构成。利润表的表头，主要填制编制单位、报表日期、货币计量单位等，由于利润表说明的是某一时期的经营成果，因而利润表的表头必须注“年份”或“某会计年度”。

表身是利润表的主体部分，主要反映收入、费用和利润各项目的具体内容及其相互关系。为了使报表使用者通过比较不同期间利润的实现情况，判断企业经营成果的未来发展趋势，企业需要提供比较利润表，利润表还就各项目再分为“本期金额”和“上期金额”两栏分别填列，如表 4-1 所示。补充资料列示或反映了一些在主体部分中未能提供的重要信息或未能充分说明的信息，这部分资料通常在报表附注中列示。

表 4-1　利　润　表

会企 02 表

编制单位：　　　　　　____年____月　　　　　　单位：元

项　　目	本期金额	上期金额
一、营业收入		
减：营业成本		
税金及附加		
销售费用		
管理费用		
研发费用		
财务费用		
其中：利息费用		
利息收入		
加：其他收益		
投资收益（损失以“-”号填列）		
其中：对联营企业和合营企业的投资收益		
以摊余成本计量的金融资产终止确认收益（损失以“-”号填列）		
净敞口套期收益（损失以“-”号填列）		
公允价值变动收益（损失以“-”号填列）		
信用减值损失（损失以“-”号填列）		
资产减值损失（损失以“-”号填列）		
资产处置收益（损失以“-”号填列）		
二、营业利润（亏损以“-”号填列）		
加：营业外收入		
减：营业外支出		
三、利润总额（亏损总额以“-”号填列）		
减：所得税费用		

续表

项　　目	本期金额	上期金额
四、净利润（净亏损以"–"号填列）		
（一）持续经营净利润（净亏损以"–"号填列）		
（二）终止经营净利润（净亏损以"–"号填列）		
五、其他综合收益的税后净额		
（一）不能重分类进损益的其他综合收益		
1. 重新计量设定受益计划变动额		
2. 权益法下不能转损益的其他综合收益		
3. 其他权益工具投资公允价值变动		
4. 企业自身信用风险公允价值变动		
……		
（二）将重分类进损益的其他综合收益		
1. 权益法下可转损益的其他综合收益		
2. 其他债权投资公允价值变动		
3. 金融资产重分类计入其他综合收益的金额		
4. 其他债权投资信用减值准备		
5. 现金流量套期储备		
6. 外币财务报表折算差额		
……		
六、综合收益总额		
七、每股收益：		
（一）基本每股收益		
（二）稀释每股收益		

二、利润表的编制基础

传统会计收益的报告模式是以实际交易为基础，以实现原则、历史成本原则、配比原则为规范。尽管传统会计收益客观、可检验和谨慎，但却是许多人为规则的产物，因此，一直受到诸多批评。表现在：① 坚持收益确定的实现原则，使计算的收益并非企业的全部收益，即未包括未实现的持有损益。② 以现时价格计量收入、以历史成本计量成本费用，使成本未能得到真正回收，造成虚盈实亏。③ 历史成本计价使资产负债表所反映的资产价值仅是尚未摊销的成本余额，从而失去了现实意义。④ 稳健原则和配比原则都要基于主观判断因素，使计量结果缺乏可比性。

1980 年，美国财务会计准则委员会（FASB）首次提出了综合收益（comprehensive income）概念，并将其定义为“一个主体在某一期间与非业主方面进行交易或发生其他事项和情况所引起的权益（净资产）变动。它包括这一期间内除业主投资和派给业主款以外的产权的一切变动。”根据 FASB 提出的综合收益概念，综合收益可以表示为“综合收益 = 净收益 + 其他综合收益”，其中，净收益（或净利润）就是传统意义上的税后利润，其他综合收益指的是除净收益以外在各个会计期间内的其他非业主交易引起的权益变动。与净利润相比，综合收益包括了那些未实现的、超越传统利润表的利润和损失的要素，能更好地反映当期净资产的全部变动情况。然而，综合收益中的各项收益来源可能在稳定性、风险性和可预测性等方面有所不同，收益特征可能彼此悬殊，这便需要掌握有关综合收益各种组成内容的信息，并加以深入分析。

在我国现行会计准则下，利润表中营业利润包含了“公允价值变动损益”“信用减值损失”“资产减值损失”等未实现资产利得和损失。“公允价值变动损益”“信用减值损失”“资产减值损失”作为直接计入利润的利得和损失纳入利润表，使净利润中包含了部分“其他综合收益”（未实现资产持有利得和损失）的内容，而另一部分的“其他综合收益”项目（严格地说，为其他综合收益各项目分别扣除所得税影响后的净额）在利润表中列示于净利润之下，最后通过“综合收益总额”项目全面揭示企业净利润与其他综合收益的合计金额。

针对上述内容，我国的多步式利润表的结构是按照企业收益形成的主要环节，通过营业利润、利润总额、净利润和综合收益四个层次来分步披露企业的收益，并详细地揭示企业收益的形成过程。利润表中各项目之间的联系可简单通过下列计算公式给出：

$$\begin{aligned}\text{营业利润} = {} & \text{营业收入} - \text{营业成本} - \text{税金及附加} - \text{销售费用} - \text{管理费用} - \text{财务费用} + \\ & \text{信用减值损失} + \text{资产减值损失} + \text{其他收益公允价值变动损益} + \\ & \text{投资收益} + \text{资产处置收益} \end{aligned} \tag{4-1}$$

$$\text{利润总额} = \text{营业利润} + \text{营业外收入} - \text{营业外支出} \tag{4-2}$$

$$\text{净利润} = \text{利润总额} - \text{所得税费用} \tag{4-3}$$

$$\text{综合收益总额} = \text{净利润} + \text{其他综合收益} \tag{4-4}$$

第三节　利润表的项目分析

一、营业收入分析

收入是指企业在日常活动中形成的、会导致所有者权益增加的、与所有者投入资本无关的经济利益的总流入。其中，日常活动是指企业为完成其经营目标所从事的经常性活动以及与之相关的其他活动。因此，这里的收入通常就是指营业收入。《企业会计准则第 14 号——收入》（财会〔2017〕22 号）主要规范了收入的确认、计量和相关信息的披露要求。

（一）收入的确认

企业应当在履行了合同中的履约义务，即客户取得相关商品（或服务）控制权时确认收入。取得相关商品（或服务）控制权，是指能够主导该商品（或服务）的使用并从中获得几乎全部的经济利益。客户，是指通过与企业订立合同向该企业购买其日常活动产出的商品（或服务）并支付对价的一方。收入确认的具体步骤如下：

1. 识别与客户订立的合同

当企业与客户之间的合同同时满足下列条件时，企业应当在客户取得相关商品控制权时确认收入：

（1）合同各方已批准该合同并承诺将履行各自义务。

（2）该合同明确了合同各方的权利和义务。

（3）该合同有明确的付款条款。

（4）该合同具有商业实质，即该合同将改变企业未来现金流量的风险、时间或金额。

（5）企业很可能收回因向客户转让商品（或提供服务）而有权取得的对价。

2. 识别合同中的单项履约义务

合同开始日，企业应当对合同进行评估，识别该合同所包含的各单项履约义务，并确定各单项履约义务是在某一时段内履行，还是在某一时点履行，然后，在履行了各单项履约义务时分别确认收入。

履约义务，是指合同中企业向客户转让可明确区分商品的承诺。履约义务既包括合同中明确的承诺，也包括由于企业已公开宣布的政策、特定声明或以往的习惯做法等导致合同订立时客户合理预期企业将履行的承诺。企业为履行合同而应开展的初始活动，通常不构成履约义务，除非该活动向客户转让了承诺的商品。

企业向客户转让一系列实质相同且转让模式相同的、可明确区分商品的承诺，也应当作为单项履约义务。

转让模式相同，是指每一项可明确区分商品均满足在某一时段内履行履约义务的条件，且采用相同方法确定其履约进度。

属于在某一时段内履行履约义务是指满足下列条件之一，否则属于在某一时点履行履约义务：

（1）客户在企业履约的同时即取得并消耗企业履约所带来的经济利益。

（2）客户能够控制企业履约过程中在建的商品。

（3）企业履约过程中所产出的商品具有不可替代用途，且该企业在整个合同期间内有权就累计至今已完成的履约部分收取款项。

3. 确定交易价格

企业应当按照分摊至各单项履约义务的交易价格计量收入。交易价格，是指企业因向客户转让商品而预期有权收取的对价金额。企业代第三方收取的款项以及企业预期将退还给客户的款项，应当作为负债进行会计处理，不计入交易价格。

4. 将交易价格分摊至单项履约义务

同中包含两项或多项履约义务的，企业应当在合同开始日，按照各单项履约义务所承诺商品的单独售价的相对比例，将交易价格分摊至各单项履约义务。企业不得因合同开始日之后单独售价的变动而重新分摊交易价格。

5. 在履行履约义务时确认收入

对于在某一时段内履行的履约义务，企业应当在该段时间内按照履约进度确认收入，但是，履约进度不能合理确定的除外。企业应当考虑商品的性质，采用产出法或投入法确定恰当的履约进度。其中，产出法是根据已转移给客户的商品对于客户的价值确定履约进度；投入法是根据企业为履行履约义务的投入确定履约进度。对于类似情况下的类似履约义务，企业应当采用相同的方法确定履约进度。

当履约进度不能合理确定时，企业已经发生的成本预计能够得到补偿的，应当按照已经发生的成本金额确认收入，直到履约进度能够合理确定为止。

对于在某一时点履行的履约义务，企业应当在客户取得相关商品控制权时点确认收入。在判断客户是否已取得商品控制权时，企业应当考虑下列迹象：

（1）企业就该商品享有现时收款权利，即客户就该商品负有现时付款义务。

（2）企业已将该商品的法定所有权转移给客户，即客户已拥有该商品的法定所有权。

（3）企业已将该商品实物转移给客户，即客户已实物占有该商品。

（4）企业已将该商品所有权上的主要风险和报酬转移给客户，即客户已取得该商品所有权上的主要风险和报酬。

（5）客户已接受该商品。

（6）其他表明客户已取得商品控制权的迹象。

（二）主营业务收入和其他业务收入

1. 主营业务收入

主营业务收入指企业为完成其经营目标从事经常性活动实现的收入，如制造业企业的主营业务收入是产品销售收入，利息收入则是商业银行的主营业务收入，租赁收入是租赁企业的主营业务收入。主营业务收入经常发生，在企业营业收入中占有较大的比重。

2. 其他业务收入

其他业务收入是指企业除主营业务收入以外的其他销售或其他业务的收入，也是与企业为完成其经营目标所从事的经常性活动相关的活动实现的收入。如工业企业对外出售不需用的原材料、出租固定资产、出租无形资产、出租包装物和商品等实现的收入。

（三）营业收入综合分析

1. 关注营业收入的增长幅度，以判断其收入增长的稳定性

只有收入较为稳定或稳步增长的企业，其生产和再生产才能正常进行，但也必须注意收入的增长是否在合理的范围内。像银广夏事件，利润表上收入增加几百个百分点，这往往就是不可信的，问题非常明显。对于那些增长点在 100% 以上的企业，都要特别关注。

2. 分析企业营业收入的品种构成

在从事多品种经营的条件下，企业不同产品的营业收入构成对信息使用者有十分重要的意义，占营业收入比重大的产品是企业过去业绩的主要增长点。报表分析者可以通过对体现企业过去主要业绩的商品的未来发展趋势进行分析判断企业的未来发展。

3. 分析企业营业收入的地区构成

企业在不同地区商品或劳务的营业收入构成对信息使用者也具有重要价值，占营业收入比重大的地区是企业过去业绩的主要地区增长点。从消费者的心理与行为表现来看，不

同地区消费者对不同商品具有不同的偏好和忠诚度，不同地区的市场潜力在很大程度上制约着企业的未来发展。

4. 分析与关联方交易的收入在营业收入中的比重

关联方交易是在企业形成集团化经营的条件下，集团内各个企业之间发生的交易。关联方之间的交易有企业正常交易的成分，但也有关联方之间为了"包装"某个企业的业绩而人为制造的一些业务，以进行财务报表的粉饰。因此，报表使用者必须关注关联方交易的营业收入在交易价格、交易实现时间等方面的非市场化因素。

5. 分析营业收入的现金流入

将利润表中的"营业收入"与现金流量表中的"销售商品、提供劳务收到的现金"进行配比，由此可以观察营业收入的质量，如果营业收入远远低于销售商品、提供劳务收到的现金，则营业收入的质量不高，说明企业收入的增长是通过宽松的信用政策带来的，也意味着企业未来存在发生坏账的风险。反之，如果营业收入高于或等于销售商品、提供劳务收到的现金，则表明营业收入的质量高。

6. 分析其他业务收入与主营业务收入的配比

若其他业务收入占主营业务收入的比重过高，则应分析企业是否存在关联方交易行为，分析关联方交易的真实性和合理性。一般情况下，其他业务收入占主营业务收入的比重不应过大。

二、成本费用分析

费用是指企业在日常活动中发生的，会导致所有者权益减少的、与向所有者分配利润无关的经济利益的总流出。费用具有以下几个方面的特征：① 费用应当是企业在日常活动中发生的。② 费用应当会导致经济利益的流出，该流出不包括向所有者分配的利润。③ 费用应当最终会导致所有者权益的减少。

费用包括两方面内容，即产品（或劳务）成本和计入当期损益的费用。产品（或劳务）成本是指企业为生产产品、提供劳务而发生的各种耗费，包括为生产产品、提供劳务而发生的直接材料费用、直接人工费用和各种间接费用。企业应当在确认收入时，将已销售产品或已提供劳务的成本等从当期收入中扣除，即计入当期损益。在利润表中，成本主要是指营业成本及计入当期损益的费用，一般是指企业在日常活动中发生的税金及附加、管理费用、销售费用、财务费用、信用减值损失和资产减值损失等。

（一）营业成本分析

营业成本是指与营业收入相关的，已经确定了归属期和归属对象的成本，反映企业经营主要业务和其他业务所发生的成本总额。本项目包括企业的主营业务成本和其他业务成本。

1. 主营业务成本

在不同类型的企业里，主营业务成本有不同的表现形式。在制造业企业或工业企业，主营业务成本表现为售出产品的生产成本。在商品流通企业里，主营业务成本表现为售出商品的成本。工业企业产品销售成本是指售出产品的实际生产成本，它是根据已销产品的数量和实际单位成本计算出来的。在实务中，往往是每月末汇总销售成本后一并结转，而不是在每次发出库存商品时立即结转产品销售成本。商品流通企业售出商品的成本，即商品采购成本，是商品流通企业为销售商品而在采购时支付的成本。

2. 其他业务成本

其他业务成本是指企业确认的除主营业务活动以外的其他经营活动所发生的支出，包括销售材料的成本、出租固定资产的折旧额、出租无形资产的摊销额、出租包装物的成本或摊销额等。采用成本模式计量投资性房地产的，其投资性房地产计提的折旧额或摊销额，也反映在本项目中。

3. 营业成本项目的分析要点

（1）分析影响营业成本水平高低的因素。营业成本水平既有企业不可控的因素，如受市场因素的影响而引起的价格波动，也有企业可以控制的因素，如在一定的市场价格水平条件下，企业可以通过选择供货渠道、采购批量等来控制成本水平，还有企业通过成本会计系统的会计核算（如通过对发出存货采用不同的计价方法）来控制企业制造成本。因此，对营业成本降低和提高的质量评价，应结合多种因素来进行。

（2）分析营业收入与营业成本的配比。从企业利润的形成过程来看，企业的营业收入减去营业成本后的余额为毛利。企业必须有毛利，才有可能形成营业利润。因此，关注企业一定规模的毛利和较高的毛利率是报表分析者的普遍心态。毛利率主要取决于行业，竞争度不同，企业所处行业的毛利率就不同；此外，毛利率还与企业内部的运作效率和经营方式相关。

（二）期间费用分析

期间费用是指企业发生的直接计入当期损益的费用，是企业主要经营活动中必定要发生的费用，但与营业收入的取得并不存在明显的直接因果关系。期间费用包括销售费用、管理费用和财务费用。

1. 销售费用

销售费用是企业销售商品或提供劳务过程中发生的费用，包括运输费、装卸费、包装费、保险费、展览费和广告费、商品维修费、预计产品质量保证损失以及由销售本企业商品而专设的销售机构（含销售网点、售后服务网点等）的职工薪酬、业务费、折旧费等经营费用。

销售费用与行业形态有关。销售费用对于生产企业来说，只是可控成本中的一部分。贸易型公司的可控成本是销售费用，因此需要强化管理销售费用，甚至要强化到业务单位和个人身上。销售费用与整个行业经营的形态有关，如来料加工企业的销售费用很少，而营销型企业的销售费用则很高。

2. 管理费用

管理费用是企业为组织和管理生产经营所发生的费用，包括企业在筹建期间内发生的开办费、企业的董事会和行政管理部门在经营管理中发生的或者应由企业统一负担的公司经费（包括行政管理部门职工薪酬、修理费、物料消耗、低值易耗品摊销、办公费和差旅费等）、工会经费、董事会费（包括董事会成员津贴、会议费和差旅费等）、聘请中介机构费、咨询费（含顾问费）、诉讼费、业务招待费、技术转让费、矿产资源补偿费、研究费用、排污费。

管理费用与企业发展阶段有关。比如，有些外资企业刚进入中国时，因为外籍高层管理人员比较多，支付的费用较高，所以企业的管理费用很高。再如，企业进入快速发展阶段以后，管理费用随着管理的跨度和难度的增加，直接表现为管理费用成倍上升。

3. 财务费用

财务费用是企业为筹集生产经营所需资金而发生的费用,包括利息支出(减利息收入)、汇兑损失(减汇兑收益)以及相关的手续费等。为购建固定资产的专门借款所发生的借款费用,在固定资产达到预定可使用状态前按规定应予资本化的部分,不包括在财务费用内。

财务费用跟企业在每个阶段的融资风险是联系在一起的。产生融资行为,就会发生财务费用,这里就产生了财务风险。

4. 研发费用

研发费用是指研究与开发某项目所支付的费用。我国会计准则对研发费用处理分为两大部分:一是研究阶段发生的费用及无法区分研究阶段研发支出和开发阶段研发的支出全部费用化;二是企业内部研究开发项目开发阶段的支出,能够证明符合无形资产条件的支出资本化,分期摊销。

研发费用税前加计扣除归集范围包括:人员人工费用、直接投入费用、折旧费用、无形资产摊销费用、新产品设计费、新工艺规程制定费、新药研制的临床试验费、勘探开发技术的现场试验费,以及与研发活动直接相关的其他费用等。

5. 期间费用的分析要点

(1)分析销售费用、管理费用、财务费用与营业收入的配比。了解企业销售部门、管理部门的工作效率以及企业融资业务的合理性。具体又分两种形式:一是营业收入以高于期间费用的速度增长,使得营业利润大量增加,表明公司经营业务呈上升趋势,产品市场需求大;二是营业收入与期间费用成比例增长,导致利润增长,说明公司主营业务处于一种稳定成熟的状态,利润有一定保障。

(2)从销售费用的构成上看,有的与企业业务活动规模有关(如运输费、销售佣金、展览费等)。有的与企业从事销售活动人员的待遇有关,也有的与企业未来发展、开拓市场、扩大品牌知名度有关。销售费用中的广告费用一般是作为期间费用处理的,有公司基于业绩反映的考虑,往往把广告费用列为待摊费用或长期待摊费用核算,这实际上是把期间费用予以资本化。

(3)片面追求一定时期内的管理费用的降低,有可能对企业的长期发展不利。一方面,管理层可以对管理费用中诸如业务招待费、技术开发费、董事会会费、职工教育经费、涉外费、租赁费、咨询费、审计费、诉讼费、修理费、管理人员工资及福利费等采取控制或降低规模等措施,但是,这种控制或降低或者对企业的长期发展不利,或者影响有关人员的积极性。另一方面,折旧费、摊销费等是企业以前各个会计期间已经支出的费用,不存在控制其支出规模的问题,对这类费用的处理更多的是受企业会计政策的影响。因此,在企业业务发展的条件下,企业的管理费用不应当降低。

(4)财务费用的主体是经营期间发生的利息支出。其大小主要取决于三个因素:贷款规模、贷款利息率和贷款期限。从总体上说,如果因贷款规模导致利润表财务费用的下降,企业会因此而改善盈利能力,但我们对此也要警惕,企业可能因贷款规模的降低而使发展受到限制;由于企业利率水平主要受外在环境的影响,因此我们不应对企业因贷款利率的宏观下调而导致的财务费用降低给予过高的评价;由于贷款期限的改变使得利率降低,从而降低财务费用,这往往又会导致企业财务风险加大。

财务费用包括汇兑损失。对持有大量外汇业务的企业,特别注意外汇市场汇率变动风险对企业理财的影响。

（5）关注会计政策对期间费用的影响。依据《企业会计准则第11号——股份支付》相关规定，期权公允价值必须在等待期内计入管理费用，从而使部分上市公司管理费用大幅上升，公司的账面业绩出现大幅下降，但激励期权费用的摊销是会计政策的规定，并不对公司的基本面产生不利影响，不影响公司现金流，不影响公司未来发展。

专栏 4-1

东方金钰造假细节曝光

“以全资孙公司为平台，虚构翡翠原石购销业务，通过造假方式实现业绩目标”“主观恶意明显”。2020年4月24日，监管部门措辞严厉，点名上市公司东方金钰财务造假，公司股票随后连续两个交易日应声跌停。相比2015年市值高点，暴跌超过90%！

2020年4月28日晚，东方金钰发布公告称，公司在当天收到了证监会下发的《行政处罚及市场禁入事先告知书》，这份公告也揭开了这起财务造假大案背后更多的细节：孙公司刚成立就造假、控制19个银行账户、伪造交易合同、虚增利润上亿元、虚构利润金额占当期利润比高达211%！

一、伪造合同及现金流水虚构数亿元交易，控制三组19个银行账户形成资金闭环

证监会查明，在2016年12月至2018年5月的涉案期间，东方金钰为完成营业收入、利润总额等业绩指标，虚构其所控制的瑞丽市姐告宏宁珠宝有限公司（以下简称“宏宁珠宝”）与普某腊等6名自然人名义客户之间的翡翠原石销售交易。在虚构销售交易中，宏宁珠宝通过控制上述19个银行账户，将来源于或流经东方金钰及其控制的公司或银行账户的资金4.79亿元，通过上述中转方和名义供应商账户，转入6名名义客户账户，再控制上述名义客户账户支付销售交易款项，资金最终回流至宏宁珠宝，实现资金闭环。

二、连续三年定期报告财务数据作假，虚增利润占利润总额比竟超200%

2016年年报、2017年年报、2018年半年报中，东方金钰的虚增利润总额分别为0.95亿元、1.84亿元和0.79亿元，上述虚增利润占对应报告期合并利润表利润总额比分别达29.60%、59.70%和211.48%。也就是说，东方金钰2018年半年报的虚增利润直接让利润指标“咸鱼翻身”，由负转正。

三、“翡翠第一股”两年巨亏数十亿，“疯狂的石头”巨额存货难题待解

2020年1月22日，东方金钰发布了业绩预亏公告，预计2019年公司归属于上市公司股东的净利润亏损11.5亿元至14.5亿元。在2018年，公司也曾巨亏17.8亿。这意味着，两年之内公司亏损或将超过30亿元，更严重的是，作为主板上市公司，连续亏损三年就要被强制退市的红线已经近在眼前，保壳变得迫在眉睫。

根据东方金钰年报，截至2018年12月31日，东方金钰公司存货账面余额为人民币89.34亿元，占资产总额的比重为82.54%，存货主要为翡翠原石、翡翠成品及黄金。公开信息显示，2004年至2017年，东方金钰耗资45.58亿元囤积了809块原石，其中仅2017年便花费25亿元采购了319块翡翠原石。但这批石头并没有给上市公司带

来太大收益,数据显示,在2006年至2017年间,仅销售了翡翠原石58块,合计销售金额还不足6亿元。斥巨资追逐“疯狂的石头”,甚至为此大幅举债,但最终销售状况不佳,反过来加剧了公司的流动性危机。

截至2020年4月29日下午收盘,东方金钰最新股价1.51元/股,总市值仅为20.39亿元。股价年内累计跌幅达45.49%,出现了2008年以来的新低。而在此之前的4月18日,公司发布了关于公司股票可能被实施退市风险警示的第三次风险提示公告。2021年1月31日,上海证券交易所发布公告终止东方金钰有限公司股票上市。

资料来源:楚深.财务造假细节大曝光!又一“首富”被证监会点名:操纵19个银行账户伪造合同!市值蒸发逾90%[N],中国基金报,2020-04-30.

三、营业利润分析

营业利润是企业的营业收入与营业成本、税金及附加、期间费用、资产(信用)减值损失、其他收益公允价值变动损益资产处置损益及投资收益配比的结果。营业利润是公司利润的主要来源,将营业利润与利润总额配比,所占比例的稳定表现了公司盈利的稳定性和连续性。营业利润越高,主营业务在行业中的地位越高,企业的可持续发展能力越强,投资价值也越大。

(一)资产(信用)减值损失分析

资产(信用)减值损失反映企业根据资产减值等准则计提各项资产减值准备所形成的损失,包括坏账准备、存货跌价准备、长期股权投资减值准备、债权投资减值准备、固定资产减值准备、在建工程减值准备、工程物资减值准备、生产性生物资产减值准备、无形资产减值准备、商誉减值准备、贷款损失准备、抵债资产跌价准备、损余物资跌价准备等。

资产(信用)减值损失一经确认,在以后会计期间一般不得转回。但是,遇到资产处置、出售、对外投资、以非货币性资产交换方式换出、在债务重组中抵偿债务等情况,同时符合资产终止确认条件的,企业应当将相关资产减值准备予以转销。另外企业计提坏账准备、存货跌价准备、债权投资减值准备、贷款损失准备等后,相关资产的价值又得以恢复的,应在原已计提的减值准备金额内,按恢复增加的金额冲减资产(信用)减值损失。

资产(信用)减值损失项目的分析要点:

企业不得随意变更计提方法和计提比例。除了存货、应收账款、可供出售的权益性工具等有确凿证据证明能够收回的资产减值允许转回,固定资产、摊销期限明确的无形资产等非流动性资产减值不许转回。

专栏4-2

獐子岛公司利用资产减值进行盈余管理行为的相关分析

在对獐子岛集团前几年的年度报告进行分析的过程中发现,该公司通过坏账准备、存货跌价准备两大资产的减值计提来进行盈余管理,从而能实现2016年的盈利。以下是针对公司利用资产减值进行盈余管理的具体做法展开分析。

一、坏账准备的计提对净利润的影响

通过年报数据可知，2008 年—2011 年的坏账准备相对正常，金额浮动不大，均在正常计提的范围内，然而在 2012 以及 2014 年，却突然出现了大额坏账准备的计提，分别高达 1 872.81 万、1 968.63 万元。公司在 2012 年度坏账准备计提净额从 2011 年的 520.96 万元突然猛升至 2012 年的 1 872.81 万元，2012 年比 2011 的坏账准备的净计提额占净利润的比重增加了将近 17%。公司披露 2012 年出现这种情况主要是坏账准备的应收账款持有抵押品，变现难度大，导致出现计提大额的应收款项坏账准备。然而在 2013 年年报资产减值损失明细中得知坏账准备当年大额转回 1 931.99 万元，披露原因为将质押品变价处理，收回部分应收账款金额。獐子岛公司 2012 年坏账准备的大额计提和 2013 年的大额转回披露理由看起来并不充分，没有进行详细阐述，可能很大程度上是在盈利较好阶段计提大量坏账准备来弥补以后出现利润下滑情况时进行的盈余管理。

二、资产减值准备计提总额对净利润的影响

在 2012 年和公司发生经营亏损的两个年度 2014 年、2015 年，是公司计提资产减值准备数额较高的年份，这三年中资产减值准备计提额占当年净利润亏损额的比重均远远超过其他年份占比。在资产减值计提额中，最主要的为存货跌价准备与坏账准备的计提数额，两者所占比重也最大。然而在公司实现盈利的年份，资产减值准备计提数额还算平稳，并且计提额占当年净利润的比重均较低。在发生亏损的 2014 和 2015 这两年中，公司采用巨额冲销手段在 2014 年中大额计提资产减值准备导致公司亏损约 12 亿元，大幅降低公司利润。与往年的计提额相比 2014 年公司计提的资产减值准备数额早已超过正常水平，此举明显拥有夸大亏损的效果，这为公司以后年度降低资产减值准备计提数额，净利润得到回升，实现扭亏为盈奠定基础。

所以，上市公司为了实现自身利益的最大化，会选择利用资产减值计提与转回具有灵活性的部分，根据公司经营业绩的变化，在不违反会计准则的前提下，通过调整资产减值准备计提额度来调节利润，达到盈余管理的目的。

资料来源：张宇璐 . 上市公司利用资产减值进行盈余管理行为研究——以獐子岛集团股份有限公司为例［D］. 南昌：江西师范大学，2018.

信用减值损失是指因应收账款的账面价值高于其可收回金额而造成的损失，其对应科目是坏账准备。企业造成信用减值损失的原因是企业因购货人拒付、破产、死亡等原因无法收回，而遭受的损失。

（二）公允价值变动损益

公允价值变动损益是指企业在初始确认时划分为以公允价值计量且其变动计入当期损益的金融资产或金融负债（包括交易性金融资产或金融负债和直接指定为以公允价值计量且其变动计入当期损益的金融资产或金融负债），以及采用公允价值模式计量的投资性房地产、衍生工具、套期业务中公允价值变动形成的应计入当期损益的利得或损失。

资产负债表日，企业应按交易性金融资产或采用公允价值模式计量的投资性房地产的公允价值与其账面余额的差额，计入公允价值变动损益。

资产负债表日，企业应按交易性金融负债的公允价值与其账面余额的差额，计入公允价值变动损益。出售交易性金融负债时，再将公允价值变动损益转入投资收益。

注意公允价值变动损益主要是指未实现的投资收益。

（三）其他收益

2017年5月10日，财政部修订发布了《企业会计准则第16号——政府补助》，自2017年6月12日起施行。“其他收益”是本次修订新增的一个损益类会计科目，应当在利润表中的“营业利润”项目之上单独列报“其他收益”项目，计入其他收益的政府补助在该项目中反映。该项目专门用于核算与企业日常活动相关、但不宜确认收入或冲减成本费用的政府补助。

（四）资产处置收益

资产处置收益项目反映企业出售划分为持有待售的非流动资产（金融工具、长期股权投资和投资性房地产除外）或处置组时确认的处置利得或损失，以及处置未划分为持有待售的固定资产、在建工程、生产性生物资产及无形资产而产生的处置利得或损失。债务重组中因处置非流动资产产生的利得或损失和非货币性资产交换产生的利得或损失也包括在本项目内。

资产处置收益项目应根据在损益类科目设置的“资产处置损益”科目的发生额分析填列；如为处置损失，以“-”号填列。

营业外收支项目与资产处置收益项目的区别是：营业外收入核算与企业日常活动无关的盘盈利得、捐赠利得等，营业外支出核算公益性捐赠支出、非常损失、盘亏损失、非流动资产毁损报废损失等。因此，以固定资产为例，固定资产的处置利得，放在“资产处置收益”中列报；固定资产的报废毁损，放在“营业外支出”中列报。

（五）投资收益

投资收益是指企业对外投资确认的投资收益或投资损失。在我国企业会计准则中，投资收益包括长期股权投资收益和金融资产投资收益。长期股权投资采用成本法核算的，按被投资单位宣告发放的现金股利或利润中属于本企业的部分；长期股权投资采用权益法核算的，资产负债表日，按被投资单位实现的净利润或经调整的净利润计算应享有的份额；出售长期股权投资时，实际收到的金额与其账面余额的差额；出售采用权益法核算的长期股权投资时，按处置长期股权投资的投资成本比例结转原计入其他综合收益（不能结转损益的除外）和“资本公积——其他资本公积”项目的金额。企业持有交易性金融资产、债权投资、其他债权投资、其他权益工具投资期间取得的投资收益以及处置交易性金融资产、交易性金融负债、指定为按公允价值计量且其变动计入当期损益的金融资产或金融负债、债权投资、其他债权投资、其他权益工具投资实现的损益。

投资收益项目的分析要点：

1. 投资收益的持续性

一般而言，长期股权投资所取得的投资收益是企业在正常的生产经营中所取得的可持续投资收益。如下属公司生产经营状况好转，有了比较大的收益，开始回报母公司，这部分投资收益越高，那么企业的可持续发展能力越强，对于投资者来说，这种企业越具有投资价值。并不是所有的长期股权投资都是可持续的，如企业处置长期股权投资所获得的投资收益就是一次性的。但是，这些收益是为企业带来真实现金流入的收益，实际上也是资本市场发展的产物。

2. 金融资产投资收益是已实现的收益

由于股价的上升使得企业所持有的金融资产随之变动而获得的虚拟收益在企业会计准则中并没有计入投资收益，而是计入了公允价值变动损益和其他综合收益。这种确认方法一方面反映了企业所持有的金融资产的现时市场价值，另一方面由于这部分收益并未实现，从而没有将其计入投资收益。

3. 要分析投资收益在总利润中的比例和上市公司的资本运作情况

资本运作具体包括证券投资和项目投资在总投资中所占的比例，以及证券投资中投资其他上市公司证券和持有非上市公司股权的比例。如果上市公司的证券投资在总投资中的比例很高，且投资其他上市公司证券在证券投资中所占的比例很高的话，该上市公司的投资收益会随着证券市场的波动而变动，其可持续获利能力会比较差。

专栏 4–3

20 家上市公司投资净收益超净利润

年报陆续披露，上市公司投资收益也逐渐浮出水面。截至 2019 年 3 月 20 日，309 家上市公司披露了其 2018 年的投资净收益，其中 262 只个股取得正收益，占比超八成。52 只投资收益超亿元，中国平安以高达 745.89 亿元的投资净收益位居首位，排名第二的平安银行与之相差甚远，为 91.86 亿元。

在已披露年报公司中，13 只个股投资净收益为负，大华股份、保税科技、驰宏锌锗亏损 5 000 万元以上。行业均值来看，10 个行业平均获得投资净收益超亿元。除非银金融及银行板块外，排名居前的以传统行业为主。房地产行业平均获投资净收益 8.69 亿元，采掘行业平均获投资净收益 4.92 亿元，家用电器行业 3.6 亿元。

相反，9 个行业平均投资净收益不足 5 000 万元，有色金属平均投资净收益仅 0.04 亿元，电子、农林牧渔及电气设备平均不足 2 000 万元。

一、20 只个股投资净收益，对净利润贡献率超 100%

从投资净收益对净利润的贡献率来看，有 20 只个股贡献率超 100%。居首位的华星创业，去年投资净收益 1.39 亿元，其净利润仅 0.11 亿元，贡献率近 13 倍。相反，也有不少个股的投资收益拖累净利润。举例来看，保税科技 2018 年度净利润 0.36 亿元，投资净收益亏损 0.66 亿元，严重拖累业绩。

二、上市公司最爱金融股

上市公司投资收益的来源之一就是证券投资，上市公司炒起股来，交易频率堪比散户。从 2018 年度披露持股明细来看，58 家上市公司共投资了 137 只 A 股。举例来看，投资净收益近百亿的平安银行投资了 ST 云维及 ST 长油，前者持有期长达一年，后者为去年四季度持有；投资收益超 24 亿元的中国联通持有交通银行时间也长达一年。

从上述 137 只被投资股的行业来看，金融股为上市公司最爱。金融股共 21 只，化工、医药生物及电气设备股数量也较多，各有 11 只、10 只及 9 只。

三、仅四成被投资 A 股，去年跑赢沪指

从被投资长达一年的 69 只个股来看，交通银行、光大银行分别被 3 家上市公司持有，重药控股、海通证券等4只个股分别被2家上市公司持有，而持有这6只的11家上市公司均获得了正投资收益。如持有上海银行的上海机电及阳光城，投资收益分别有3.07亿元及0.55亿元，上海银行2018年度逆市上涨14.13%。

受去年震荡行情的影响，多数上市公司与散户一道被割韭菜。上述69只被投资长达一年的股票，仅27只（暂不考虑重新上市股ST长油）去年跑赢沪指，占比仅四成。值得注意的是，上述27只中有14只年内依旧跑赢沪指。万华化学、广电电气、中万宏源年内均涨超40%。

资料来源：张娟娟．20家上市公司去年投资净收益超净利润[N]．证券时报．2019-03-21.

四、利润总额分析

利润总额是企业的营业利润加上营业外收入减去营业外支出后的余额。利润总额代表企业当期综合盈利能力，也直接关系到各利益相关者的利益分配问题。

（一）营业外收入分析

营业外收入是指企业发生的与其经营活动无直接关系的各项净收入，主要包括罚没利得、与企业日常活动无关的政府补助利得、盘盈利得，捐赠利得（企业接受股东的子公司直接或间接的捐赠，经济实质属于股东对企业的资本性投入的除外）、确实无法支付而按规定程序经批准后转作营业外收入的应付款项等。营业外收入相当于意外的利得或非常收益。

营业外收入项目的分析要点：

（1）营业收入是持续的、由企业主要或中心营业活动产生的，如销售商品收入；营业外收入是一种利得，是非常的、由非营业活动产生的，且多半为管理层所不能控制或左右的，如罚没收入，数额一般较小，如果数额较大，则需要具体分析。

（2）营业收入是总额的概念，必须与费用相配比；营业外收入是净额概念，它或者已经将对立因素抵销（如出售资产净收益是售价与账面价值抵销后的净额）；或本来就只有一个净额，如诉讼获胜后的赔偿收入。营业外收入与营业外支出一般不存在直接的对应和配比关系。

（二）营业外支出分析

营业外支出是企业发生的与其经营活动无直接关系的各项净支出，包括罚款支出、公益性捐赠支出、非常损失、盘亏损失、非流动资产毁损报废损失等。营业外支出相当于意外的损失或非常损失。

分析营业外支出，应注意其与费用的区别：费用是日常经营活动产生的，是总额的概念；营业外支出由非日常经营活动产生的，是净额的概念。

五、净利润分析

净利润是企业最终的财务成果，是企业利润总额减去所得税费用的结果。净利润属于所有者权益，构成利润分配的对象。净利润是公司的净所得，在其他条件不变的情况下，净利润越多，企业盈利能力就越强，经营成果也就越显著。从表面上看，它受收入和成本的影响，但实际上，它还反映公司产品产量及质量、品种结构、市场营销等方面的工作质量，因而，在一定程度上反映了公司的经营管理水平。

（一）所得税费用分析

所得税费用是指按税法规定从企业的生产经营所得和其他所得中交纳的税金，是企业当期的一项费用。

所得税会计是从资产负债表出发，比较资产负债表上列示的资产、负债按照企业会计准则规定确定的账面价值与按照税法规定确定的计税基础，对于两者之间的差额分别应纳税暂时性差异与可抵扣暂时性差异，确认相关的递延所得税负债与递延所得税资产，并在此基础上确定每一期利润表中的所得税费用。

所得税费用项目的分析要点：

（1）将所得税费用与利润总额进行比较，分析所得税费用的合理性。利润表中的所得税费用，在不考虑时间性差异和永久性差异的条件下，应当与企业的利润总额成正比例关系。在考虑时间性差异和永久性差异的条件下，利润表中的所得税费用与企业的利润总额呈现出比较复杂的关系。企业在所得税费用方面的节约，属于企业税务筹划的范畴，与企业常规的费用控制具有明显的不同。因此，企业对所得税费用不存在常规意义上的降低或控制问题。

（2）关注纳税调整项目。纳税调整项目包括纳税调整增加项目和纳税调整减少项目。纳税调整增加项目主要包括税法规定不允许扣除项目，企业已计入当期费用但超过税法规定扣除标准的金额，如超过税法规定扣除标准的工资支出、业务招待费支出、税收罚款滞金、非公益性捐赠支出等；纳税调整减少项目主要包括按税法规定允许弥补的亏损和准予免税的项目，如5年内未弥补完的亏损、国债利息收入等。

（二）净利润分析的局限性

净利润作为评价指标，存在以下其局限性：

（1）它是一个总量绝对指标，不能反映公司的经营效率，缺乏公司之间的可比性。

（2）它作为评价指标，容易使公司追求眼前利益，产生短期行为，不利于公司的长远发展。比如，可能导致公司不进行技术改造及设备更新，不开发新产品，不处理积压商品，不进行正常的设备维修与保养，只注意价格竞争，不注意公司综合实力的提高等。

（3）就目前我国现状来看，相当数量的企业往往过分强调盈利能力，而忽视了偿债能力，普遍对盈利能力与偿债能力的协调统一缺乏足够的认识。这些企业在短期内可能由于拖欠债务的偿还而增加生产经营的投入，表面上增加了企业的盈利能力，但实际的结果是，在生产经营过程中大量占用资金，削弱了资金的流动性，最后导致企业出现严重的债务危机，甚至会出现破产的危险。针对这种盈利能力的提高，分析者应提高警惕。

第四节　利润表的总体评价

一、分部报告分析

（一）分部的概念、条件和重要性判断标准

证券市场是建立在信息披露制度之上的，上市公司的信息披露是证券市场健康发展的重要保证，也是投资者做出合理投资决策的基本依据。在企业已出现跨行业、跨地区经营

的全球性发展趋势的今天，我国上市公司的经营规模和经营范围也已经越来越大，呈现出跨行业、跨地区，甚至跨国家经营的趋势，而企业对外提供财务会计报告通常是按各自公司合并后的数字提供，因而会计信息的使用者通过财务会计报告很难分析其利润增长和财务状况变动的原因，这就为分部财务报告提供了滋生的土壤。同时上市公司所有权与控制权的极大分离，使大量的财务报告用户只能以上市公司披露的信息为其决策的基本依据，随着投资者理性程度的提高，投资者和其他财务信息使用者对企业分部信息的关注程度日益提高。按分部提供会计信息的目的，就是让会计信息使用者了解企业各行业、各地区分布的规模大小、利润情况以及发展趋势，使他们能够对企业做出更准确的判断。

经营分部，是指企业内同时满足下列条件的组成部分：① 该组成部分能够在日常动中产生收入、发生费用。② 企业管理层能够定期评价该组成部分的经营成果，以定向其配置资源、评价其业绩。③ 企业能够取得该组成部分的财务状况、经营成果和现金流量等有关会计信息。企业应当以内部组织结构、管理要求、内部报告制度为依据确定经营分部。经济特征不相似的经营分部，应当分别确定为不同的经营分部。企业存在相似经济特征的两个或多个经营分部，例如，具有相近的长期财务业绩，包括具有相近的长期平均毛利率、资金回报率、未来现金流量等，将其合并披露可能更为恰当。

关于分部的重要性判断标准，会计准则规定满足下列三个条件之一的，应纳入分部报表编制范围：① 该分部的分部收入占所有分部收入合计的 10% 或者以上。② 该分部的分部利润（亏损）的绝对额，占所有盈利分部利润合计额或者所有亏损分部亏损合计额的绝对额两者中较大者的 10% 或者以上。③ 该分部的分部资产占所有分部资产合计额的 10% 或者以上。

（二）分部报告分析的要点

（1）在分析分部报表时，须判定企业可报告分部的确定是否恰当。对于可报告分部的确定标准，国际上已达成共识。尽管可报告分部的判定标准比较完善，但在确定可报告分部时，仍有不少企业因不愿披露经营亏损分部或资源占用较多而业绩不良的分部，避开上述判定标准，不作为可报告分部，而将其合并为“所有其他”类别中披露，这种做法，就会掩盖企业经营中存在的问题，令报表分析者无法做出正确的判断。

（2）通过可报告分部确定公司内部与外部销售之间的关系，从而了解该分部销售业务对外部客户的依赖程度。一个分部的销售可能全部为内销，表现为企业集团内部的资源流转，可能部分内销部分外销，也可能全部为外销。如果一个分部的销售主要来自于外销，那么，该分部对外部客户的依赖程度就很高，随时存在着来自客户的风险。因此，对于外销业务较多的分部，要慎重地分析相应客户的情况，以确定其可能存在的潜在风险。

（3）关注可报告分部的总资产变动趋势，借以更好地理解管理层的有关资源配置决策。通过对各分部投资规模变动的观察，可以看出企业对各分部重视程度及未来战略发展方向。

（4）确认和比较不同报告分部的增长率水平、销售水平、利润水平以及整个公司增长率变动的原因。可以采用趋势分析法来计算各分部的增长率水平、销售水平和盈利水平的变化，以此为基础可以解释整个公司增长率变动的原因。因为整体是由分部构成的，分部的增长率就会影响到整个公司的增长率水平。通过这一分析，可以帮助管理层判断分部发展情况。这可能会导致管理层产品结构的调整，以及管理人员的变动。这些分部的前景和持续发展能力，以及存在的潜在风险，是外部信息使用者在这一分析过程最为关注的问题。

（5）计算每一可报告分部的经营收益率和资产经营报酬率，以确定每一分部的相对获利能力和整个公司获利水平的关系。报告分部的经营成果构成了整个企业的经营成果的主要部分，计算每一应报告分部的经营收益率和资产经营报酬率，主要是判断每一报告分部经营成果对企业整体业绩水平变动的影响程度，借以判断可报告分部的重要性。报表使用者在阅读企业的母公司报表及合并报表时，对公司的整体收益，必须通过分部收益的分解，才能得到较好的评价结果。借此分析，信息使用者可以清楚地了解公司的盈利主要来自于哪些方面，公司盈利水平的提高或降低主要是由哪些分部引起的。对那些盈利水平较高或亏损较大的分部，信息使用者应给予特别的关注，因为，它们往往是促成企业将来成功或失败的关键。

（6）通过对不同分部报告分析评价企业盈余的持续性。比如企业海外盈利的份额，虽然海外盈利带来盈利不透明性的提高，但从经营的角度来看，它在一定程度上使得经营风险得到分散。同时由于海外经营的风险相对于国内市场经营风险更高，面临的不确定性更大，过于依赖海外收入，也可能使得盈余的持续性降低。另外一个分析的角度是看企业收益是否对某单一客户、分部或行业过分依赖。如果企业收益过于依赖于某一个行业，则该行业一旦出现整体形势的下滑，则公司利润将受到沉重的打击，同样对于单一客户、分部的依赖，也使得盈利的持续性值得怀疑。

二、盈利质量分析

盈利质量是关于盈余的一个综合性评价指标，其很大程度上决定了会计盈余的决策有用性。高盈利质量较好地反映了企业目前的经营业绩和未来的前景，同时表明管理层对企业的经济现实评价较为客观。低质量的盈余不仅无法有效地帮助经济决策，甚至可能产生误导作用。

对企业盈利质量分析时，主要注意以下几方面。

（一）盈利成长性

投资通常着眼于企业的长远发展，这就要求我们关注盈余的成长性，即其目前的盈余能在多大程度上延续到未来。一个值得长期投资的对象应该是盈余能够保持持续增长的公司，杰克·韦尔奇对通用电气的管理是这方面的一个成功模式。那么如何判断一个企业的盈余的成长性呢？首先我们可以观察企业的收益结构，表 4-2 列示了六种典型的企业收益结构。从表中可以看出，从类型 A 至类型 F，企业的盈利持续性在不断提高。

表 4-2　六种典型的企业收益结构

项目	A	B	C	D	E	F
毛利润	亏损	亏损	盈利	盈利	盈利	盈利
营业利润	亏损	亏损	亏损	亏损	盈利	盈利
净利润	亏损	盈利	亏损	盈利	亏损	盈利
说明	接近破产状态		如果这种状态持续下去，将会导致破产		根据亏损情况而定	正常状况，经营状况较好

企业收益结构归根结底反映的只是企业的历史发展状况,不一定能够反映企业的未来发展,因此分析人员更应该关注可能影响其未来发展的其他因素:

(1)发展能力。对发展能力的评价可以首先看其技术优势的保持时间,技术优势越明显,越容易获得超额的收益。其次应看其产品创新能力,这里可以用其研究与开发费用的数额及其相对收入的比重大小来评价,当然,分析者除了看研发投资的数额大小外,还必须对研究的质量进行定性分析。最后,是看品牌的推广和维持能力,这里可以用其销售与广告费用的数额及其相对收入的比重大小来评价。对这一方面的分析必须着眼于广告费的逐年变动情况,并对这些变动对未来销售和盈利的影响进行判断。

(2)经营策略。企业的经营策略决定了其经营风格,有的企业倾向于稳健经营,而有的企业则追求快速的成长。决定一个企业盈利成长性的并不在于成长速度的大小,而在于这一成长是否具有合理的基础。超出企业财务和管理支撑能力的跨越式发展只会给企业的发展带来致命性打击。

(3)物价水平。通货膨胀水平过高,会加大企业的成本压力,削弱企业的持续发展。

(4)管制政策。很多行业,如金融、航空、电力等,都受到管制政策的巨大影响,要对其未来发展做出判断,就必须对管制政策的可能调整进行预测。通常,管制政策的放松会带来竞争的加剧,但管制政策的调整通常伴随的企业经营机制的改革,也为企业的发展放松了手脚的限制。而对那些获得市场准入资格的新的竞争者而言,则面临更大的成长空间。

(二)盈余稳定性

公司盈利的稳定性既受到系统风险的影响,又受到非系统风险的影响。前者是宏观经济的波动给企业盈利带来的不确定性,后者主要是指由于公司自身经营方面的原因而带来的不确定性,比如企业发生火灾而造成损失等。这些因素使得公司的销售收入发生变动,从而最终导致盈利不稳定。

如果缺乏固定性成本的影响,这两者的变动将保持完全的一致。但在经营实践中,经营杠杆和财务杠杆的存在加剧了由于销售变动而产生的盈余不稳定。经营杠杆是由于固定性经营成本的存在而产生,企业的固定性经营成本(比如固定资产折旧,长期资产摊销等)越高,企业的经营杠杆系数就越大,其经营费用就相对比较刚性,盈利波动性也比较强。财务杠杆因固定性融资成本产生,主要是负债所产生的利息支出,后者相对于权益融资成本——股利,显然要刚性得多,这一部分成本的存在就产生了所谓的财务风险,从而进一步加剧了盈利的不稳定性。

因此,对企业盈利稳定性的分析,就需要从企业经营所面临的系统风险与非系统风险、经营杠杆与财务杠杆三个方面进行分析。分析时必须注意的是,上述三个方面均与企业所处行业具有密切的关系,比如有的行业受宏观经济波动的影响比较小,比如高科技行业以及公用事业,因此系统风险就比较小,同样,固定资产比重大的行业,经营杠杆就整体上比较高。另外值得注意的是,上述三个方面的因素还具有一定的关联性,比如公用事业,系统风险比较小,同时由于其固定资产比较高,其经营杠杆会比较高,固定资产的存在为银行借款提供了比较可靠的抵押,因此这部分公司的财务杠杆也会比较高。

专栏 4-4

利润质量分析法在财务报表分析中的应用

随着市场经济的发展,财务造假丑闻频发,利润质量分析成为投资者关注的焦点。利润数额清楚地列明在利润表中,但是其背后掩藏的经济活动,才是更具有说服力的事实。利润质量分析法则对传统方法的立足点即数据真实性进行分析,深入探索利润表背后的企业活动。

为了便于分析山东矿机的相对竞争力及盈利能力水平和原因,选取煤机行业排名靠前的天地科技股份有限公司(以下称"天地科技")与郑州煤矿机械集团股份有限公司(以下称"郑煤机")进行对比分析:

从毛利率走势来看,山东矿机煤机设备毛利率水平与郑煤机相当且明显低于天地科技。反映出公司的定价能力较弱且竞争力优势较弱。从核心利润率走势来看,山东矿机明显低于郑煤机与天地科技。核心利润已经为负值,表示山东矿机从事经营活动的业绩相对较差,本身在行业内竞争力弱,盈利能力不强。从核心利润产生现金流量的能力来看,2015 年山东矿机同口径核心利润为 55 689 037.59 元,经营活动现金流量净额为 100 238 444.69 元,现金流实现金额达到同口径核心利润的 1.8 倍。而 2012—2014 年恰恰相反,经营活动现金流量净额远低于核心利润。这种差异巨大的原因在于经营活动现金流入增多,而购买商品接受劳务支付的现金大额减少。经营活动现金流入增多是由于山东矿机 2015 年降低资金风险战略取得成效,应收账款和应收票据在 2015 年度大幅下降,收回较多前期欠款。购买商品接受劳务支付的现金大额减少是由于煤炭行业走弱,产销量下降,企业付现采购额随之下降,支付税金随之减少,也是造成经营活动现金流量净额增大的原因。

从 2012~2014 年数据来看,核心利润产生现金流量的能力较弱,经营活动产生的核心利润并不能真正转化为企业的现金流,也就是说,企业的利润质量不高。从 2015 年的分析中发现经营活动产生的现金流量净额大幅上涨,表现出企业核心利润创造现金流的能力,但是这种上涨依赖于过去年度应收款项及应收票据,持续性并不乐观。由于煤炭、煤机行业面临行业寒冬,宏观经济形势下企业收款能力、盈利能力受到制约,因此 2015 年报表表现出的低核心利润率而高现金流量的现象也许只是昙花一现。经分析,得到山东矿机无论是核心利润还是投资收益获取现金流量的能力都较低的结论,值得警惕。

资料来源:张波,王珉,王媛 . 利润质量分析法在财务报表分析中的应用——以山东矿机为例[J]. 财会通讯,2018(17).

(三)盈余操纵性

大量的实际案例及实证研究结果表明,财务操纵在中国资本市场上具有相当程度的普遍性,这给财务分析带来了严峻的挑战,也为其提供了大量的机遇。所谓挑战,是指一旦盈余失去了可靠性的基础,许多基于会计账面数据的财务指标或比例的计算就失去了意义,甚至可能产生一定的误导性。而机遇则在于,财务操纵的存在使得深入的财务分析成为必要，为后者带来了发掘潜在投资对象，及时规避风险的价值。任何的财务操纵，都是为了一定的经济动机，而这种动机又往往和特定的盈余操纵后果相结合。将这些最终的后果与未受操纵的盈利数据比较，我们可以将财务操纵划分为以下几种基本模式：

（1）“大洗澡”模式，主要表现为尽量地增大亏损，通常发生在管理层变更、资产重组以及不得不亏损的情况之下。

（2）收益最小化，主要表现为公司尽量减少收益，但不一定导致公司亏损。采用这一模式的通常动机是为了减少税收，有时可能也是为了暂时压低股价。

（3）收益最大化，主要表现为公司尽量增加收益。采用这一模式的通常动机是为了获取更高的薪酬，有时可能也是为了抬高股价或达到某些监管的要求。

（4）收益平滑，在手法上表现为（2）（3）两种模式的结合，但其动机通常是为了尽量减少收益的波动性，降低奖金的波动性或违反债务契约的可能性，也可能是用来传递关于企业未来持续盈利能力的内部信息。

（四）会计政策选择与运用的稳健性

企业管理层对会计政策的选择与运用是决定盈利质量的重要因素。在会计政策的选择上有稳健（或保守）和不稳健（或乐观）之分。稳健的选择所产生的盈利与乐观的选择所产生的盈利相比，前者通常不会高估现实和未来的业绩，因此通常被认为是高质量的，相对于乐观的选择而言，对其盈利的质量通常给予较高的评价。在分析会计政策的选用对利润质量的影响时，还应关注以下几点：

（1）会计政策的持续性如何，是否随意变更会计政策。会计政策的变更必须符合法律或会计准则等行政法规、规章的要求，或者这种变更能够提供有关企业财务状况、经营成果和现金流量等更可靠、更相关的会计信息。有的上市公司出于业绩支撑的压力，将原来采用的较稳健的会计政策调整为较乐观的会计政策，如随意延长固定资产的折旧年限，降低坏账准备的计提比例等，而这种调整变更并不符合上述会计政策变更的要求，从而降低了盈利的质量。

（2）企业管理层可能通过会计运用来影响收入和费用的确认，从而决定盈利的数额。例如，通过调整类似于维护与修理费、广告费、营销费、研发费等酌量性费用的发生时间或通过安排收入、资产销售的确认时间来达到操纵盈利水平的目的。以广告费为例，由于广告费支出中的大部分对未来会计期间的业绩产生影响，而与短期业绩之间的相关性较小，因此，管理层可以在不影响当期收入的前提下削减该项支出，从而提高当期的盈利水平，然而长期的销售将很可能受到影响。

（3）会计政策的过度稳健。过度稳健的会计政策虽然可以暂时提高盈利的质量，但从长远来看，却降低了盈利的可信性和相关性。报表分析者应关注在计提各项减值准备事项上采用过度稳健的做法是否出于“秘密准备”的考虑。

本章小结

1. 利润表是反映企业在一定会计期间的经营成果的报表。利润表的列报必须充分反映企业经营业绩的主要来源和构成，有助于使用者判断净利润的质量及其风险，有助于使用者预测净利润的持续性，从而作出正确的决策。

2. 利润额的高低及其发展趋势，是企业生存与发展的关键，也是企业投资者及其利益相关者关注的焦点，因此，利润表的编制与披露对信息使用者是至关重要的。

3. 利润表是根据“利润＝收入－费用”的基本关系编制的。在实际编制时，有两种方式可供选择：一是以企业一定时期的全部收入总和减去全部费用支出的总和；二是根据企业收入和费用的性质分类，尽可能相互配比，以计算出不同业务所取得的利润，将各种利润加起来即为利润总额，然后再减去所得税费用，即为净利润。

4. 在我国现行会计准则下，利润表中营业利润包含“公允价值变动损益”“资产（信用）减值损失”等未实现资产利得和损失。“公允价值变动损益”“资产（信用）减值损失”作为直接计入利润的利得和损失纳入利润表，使净利润中包含了部分“其他综合收益”（未实现资产持有利得和损失）的内容，而另一部分的“其他综合收益”项目（严格地说，为其他综合收益各项目分别扣除所得税影响后的净额）在利润表中列示于净利润之下，最后通过“综合收益总额”项目全面揭示企业净利润与其他综合收益的合计。

练习题

一、名词解释

1. 利润表　2. 利润　3. 净利润　4. 营业收入　5. 营业外支出

二、单项选择题

1. 反映企业全部财务成果的指标是（　　）。

A. 主营业务利润　B. 营业利润　C. 利润总额　D. 净利润

2. 企业商品经营盈利状况最终取决于（　　）。

A. 主营业务利润　B. 营业利润　C. 利润总额　D. 投资收益

3. 企业提取法定盈余公积是在（　　）。

A. 提取法定公益金之后

B. 弥补企业以前年度亏损之后

C. 支付各项税收的滞纳金和罚款之后

D. 支付普通股股利之前

4. 企业用盈余公积分配股利后，法定盈余公积不得低于注册资本的(　　)。

A. 10%　　B. 20%　　C. 25%　　D. 50%

5. 产生销售折让的原因是(　　)。

A. 激励购买方多购商品　　B. 促使购买方及时付款

C. 进行产品宣传　　D. 产品质量有问题

6. 如果企业本年营业收入的增长快于营业成本的增长，那么企业本年营业利润(　　)。

A. 一定大于零　　B. 一定大于上年营业利润

C. 一定大于上年利润总额　　D. 不一定大于上年营业利润

三、多项选择题

1. 影响主营业务利润的基本因素有(　　)。

A. 销售量　　B. 单价

C. 期间费用　　D. 销售品种构成

E. 产品等级

2. 进行产品销售利润因素分析的主要步骤包括(　　)。

A. 找出影响产品销售利润的因素

B. 将影响产品销售利润的因素分为有利因素和不利因素

C. 确定各因素变动对产品销售利润的影响程度

D. 按各因素变动对产品销售利润的影响程度排序

E. 对产品销售利润完成情况进行分析评价

3. 企业的收入从广义上讲应包括(　　)。

A. 主营业务收入　　B. 其他业务收入

C. 股利收入　　D. 利息收入

E. 营业外收入

4. 销售净收入是指从销售收入中扣除(　　)。

A. 销售退回　　B. 现金折扣

C. 数量折扣　　D. 商业折扣

E. 销售折让

5. 下列项目中属于期间费用的有(　　)。

A. 所得税费用　　B. 制造费用

C. 财务费用　　D. 销售费用

E. 管理费用

6. 投资收入分析应包括的内容有(　　)。

A. 利息收入分析　　B. 租金收入分析

C. 资产使用费收入分析　　D. 处理固定资产的收入分析

E. 股利收入分析

7. 符合纳入分部报表编制的范围的条件有(　　)。

A. 分部营业收入占所有分部营业收入合计的 10% 或以上

B. 分部营业利润占所有盈利分部的营业利润合计的 10% 或以上

C. 分部营业亏损占所有亏损分部的营业亏损合计的 10% 或以上

D. 分部资产总额占所有分部资产总额合计的 10% 或以上

E. 某一分部的对外营业收入总额占企业全部营业收入总额 50% 或以上

四、判断题

1. 营业利润是企业营业收入与营业成本费用及税金之间的差额。它既包括产品销售利润，又包括其他业务利润，并在二者之和基础上减去管理费用与财务费用。（　　）

2. 息税前利润是指没有扣除利息和所得税的利润，即等于利润总额与利息支出之和。（　　）

3. 利润表附表反映了会计政策变动对利润的影响。（　　）

4. 如果企业以业务分部为基础确定报告分部，则风险和报酬主要受企业产品和劳务差异的影响，披露分部信息的主要形式是地区分部。（　　）

5. 销售成本变动对利润有着直接影响，销售成本降低多少，利润就会增加多少。（　　）

6. 税率的变动对产品销售利润没有影响。（　　）

五、简答题

1. 利润表分析的作用是什么？

2. 销售商品收入只有同时符合哪些条件时，才能加以确认？

3. 营业外收入与营业收入的区别是什么？

4. 在分析会计政策的选用对利润质量的影响时，还应关注哪些方面？

案例分析

华能公司是一家上市公司，它主要生产小型及微型处理电脑，其市场目标主要定位于小规模公司和个人。该公司生产的产品质量优良，价格合理，在市场上颇受欢迎，销路很好，因此该公司也迅速发展壮大起来。公司当前正在做本年度的财务分析，下一周，财务总监董晶将向总经理汇报本年度公司的财务状况和经营成果，汇报的重点是公司经营成果的完成情况，并要出具具体的分析数据。

张伟是该公司的助理会计师，主要负责利润的核算、分析工作，董晶要求张伟对公司本年度有关经营成果的资料进行整理分析，并对公司经营成果的完成情况写出分析结果，以供公司领导决策考虑。接到财务总监交给的任务后，张伟立刻收集有关经营成果的资料，资料如表 4-3 至表 4-6 所示。

表 4-3 利 润 表

编制单位：华能公司　　　　单位：万元

项目	本年度	上年度
一、营业收入	1 296 900	1 153 450
减：营业成本	1 070 955	968 091
税金及附加	14 396	6 805
销售费用	2 723	1 961
管理费用	124 502	108 309
财务费用	−24 122	105 541
加：其他收益	−5 318	−2 192
投资收益	23 604	68 976
资产减值损失	2 095	
二、营业利润	101 033	−39 449
加：营业外收入	80	
减：营业外支出	3 113	1 961
三、利润总额	121 604	27 566
减：所得税费用	23 344	4 268
四、净利润	98 260	23 298

表 4-4 华能公司投资收益表

单位：万元

项目	本年度	上年度
长期股权投资收益	26 274	21 176
长期股权投资差额摊销	−2 400	−2 200
长期股权转让收益		50 000
短期投资跌价损失	−270	
投资收益合计	23 604	68 976

表 4-5　华能公司财务费用表　　单位：万元

项目	本年度	上年度
利息支出	970	128 676
减：利息收入	26 854	25 320
汇兑损失	3 108	2 809
减：汇兑收益	1 480	756
其他	134	132
财务费用	–24 122	105 541

表 4-6　华能公司管理费用明细表　　单位：万元

项目	本年度	上年度
工资及福利费	64 540	64 320
劳动保险费	4 340	4 308
业务招待费	8 988	4 211
工会经费	1 150	1 048
折旧费	1 540	1 540
技术开发费	38 600	27 856
其他	5 344	5 026
管理费用	124 502	108 309

要求：运用案例中提供的信息，协助张伟做好以下几个方面的分析工作：

（1）运用水平分析法编制利润增减变动分析表。

（2）对公司本年利润比上期增减变动情况分析评价。

（3）运用垂直分析法编制利润结构分析表。

（4）对公司本年利润结构变动情况进行分析评价。

第五章　现金流量表分析

学习目标

1. 掌握现金流量表的相关概念。
2. 明确现金流量表的结构和内容。
3. 理解现金流量表与资产负债表、利润表、所有者权益变动表的关系。
4. 掌握现金流量表的项目分析和总体评价。
5. 了解经营活动净现金流量的阶段性分析。

引导案例

105 家公司现金流与净利润双增长　三维度掘金相关潜力股

随着中报披露公司家数的增多，寻找业绩稳健增长的白马股成为投资者关注的焦点。业内人士认为，经营活动产生的现金流量净额与净利润的增长能有效反映上市公司业绩的含金量，是筛选白马股的重要指标。

《证券日报》记者根据同花顺数据统计发现，沪深两市共有 573 家公司披露 2017 年中报业绩，其中，有 105 家公司今年上半年经营活动产生的现金流量净额、净利润同时为正，且均实现同比增长。从 105 家绩优公司行业分布来看，主要集中在化工、医药生物、轻工制造、电子等四行业中，行业内相关公司数量分别为：16 家、12 家、9 家和 9 家。绩优股扎堆的化工行业三季度以来市场表现也十分突出，整体累计上涨 4.17%。对于化工板块后市机会，中金公司表示，第四批中央环保督察全面启动，预计下半年环保力度进一步加大。由于环保趋严导致景气度上行有望超预期的行业包括分散染料、环氧丙烷、粘胶短纤、钛白粉和草甘膦等，个股推荐闰土股份、万华化学、三友化工等。

在市场近期整体震荡的背景下，部分资金继续布局安全边际较高的绩优股，上述 105 只个股中，凯美特气（19 863.12 万元）、蓝思科技（13 269.13 万元）、永辉超市（11 578.00 万元）、弘宇股份（11 010.08 万元）、士兰微（9 206.64 万元）、禾望电气（5 769.23 万元）、通化东宝（3 576.25 万元）、皮阿诺（3 536.44 万元）、百川股份（3 215.98 万元）和牧原股份（2 689.23 万元）等 10 只个股月内累计大单资金净流入均在 2 000 万元以上，合计吸金 8.7 亿元。

市场表现及资金流入均居前的凯美特气，三季报预告也十分抢眼。公司中报披露显示，预计公司 2017 年前三季度净利润为 2 218.74 万元至 2 701.08 万元，同比增长 130% 至 180%（上年同期净利润为 964.67 万元）。业绩增长原因说明：公司本部及各子公司二氧化碳产品保持稳定增长。对于该股，海通证券表示，公司是国内液态二氧化碳龙头，是国内年产能最大的食品级液体二氧化碳生产企业，后市表现值得关注。

资料来源：赵子强，乔川川．105家公司现金流与净利润双增长　三维度掘金相关潜力股[N]．证券日报，2017-08-16.

第一节　现金流量表概述

一、现金、现金等价物、现金流量的概念

现金（cash）是指企业的库存现金及可以随时用于支付的存款。会计上所说的现金通常指企业的库存现金，而现金流量表中的“现金”不仅包括“库存现金”账户核算的库存现金，还包括企业“银行存款”账户核算的存入金融企业、随时可以用于支付的存款，也包括“其他货币资金”账户核算的外埠存款、银行汇票存款、银行本票存款和在途货币资金等其他货币资金。应注意的是，银行存款和其他货币资金中有些不能随时用于支付的存款，如不能随时支取的定期存款等，不应作为现金，而应列作投资；提前通知金融企业便可支取的定期存款，则应包括在现金范围内。

现金等价物（cash equivalents）是指企业持有的期限短、流动性强、易于转换为已知金额的现金、价值变动风险很小的投资。期限短，一般是指从购买日起3个月内到期。现金等价物通常包括3个月内到期的债券投资等。权益性投资变现的金额通常不确定，因而不属于现金等价物。

现金流量（cash flow）是某一段时期内企业现金和现金等价物流入和流出的数量，如企业销售商品、提供劳务、出售固定资产、向银行借款等取得现金，形成企业的现金流入；购买原材料、接受劳务、购建固定资产、对外投资、偿还债务等支付现金，形成企业的现金流出。现金流量信息能够表明企业经营状况是否良好，资金是否紧张以及企业偿付能力大小等，从而为投资者、债权人、企业管理者提供非常有用的信息。

应该注意的是，企业货币资金不同形态之间的转换不会产生现金的流入和流出，如企业从银行提取现金，是企业现金存放形式的转换，并未流出企业，不构成现金流量；同样，现金与现金等价物之间的转换也不影响现金流量的变动。

二、现金流量表的概念

市场经济条件下，现金流对于一个企业的发展具有极为重要的影响，正如血液对于人体，只有血液充足且流动顺畅，人体才会健康，良性现金流也是企业健康成长的必要条件。现金流不仅体现出企业的活力、竞争优势和企业绩效，而且还反映了企业抵抗经营风险和财务风险的能力。管理实践中有“现金为王”的说法，这一原则在财务分析中可能也同样成立。

现金流量表是指反映企业在一定会计期间现金和现金等价物流入和流出的报表。从编制原则上看，现金流量表按照收付实现制原则编制，将权责发生制下的盈利信息调整为收付实现制下的现金流量信息，便于信息使用者了解企业净利润的质量。从现金流量表内容上看，现金流量被划分为经营活动现金流量、投资活动现金流量和筹资活动现金流量三个部分，每类活动又分为各具体项目，这些项目从不同角度反映企业业务活动的现金流入

与流出,弥补了资产负债表和利润表提供信息的不足。通过现金流量表,报表使用者能够了解现金流量的影响因素,评价企业的支付能力、偿债能力和周转能力,预测企业未来现金流量,为其决策提供有力依据。

三、现金流量表的作用

(一)从动态上了解企业现金变动情况和变动原因

资产负债表中货币资金项目反映了企业一定时期现金变动的结果,只是静态上的现金存量;企业从哪里取得现金,又将现金用于哪些方面,只有通过现金流量表的分析,才能从动态上说明现金的变动情况,并揭示现金变动的原因。

(二)判断企业获取现金的能力

现金余额是企业现金流动的结果,并不表明现金流量的大小,通过对现金流量表进行现金流量分析,能够对企业获取现金的能力做出判断。

(三)评价企业盈利的质量

利润是按权责发生制计算的,用于反映当期的财务成果,利润不代表真正实现的收益,账面上的利润满足不了企业的资金需要,因此,盈利企业仍然有可能发生财务危机,高质量盈利必须有相应的现金流入做保证,这就是为什么人们更重视现金流量的原因之一。

第二节　现金流量表的结构分析

一、现金流量表的基本结构

现金流量表中,现金及现金等价物被视为一个整体,企业现金形式的转换不会产生现金的流入和流出。例如,企业从银行提取现金,是企业现金存放形式的转换,并未流出企业,不构成现金流量。同样,现金与现金等价物之间的转换也不属于现金流量,例如,企业用现金购买 3 个月到期的国债。根据企业业务活动的性质和现金流量的来源,现金流量表在结构上将企业一定期间产生的现金流量分为经营活动产生的现金流量、投资活动产生的现金流量和筹资活动产生的现金流量三类。现金流量表如表 5–1 所示。现金流量表补充资料如表 5–2 所示。

表 5–1　现金流量表

会企 03 表

编制单位:　　　　____年____月　　　　单位:元

项目	本期金额	上期金额
一、经营活动产生的现金流量:		
销售商品、提供劳务收到的现金		
收到的税费返还		
收到的其他与经营活动有关的现金		

续表

项目	本期金额	上期金额
经营活动现金流入小计		
购买商品、接受劳务支付的现金		
支付给职工以及为职工支付的现金		
支付的各项税费		
支付其他与经营活动有关的现金		
经营活动现金流出小计		
经营活动产生的现金流量净额		
二、投资活动产生的现金流量：		
收回投资所收到的现金		
取得投资收益所收到的现金		
处置固定资产、无形资产和其他长期资产所收回的现金净额		
处置子公司及其他营业单位收到的现金净额		
收到其他与投资活动有关的现金		
投资活动现金流入小计		
购建固定资产、无形资产和其他长期资产所支付的现金		
投资支付的现金		
取得子公司及其他营业单位支付的现金净额		
支付其他与投资活动有关的现金		
投资活动现金流出小计		
投资活动产生的现金流量净额		
三、筹资活动产生的现金流量：		
吸收投资所收到的现金		
取得借款所收到的现金		
收到其他与筹资活动有关的现金		
筹资活动现金流入小计		
偿还债务支付的现金		
分配股利、利润或偿付利息所支付的现金		
支付其他与筹资活动有关的现金		
筹资活动现金流出小计		
筹资活动产生的现金流量净额		

续表

项目	本期金额	上期金额
四、汇率变动对现金及现金等价物的影响		
五、现金及现金等价物净增加额		
加：期初现金及现金等价物余额		
六、期末现金及现金等价物余额		

表 5–2　现金流量表补充资料

补充资料	本期金额	上期金额
1. 将净利润调节为经营活动现金流量：		
净利润		
加：资产减值准备		
固定资产折旧		
无形资产摊销		
长期待摊费用摊销		
处置固定资产、无形资产和其他长期资产的损失（收益以“–”号填列）		
固定资产报废损失（收益以“–”填列）		
公允价值变动损失（收益以“–”填列）		
财务费用（收益以“–”填列）		
投资损失（收益以“–”填列）		
递延所得税资产减少（增加以“–”号填列）		
递延所得税负债增加（减少以“–”号填列）		
存货的减少（增加以“–”号填列）		
经营性应收项目的减少（增加以“–”号填列）		
经营性应付项目的增加（减少以“–”号填列）		
其他		
经营活动产生的现金流量净额		
2. 不涉及现金收支的投资和筹资活动：		
债务转为资本		
一年内到期的可转换公司债券		
融资租入固定资产		

续表

补充资料	本期金额	上期金额
3. 现金及现金等价物净变动情况：		
现金的期末余额		
减：现金的期初余额		
加：现金等价物的期末余额		
减：现金等价物的期初余额		
现金及现金等价物净增加额		

编制现金流量表时，列报经营活动现金流量的方法有两种：一是直接法；二是间接法。在直接法下，一般是以利润表中的营业收入为起算点，调节与经营活动有关的项目的增减变动，然后计算出经营活动产生的现金流量。在间接法下，将净利润调节为经营活动现金流量，实际上就是将按权责发生制原则确定的净利润调整为现金净流入，并剔除投资活动和筹资活动对现金流量的影响。采用直接法编报的现金流量表，便于分析企业经营活动产生的现金流量的来源和运用，预测企业现金流量的未来前景；采用间接法编报现金流量表，便于将净利润与经营活动产生的现金流量净额进行比较，了解净利润与经营活动产生的现金流量差异的原因，从现金流量的角度分析净利润的质量。所以，我国企业会计准则规定企业应当采用直接法编制现金流量表，同时要求在附注中提供以净利润为基础调节的经营活动现金流量的信息。

二、现金流量表与其他三张财务报表的关系

根据我国企业会计准则的相关规定，企业对外提供的财务报表主要包括资产负债表、利润表、现金流量表和所有者权益变动表。现金流量表和其他报表之间不是相互脱离、彼此独立的，而是有着内在的勾稽关系，共同支撑了投资决策有用的信息体系。例如，对于企业管理者而言，现金流量可以说明经营过程是否产生足够现金流入来满足各项现金流出的需要，企业是否可以购置固定资产满足未来经营活动的扩展，企业应做何种投资及采用何种方式进行融资，以及如何清偿到期债务等。对于债权人而言，企业能否产生现金流入并按期支付利息和清偿到期债务，直接关系到债权人权益的保护。对于投资者而言，则更关注企业的获利能力（即未来产生现金净流入的能力）和股利支付能力，确保自身得到合理的投资回报。然而，利润表提供的盈利相对抽象，现金流量表中的现金流量则十分具体。足够的现金流入是股利、利息和到期本金能够及时支付的保证。无法想象，没有盈利企业会有正当和可靠来源的现金净流入。因此，对现金流量表的分析应该结合利润表的分析进行，侧重从“现金偿付”的角度分析现金流量的质量。同时，现金流量的分析同样需要结合资产负债表的分析内容，现金流入和流出情况的判断需要结合资产负债表的信息加以确认，这样才能对企业现金流量数字背后隐藏的经济实质给出相对准确的解答。财务报表的相互关系如图 5-1 所示。

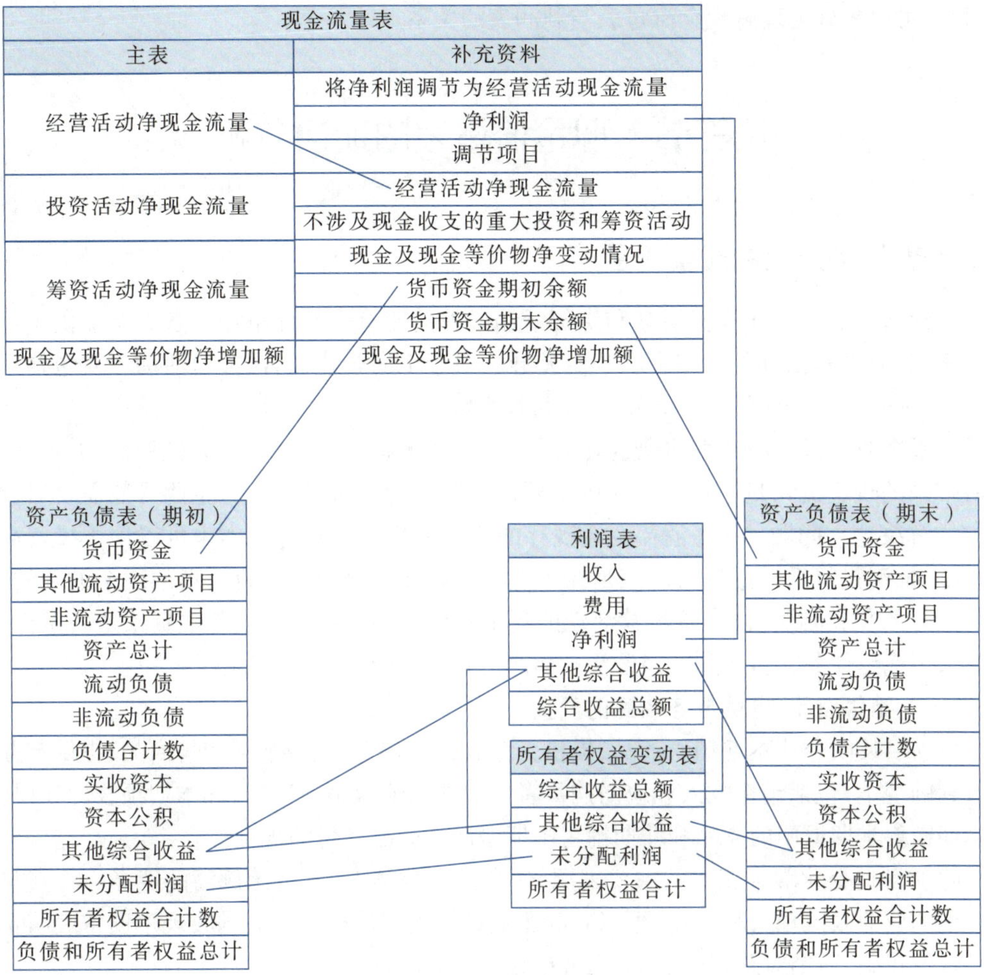

图 5–1　财务报表的相互关系

根据会计恒等式分析影响现金净流量的因素：

$$资产 = 负债 + 所有者权益 \tag{5–1}$$

$$现金 + 非现金流动资产 + 非流动资产 = 流动负债 + 非流动负债 + 所有者权益 \tag{5–2}$$

$$现金 = 流动负债 + 非流动负债 + 所有者权益 - 非现金流动资产 - 非流动资产 \tag{5–3}$$

其中：所有者权益 = 实收资本（或股本）+ 资本公积 + 其他综合收益 + 盈余公积 + 未分配利润，未分配利润 = 净利润 + 年初未分配利润 – 提取的公积金 – 应付利润（股利），综合收益 = 净利润 + 其他综合收益。

以上分析表明，资产负债表和利润表与影响公司现金净流量的因素有关，非现金流动资产类项目的变化与现金净流量的变化方向相反；负债与所有者权益类项目的变化与现金流量的变化方向相同。在其他因素不变的条件下，所有者权益的变化主要与未分配利润有关，而后者主要取决于公司经营活动创造的净利润以及公司的股利政策。

公司在一定时期创造的现金净流量是经营活动、投资活动和筹资活动现金净流量的总和。通过比较资产负债表期末货币资金（包括现金等价物）与期初货币资金的差额，可以分析公司一定时期现金净流量变动的动因；通过分析从净利润到经营活动现金净流量的调整过程，可以更好地理解现金流量表与利润表的关系。

第三节　现金流量表的项目分析

一、经营活动产生的现金流量

经营活动是指企业投资活动和筹资活动以外的所有交易和事项。各类企业由于行业特点不同，对经营活动的认定存在一定差异。对于工商企业而言，经营活动主要包括销售商品、提供劳务、购买商品、接受劳务、支付税费等。

如果企业经营活动产生的现金流量小于零，就意味着企业通过正常的商品购、产、销活动所带来的现金流入量不足以支付因经营活动而引起的货币流出。企业可能需要通过几种方式解决这一问题：一是消耗企业现存的货币积累。二是挤占本来可以用于投资活动的现金，推迟投资活动的进行。三是在不能挤占本来可以用于投资活动的现金的条件下，进行额外的贷款融资，以支持经营活动的现金需要。四是在没有贷款融资渠道的条件下，只能采用拖延债务支付或加大经营活动引起的负债规模等办法来解决。

（一）销售商品、提供劳务收到的现金

该项目反映企业本期销售商品、提供劳务收到的现金，以及前期销售商品、提供劳务本期收到的现金，包括销售收入和应向购买者收取的增值税销项税额，和本期预收的款项，减去本期销售本期退回的商品和前期销售本期退回的商品支付的现金。

此项目是企业现金流入的主要来源，通常具有数额大、所占比例高的特点。将其与利润表中的营业收入项目相对比，可以判断企业销售收现情况。较高的收现率通常表明企业产品定位正确，适销对路，并已形成卖方市场的良好经营环境。

（二）收到的税费返还

该项目反映企业收到返还的增值税、所得税、消费税、关税和教育费附加等各种税费。返还增值税记“补贴收入”；返还消费税、教育费附加等，冲减“税金及附加”；返还所得税，冲减“所得税费用”。可结合相关项目信息对该项目进行分析。此项目通常数额不大，对经营活动现金流入量影响也不大。

（三）收到其他与经营活动有关的现金

该项目反映企业收到的捐赠收入、罚款收入、经营租赁收到的租金、流动资产损失中由个人赔偿的现金收入等其他与经营活动有关的现金流入金额，金额较大的应当单独列示。此项目具有不稳定性，数额不应过多。

（四）购买商品、接受劳务支付的现金

该项目反映企业本期购买商品、接受劳务实际支付的现金（包括增值税进项税额），以及本期支付前期购买商品、接受劳务的未付款项和本期预付款项。本期发生的购货退回收到的现金应从本项目内扣除。此项目应是企业现金流出的主要方向，通常具有数额大、所占比重大的特点。将其与利润表的营业成本相比较，可以判断企业购买商品付现率的情况，借此可以了解企业资金的紧张程度或企业的商业信用情况，从而可以更加清楚地认识

到企业目前所面临的财务状况。

（五）支付给职工以及为职工支付的现金

该项目反映企业本期实际支付给职工的工资、奖金、各种津贴和补贴等职工薪酬，但是应由在建工程、无形资产负担的职工薪酬以及支付给离退休人员的职工薪酬除外。二者分别在“购建固定资产、无形资产和其他长期资产支付的现金”和“支付其他与经营活动有关的现金”项目反映。此项目也是企业现金流出的主要方向，金额波动不大。

（六）支付的各项税费

该项目反映企业本期发生并支付的、本期支付以前各期发生的以及预交的教育费附加、矿产资源补偿费、印花税、房产税、土地增值税、车船税等税费，计入固定资产价值、实际支付的耕地占用税、本期退回的增值税和所得税等税费除外。此项目会随着企业销售规模的变化而变动。

（七）支付其他与经营活动有关的现金

该项目反映企业支付的罚款支出，支付的差旅费、业务招待费、保险费，短期租赁支付的现金等其他与经营活动有关的现金流出，金额较大的应当单独列示。该项目主要与利润表的销售费用以及管理费用项目相对应。

二、投资活动产生的现金流量

投资活动是指企业长期资产的购建和不包括在现金等价物范围内的投资及其处置活动。长期资产是指固定资产、无形资产、在建工程、其他资产等持有期限在1年或一个营业周期以上的资产。这里所讲的投资活动，既包括实物资产投资，也包括金融资产投资。这里之所以将“包括在现金等价物范围内的投资”排除在外，是因为已经将包括在现金等价物范围内的投资视同现金。不同企业由于行业特点不同，对投资活动的认定也存在差异。例如，交易性金融资产所产生的现金流量，对于工商业企业而言，属于投资活动现金流量，而对于证券公司而言，属于经营活动现金流量。

如果投资活动产生的现金流量小于零，就意味着企业在购建固定资产、无形资产和其他长期资产、权益性投资以及债权性投资等方面所支付的现金之和大于企业在收回投资、分得股利或利润、取得债券利息收入、处置固定资产、无形资产和其他长期资产而收到的现金净额之和。企业上述投资活动造成企业的现金流量处于入不敷出的状态。

企业投资活动所需资金可通过以下方式筹集：① 消耗企业现存的货币积累；② 削减经营活动的现金消耗，挤占本来可以用于经营活动的现金；③ 利用经营活动积累的现金进行补充；④ 在不能挤占用于经营活动的现金的条件下，进行额外的贷款融资，以支持经营活动的现金需要；⑤ 在没有贷款融资渠道的条件下，能采用拖延债务支付或加大投资活动引起的负债规模等方法来满足投资活动的现金需求。

从投资活动的目的分析，企业的投资活动，主要有三个目的：① 为企业正常生产经营活动奠定基础，如购建固定资产、无形资产和其他长期资产等；② 为企业对外扩张和其他发展性目的，如进行权益性投资和债权性投资等；③ 利用企业暂时不用的闲置货币资金进行短期投资，如购买交易性金融资产等，以求获得较高投资收益。在上述三个目的中，前两种投资一般都应与企业的长期规划和短期计划相一致，第三种投资在很多情况下则是企业的一种短期理财安排。因此，对于投资活动的现金流量小于零的企业而言，如果投资活动符合企业的长期规划和短期计划，那么这种现象表明了企业经营活动发展和企业扩张的内在需要，也反映了企业在扩张方面的努力与尝试。

（一）收回投资所收到的现金

反映企业出售、转让或到期收回除现金等价物以外的交易性金融资产、长期股权投资而收到的现金，但债权投资收回的利息除外。此项目不能绝对地追求数额较大。投资扩张是企业未来创造利润的增长点，缩小投资可能意味着企业在规避投资风险、投资战略改变或企业存在资金紧张的问题。该项目可结合资产负债表各投资性资产金额的减少进行分析。

（二）取得投资收益收到的现金

该项目反映企业因股权性投资而分得的现金股利，从子公司、联营企业或合营企业分回利润而收到的现金，以及因债权性投资而取得的现金利息收入，股票股利除外。此项目存在发生额，说明企业进入投资回收期。该项目金额与利润表当中的投资收益项目进行对比分析，可以考察投资收益的收现状况；同资产负债表当中的投资资产金额进行对比分析，可以考察投资资产的现金回报情况。

（三）处置固定资产、无形资产和其他长期资产收回的现金净额

该项目反映企业出售、报废固定资产、无形资产和其他长期资现金（包括因资产毁损而收到的保险赔偿收入），减去为处置这些资产而支付的有关费用后的净额，但现金净额为负数的除外。此项目一般金额不大，如果数额较大，表明企业产业、产品结构将有所调整，或者表明企业未来的生产能力将受到严重的影响，已经陷入深度的债务危机之中，靠出售设备来维持经营。

（四）处置子公司及其他营业单位收到的现金净额

该项目反映企业处置子公司及其他营业单位所取得的现金减去相关处置费用后的净额。

（五）购建固定资产、无形资产和其他长期资产支付的现金

该项目反映企业购买、建造固定资产、取得无形资产和其他长期资产所支付的现金及增值税税款、支付的应由在建工程和无形资产负担的职工薪酬现金支出，但为购建固定资产而发生的借款利息资本化部分、融资租入固定资产所支付的租赁费除外。此项目表明企业扩大再生产能力的强弱，可以了解企业未来的经营方向和获利能力，揭示企业未来经营方式和经营战略的发展变化。

（六）投资支付的现金

该项目反映企业取得的除现金等价物以外的权益性投资和债权性投资所支付的现金以及支付的佣金、手续费等附加费用。此项目表明企业参与资本市场运作、实施股权及债权投资能力的强弱，分析投资方向与企业的战略目标是否一致。

（七）取得子公司及其他营业单位支付的现金净额

该项目反映企业购买子公司及其他营业单位购买出价中以现金支付的部分，减去子公司或其他营业单位持有的现金和现金等价物后的净额。

（八）收到其他与投资活动有关的现金、支付其他与投资活动有关的现金

反映企业除上述（一）至（七）项目外收到或支付的其他与投资活动有关的现金流入或流出，金额较大的应当单独列示。

三、筹资活动产生的现金流量

筹资活动是指导致企业资本及债务规模和构成发生变化的活动。这里所说的资本，既包括实收资本（股本），也包括资本溢价（股本溢价）；这里所说的债务，是指对外举债，包括向银行借款、发行债券以及偿还债务等。通常情况下，应付账款、应付票据等商业应付款等属于经营活动，不属于筹资活动。此外，对于企业日常活动之外的、不经常发生的特殊项目，如自然灾害损失、保险赔款、捐赠等，应当归并到相关类别中，并单独反映。比如，对于自然灾害损失和保险赔款，如果能够确指，属于流动资产损失，应当列入经营活动产生的现金流量；属于固定资产损失，应当列入投资活动产生的现金流量。

筹资活动产生的现金流量大于零，意味着企业在吸收权益性投资、发行债券以及借款等方面所收到的现金之和大于企业在偿还债务、支付筹资费用、分配股利或利润、偿付利息、融资租赁所支付的现金以及减少注册资本等方面所支付的现金之和。企业处于发展的起步阶段，投资需要大量资金，而且在企业经营活动的现金流量小于零的条件下，企业主要通过筹资活动来解决对于现金的需求。因此，分析企业筹资活动产生的现金流量是否正常，关键要看企业的筹资活动是否已经被纳入企业的发展规划，是企业管理层以扩大投资和经营活动为目标的主动筹资，还是企业因投资活动和经营活动的现金流出失控而不得已的被动筹资。

如果筹资活动产生的现金流量小于零，就意味着企业在吸收权益性投资、发行债券以及借款等方面所收到的现金之和小于企业在偿还债务、支付筹资费用、分配股利或利润、偿付利息、支付使用权资产租赁费以及减少注册资本等方面所支付的现金之和。这种情况的出现，可能是由于企业在本会计期间集中发生偿还债务、支付筹资费用、分配股利或利润、偿付利息、融资租赁等业务，或者是因为企业经营活动与投资活动在现金流量方面运转较好，有能力完成上述各项支付任务。但是，企业筹资活动产生的现金流量小于零，也可能是企业在投资和企业扩张方面没有更多作为的一种表现。投资活动与筹资活动属于企业的理财活动，在任何期间，企业均有可能因这些方面的活动而引起现金流量的变化。不过，处于开业初期的企业，其理财活动引起的现金流量变化较大，占企业现金流量变化的比重也较大。另一方面，理财活动也意味着企业存在相应的财务风险。例如，企业对外发行债券，就必须承担定期支付利息、到期还本的责任。如果企业不能履行偿债责任，企业就可能受到法律制裁。又如，企业购买股票，就存在着股票跌价的风险等。因此，企业的理财活动越活跃，带来的财务风险也可能较大。

（一）吸收投资收到的现金

该项目反映企业以发行股票、债券等方式筹集资金实际收到的款项，减去直接支付给金融企业的佣金、手续费、宣传费、咨询费、印刷费等发行费用后的净额。此项目表明企业通过资本市场筹资能力的强弱。

（二）取得借款收到的现金

该项目反映企业举借各种短期、长期借款而收到的现金。此项目数额的大小，表明企业通过银行筹集资金能力的强弱，在一定程度上代表了企业商业信用的高低。

（三）偿还债务支付的现金

该项目反映企业以现金偿还债务的本金。此项目有助于分析企业资金周转是否已经达到良性循环状态。

（四）分配股利、利润或偿付利息支付的现金

该项目反映企业实际支付的现金股利、支付给其他投资单位的利润或用现金支付的借款利息、债券利息。利润的分配情况可以反映企业现金的充裕程度。

（五）收到其他与筹资活动有关的现金或支付其他与筹资活动有关的现金

反映企业除上述（一）至（四）项目外，收到或支付的其他与筹资活动有关的现金流入或流出，包括以发行股票、债券等方式筹集资金而由企业直接支付的审计和咨询等费用、为购建固定资产而发生的借款利息资本化部分、租入使用权资产所支付的租赁费、以分期付款方式购建固定资产以后各期支付的现金等。一般数额较小，如果数额较大，应注意分析其合理性。

四、汇率变动对现金及现金等价物的影响

编制现金流量表时，应当将企业外币现金流量以及境外子公司的现金流量折算成记账本位币。外币现金流量以及境外子公司的现金流量，应当采用现金流量发生日的即期汇率或按照系统合理的方法确定的、与现金流量发生日即期汇率近似的汇率折算。汇率变动对现金的影响额应当作为调节项目，在现金流量表中单独列报。

汇率变动对现金的影响，指企业外币现金流量及境外子公司的现金流量折算成记账本位币时，所采用的是现金流量发生日的即期汇率或按照系统合理的方法确定的、与现金流量发生日即期汇率近似的汇率。而现金流量表“现金及现金等价物净增加额”项目中外币现金净增加额是按资产负债表日的即期汇率折算的。这两者的差额即为汇率变动对现金的影响。

在编制现金流量表时，对当期发生的外币业务，也可不必逐一计算汇率变动对现金的影响，可以通过现金流量表补充资料中“现金及现金等价物净增加额”数额与现金流量表中“经营活动产生现金流量净额”“投资活动产生的现金流量净额”“筹资活动产生的现金流量净额”三项之和比较，其差额即为“汇率变动对现金的影响额”。

五、现金流量表补充资料

除现金流量表反映的信息外，企业还应在附注中披露将净利润调节为经营活动现金流量、不涉及现金收支的重大投资和筹资活动、现金及现金等价物净变动情况等信息。

（一）将净利润调节为经营活动现金流量

现金流量表采用直接法反映经营活动产生的现金流量，同时，企业还应采用间接法反映经营活动产生的现金流量。间接法，是指以本期净利润为起点，通过调整不涉及现金的收入、费用、营业外收支以及经营性应收应付等项目的增减变动，调整不属于经营活动的现金收支项目，据此计算并列报经营活动产生的现金流量的方法。在我国，现金流量表补充资料应采用间接法反映经营活动产生的现金流量情况，以对现金流量表中采用直接法反映的经营活动现金流量进行核对和补充说明。

采用间接法列报经营活动产生的现金流量时，需要对四大类项目进行调整：① 实际没有支付现金的费用；② 实际没有收到现金的收益；③ 不属于经营活动的损益；④ 经营性应收应付项目的增减变动。

（二）不涉及现金收支的投资和筹资活动

不涉及现金收支的投资和筹资活动，反映企业一定期间内影响资产或负债但不能形成该期现金收支的所有投资和筹资活动的信息。这些投资和筹资活动虽然不涉及现金收支，但对以后各期的现金流量具有重大影响，例如，企业租入的使用权资产设备，将形成的负债计入“长期应付款”账户，当期并不支付设备款及租金，但以后各期必须为此支付现金，从而在一定期间内形成了一项固定的现金支出。

企业应当在附注中披露不涉及当期现金收支，但影响企业财务状况或在未来可能影响企业现金流量的重大投资和筹资活动，主要包括：① 债务转为资本，反映企业本期转为资本的债务金额；② 1 年内到期的可转换公司债券，反映企业 1 年内到期的可转换公司债券的本息；③ 融资租入固定资产，反映企业本期融资租入的固定资产。

（三）现金和现金等价物的构成

企业应当在附注中披露与现金和现金等价物有关的下列信息：① 现金和现金等价物的构成及其在资产负债表中的相应金额。② 企业持有但不能由母公司或集团内其他子公司使用的大额现金和现金等价物金额。企业持有现金和现金等价物但不能被集团使用的情形多种多样，例如，国外经营的子公司，由于受当地外汇管制或其他立法的限制，其持有的现金及现金等价物，不能由母公司或其他子公司正常使用。

第四节 现金流量表的总体评价

一、经营、投资和筹资活动产生的现金流量分析

经营活动产生的现金流量是企业全部现金流量中最重要的组成部分，它反映了企业通过自身的经营活动创造现金的能力。当企业净利润大于零，且经营活动产生现金净流入时，不仅表明该企业具有获利能力，能保证正常运转所需要资金，而且还能将多余的现金直接用于投资或偿还债务。反之，则说明企业利润的含金量低，获现能力弱，企业若要维持正常经营，只能要么减少投资，要么向外融资。

对投资活动现金流量的分析应侧重于金融工具投资、长期股权投资、固定资产、无形资产和其他长期资产等交易而产生的现金流入与流出。投资活动净减少也有可能是企业正处于成长期，要建造营业用房或需要添置设备所致。此时，如果经营活动现金流量为正数，则可弥补因投资需要产生的现金不足，否则企业必须向外融资。投资活动现金流量的净增加不见得对企业是有利的事。

对筹资活动现金流量的分析应侧重于发行股票、债券或长期借款产生的现金流入和偿还债务本金与利息、分配股利与利润产生的现金流出。要注意的是，有的企业为保持良好的股利记录，用募股流入的现金作为股利分配给股东，使筹资活动产生现金流入的同时又产生相应的流出。筹资活动现金净增加或减少，在某种程度上可以反映企业的筹资能力。

由于在会计实务中存在着多种原因使经营活动、投资活动、筹资活动的现金流量增加或减少，因此报表分析者应该针对不同的情况做具体的分析，但分析重点无疑是在经营活

动的现金流量上。这是因为企业尽管可以通过收回投资（投资活动）或发行债券或股本（筹资活动）等方式取得现金，但债务本金的偿还、利息与股利的支付等，最终还是取决于经营活动净现金流入。经营活动的净现金流入占总现金流入的比率越高，说明企业的财务基础越稳定，获利能力与对外筹资能力越强。

二、现金流量的构成分析

（一）现金流入的结构分析

现金流入结构分为总流入结构和内部流入结构。总流入结构是反映企业经营活动的现金流入量、投资活动的现金流入量和筹资活动的现金流入量分别占现金总流入量的比重。内部流入结构反映的是经营活动、投资活动和筹资活动等各项业务活动现金流入中具体项目的构成情况。现金流入结构分析可以明确企业的现金究竟来自何方，增加现金流入应在哪些方面采取措施等。

（二）现金流出的结构分析

现金流出结构分为总流出结构和内部流出结构。总流出结构是反映企业经营活动的现金流出量、投资活动的现金流出量和筹资活动的现金流出量分别在全部现金流出量中所占的比重。内部现金流出结构反映的是经营活动、投资活动和筹资活动等各项业务活动现金流出中具体项目的构成情况。现金流出结构可以表明企业的现金究竟流向何方，应从哪些方面入手节约开支等。

（三）现金流量的构成和趋势分析

比较经营活动现金流量各构成前后期的变化，比如可以将本期经营活动现金净流量与上期比较，增长率越高，说明企业成长性越好。有些趋势的变化则具有特别的含义，比如企业的工资支付通常是具有刚性的，因此一旦支付给职工或为职工支付的现金流量发生减少或被延迟，则可能意味着企业的现金流过于紧张。

专栏 5-1

某房地产公司的现金流量构成分析

2019—2021 年某房地产公司现金流量情况，如表 5-3 所示。

表 5-3　2019—2021 年某房地产公司现金流量情况　　单位：万元

现金流量净额	2019 年	2020 年	2021 年
经营活动产生的现金流量净额	223 725.55	338 942.46	372 595.85
投资活动产生的现金流量净额	−219 165.93	−565 256.77	−245 345.17
筹资活动产生的现金流量净额	1 302 452.98	80 685.83	1 628 550.91
现金流量净额合计	1 307 012.59	−145 628.49	1 755 801.58

如表 5-4 所示，2019—2021 年该公司的经营活动现金流入均占总流入的 70% 以上，这说明其现金流入主要来自经营活动，同时经营活动现金流入呈逐年上升的趋势，其主要原因是该公司始终贯彻快速销售的策略，并随着市场景气度的下滑相应地增加打折促销行为。该公司来自投资活动的现金只占很少部分，并且 2020 年与 2019 年比较减少了 72%，因为该公司的收购项目中，存在购买价格中以现金支付的部分减去被收购企业持有的现金和现金等价物后的净额为负数的情况，将其重分类到“收到其他与投资活动有关的现金”项目中进行反映，该项目在投资活动现金流入中占很大的比率，而 2020 年该项目金额又大幅减少，最终导致 2020 年的投资活动现金流入大幅下降。筹资活动现金流入在 2020 年有所下降，是因为央行在前三季度三次上调存贷款基准利率，使流动性呈现紧缩态势，房地产行业的融资渠道大幅收缩。2021 年筹资活动的现金流入较 2020 年有较大增长，占到总流入的 29.13%，成为公司现金流入的重要来源，这也体现了国内贷款是房地产企业的主要筹资手段，企业营运现金很大部分是由贷款获得。进一步分析该公司的筹资活动现金流入发现，除了借款收到的现金增长，吸收投资收到的现金和收到其他与筹资活动有关的现金均小幅下降。这也表明企业的资金链压力有所缓解，但是筹资活动仍然需要得到企业更多的关注。

表 5-4　2019—2021 年某房地产公司现金流入结构分析

现金流入	2010 年		2011 年		2012 年	
	金额 / 万元	比重 /（%）	金额 / 万元	比重 /（%）	金额 / 万元	比重 /（%）
经营活动现金流入	9 109 574.17	74.15	11 054 354.10	79.59	12 158 942.59	70.19
投资活动现金流入	270 072.23	2.20	86 537.00	0.62	117 950.89	0.68
筹资活动现金流入	2 904 911.20	23.65	2 747 952.03	19.79	5 046 845.67	29.13
总现金流入	12 284 557.60	100.00	13 888 843.13	100.00	17 323 739.15	100.00

如表 5-5 所示，2019—2021 年，因为经营规模的扩大和结算规模的增长，该公司的经营活动现金流出金额呈逐年增加的趋势，但是其占总现金流出的比重却在逐渐减少，这主要是因为筹资活动现金流出在总现金流出中所占的比例增加。进一步分析发现，公司将近 80% 的筹资现金流出用于归还借款。投资活动现金流出在总现金流出中所占的比重很小，且在 2021 年下降了 50%，这说明该公司在投资上依然坚持谨慎的策略，不把项目的盈利前景建立在过于乐观的预期上，选择合理时机获取未来发展所需的项目资源。

表 5-5　2019—2021 年某房地产公司现金流出结构分析

现金流出	2019 年		2020 年		2021 年	
	金额 / 万元	比重 /（%）	金额 / 万元	比重 /（%）	金额 / 万元	比重 /（%）
经营活动现金流出	8 885 848.62	80.95	10 715 411.64	76.35	11 786 346.74	75.71

续表

现金流出	2019 年		2020 年		2021 年	
	金额 / 万元	比重 / (%)	金额 / 万元	比重 / (%)	金额 / 万元	比重 / (%)
投资活动现金流出	489 238.16	4.46	651 793.77	4.64	363 296.06	2.33
筹资活动现金流出	1 602 458.22	14.59	2 667 266.20	19.01	3 418 294.77	21.96
总现金流出	10 977 545.00	100.00	14 034 471.61	100.00	15 567 937.57	100.00

专栏 5–2

某钢铁企业现金流量构成分析

表 5–6 列示了某钢铁企业经营活动现金流量的流入和流出结构变化。从表 5–6 中可以看出，现金流入结构并没有发生太大的变化，但流出结构却发生了实质性的改变，比如购买商品、接受劳务所支出的现金比重在 2017—2021 年期间大幅度下降，其在 2021 年的数值远远低于行业同期的平均水平，考虑到钢铁行业的主要原材料铁矿石价格在这一期间已发生大幅度上涨，公司出现与行业如此大的差异，显然是值得怀疑的。另外，值得关注的是，公司支付的其他与经营活动有关的现金比重显著上升，并远远高于同行业水平，也形成了一种不正常的现象。

表 5–6　某钢铁企业经营活动现金流量的流入和流出结构变化　　单位：%

收到的现金	2017 年	2018 年	2019 年	2020 年	2021 年	行业
销售商品、提供劳务收到的现金	99.58	99.15	99.05	99.73	99.06	99.51
收到其他与经营活动有关的现金	0.42	0.85	0.95	0.27	0.94	0.24
经营活动现金流入小计	100	100	100	100	100	100
购买商品接受劳务支付的现金	84.83	83.93	68.60	63.14	59.19	86.07
支付给职工及为职工支付的现金	3.36	3.42	5.55	8.36	8.32	4.66
支付的各项税费	10.88	12.06	12.00	6.51	14.71	6.84
支付其他与经营活动有关的现金	0.93	0.59	13.85	21.99	17.78	1.73
经营活动现金流出小计	100	100	100	100	100	100

注：行业水平取 2021 年相应比值的行业中位数。

在表 5-7 中，该企业来自经营活动现金流入的比重呈现持续下滑的趋势，而且在2021 年已远远低于行业水平；与之相对应的是，该企业来自筹资活动的现金流入比重大幅攀升，而且其融资的来源基本上是银行，显示公司基本上靠贷款来维持经营，财务风险极高。计算经营活动现金支出、投资活动现金支出和筹资活动现金支出占现金总流出的比重，它能具体反映企业的现金用于哪些方面。一般来说，经营活动现金支出比重大的企业，其生产经营状况正常，现金支出结构较为合理。反过来，正如所显示的那样，该企业将陷入债务危机。

表 5-7 某钢铁企业现金流量流入流出结构分析

单位：%

指标	2017 年	2018 年	2019 年	2020 年	2021 年	行业
经营活动现金流入比重	94.76	83.07	61.65	57.78	22.17	77.96
经营活动现金流出比重	74.72	79.96	69.15	59.12	47.61	76.30
投资活动现金流入比重	0.74	0.09	0.13	0.17	0.11	0.13
投资活动现金流出比重	5.58	16.02	8.14	4.39	9.08	6.91
筹资活动现金流入比重	4.50	16.84	38.22	42.06	77.71	22.03
筹资活动现金流出比重	19.70	4.03	22.71	36.49	43.31	17.45

三、经营活动净现金流量的阶段性分析

从企业的成长过程来分析，在企业从事经营活动的萌芽期，由于其生产阶段的各个环节都处于“磨合”状态，设备、人力资源的利用率相对较低，材料的消耗量相对较高，导致企业的成本消耗较高。同时，为了开拓市场，企业有可能投入大量资金，采用各种手段将自己的产品推向市场（包括采用渗透法定价、加大广告支出、放宽收账期等），从而有可能使企业在这一时期的经营活动现金流量表现为“入不敷出”的状态。如果是上述情况导致经营活动产生的现金流量小于零，则应该认为这是企业在发展过程中不可避免的正常状态。如果企业在成长期和成熟期仍然出现这种状态，应当具体分析形成这种状态的具体原因，如果是由于企业的季节性生产或一些特殊情况（如正赶上原材料低价销售而大量用现金购入原材料）而出现的暂时或短期的经营活动产生的现金流入小于流出的状态，则仍然不能草率地得出经营活动产生的现金流量质量不高的结论。如果处于成长期和成熟期的企业长期持续呈现这种状态，应该认为企业经营活动回笼现金的能力较弱。处于衰退期的企业，经营活动产生的现金流量往往呈现流入长期持续小于流出的状态，这是企业经营活动严重萎缩和萧条的预警。经营活动净流量阶段性分析评价表如表 5-8 所示。

表 5-8　经营活动净流量阶段性分析评价表

<table>
<tr><th>情况</th><th>萌芽期</th><th>成长期</th><th>成熟期</th><th>衰退期</th></tr>
<tr><td>经营活动产生的现金流量小于零</td><td>正常</td><td colspan="2">长期持续状态说明回笼现金的能力很差</td><td>很差</td></tr>
<tr><td>经营活动产生的现金流量等于零</td><td>中等</td><td colspan="2">长期持续状态说明回笼现金的能力很差</td><td>一般</td></tr>
<tr><td>经营活动产生的现金流量大于零但不足以补偿当期的非现金消耗性成本</td><td>较好</td><td colspan="2">长期持续状态仍然不能给予较高评价</td><td>较好</td></tr>
<tr><td>经营活动产生的现金流量大于零并恰能补偿当期的非现金消耗性成本</td><td>好</td><td>较好</td><td>好</td><td>好</td></tr>
<tr><td>经营活动产生的现金流量大于零并在补偿当期的非现金消耗性成本后仍有剩余</td><td>很好</td><td>很好</td><td>很好</td><td>很好</td></tr>
</table>

资料来源：张先治，陈友邦．财务分析［M］．7版．大连：东北财经大学出版社，2014.

四、经营活动净现金流量与营业收入、净利润的关系分析

营业收入是企业最稳定、最可靠的现金流量来源。通过经营活动现金流量来分析收入质量，报表使用者就可评估企业依靠具有核心竞争力的主营业务创造现金流量的能力，进而对企业能否持续经营做出基本判断。此外，将企业收入与行业数据结合在一起，报表使用者还可以计算出市场占有率，而市场占有率是评价一个企业是否具有核心竞争力的最重要硬指标之一。

利润表是反映企业一定期间经营成果的重要报表，它揭示了企业利润的计算与形成过程。尽管利润被视为评价企业经营业绩及盈利能力的重要指标，但以权责发生制为基础的利润计量却包括了太多的会计估计。尽管会计人员在进行估计时需要遵循一定的会计准则，依照客观的经济事实，但渗透其中的主观判断一旦出现失误或者人为扭曲，利润数据就可能无法反映企业的真实盈利状况。另外，由于企业的收入与费用是按其权利与义务的发生来确认的，而不管是否实际收到或付出了现金，所以就很可能导致有的企业账面利润很高，而现金却入不敷出，有的企业虽然巨额亏损，却现金充足，周转自如。因此，仅以利润来评价企业的经营业绩和获利能力很可能有失偏颇。如能结合现金流量表所提供的现金流量信息，特别是经营活动现金净流量的信息进行分析，则可以进行客观全面地评价。

在具体分析时，我们既可将现金流量表的有关指标与利润表的相关指标进行对比，也可以将利润表数据与现金流数据结合起来，生成一些新的财务指标，以便从不同的角度对企业的经营业绩与盈利质量进行评价。譬如，经营活动产生的现金净增加额与净利润之比，它反映被投资单位年度内每1元净利润中包含多少经营活动现金净流量。该比值越大，意味着公司利润中潜在的水分越少。反之则说明企业获取利润可能主要依赖于非经常性收益，比如公允价值变动收益、处置长期资产的损益、对外投资收益、补贴收入等，而这些收益往往不具备长期稳定性，公司持续盈利能力值得质疑。

但必须注意的是，只有在企业经营正常且既能创造利润又能获得现金净流量时，分析这一比率也才有意义。

专栏 5-3

基于现金流量的三一重工盈余质量分析

三一重工主要销售混凝土机械、履带起重机械等大型机械，是一家工程机械制造商。企业在经营活动、投资活动和筹资活动中实际获得现金流量的效率就是盈余质量的收现性。企业由于受权责发生制的影响，不一定能做到一确认就有现金流入，特别是信用销售的情况，所以收现性的评价是为了还原企业真实的现金持有水平。参考现有的研究成果可以发现营业收现率和投资收益收现率指标是被使用次数较多的指标，因此在分析企业盈余质量的收现性时选用这两个指标。

（1）三一重工与同行业营业收现率折线图如图 5-2 所示。

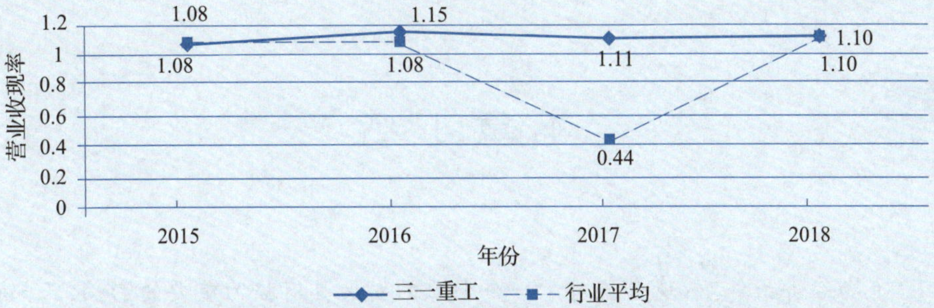

图 5-2　三一重工与同行业营业收现率折线图

从该比值三一重工近三年的波动趋势来看，三一重工营业收入收现金回流能力还是不错的，始终超过 1；该比值与同行业波动趋势相比，三一重工的营业收现率没有大起大落，保持得较好。总体来说，机械行业在营业收入资金回流的方面都做得还可以，可能是信用政策得到落实，能及时收回应收账款。从维护投资者与债权人利益的角度来看，三一重工在营业收入的现金回收能力上的盈余质量还是比较好的，但是要考虑到三一重工隐藏的问题，例如依靠销售回款掩饰当年发生销售商品现金流入小的财务信息会产生一定的误导效应。

（2）三一重工与同行业投资收益收现率折线图如图 5-3 所示。

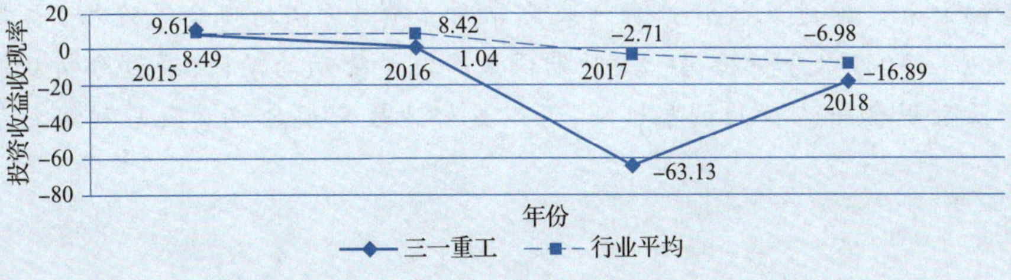

图 5-3　三一重工与同行业投资收益收现率折线图

如图 5-3 所示，从三一重工近些年的波动特点可以发现，三一重工在投资收益收现率方面呈现出下降的特点，尤其在 2017 年的投资收益回报率是非常低的，说明在 2017 年三一重工在投资决策上出现了判断失误，导致大量的投资资金没有收回；而且与同行业做比较，近几年三一重工投资收益的现金回收能力是一直低于同行业均值，且有继续拉大差距的趋势。因此从该比率可以看出，投资活动导致企业大量的现金流出，但并没有带来相应的现金流入，由此拉低了盈余质量，进而使得企业债权人和股东可能对管理者的投资策略产生怀疑，认为管理者为了个人业绩将大量企业资源投入投资业务而非主营业务，使得股东投资回报不能收回的风险和债权人不能收回债务的风险提高。同时，大量的投资活动现金流如果是针对非现金等价物的金融资产的购买，那么主营业务活动需要的研发和销售阶段的资金投入可能会受到影响，其带来的主营业务收入也会受到不利影响，违背了核心竞争力的要求。

资料来源：郭桢杰．基于现金流量视角的三一重工盈余质量分析［D］．株洲：湖南工业大学，2020.

本章小结

1. 市场经济条件下，现金流对于一个企业的发展具有极为重要的影响，正如血液对于人体，只有血液充足且流动顺畅，人体才会健康，良性现金流也是企业健康成长的必要条件。现金流不仅体现出企业的活力、竞争优势和企业绩效，而且还反映了企业抵抗经营风险和财务风险的能力。

2. 现金流量表是反映企业在一定会计期间现金和现金等价物流入和流出的报表。从编制原则上看，现金流量表按照收付实现制原则编制，将权责发生制下的盈利信息调整为收付实现制下的现金流量信息，便于信息使用者了解企业净利润的质量。

3. 现金流量表中，现金及现金等价物被视为一个整体，企业现金形式的转换不会产生现金的流入和流出。

4. 公司在一定时期创造的现金净流量是经营活动、投资活动和筹资活动现金净流量的总和。通过比较资产负债表期末货币资金（包括现金等价物）与期初货币资金的差额，可以分析公司一定时期现金净流量变动的动因；通过分析从净利润到经营活动现金净流量的调整过程，可以更好地理解现金流量表与利润表之间的关系。

练 习 题

一、名词解释

1. 现金流量表 2. 现金流量 3. 现金等价物 4. 经营活动 5. 投资活动 6. 筹资活动

二、单项选择题

1. 下列现金流量比率中，最能反映盈利质量的指标是(　　)。

A. 现金毛利率　　B. 现金充分性比率

C. 流动比率　　D. 盈余现金保障倍数

2. 能使经营现金流量减少的项目是(　　)。

A. 无形资产摊销　　B. 出售长期资产利得

C. 存货增加　　D. 应收账款减少

3. 在企业处于高速成长阶段，投资活动现金流量往往是(　　)。

A. 流入量大于流出量　　B. 流出量大于流入量

C. 流入量等于流出量　　D. 不一定

4. 根据《企业会计准则——现金流量表》的规定，支付的现金股利归属于(　　)。

A. 经营活动　　B. 筹资活动

C. 投资活动　　D. 销售活动

5. 企业采用间接法确定经营活动现金流量时，应该在净利润的基础上(　　)。

A. 加上投资收益 B. 减去财务费用的增加

C. 减去固定资产折旧 D. 加上投资损失

6. 下列财务活动中不属于企业筹资活动的是(　　)。

A. 发行债券　　B. 分配股利

C. 吸收权益性投资　　D. 构建固定资产

7. 下列各项，不属于现金流量表分析目的的是(　　)。

A. 了解企业资产的变现能力

B. 了解企业现金变动情况和变动原因

C. 判断企业获取现金的能力

D. 评价企业盈利的质量

三、多项选择题

1. 现金流量表中的"现金"所包括的具体内容有(　　)。

A. 库存现金　　B. 银行存款

C. 短期证券　　D. 发行债券

E. 发行股票

2. 下列属于筹资活动现金流量的项目有（　　）。

A. 短期借款增加　　B. 资本净增加

C. 增加长期投资　　D. 偿还长期债券

E. 取得债券利息收入收到的现金

3. 从净利润调整为经营活动现金流量，应调增的项目有（　　）。

A. 流动负债减少　　B. 财务费用

C. 不减少现金费用　　D. 非流动资产增加

E. 投资损失

4. 下列活动中，属于经营活动产生的现金流量有（　　）。

A. 销售商品收到的现金　　B. 分配股利支出的现金

C. 提供劳务收到的现金　　D. 出售设备收到的现金

E. 交纳税款支出的银行存款

5. 从经营活动现金流量调整为净利润，应调减的项目有（　　）。

A. 流动负债减少　　B. 投资损失

C. 不减少现金费用　　D. 非现金流动资产的减少

E. 固定资产折旧

6. 属于筹资活动现金流量的项目有（　　）。

A. 短期借款的增加　　B. 支付给职工的现金

C. 或有收益　　D. 分配股利所支付的现金

E. 取得债券利息收入

7. 下列项目中，属于现金流入项目的有（　　）。

A. 经营成本节约额　　B. 回收垫支的流动资金

C. 建设投资　　D. 固定资产残值变现收入

E. 营业收入

四、判断题

1. 固定资产折旧的变动不影响当期现金流量的变动。（　　）

2. 经营活动产生的现金流量大于零说明企业盈利。（　　）

3. 企业分配股利必然引起现金流出量的增加。（　　）

4. 利息支出将对筹资活动现金流量和投资活动现金流量产生影响。（　　）

5. 企业支付所得税将引起筹资活动现金流量的增加。（　　）

6. 计提坏账准备将引起经营活动现金流量的增加。（　　）

7. 现金流量表的编制基础是权责发生制。（　　）

五、简答题

1. 现金流量表分析的作用是什么？

2. 现金流量构成分析的内容是什么？

案 例 分 析

AF 公司本年度和上年度现金流量资料如表 5-9 所示。

表 5-9　现金流量表

编制单位：AF 公司　　　　单位：万元

项　　目	本年度	上年度
一、经营活动产生的现金流量：		
销售商品、提供劳务收到的现金	1 240	1 039
收到的税费返还	33	20
收到的其他与经营活动有关的现金	59	70
经营活动现金流入小计	1 332	1 129
购买商品、接受劳务支付的现金	985	854
支付给职工以及为职工支付的现金	60	63
支付各项税费	143	159
支付的其他与经营活动有关的现金	109	202
经营活动现金流出小计	1 297	1 278
经营性活动产生的现金流量净额	35	-149
二、投资活动产生的现金流量：		
收回投资所收到的现金	205	260
取得投资收益收到的现金	37	30
处置固定资产、无形资产和其他长期资产而收到的现金净额	0	0
投资活动现金流入小计	242	290
购建固定资产、无形资产和其他长期资产所支付的现金	155	175
投资支付的现金	104	200
支付的其他与投资活动有关的现金	0	0
投资活动现金流出小计	259	375
投资活动产生的现金流量净额	-17	-85

续表

项目	本年度	上年度
三、筹资活动产生的现金流量:		
吸收投资收到的现金	150	177
取得借款收到的现金	165	263
收到的其他与投资活动有关的现金	0	0
筹资活动现金流入小计	315	440
偿还债务支付的现金	175	325
分配股利、利润或偿付利息支出的现金	27	25
支付的其他与筹资活动有关的现金	0	0
筹资活动现金流出小计	202	350
筹资活动产生的现金流量净额	113	90
四、汇率变动对现金的影响额	0	0
五、现金及现金等价物净增加额	131	-144

要求:(1)对现金流量表进行水平分析。

(2)对现金流量表进行垂直分析。

(3)从现金流量角度对企业财务活动进行综合分析。

第六章　所有者权益变动表分析

学习目标

1. 掌握所有者权益变动表的概念、形式和构成。
2. 理解所有者权益变动表编制与分析的意义。
3. 掌握所有者权益变动表分析的具体内容。

引导案例

A 股迎史上最大回购潮　股权质押堰塞湖解除警报

中国上市公司研究院调查表明本轮回购潮呈现五大特点：主动式回购成主流、回购动力更足、回购法律环境更加宽松、对股权质押风险有重要的疏通作用等。截至 2018 年 11 月 8 日，今年以来共计 609 家 A 股公司实施完成了 869 次回购，合计回购资金达 336.73 亿元，已回购股份数达 48.25 亿股。而 2015 年至 2017 年回购金额分别为 46.66 亿元、105.5 亿元、79.14 亿元，这也意味着今年 11 个月的回购规模已超前三年总和。2018 年自 6 月中旬上证综指跌破 3 000 点关口以来，A 股市场发布回购预案的上市公司数量与回购规模明显增加，呈逐步上升趋势。

10 月 26 日回购新规落地至今（11 月 8 日），154 家公司披露相关回购进展，其中 57 家公司披露了回购预案，还有不少公司发布了回购提议。以回购上限来看，上述 57 家公司预计回购金额达 177.99 亿元，恒力股份、云南白药、新湖中宝与通威股份回购金额超 10 亿元，A 股回购阵营仍在持续扩大。今年以来，A 股市场整体低迷，年初至今上证综指跌幅超 20%，不少个股股价创出了多年来甚至历史新低，由此引发了新一轮回购潮。

截至 2018 年 11 月 8 日的市净率（剔除负值）数据来看，市净率不超过 1 的股票有 384 只，占市场股票总数量 10.62%，其中市净率小于 0.7 的有 43 只。回顾沪指 2 638 低点的 2016 年 1 月 27 日数据来看，破净股有 53 只，占当时股票总数的 1.89%，数量及占比均不足当前的三成。可见，当前无论是破净股数量还是占比，远远超过历史低位 2 638 点的水平。从估值角度来看，截至 11 月 8 日，全部 A 股整体市盈率为 11.61 倍（上证综指市盈率），目前 A 股市场总体估值已经可比于历史上几个大底，估值处于底部区域。市场估值整体较低背景下，上市公司启动股票回购，在一定程度上更能代表公司管理层对公司未来发展的信心。

今年以来，除外围环境影响外，股权质押爆仓风险成为影响市场的重要因素。根据股权质押风险模型，截至11月8日A股市场有2 159只个股存在股权质押，其中704只个股股价跌到股权质押预警线附近，有368家上市公司跌到平仓线附近（其中质押率为40%，平仓线与警戒线分别为130%至150%，质押成本范围为最近两年质押数据）。中国上市公司研究院统计显示，以股权质押最新公告日期来看，控股股东涉及股权质押的上市公司有1 757家，其中控股股东质押比例超过90%的上市公司436家。虽然市场各方都在努力化解股权质押爆仓风险，但最理想的结果无非是股价能回升至平仓线以上。结合当前市场来看，回购能给市场带来增量资金，有利于稳定市场、化解风险。对于股权质押比例较高且现金流较充足的上市公司来说，回购也不失为一剂良药。

资料来源：陈静．A股迎史上最大回购潮　股权质押堰塞湖解除警报[N]，证券时报，2018-11-09.

第一节　所有者权益变动表概述

一、所有者权益变动表的概念

所有者权益是指企业资产扣除负债后由股东享有的“剩余权益”，也称为净资产，是股东投资资本于经营过程中形成的留存收益的集合，是股东投资和公司发展实力的资本体现。所有者权益在公司经营期内可供企业长期、持续地使用，是公司生存和发展的基础。所有者权益变动表是指反映构成所有者权益各组成部分当期增减变动情况的报表。所有者权益变动表应当全面反映一定时期所有者权益变动的情况，不仅包括所有者权益总量的增减变动，还包括所有者权益增减变动的重要结构性信息，让报表使用者准确理解所有者权益增减变动的根源，了解企业资本的保值增值情况。

二、所有者权益变动表分析的作用

（一）反映企业的全面收益

在所有者权益变动表中单独列示“综合收益总额”项目及金额。综合收益总额项目，反映企业净利润与其他综合收益的合计扣除所得税后的净额。净利润是企业已实现并已确认的收益；其他综合收益反映企业根据企业会计准则规定未在损益中确认的各项利得和损失扣除所得税影响后的净额；因此，分析所有者权益变动表能够使分析主体更加详细地了解企业的全面业绩信息，以识别管理层利用“一次性收益”进行利润粉饰的现象，有利于决策者做出合理的判断。

（二）提供资本保值增值信息

所有者权益变动表可以反映股东所拥有的权益，据以判断资本保值、增值的情况以及对负债的保障程度。该表将全面反映企业的所有者权益在年度内的变化情况，便于会计信息使用者深入分析，进而对企业的资本保值增值情况做出正确判断，为决策提供有用的信息。投资人可以透过所有者权益变动表分析被投资方的投资价值、股利发放、员工红利等各项权益变动因素，以预测投资效益。从受托责任角度，编制所有者权益变动表，既是对投资者负责，也是对股东和公司自身负责。

（三）为利润表和资产负债表提供辅助信息

所有者权益变动表中的“综合收益总额”以及“利润分配”与利润表之间存在较强的关联性。“其他综合收益”与利润表中的“净利润”相辅相成，共同反映了企业的全面收益。“利润分配”则提供了企业利润分配的去向和数量，为利润表提供了辅助信息。所有者权益变动表中提供的所有者结构变动信息与资产负债表中所有者权益部分相辅相成，提供了所有者权益具体项目变动的过程及原因。

（四）更清晰地体现会计政策变更和前期差错更正对所有者权益的影响

会计政策变更和前期差错更正对所有者权益本年年初余额的影响，原先主要在会计报表附注中体现，很容易被投资者忽略。企业会计准则除了要求在附注中披露与会计政策变更、前期差错更正有关的信息外，还在所有者权益变动表上直接列示会计政策变更和前期差错更正对所有者权益的影响，以使其得到更清晰的体现。

（五）有利于揭示所有者权益增减变动的原因

所有者权益变动表不仅包括所有者权益总量的增减变动，还包括所有者权益增减变动的重要结构性信息，分析主体据所有者权益变动表的资料以及其他财务资料，分析企业所有者权益总额及各具体项目增减变动情况和变动趋势，以揭示增减变动的原因、存在的问题及差距，实现各自的利益最大化。

第二节　所有者权益变动表的结构分析

一、所有者权益变动表的形式

所有者权益变动表以矩阵的形式列示：一方面，列示导致所有者权益变动的交易或事项，改变了以往仅仅按照所有者权益的各组成部分反映所有者权益变动情况，而是从所有者权益变动的来源对一定时期所有者权益变动情况进行全面反映；另一方面，按照所有者权益各组成部分（包括实收资本、资本溢价、其他综合收益、盈余公积、未分配利润和库存股等）及其总额列示交易或事项对所有者权益的影响。此外，企业还需要提供比较所有者权益变动表，所有者权益变动表还就各项目再分为“本年金额”和“上年金额”两栏分别填列，如表 6-1 所示。

二、所有者权益变动表的构成

所有者权益变动表反映构成所有者权益的各组成部分当期的增减变动情况。综合收益和与所有者（或股东）的资本交易导致的所有者权益的变动分别列示。

所有者权益变动表至少应当单独列示反映下列信息的项目：

（1）综合收益总额，在合并所有者权益变动表中还应单独列示归属于母公司所有者的综合收益总额和归属于少数股东的综合收益总额。

（2）会计政策变更和前期差错更正的累积影响金额。

（3）所有者投入资本和向所有者分配利润等。

（4）按照规定提取的盈余公积。

（5）所有者权益各组成部分的期初和期末余额及其调节情况。

表 6-1 所有者权益变动表

会企 04 表

编制单位：________年度　单位：元

项目	本年金额											上年金额										
	实收资本（或股本）	其他权益工具			资本公积	减：库存股	其他综合收益	专项储备	盈余公积	未分配利润	所有者权益合计	实收资本（或股本）	其他权益工具			资本公积	减：库存股	其他综合收益	专项储备	盈余公积	未分配利润	所有者权益合计
		优先股	永续债	其他									优先股	永续债	其他							
一、上年年末余额																						
加：会计政策变更																						
前期差错更正																						
其他																						
二、本年年初余额																						
三、本年增减变动金额（减少以“–”号填列																						
（一）综合收益总额																						
（二）所有者投入和减少资本																						
1. 所有者投入的普通股																						
2. 其他权益工具持有者投入资本																						
3. 股份支付计入所有者权益的金额																						

续表

项目	本年金额											上年金额										
	实收资本（或股本）	其他权益工具 优先股	其他权益工具 永续债	其他权益工具 其他	资本公积	减：库存股	其他综合收益	专项储备	盈余公积	未分配利润	所有者权益合计	实收资本（或股本）	其他权益工具 优先股	其他权益工具 永续债	其他权益工具 其他	资本公积	减：库存股	其他综合收益	专项储备	盈余公积	未分配利润	所有者权益合计
4. 其他																						
（三）利润分配																						
1. 提取盈余公积																						
2. 对所有者（或股东）的分配																						
3. 其他																						
（四）所有者权益内部结转																						
1. 资本公积转增资本（或股本）																						
2. 盈余公积转增资本（或股本）																						
3. 盈余公积弥补亏损																						
4. 设定受益计划变动额结转留存收益																						
5. 其他综合收益结转留存收益																						
6. 其他																						
四、本年年末余额																						

第三节　所有者权益变动表的项目分析

所有者权益变动表项目分析，是将组成所有者权益的主要项目进行具体剖析对比，分析其变动成因、合理合法性、有无人为操纵的迹象等事项的过程。

一、所有者权益变动表的横向项目

所有者权益按其核算内容可分为实收资本（股本）、其他权益工具、资本公积、其他综合收益、专项储备、盈余公积和未分配利润等部分，其中，盈余公积和未分配利润统称为留存收益。

（一）实收资本（股本）

实收资本是投资者投入资本形成法定资本的价值。所有者向企业投入的资本，在一般情况下无须偿还，可以长期周转使用。实收资本的构成比例，即投资者的出资比例或股东的股份比例，通常是确定所有者在企业所有者权益中所占的份额和参与企业财务经营决策的基础，也是企业进行利润分配或股利分配的依据，同时还是企业清算时确定所有者对净资产的要求权的依据。《企业法人登记管理条例》规定，除国家另有规定外，企业的实收资本应当与注册资本一致。企业实收资本比原注册资本数额增减超过20%时，应持资金使用证明或验资证明，向原登记主管机关申请变更登记。分析该项目时，注意其金额一般不变，如果金额增加，通常的原因有：一是资本公积转为实收资本（或股本，下同）；二是盈余公积转为实收资本；三是所有者（包括原企业所有者和新投资者）投入。如果金额减少，通常的原因有：一是资本过剩而减资；二是企业发生重大亏损而需要减少实收资本；三是股份公司发展到一定时期，资本结构须发生改变，通过股票回购的方式，来减少公司实收资本，达到调节资本结构的目的。

（二）其他权益工具

企业发行的除普通股（作为实收资本或股本）外按照金融负债和权益工具区分原则分类为权益工具的其他权益工具，如优先股、可转换公司债券，在所有者权益变动表的“其他权益工具”项目中核算。

（三）资本公积

资本公积是企业收到投资者的超出其在企业注册资本（或股本）中所占份额的投资，以及直接计入所有者权益的利得和损失等。资本公积包括资本溢价（或股本溢价）和直接计入所有者权益的利得和损失等。资本溢价（或股本溢价）是企业收到投资者的超出其在企业注册资本（或股本）中所占份额的投资。形成资本溢价（或股本溢价）的原因有溢价发行股票、投资者超额缴入资本等。直接计入所有者权益的利得和损失是指不应计入当期损益、会导致所有者权益发生增减变动的、与所有者投入资本或者向所有者分配利润无关的利得或者损失，此部分形成资本公积（其他资本公积）。核算内容为：

1. 采用权益法核算的长期股权投资

长期股权投资采用权益法核算的，被投资单位除净损益、其他综合收益和利润分配以外的所有者权益的其他变动，投资企业按持股比例计算应享有的份额。

2. 以权益结算的股份支付

以权益结算的股份支付换取职工或其他方提供服务的，应按照确定的金额，计入管理费用，同时增加资本公积（其他资本公积）。

资本公积从本质上讲属于投入资本的范畴，我国采用注册资本制度等导致了资本公积的产生。资本公积的用途主要是转增资本，即增加实收资本（或股本）。虽然资本公积转增资本并不能导致所有者权益总额的增加，但资本公积转增资本，一方面可以改变企业投入资本结构，体现企业稳健、持续发展的潜力；另一方面，对股份有限公司而言，它会增加投资者持有的股份，从而增加公司股票的流通量，进而激活股价，提高股票的交易量和资本的流动性。此外，对于债权人来说，实收资本是所有者权益最本质的体现，是其考虑投资风险的重要影响因素。所以，将资本公积转增资本不仅可以更好地反映投资者的权益，也会影响到债权人的信贷决策。

专栏 6-1

资本公积充裕　上市公司频推高送转方案

佰利联 2 月 23 日晚发布 2015 年度利润及资本公积金转增股本预案，拟每 10 股转增 25 股同时派息 3.5 元（含税），追平了此前预案转增比率最高的财信发展。从近期上市公司的分配方案看，有多家上市公司推出了资本公积金转增股本的方案，而且转增的比率有越来越高之势。

一、资本公积金普遍较高

过去每 10 股转增 10 股就算高送转了，但现在这似乎仅仅是起步。这也表明，目前上市公司的资本公积比较充足。上市公司要进行资本公积金转增股本，就必须要有充足的资本公积，这是进行资本公积金转增股本的基本前提。从实际情况看，凡拟进行大比率资本公积金转增股本的上市公司大都有较多的资本公积金。

根据 Wind 资讯统计数据，今年以来发布 2015 年分配预案的上市公司有 63 家，其中拟每 10 股转增 15 股及以上的公司就有 10 家，最高的是财信发展，每 10 股转增 25 股。

多数拟实施转增股本的上市公司的资本公积金是比较高的。比如思美传媒 2015 年三季度每股收益为 4.625 6 元，拟每 10 股转增 20 股的三峡水利 2015 年年报每股资本公积金为 4.241 3 元，拟每 10 股转增 20 股的先导智能 2015 年报的每股资本公积金为 2.609 7 元，拟每 10 股转增 20 股的豫光金铅 2015 年三季报每股资本公积金为 2.596 9 元。

不过也有推出高转增预案的上市公司资本公积金并不高，如首航节能 2015 年三季报为 1.783 5 元，而拟每 10 股转增 18 股的新联电子 2015 年三季报每股资本公积金为 1.891 3 元。但总体看这些公司资本公积金也是比较充足的。

业内人士分析，上市公司进行资本公积金转增股本应是综合考虑各个因素做出的决定，每股资本公积多少是一个重要因素，但不是必须要高送转。此外还需考虑股本因素，相对而言，股本较小的上市公司扩张股本的意愿更强烈。如思美传媒目前总股本只有 8 829 万股，新联电子总股本为 2.52 亿股。

二、应关注未来业绩变化趋势

业内人士指出，在推出分配方案时，股价、目前及未来公司业绩的增长率等也是上市公司需要考虑的因素。如果目前公司股价较高，也有可能导致市场成交不够活跃，因此上市公司通过转增股份的方式将股价拉低，以促进成交活跃。

但对一些公司而言，虽然目前股价表现尚可，但其未来业绩如果表现不佳，将来股价很可能持续走低，有可能影响公司的形象。因此，上市公司推出高比率送转方案也要考虑这些的因素。

而从投资者角度看，追捧高送转方案的同时，更要关注上市公司未来业绩的变化趋势，以确定其中长期价值。从过去情况看，有些公司在经过高送转后业绩并没有相应增长，因此股价也逐步走低，这将不利于进行中长期投资。

严格来讲，以资本公积金转增股本并非属于上市公司的分配范畴，只有送红股和派送现金红利才是真正的利润分配。但因为送红股和派送现金要以实现的利润为基础，特别是派现金很有可能影响公司的现金流，因此一些上市公司送红股或分配现金相对更为谨慎。

资料来源：王维波．资本公积充裕　上市公司频推高送转方案［N］．中国证券报，2016-02-24.

（四）其他综合收益

其他综合收益是指企业根据其他会计准则规定未在当期损益中确认的各项利得和损失。其他综合收益项目应当根据其他相关会计准则的规定分为下列两类列报：

（1）以后会计期间不能重分类进损益的其他综合收益项目，主要包括重新计量设定受益计划净负债或净资产导致的变动、按照权益法核算的在被投资单位以后会计期间不能重分类进损益的其他综合收益中所享有的份额、其他权益工具投资公允价值变动等。

（2）以后会计期间在满足规定条件时将重分类进损益的其他综合收益项目，主要包括按照权益法核算的在被投资单位以后会计期间在满足规定条件时将重分类进损益的其他综合收益中所享有的份额、其他债权投资公允价值变动形成的利得或损失、其他债权投资信用减值准备、可供出售的外币非货币项目的汇兑差额、金融资产重分类形成的利得或损失、现金流量套期工具产生的利得或损失中属于有效套期的部分、外币财务报表折算差额等。

分析该项目时，尤为要注意以后会计期间在满足规定条件时将重分类进损益的其他综合收益项目中转进某期损益时，企业管理当局是否有调节此期利润的嫌疑。

（五）专项储备

所有者权益变动表中的专项储备项目反映高危行业企业按国家规定提取的安全生产费的期末账面价值。提取专项储备，反映企业当年依照国家有关规定提取的安全费用以及具有类似性质的各项费用；使用专项储备，反映企业当年按规定使用安全生产储备用于购建安全防护设备或与安全生产相关的费用性支出情况。

（六）盈余公积

盈余公积是指企业按照规定从净利润中提取的各种积累资金。公司制企业的盈余公积分为法定盈余公积和任意盈余公积。两者的区别就在于其各自计提的依据不同。前者以国家的法律或行政规章为依据提取，后者则由企业自行决定提取。企业提取盈余公积主要可以用于弥补亏损、转增资本和扩大企业生产经营。盈余公积金的数量越多，反映企业的资本积累能力、亏损弥补能力、股利分配能力以及风险应对能力等越强。

（七）未分配利润

未分配利润是企业留待以后年度进行分配的结存利润，也是企业所有者权益的组成部分。相对于所有者权益的其他部分来讲，企业对于未分配利润的使用分配有较大的自主权。从数量上看，未分配利润是期初未分配利润，加上本期实现的净利润，减去提取的各种盈余公积和分出利润后的余额。引起未分配利润项目发生变化的原因主要有两个：

（1）企业生产经营活动的业绩。包括本年度的经营活动和以前年度的经营活动，因为未分配利润是以前年度生产经营业绩积累的结果。

（2）企业的利润分配政策。企业如果采取高股利分配政策，未分配利润就会减少；如果采取低股利分配政策，未分配利润就会增加。资产负债表中，该项目如为负数，则表示企业未弥补的亏损。

二、所有者权益变动表的纵向项目

所有者权益变动表纵向项目反映了当期所有者权益的变动情况及原因，各项目之间的关系可以从以下公式具体理解：

本期所有者权益变动额＝综合收益总额＋会计政策变更和前期差错更正的累积影响＋所有者或股东投入资本－向所有者或股东分配的利润　（6-1）

（一）综合收益总额

综合收益总额是净利润加上其他综合收益扣除所得税影响后的净额。其中净利润是企业已实现并已确认的收益，而其他综合收益是企业未实现但根据企业会计准则的规定已确认的收益。企业的综合收益反映企业在某一期间与所有者之外的其他方面进行交易或发生其他事项所引起的净资产的变动，即所有者权益的变动。因此，分析所有者权益变动表能够使分析主体更加详细地了解企业的全面业绩信息，以识别管理层利用利润进行粉饰的现象，有利于决策者做出合理的判断。但同时也应注意到，由于其他综合收益易受公允价值计量的影响，而公允价值不可避免产生主观估计因素，这有可能使分析结论的准确性受到影响。因此，信息使用者需借助财务报表附注等补充材料判断企业计入“利得”数据的合理性，或排除因公允价值计量问题带来的不确定性。

（二）会计政策变更

1. 会计政策与会计政策变更

会计政策是指会计主体在会计核算过程中所采用的原则、基础和会计处理方法。其中，原则实质上包括了会计的基本假设、会计的一般原则和具体原则、会计处理方法，甚至还包含某些非会计假设。

会计政策变更是指在特定的情况下，企业可以对相同的交易或事项由原来采用的会计政策改用另一会计政策。企业采用的会计政策在每一会计期间和前后各期应当保持一致，不得随意变更，但是，满足下列条件之一的，可以变更会计政策：① 法律、行政法规或者国家统一的会计制度等要求变更。比如，国家发布统一的关于增值税会计处理的核算办法后，企业应及时按照新的办法处理有关增值税事项。② 会计政策变更能够提供更可靠、更相关的会计信息。比如，企业原先一直采用直接转销法核算坏账，由于信用环境的改变，应收账款演变为坏账的可能性增大，继续使用直接转销法核算坏账将会虚增企业某一会计期间的资产和盈利，因此备抵法的会计政策则更能体现应收账款的账面价值。

2. 会计政策变更在表中的列示与分析

会计政策变更能够提供更可靠、更相关的会计信息，主要应当采用追溯调整法进行处理，将会计政策变更累积影响数调整列报前期最早期初留存收益。其中，追溯调整法是指对某项交易或事项变更会计政策，视同该项交易或事项初次发生时，即采用变更后的会计政策，并以此对财务报表相关项目进行调整的方法。

会计政策变更的累积影响数，是指按照变更后的会计政策，对以前各期追溯计算的列报前期最早期初留存收益应有金额与现有金额之间的差额。会计政策变更的累积影响数需要在所有者权益变动表中单独列示。

（三）前期差错更正

1. 前期差错和前期差错更正的概念

前期差错是指由于没有运用或错误运用以下两种信息而对前期财务报表造成遗漏或错误：第一，编报前期财务报表时能够合理统计取得并应当加以考虑的可靠信息；第二，前期财务报表批准报出时能够取得的可靠信息。前期差错通常包括计算错误、应用会计政策错误、疏忽或者曲解事实以及舞弊产生的影响，以及存货、固定资产盘盈等。

前期差错更正是指企业应当在重要的前期差错发现后的财务报表中，调整前期相关数据。前期差错更正主要采用追溯调整法，它是指在发生前期差错时，视同该项前期差错从未发生过，从而对财务报表相关项目进行更正的方法。

2. 前期差错更正的列示和分析

本期发现与以前期间相关的重大会计差错，如果影响损益，应按其对损益的影响数调整发现当期的期初留存收益，财务报表其他相关项目的期初数也应一并调整；如不影响损益，应调整财务报表相关项目的期初数。

对于前期差错更正累积影响数的分析，主要目的在于及时发现与更正前期差错，合理判断和区分相关业务是属于会计政策变更还是属于会计差错更正类别，以实现信息的准确性。

会计差错发生的原因可归纳为三类：① 会计政策使用的差错。例如，按照国家统一会计制度规定，为构建固定资产而发生的借款费用，在固定资产达到预定可使用状态后，其发生额应计入当期损益，若继续予以资本化，则属于采用了法律或会计准则等行政法规、规章所不允许的会计政策。② 会计估计的差错。由于经济业务中不确定因素的影响，企业在会计估计过程中出现了差错。例如，国家规定企业可以根据应收账款期末余额的一定比例计提坏账准备，企业有可能在期末多计提或少计提坏账准备，从而影响损益。③ 其他差错。在会计核算中，企业有可能发生除以上两种差错以外的其他差错。例如，错记借贷方向、错记账户、漏记交易或事项、对事实的忽视和滥用等。

会计差错只要发生就会使报出信息失真。按其影响程度的不同，会计差错可分为重大会计差错和非重大会计差错。重大会计差错是指影响财务报表可靠性的会计差错，其特点是差错的金额比较大，足以影响财务报表的使用者对企业财务状况和经营成果做出正确判断。按照重要性原则，如果某项差错占有关交易或事项金额的 10% 以上，则可以被认为重大会计差错。非重大会计差错是指不足以影响财务报表使用者对企业财务状况和经营成果做出正确判断的会计差错。无论是不是重大会计差错，都应在发现前期差错的当期进行前期差错更正，在所有者权益变动表中及时披露。

第四节　所有者权益变动表的总体评价

从所有者权益变动表所反映的内容来看，该表全面反映了影响所有者权益变动的各个因素的具体情况。对于所有者权益变动表总体分析评价主要应该关注以下内容。

一、注意区分“输血性”变化和“盈利性”变化

这里的“输血性”变化是指企业靠股东入资而增加所有者权益，“盈利性”变化则是指企业依靠自身的盈利而增加所有者权益。显然，这两个方面均会引起所者权益的变化，但是，其发展的前景显然不同：在企业“输血性”变化导致企业资产增加但增加的投资方向前景难以预料的情况下，其盈利前景存在变数；而在“盈利性”变化的条件下，如果盈利质量较高，则可能意味着企业可持续发展的前景较好。

二、注意所有者权益内部项目互相结转的财务效应

所有者权益内部项目互相结转，虽然不改变所有者权益的总规模，但是，这种变化会对企业的财务形象产生直接影响：或增加企业的股本数量，或弥补了企业的累计亏损。这种变化虽然对资产结构和质量没有直接影响，但对企业未来的股权价值变化以及利润分配前景可能会产生直接影响。

三、注意关注企业股权结构的变化与方向性含义

股权结构变化，既可能由原股东之间股权结构的调整引起，也有可能由增加了新的投资者、增加了新的股份引起。这种变化对企业的长期发展具有重要意义：可能由于企业股权结构变化，企业的发展战略以及人力资源结构与政策均发生显著变化。这样，按照原来的惯性思维对企业进行前景预测将有可能失去意义。

四、注意会计核算因素的影响

会计核算因素的影响，是指会计政策变更和差错更正对企业所有者权益的影响。这种影响，除了数字上的变化外，对企业的财务状况质量没有实质影响。需要警惕的是，年度间频繁出现前期差错更正事项的情况，很有可能是企业蓄意调整利润的结果。

五、分析企业股利政策对所有者权益的影响

在分析所有者权益变动表中“对所有者（或股东）的分配”金额的基础上，结合现金流量表中“分配股利、利润或偿付利息支付的现金”、资产负债表中“应付股利”项目的期初余额和期末余额以及资产负债表日后事项中有关股利分配的信息，便可了解企业的股利分配政策。一般认为，企业的股利分配政策对所有者权益可造成如下影响：

（一）现金股利分配政策对所有者权益的影响

企业派发现金股利，是股东获取投资收益的一个来源，会导致现金流出企业，企业的资产和所有者权益总额同时减少，这在一定程度上会降低企业内源融资总量，因此这种股利分派形式既引起所有者权益内部结构发生变动，也引起企业总的资本结构发生变动。

企业现金股利分配政策，既可以在一定程度上反映企业利润的质量，也在一定程度上反映企业管理层对企业未来的信心程度：利润质量不好、对利润支付能力较差，以及对未来盈利能力信心不足的企业，是难以考虑支付大规模现金股利的。但近年来我国上市公司整体上出现了大规模分配现金股利的现象，主要是为了迎合证监会有关上市公司再融资的要求，因此，支付大规模现金股利的企业，其利润质量并不一定高。

现金股利的发放可以消除股东对未来收入不确定性的疑虑，增强投资者对公司的信心，更加支持公司的发展与壮大。而如果企业不采用稳定的股利政策，通常会被市场认为是企业竞争优势减弱、财务实力下降、发展前景莫测的信号。因此，企业通常都会承受维持每股现金股利不下降的市场压力。

较多地分配现金股利，会使得企业减少内部融资来源，进而不得不进入资本市场寻求外部融资，这样更利于企业接受资本市场的有效监督，达到减少代理成本的目的。一般情况下，经常通过金融市场筹集资金的企业更可能按照投资者利益进行决策，从而显示出更好的财务状况质量。

例如，某公司有流通在外的股票 100 万股，每股股价 5 元，公司的市场价值总额 500 万元，表 6-2 为现金股利支付前的资产负债表。

表 6-2　资产负债表（现金股利支付前）　　单位：元

资　　产		负债和所有者权益	
现金	1 500 000	负债	0
其他资产	3 500 000	所有者权益	5 000 000
资产总计	5 000 000	负债和所有者权益总计	5 000 000

假设该公司管理当局本年末决定每股发放 1 元的派现，现金股利支付后的公司市场价值资产负债表如表 6-3 所示。

表 6-3　资产负债表（现金股利支付后）　　单位：元

资　　产		负债和所有者权益	
现金	500 000	负债	0
其他资产	3 500 000	所有者权益	4 000 000
资产总计	4 000 000	负债和所有者权益总计	4 000 000

可见，现金股利将减少公司的资产和留存收益规模，降低公司的财务弹性，并影响公司整体的投资与筹资决策。

（二）股票股利分配政策对所有者权益的影响

从投资者的角度看，股票股利一般被认为是成长中企业的行为，因此投资者往往认为发放股票股利预示着企业将会有较大发展，利润将大幅增长，这些足以抵消增发股票带来的消极影响。这种心理通常能提高投资者对企业的信心、稳住股价甚至反致其略有上升。而从企业的角度来说，发放股票股利既可以使股东分享企业的盈余，企业又可以不支付大量的现金，便于企业扩大规模进行再投资，有利于企业的长期稳定发展。

例如，某公司在发放股票股利前的所有者权益情况表如表 6-4 所示。

表 6-4　所有者权益情况表（发放股票股利前）　　单位：元

项　　目	金　　额
普通股（面额 1 元，已发行 200 000 股）	200 000
资本公积	400 000
未分配利润	2 000 000
所有者权益合计	2 600 000

假定该公司宣布发放 10% 的股票股利，若该股票当时市价 20 元，以市价计算股利的价格，股票面额不变。发放股票股利后的所有者权益情况表如表 6-5 所示。

表 6-5　所有者权益情况表（发放股票股利后）　　单位：元

项　　目	金　　额
普通股（面额 1 元，已发行 200 000 股）	220 000
资本公积	780 000
未分配利润	1 600 000
所有者权益合计	2 600 000

可见，派发股票股利并不会直接引起股票市值总额发生变化，也不会引起任何资源实际流出企业，更不会导致企业负债的增加。也就是说，股票股利并不会引起企业资产、负债和所有者权益中任何一项的总额发生变动，只是引起所有者权益内部有关项目金额和所有者权益的内部结构发生变化，即未分配利润金额减少，股本和资本公积的金额相应增加。因而，在这种股利分派形式下，实际上是将收益留存在企业作为对企业的再投资。当然，只要企业预期具有较好的发展前景，由于可以规避个人所得税，股票股利通常还是被市场认为是一种对股东有利的股利分配方式，也会有利于企业财务实力的保持，为日后发展形成更多的储备，会在一定程度上有利于企业财务状况的改善。但值得注意的是，高比例地派发股票股利，并不意味着企业一定具有较高的盈利能力和良好的财务状况质量，反而会引起企业的过快增长。如果企业的盈利水平不能以相应速度增长，就会引起企业每股收益的大幅下降，进而影响其市场形象和市场表现。

本章小结

1. 所有者权益是指企业资产扣除负债后由股东享有的"剩余权益",也称为净资产,是股东投资资本于经营过程中形成的留存收益的集合,是股东投资和公司发展实力的资本体现。所有者权益在公司经营期内可供企业长期、持续地使用,是公司生存和发展的基础。

2. 所有者权益变动表以矩阵的形式列示:一方面,列示导致所有者权益变动的交易或事项,改变了以往仅仅按照所有者权益的各组成部分反映所有者权益变动情况,而是从所有者权益变动的来源对一定时期所有者权益变动情况进行全面反映;另一方面,按照所有者权益各组成部分(包括实收资本、资本溢价、其他综合收益、专项储备、盈余公积、未分配利润和库存股等)及其总额列示交易或事项对所有者权益的影响。

3. 所有者权益变动表项目分析,是将组成所有者权益的主要项目进行具体剖析对比,分析其变动成因、合理合法性、有无人为操纵的迹象等事项的过程。

练 习 题

一、名词解释

1. 所有者权益 2. 实收资本 3. 资本公积 4. 其他综合收益 5. 综合收益总额 6. 前期差错

二、单项选择题

1. 所有者权益是指企业资产扣除负债后由股东享有的"剩余权益",也称为( )。

A. 净负债　　B. 净资产　　C. 净收益　　D. 净流量

2. 当期所有者权益净变动额等于( )。

A. 总权益变动额　　B. 总资产变动额

C. 总股本变动额　　D. 净资产变动额

3. 下列项目中,不影响当期所有者权益变动额的项目是( )。

A. 净利润　　B. 所有者投入和减少资本

C. 所有者权益内部结转　　D. 利润分配

4. 产生库存股的条件是(　　)。

A. 股票回购　　B. 股票分割　　C. 股票股利　　D. 流通股权对价

5. 某公司本年净利为 2 000 万元,股利分配时的股票市价为 20/股,发行在外的流通股股数为 1 000 万股,股利分配政策为 10 送 2 股,则稀释后每股收益为(　　)。

A. 1.67　　B. 2　　C. 16.67　　D. 20

三、多项选择题

1. 下列各项中,不会导致所有者权益总额发生变动的有(　　)。

A. 提取盈余公积　　B. 盈余公积转增资本

C. 接受股东追加投资　　D. 回购本企业发行的股票

2. 下列不应计入企业资本公积的有(　　)。

A. 发生无法查明原因的现金溢余

B. 接受资产捐赠

C. 溢价发行股票

D. 按权益法进行长期股权投资,确认被投资方实现净损益外的其他所有者权益变动中属于本企业的份额

3. 下列更正能够确定累积影响数的重要前期差错的方法中,不正确的有(　　)。

A. 追溯重述法　　B. 追溯调整法　　C. 红字更正法　　D. 未来适用法

4. 所有者权益包括(　　)。

A. 银行存款　　B. 实收资本　　C. 盈余公积　　D. 未分配利润

四、判断题

1. 所有者权益变动表可以反映债权人所拥有的权益,据以判断资产保值、增值的情况,以及对负债的保障程度。(　　)

2. 所有者权益变动表中,所有者权益净变动额等于资产负债表中的期末所有者权益。(　　)

3. 若出现未实现的损益,公司的资产价值就会增减,公积也会随之增减,但未实现的损益不在年度利润表中披露,而是直接计入所有者权益。(　　)

4. 在不考虑其他项目时,将净利润调整为本期所有权益变动额,应该在净利润基础上,减去向股东分配的利润。(　　)

5. 库存股是指公司收回已发行的且尚未注销的不可以再次出售的股票。(　　)

6. 对初次发生的或不重要的交易或事项而采用新的会计政策不属于会计政策变更。(　　)

7. 转增股本是指公司将盈余公积转化为股本,转增股本并没有改变股东的权益规模。(　　)

五、简答题

1. 所有者权益变动表分析的作用有哪些?

2. 简述所有者权益变动表与资产负债表的钩稽关系。

3. 股票股利政策对所有者权益有哪些影响?

案 例 分 析

特斯拉“1拆5”延续大涨　国外散户也热衷“高送转”投机？

2020年9月1日，美国当地时间周一，电动汽车制造商特斯拉的拆股方案生效，拆分后首个交易日，特斯拉股价大涨12.57%，报498.32美元，同时今日盘前，特斯拉股价再次涨逾6%。值得注意的是，自8月11日宣布以1比5比例拆分以来，特斯拉的股价上涨了近76%。自今年3月底400元股价以来，特斯拉美股一路高歌猛进，于8月28日周五达到2 318美元/股。

股票拆分本质上等同于高送转。股票拆分即将1股拆分为多股，每家上市公司都会发行股票，这些股票构成了它的总市值。当一家公司拆分股票时，它的总市值不会改变，只是最终会有更多的股票流通，而且每股股票的成本都更低。因此本质来讲上，股票拆分就是A股常讲的“高送转”。

股龄较高的投资者均知道，以前的A股市场热衷于炒作“高送转”，由于无基本面支撑的纯题材炒作，以及自2018年证监会持续监管高送转乱炒行为和高送转新规发布之后，这一炒作形式基本消失在了A股市场。

对于拆分股票，多数公司通常表示，目的是让更多的人买得起。然而，注册财务规划师道格拉斯·博恩帕思（Douglas Boneparth）表示，这更多的是一种抢占头条和带来收入的方式，“这是一种营销工具，目的是让更多散户投资者投资于该股，公司的实际运作机制没有任何变化。”

而特斯拉已成为散户投资者最为追捧的股票。据韩国证券存管处数据显示，截至8月28日，韩国个人投资者持有的特斯拉股票总价值达到36亿美元，约合公司总股数的0.89%，位居公司持股排名第5位，位居先锋集团之后，领先于黑石集团。

新冠肺炎疫情加剧了今年资本市场的动荡，然而动荡加剧的时期也倾向于鼓励年轻和新手投资者进行日间交易，并对低价股票进行疯狂赌博，此时特斯拉股票的拆分正好迎合了更多散户的需求。美国德美利证券（TD Ameritrade）首席投资策略分析师Kinahan在特斯拉拆股交易首日表示，事实证明，当前特斯拉交易量增加了五倍，进行交易的账户数量增加了七倍，这说明拆股后，更多的普通投资者能负担得起特斯拉股价，一般来说，散户投资者往往最关注资产管理，单只股票价格降低后，购买100股对于散户来说更容易。

部分机构对特斯拉股价持谨慎态度。对于特斯拉的股票拆分，对冲基金专家、Omega Advisors创始人莱昂·库珀曼（Leon Cooperman）周一警告称，特斯拉拆股并没有创造价值，最近几个月某些股票的疯狂交易是股市的警告信号。目前的迹象表明市场已接近顶峰，而Robinhood等应用程序的日交易量激增是“疯子市场”。库珀曼此前曾警告散户投资者的投机性交易不会有好结果。著名投资人 William O'Neil 表示，正常情况的拆股往往都是一拆二或者二拆三，任何超过这种典型比例的操作都会被纳入过度拆分之列。“过度拆分会使得股票供应量大增。”这种做法的结果就“可能使得一家公司的股价更快速地遇到天花板，表现长期乏善可陈”。家族财富管理机构 Omega Family Office 的董事长兼总裁 Leon Cooperman 表示，拆分不会创造价值，把五美元的钞票换成五张一美元，不会增加财富总额，这是不争的事实。或许对于特斯拉而言，如何为翻五番的股价走势提供可持续的业绩支撑，是一个更为长远的命题。

要求：简述高送转股票的概念，并分析警惕上市公司的股份高送转的原因。

3

第三篇

财务效率分析

第七章　企业盈利能力分析

学习目标

1. 了解盈利能力分析的目的、基础和内容。

2. 掌握资本经营盈利能力、资产经营盈利能力和商品经营盈利能力评价指标的计算和分析。

3. 掌握上市公司盈利能力的分析方法。

4. 掌握同行业公司数据的搜集方法。

引导案例

世界 500 强中企数量现历史性跨越　盈利能力仍待增强

2020 年 8 月 10 日，2020 年《财富》世界 500 强排行榜正式发布。榜单数据显示，2019 年，世界 500 强企业营业收入达到 33.3 万亿美元，创下历史新高。与此同时，中国大陆（含香港）公司数量达到 124 家，历史上第一次超过美国（121 家）。

北京新世纪跨国公司研究所所长、全国企业合规委员会副主席王志乐表示，2008 年发生国际金融危机后，世界 500 强的经营状况跌入低谷，2018 年出现明显转变。“在 2018 年世界 500 强经营业绩大幅提升的基础上，2019 年，世界 500 强的销售收入同比增加 2% 达到历史高峰，利润同比减少 4.3%，销售收益率为 6.2%，净资产收益率则达到 11.3%。”他表示。在净资产收益率榜上，美国劳氏公司跃升至首位，中国公司中排位靠前的是恒力集团、泰康保险、青山控股、碧桂园和中国人寿保险。在利润率榜上，排名最高的是台积公司，伯克希尔－哈撒韦位居第二，辉瑞利润率同比大幅提升位列第三，阿里巴巴以近 29% 的利润率位列第五。

2020 年排行榜最引人注目的变化，无疑是中国大陆企业上榜数量实现了历史性跨越。刘兴国指出，更多中国企业入围榜单，既和部分企业进行并购重组有关，也和企业内生增长有关。与世界 500 强横向比较，中国企业经营状况同样达到全球企业的平均水平。2019 年，世界 500 强平均销售收入 666 亿美元，中国上榜企业平均销售收入 669 亿美元；世界 500 强净资产平均 364 亿美元，中国上榜企业净资产平均 364.4 亿美元。

业内人士表示，本次榜单中企数量现历史性跨越，反映出我国经济较快发展、营商环境改善以及市场化程度的提升。从盈利能力来看，中国企业“大而不强”的情况仍然存在。“世界 500 强平均利润为 41 亿美元，而中国上榜企业平均利润为 35.6 亿美元。”王志乐表示，相比国内市场，中国企业的海外业务开拓仍有不足。

专家指出，近年来中国企业不断加大科研投入，但在部分技术上的研发能力仍显不足。刘兴国称，国内需求倾向于追求物美价廉，客观上导致部分企业优先选择低成本、低价格的发展路径，制约了企业的盈利水平，但这并不意味着中国企业的制造水平、制造能力低于美国企业。在他看来，中国企业优势更多表现在市场渗透与扩张能力上。

资料来源：张莫，罗逸姝，胡梦雪. 世界500强中企数量现历史性跨越[N]. 经济参考报，2020-08-11.

第一节 企业盈利能力分析概述

一、盈利能力分析的目的

盈利能力，是指企业在一定时期内赚取利润的能力。盈利能力的大小是一个相对的概念，即利润相对于一定的资源投入、一定的收入而言。利润率越高，盈利能力越强；利润率越低，盈利能力越差。企业经营业绩的好坏最终可通过企业的盈利能力来反映。无论是企业的经理人员、债权人，还是股东（投资人）都非常关心企业的盈利能力，并重视对利润率及其变动趋势的分析与预测。

企业从事经营活动，其直接目的是最大限度地赚取利润并维持企业持续稳定地经营和发展。持续稳定地经营和发展是获取利润的基础；而最大限度的获取利润又是企业持续稳定发展的目标和保证：只有在不断地获取利润的基础上，企业才可能发展；同样，盈利能力较强的企业比盈利能力软弱的企业具有更大的活力和更好的发展前景。因此，盈利能力是企业经营人员最重要的业绩衡量标准和发现问题、改进企业管理的突破口。对企业经理人员来说，进行企业盈利能力分析的目的具体表现在以下两个方面：

（1）利用盈利能力的有关指标反映和衡量企业经营业绩。企业经理人员的根本任务，就是通过自己的努力使企业赚取更多的利润。各项收益数据反映了企业的盈利能力，也表现了经理人员工作业绩的大小。用已达到的盈利能力指标与标准、基期、同行业平均水平、其他企业相比较，则可以衡量经理人员工作业绩的优劣。

（2）通过盈利能力分析发现经营管理中存在的问题。盈利能力是企业各环节经营活动的具体表现，企业经营的好坏都会通过盈利能力表现出来。通过对盈利能力的深入分析，可以发现经营管理中的重大问题，进而采取措施解决问题，提高企业收益水平。

对于债权人来讲，利润是企业偿债的重要来源，特别是对长期债务而言。盈利能力的强弱直接影响企业的偿债能力。企业举债时，债权人势必审查企业的偿债能力，而偿债能力的强弱最终取决于企业的盈利能力。因此，分析企业的盈利能力对债权人也是非常重要的。

对于股东（投资人）而言，企业盈利能力的强弱更是至关重要。在市场经济下，股东往往会认为企业的盈利能力比财务状况、营运能力更重要。股东们的直接目的就是获得更多的利润，因为对于信用相同或相近的几个企业，人们总是将资金投向盈利能力强的企业：股东们关心企业赚取利润的多少并重视对利润率的分析，是因为股息与企业的盈利能力是紧密相关的；此外，企业盈利能力增加还会使股票价格上升，从而使股东获得资本收益。

二、盈利能力分析的基础

利润率指标从不同的角度或者从不同的分析目的看，可以有很多种形式。不同层次、不同性质的企业经营方式不同，进而，反映企业盈利能力的指标形式也会有所不同。经营方式是盈利能力分析的基础。按照经营方式划分，可以分为资本经营、资产经营和商品经营三种类型。

（一）资本经营及其盈利能力

资本经营是与资本经营型的企业经营方式紧密相连的。所谓资本经营型，其基本特点是围绕资本保值增值进行经营管理，把资本收益作为管理的核心，资产经营、商品经营和产品经营都是服从于资本经营目标。资本经营型企业的管理目标是资本保值与增值或追求资本盈利能力最大化。因此，资本经营的内涵是指企业以资本为基础，通过优化配置来提高资本经营效益的经营活动，其活动领域包括资本流动、收购、重组、参股和控股等实现资本增值的领域，从而使企业以一定的资本投入，取得尽可能多的资本收益。

（二）资产经营及其盈利能力

资产经营是与资产经营型的企业经营方式紧密相连的。所谓资产经营型，其基本特点是把资产作为企业资源投入，并围绕资产的配置、重组、使用等进行管理。在资产经营情况下，产品经营或商品经营要以资产经营为基础，即围绕资产经营进行产品经营和商品经营。资产经营型企业的管控目标是追求资产的增值和资产盈利能力的最大化。因此，资产经营的基本内涵是合理配置与使用资产，以一定的资产投入，取得尽可能多的收益。

（三）商品经营及其盈利能力

商品经营是与生产经营型的企业经营方式紧密相连的。所谓生产经营型，其基本特点是围绕产品生产进行经营管理，包括供应、生产和销售各环节的管理及相应的筹资与投资管理。生产经营型企业管理的目标是追求供产销的盈利性。因此，商品经营的基本内涵是企业以市场为导向，组织供产销活动，以一定的人力、物力消耗，生产与销售尽可能多的社会需要的商品。

提到商品经营的概念，通常会与另外一个概念相区分，就是产品经营。产品经营是与单纯生产型的企业经营方式紧密相连的。所谓单纯生产型，它的基本特点就是企业只管生产，不管供应与销售，更不管筹资、投资等。这样的企业严格来讲并不是真正意义的企业，而只是一个生产车间。单纯生产型企业管理的目标是完成生产任务，降低生产消耗量。因此，产品经营的基本内涵就是在国家计划指导下，企业组织生产产品，以一定的人力、物力消耗按时、保质、保量生产出一定的产品。商品经营和产品经营既相互联系，又有所区别。第一，产品经营是商品经营的一个环节，且是一个最基本的环节；商品经营是产品经营的扩展。第二，产品经营主要侧重于产品实物经营，而不是强调投入品与产出品的价格；商品经营不仅重视产品实物经营，而且强调价值经营，即考虑投入品与产出品的价格。第三，商品经营目标比产品经营目标更综合。实现商品经营目标，既要搞好产品经营，提高生产技术效率，又要重视供产销的衔接及价值管理，以提高商品的经济效益。

（四）资本经营、资产经营与商品经营之间的联系

1. 资本经营与资产经营

从会计学角度看，狭义的资本通常是指企业所有者投入资本（自有资本或所有者权

益）,它与资产是不同的。广义的资本是由狭义资本（自有资本）和负债（他人资本）构成的。会计学资本实质上在于揭示企业经济来源及特征。从这个角度看,资本经营与资产经营是不同的。研究资产经营与资本经营的关系,正应从这个角度或在这个前提条件下进行。它们之间的区别主要表现在:第一,经营内容不同。资产经营主要强调资产的配置、重组及有效使用;资本经营主要强调资本流动、收购、重组、参股和控股等。第二,经营出发点不同。资产经营从整个企业出发,强调全部资源的运营,而不考虑资源的产权问题;资本经营则在产权清晰的基础上从企业所有者出发,强调资本（主要指自有资本）的运营,把资产经营看做是资本经营的环节或组成部分。它们之间的联系主要表现在:第一,资本与资产的关系决定了二者之间相互依存、相互作用,资本经营要以资产经营为依托,资本经营不能离开资产经营而孤立存在;第二,资本经营是企业经营的最高层次,资本经营是资产经营的进步。

2. 资产经营与商品经营

资产经营与商品经营是既相互联系,又相互区别的关系。第一,资产经营不能离开商品经营而独立存在,没有有效的商品经营是不能取得好的资产经营效果的。第二,资产经营是对商品经营的进一步发展,它不仅考虑商品本身的消耗与收益,而且将资产的投入与产出及周转速度作为经营的核心。第三,资产经营目标比商品经营目标更综合。商品经营目标是实现资产经营目标的基础,但不是全部。要实现资产经营目标,应在商品经营基础上,进一步做好资产的重组与有效使用,加快资产周转速度。

三、盈利能力分析的内容

盈利能力的分析是企业财务分析的重点。财务结构分析、偿债能力分析等,其根本目的是通过分析及时发现问题,改善企业财务结构,提高企业偿债能力、经营能力,最终提高企业的盈利能力,促进企业持续稳定地发展。对企业盈利能力的分析主要指对利润率的分析。因为尽管利润额的分析可以说明企业财务成果的增减变动状况及其原因,为改善企业经营管理指明了方向,但是,由于利润额受企业规模或投入总量的影响较大,一方面不同规模不便企业之间对比;另一方面它也不能准确地反映企业的盈利能力和盈利水平。因此,仅进行利润额分析一般不能满足各方面对财务信息的要求,还必须对利润率进行分析。

对企业盈利能力的分析将按照上文所划分的资本经营、资产经营与商品经营的角度,分别从这几方面进行分析。同时,由于上市公司因为股权流通、股票价格公开等因素,而具有一些特殊的指标,因而还应对上市公司的盈利能力指标进行分析。

第二节　企业盈利能力分析的评价指标

反映企业盈利能力的评价指标有很多,根据经营方式不同,盈利能力分析的评价指标也有所不同:

（1）资本经营盈利能力分析。主要对净资产收益率指标进行分析与评价,进一步探讨对净资产收益率产生影响的指标,主要有总资产报酬率、负债利息率、企业资本结构和所得税率等。

（2）资产经营盈利能力分析。主要对总资产报酬率指标进行分析与评价，进一步探讨对总资产和报酬率产生影响的指标，主要有总资产周转率和销售息税前利润率。

（3）商品经营盈利能力分析。即利用利润表资料进行利润率分析，包括收入利润率分析和成本利润率分析两方面的内容。反映收入利润率的指标主要有营业收入利润率、营业收入毛利率、总收入利润率、销售净利润率、销售息税前利润率等；反映成本利润率的指标主要有营业成本利润率、营业费用利润率、全部成本费用利润率等。

（4）上市公司盈利能力分析。主要是对每股收益、普通股权益报酬率、股利发放率指标以及价格与收益比率、托宾Q、现金分配率以及每股经营现金流量等指标进行分析。

一、资本经营盈利能力分析

（一）资本经营盈利能力的概念和评价指标

资本经营盈利能力，是指企业的所有者通过投入资本经营而取得利润的能力。反映资本经营盈利能力的基本指标是净资产收益率，即企业本期净利润与净资产的比率，其计算公式是：

$$净资产收益率=\frac{净利润}{平均净资产}\times 100\% \tag{7-1}$$

式中，净利润是指企业当期税后利润；净资产是指企业资产减去负债后的余额，包括实收资本、资本公积、其他综合收益、盈余公积和未分配利润等，也就是资产负债表中的所有者权益部分。对于平均净资产，一般取期初与期末的平均值，但是，如果要通过该指标观察分配能力，则取年度末的净资产更为恰当。

净资产收益率是反映盈利能力的核心指标。因为企业的根本目标是所有者权益或股东价值最大化，而净资产收益率既可直接反映资本的增值能力，又影响着企业股东价值大小。该指标越高，反映企业盈利能力越好。评价标准通常包括社会平均利润率、行业平均利润率或资本成本率等。

（二）影响资本经营盈利能力的因素

由式（7-1），进一步推导，得出：

$$净资产收益率=\left[总资产报酬率+(总资产报酬率-负债利息率)\times\frac{负债}{净资产}\right]\times(1-所得税税率) \tag{7-2}$$

所以，影响净资产收益率的主要因素如下：

（1）总资产报酬率。净资产是企业全部资产的一部分，因此，净资产收益率必然受企业总资产报酬率的影响。在负债利息率和资本构成等条件不变的情况下，总资产报酬率越高，净资产收益率就越高。

（2）负债利息率。负债利息率之所以影响净资产收益率，是因为在资本结构一定的情况下，如果总资产报酬率高于负债利息率时，投资人获得杠杆利益越大；反之，杠杆利益越小。在总资产报酬率低于负债利息率时，负债利息率越高，投资人的杠杆损失越大；反之，杠杆损失越小。

（3）资本结构或负债与所有者权益之比。当总资产报酬率高于负债利息率时，提高负债与所有者权益的比率，对净资产收益率产生有利影响；反之，不利。

（4）所得税率。因为净资产收益率的分子是净利润即税后利润，因此，所得税税率的变动必然引起净资产收益率的变动。通常，所得税税率提高，净资产收益率下降；反之，净资产收益率上升。

（三）资本经营盈利能力因素分析

明确了净资产收益率与其影响因素之间的关系，运用连环替代法或差额计算法，可分析各因素变动对净资产收益率的影响程度。

下面以 X 公司的资产负债表、利润表及其附表和会计注释资料为基础，进行整理后得 X 公司资本经营盈利能力因素分析表，如表 7-1 所示。

表 7-1　X 公司资本经营盈利能力因素分析表　　金额单位：万元

项　　目	2021 年	2020 年	差异
平均总资产	45 047 739	33 008 378	
平均净资产	14 035 978	11 826 154	
负债	35 682 374	26 341 148	
负债 / 平均净资产	2.54	2.23	0.31
利息支出	1 308 254	494 371	
负债利息率 /（%）	3.67	1.88	1.79
利润总额	2 262 543	1 727 734	
息税前利润	3 570 797	2 222 105	
净利润	1 911 935	1 451 451	
所得税率 /（%）	27.40	30.09	-2.69
总资产报酬率 /（%）	7.93	6.73	1.20
净资产报酬率 /（%）	13.62	12.27	1.35

根据表 7-1 对 X 公司的资本经营盈利能力进行分析如下：

分析对象 =13.62%-12.27%=1.35%

连环替代分析法：

2020 年：[6.73%+（6.73%-1.88%）× 2.23] ×（1-30.09%）=12.27%

第一次替代：[7.93%+（7.93%-1.88%）× 2.23] ×（1-30.09%）=14.98%

第二次替代：[7.93%+（7.93%-3.67%）× 2.23] ×（1-30.09%）=12.19%

第三次替代：[7.93%+（7.93%-3.67%）× 2.54] ×（1-30.09%）=13.11%

2021 年：[7.93%+（7.93%-3.67%）× 2.54] ×（1-27.40%）=13.61%

总资产报酬率变动的影响为：14.98%-12.27%=2.71%

负债成本率变动的影响为：12.19%-14.98%=-2.79%

资本结构变动的影响为：13.11%-12.19%=0.92%

税率变动的影响为：13.61%−13.11%=0.5%

可见，X 公司 2×16 年净资产比 2×15 年净资产收益率提高 1.35%，主要是由于总资产报酬率提高引起的，总资产报酬率的贡献为 2.71%；其次，企业负债筹资成本上升对净资产收益率带来的是负面影响，它使得净资产收益率降低了 2.79%；负债与净资产比率的上升发挥了一定的财务杠杆作用，但由于比率变化较小，故作用不是很明显，仅使得净资产收益率上升 0.92%；所得税税率的降低为净资产收益率的上升做出了贡献，使得净资产收益率上升了 0.5%。

尽管在 X 公司的案例中，财务杠杆的作用很小，但事实上财务杠杆可能会较大程度地影响净资产收益率。例如，Y 公司 2021 年度的总资产报酬率是 10%，负债利息率为 12%（税前），所得税税率为 25%，若杠杆比率为 2.5，则：

$$净资产收益率=[10\%+(10\%-12\%)\times 2.5]\times(1-25\%)=3.75\%$$

表明在负债成本率大于总资产报酬率时，财务杠杆使得总资产的盈利能力被抵销。若财务杠杆比率调整为 1.5，则：

$$净资产收益率=[10\%+(10\%-12\%)\times 1.5]\times(1-25\%)=5.25\%$$

这说明，此时财务杠杆越小，总资产报酬率被抵销的部分越少，进而，净资产收益率可以保持一个较好的水平。

（四）现金流量指标对资本经营盈利能力的补充

前文所述的盈利能力分析主要是以资产负债表、利润表为基础的，是在权责发生制基础上对企业在一定时期内获得利润能力的一致评价结果。而在盈利能力评价的基准上，以收付实现制为计算基础，以现金流量表所列示的各项财务数据为基本数据，通过一系列的现金流量指标的计算，对公司盈利能力可以进一步的修复与检验。通过现金流量指标的计算来修正和补充盈利能力指标，更有利于对公司盈利状况进行多视角、全方位综合分析，从而反映公司获取的利润的品质。

对资本经营盈利能力发挥补充作用的现金流量指标主要有净资产现金回收率和盈利现金比率。

净资产现金回收率是经营活动净现金流量与平均净资产之间的比率。该指标是对净资产收益率的有效补充。对那些提前确认收益而长期未收现的公司，可以用净资产现金回收率与净资产收益率进行对比，从而可以补充观察净资产收益率的盈利质量。其计算公式是：

$$净资产现金回收率=\frac{经营活动净现金流量}{平均净资产}\times 100\% \quad (7-3)$$

根据 X 公司资料计算得到净资产现金回收率指标表，如表 7−2 所示。

表 7−2　X 公司净资产现金回收率指标表　　金额单位：万元

项　　目	2021 年	2020 年
经营活动净现金流量	3 647 913	88 390
平均净资产	14 035 978	11 826 154
净资产现金回收率 /（%）	25.99	0.75

X 公司的净资产现金回收率有显著提高，说明公司在盈利能力增长保持比较稳定的同时，盈利质量有较大改善。

盈利现金比率，也称盈余现金保障倍数，这一比率反映公司本期经营活动产生的现金净流量与净利润之间的比例关系。其计算公式是：

$$\text{盈利现金比率}=\frac{\text{经营活动净现金流量}}{\text{净利润}}\times 100\% \quad (7\text{–}4)$$

一般地，盈利现金比率越大，公司盈利质量就越高。该比率小于 1，说明本期净利润中存在尚未实现的现金收入。即使公司盈利，也可能发生现金短缺。若一直盈利现金比率小于 1 甚至为负数，则企业盈利质量相当低下，严重时会导致公司破产。

二、资产经营盈利能力分析

（一）资产经营盈利能力的概念和评价指标

资产经营盈利能力，是指企业运营资产而产生利润的能力。反映资产经营盈利能力的指标是总资产报酬率，即息税前利润与平均总资产之间的比率。运用资产负债表和利润表的资料，可计算总资产报酬率，其计算公式为：

$$\begin{aligned}\text{总资产报酬率}&=\frac{\text{息税前利润}}{\text{平均总资产}}\times 100\%\\&=\frac{\text{利润总额}+\text{利息支出}}{\text{平均总资产}}\times 100\%\end{aligned} \quad (7\text{–}5)$$

$$\text{平均总资产}=\frac{\text{期初资产总额}+\text{期末资产总额}}{2} \quad (7\text{–}6)$$

为什么计算总资产报酬率指标包括利息支出？因为，既然采用全部资产，从利润表中没有扣除自由资本的等价报酬——红利，那么，同样也不能扣除借入资本的等价报酬——利息。何况从企业对社会的贡献来看，利息同利润具有同样的经济意义。

总资产报酬率高，说明企业资产的运用效率好，也意味着企业的资产盈利能力强。所以，这个比率越高越好。评价总资产报酬率时，需要与企业前期的比率、同行业其他企业的这一比率等进行比较，并进一步找出影响该指标的不利影响，以利于企业加强经营管理。

（二）影响资产经营盈利能力的因素

根据总资产报酬率指标的经济内容，可将其做如下分解：

$$\begin{aligned}\text{总资产报酬率}&=\frac{\text{营业收入}}{\text{平均总资产}}\times\frac{\text{息税前利润}}{\text{营业收入}}\times 100\%\\&=\text{总资产周转率}\times\text{销售息税前利润率}\times 100\%\end{aligned} \quad (7\text{–}7)$$

式（7–7），企业资产的盈利能力是总资产周转率和销售息税前利润率两个因素共同决定的。总资产周转率表示的是企业的每 1 元资产所能够带来的收入，该指标作为反映企业资本运营能力的指标，可用于说明企业资产的运用效率，是企业资产经营效果的直接体现。有时，这一指标也可以用它的倒数表示，就是“平均总资产 ÷ 营业收入”，表示的是企业每产生 1 元的销售收入所需要投入的资产。销售息税前利润率反映的是每 1 元的销售收入所能带来的利润额，该指标反映了企业商品生产经营的盈利能力。产品盈利能力强，销售利润率越高。可见，资产经营盈利能力受商品经营盈利能力和资产运营效率两方面的影响。

（三）资产经营盈利能力因素分析

在上述总资产报酬率因素分解的基础上，运用连环替代法或差额计算法可以分析总资产周转率和销售息税前利润率变动对总资产报酬率的影响。

仍以 X 公司为例，计算得 X 公司资产经营盈利能力分析表如表 7-3 所示。

表 7-3　X 公司资产经营盈利能力分析表　　金额单位：万元

项　目	2021 年	2020 年	差异
营业收入	44 293 427	34 777 181	
利润总额	2 262 543	1 727 734	
利息支出	1 308 254	494 371	
息税前利润	3 570 797	2 222 105	
平均总资产	45 047 739	33 008 378	
总资产周转率 / 次	0.983 3	1.053 6	-0.070 3
销售息税前利润率 /（%）	8.06	6.39	1.67
总资产报酬率 /（%）	7.93	6.73	1.2

根据表 7-3 中的资料，可分析确定总资产周转率和销售息税前利润率变动对总资产报酬率的影响。

分析对象 =7.93%-6.73%=1.2%

因素分析：

（1）总资产周转率变动的影响 =（0.983 3-1.053 6）× 6.39%=-0.45%

（2）销售息税前利润率的影响 =（8.06%-6.39%）× 0.983 3=1.65%

分析结果表明，该企业本年全部资产报酬率比上年提高了 1.2%，是销售息税前利润率提高的结果，它使总资产报酬率提高了 1.65%；而总资产周转率降低却使总资产报酬率降低了 0.45%，否则，总资产报酬率会有更大提高。由此可见，要提高企业的总资产报酬率，增强企业的盈利能力，就要从提高企业的总资产周转率和销售息税前利润率两方面努力。

（四）现金流量指标对资产经营盈利能力的补充

对资产经营盈利能力发挥补充作用的现金流量指标主要是全部资产现金收回率。

全部资产现金收回率是指经营活动中产生的净现金流量与平均总资产之间的比率。该指标可以作为对总资产报酬率的补充，反映企业利用资产获取现金的能力，可以衡量企业资产获现能力的强弱。其计算公式为：

$$全部资产现金回收率=\frac{经营活动净现金流量}{平均总资产} \tag{7-8}$$

根据 X 公司资料计算得全部资产现金回收率指标表如表 7-4 所示。

表 7-4　X 公司全部资产现金回收率指标表　　金额单位：万元

项　　目	2021 年	2020 年
经营活动净现金流量	3 647 913	88 390
平均总资产	45 047 739	33 008 378
全部资产现金回收率 /（%）	8.10	0.27

与该公司 2020 年全部资产现金回收率指标相比，2021 年该指标有显著提高，尤其是相对于 X 公司总资产报酬率的稳步提高，其改善效果更加明显。这说明公司在盈利能力增长保持比较稳定的同时，盈利质量有较大改善。

三、商品经营盈利能力分析

（一）商品经营盈利能力的概念和评价指标

商品经营是相对资产经营和资本经营而言的。商品经营盈利能力不考虑企业的筹资或投资问题，只研究利润与收入或成本之间的比率关系。因此，反映商品经营盈利能力的指标可分为两类：一类是各种利润率与收入之间的比率，统称收入利润率；另一类是各种利润率额与成本之间的比率，统称成本利润率。

（二）收入利润率

反映收入利润率的指标主要有营业收入利润率、营业收入毛利润、总收入利润率、销售净利润率、销售息税前利润率等。不同的收入利润率，其内涵不同，揭示的收入与利润关系不同，在分析评价中的作用也不同。

（1）营业收入利润率，指营业利润与营业收入之间的比率。

（2）营业收入毛利率，指营业收入与营业成本的差额与营业收入之间的比率。

（3）总收入利润率，指利润总额与企业总收入之间的比率。企业总收入包括营业收入、投资净收益和营业外收入。

（4）销售净利润率，指净利润与营业收入之间的比率。

（5）销售息税前利润率，指息税前利润额与企业营业收入之间的比率，息税前利润指利润总额与利息支出之和。

收入利润率指标是正指标，指标值越高越好。分析时应该根据分析的目的与要求，确定适当的标准值，如可用行业平均值、全国平均值、企业目标值等。

根据相关资料，结合上述企业收入利润率的计算公式，可计算出 X 公司收入利润率分析表，如表 7-5 所示。

从表 7-5 可看出，该公司 2021 年比 2020 年的总收入利润率、销售净利润率均有小幅度提高，分别提高了 0.14% 和 0.15%。销售息税前利润率得到了较大的提高，上升了 1.67%。但是，营业收入利润率和营业收入毛利率却有所降低，但降低幅度不大，这些表明，该公司盈利能力比较稳定，且稳定发展中略有增长。

对收入利润率的分析，还可在此基础上，进一步研究各收入利润率之间的关系，从而找出某种利润率受其他利润率的影响状况。

表 7-5　X 公司收入利润率分析表　　金额单位：万元

项　　目	2021 年	2020 年	差异
营业收入	44 293 427	34 777 181	
营业成本	29 492 530	23 004 541	
营业利润	1 245 393	1 000 754	
利润总额	2 262 543	1 727 734	
净利润	1 911 935	1 451 451	
利息支出	1 308 254	494 371	
总收入	45 514 389	35 742 751	
营业收入利润率 /（%）	2.81	2.88	-0.07
营业收入毛利率 /（%）	33.42	33.85	-0.43
总收入利润率 /（%）	4.97	4.83	0.14
销售净利润率 /（%）	4.32	4.17	0.15
销售息税前利润率 /（%）	8.06	6.39	1.67

（三）成本利润率

反映成本利润率的指标有许多形式，主要有营业成本利润率、营业费用利润率、全部成本费用利润率等。

（1）营业成本利润率，指营业利润与营业成本之间的比率。其计算公式是：

$$营业成本利润率=\frac{营业利润}{营业成本} \tag{7-9}$$

（2）营业费用利润率，营业利润与营业费用总额的比率，其中，营业费用总额包括营业成本、税金及附加、期间费用。计算公式是：

$$营业费用利润率=\frac{营业利润}{营业费用} \tag{7-10}$$

（3）全部成本费用利润率，可分为全部成本费用总利润率和全部成本费用净利润率，其中全部成本费用包括营业成本费用总额和营业外支出。

① 全部成本费用总利润率的计算公式是：

$$全部成本费用总利润率=\frac{利润总额}{营业费用+营业外支出} \tag{7-11}$$

② 全部成本费用净利润率的计算公式是：

$$全部成本费用净利润率=\frac{净利润}{营业费用+营业外支出} \tag{7-12}$$

以上各种利润率指标反映企业投入产出水平，即所得与所费的比率，体现了增加利润是以降低成本及费用为基础的。这些指标的数值越高，表明生产和销售产品的每 1 元成本及费用取得的利润越多，劳动耗费的效益越高；反之，则说明每耗费 1 元成本及费用实现的利润越少，劳动耗费的效益越低。所以，成本利润率是综合反映企业成本效益的重要指标。

成本利润率也是正指标，即指标值越高越好。分析评价时，可将各指标实际值与标准值进行对比。标准值可根据分析的目的与管理要求确定。

根据相关资料并结合上述企业成本利润率计算公式，可计算得 X 公司成本利润率分析表，如表 7-6 所示。

表 7-6　X 公司成本利润率分析表

项　目	2021 年	2020 年	差异
营业成本利润率 /（%）	4.22	4.35	-0.13
营业费用利润率 /（%）	2.89	2.95	-0.06
全部成本费用总利润率 /（%）	5.25	5.06	0.19
全部成本费用净利润率 /（%）	4.43	4.25	0.18

从表 7-6 可以看出，该企业 2021 年与 2020 年相比，营业成本利润率和营业费用利润率有所降低，但降低幅度较低，分别为 -0.13% 和 -0.06%；全部成本费用总利润率和全部成本费用净利润率有所上升，但上升幅度也不大，分别为 0.19% 和 0.18%。这进一步说明了企业盈利能力在稳定发展中略有增长。对成本利润率的进一步分析，也可以从各成本利润率之间的关系角度进行。

（四）现金流量指标对商品经营盈利能力的补充

销售获现比率是对商品经营盈利能力的补充，反映企业通过销售获取现金的能力。销售获现比率是销售商品、提供劳务收到的现金与营业收入之比。

其计算公式为：

$$\text{销售获现比率}=\frac{\text{销售商品、提供劳务收到的现金}}{\text{营业收入}} \qquad (7-13)$$

X 公司销售获现比率分析表，如表 7-7 所示。

表 7-7　X 公司销售获现比率分析表　　金额单位：万元

项　目	2021 年	2020 年
销售商品、提供劳务收到的现金	45 008 874	34 078 133
营业收入	44 293 427	34 777 181
销售获现比率 /（%）	101.62	97.99

从表 7-7 可以看出，2021 年与 2020 年相比销售获现比率有所提高，表明公司通过销售获取现金的能力有所加强。可以初步判定企业产品销售形势好，信用政策合理，能及时收回货款，收款工作得力。使用该指标进行分析时，应注意当期收到的预收账款和收回前期的应收账款的影响。

专栏 7-1

麦趣尔净利润近三年逐年下滑　盈利能力落后于同行

麦趣尔交出的2018年年报令人大跌眼镜，虽然这是该公司自2014年上市以来的首次亏损，但却是业绩下滑幅度最大的一次，该公司近三年净利润已经出现连续下滑。有业内人士透露，该公司处于青黄不接的状态，管理层决策失误、市场定位落后。

麦趣尔（002719. SZ）于2014年1月28日在深交所上市，是一家现代化食品加工企业，立足食品行业中高端领域，以乳制品、烘焙食品制造、分销及烘焙连锁门店为核心业态，并辅以节日食品、冷冻饮品等产品的研发、加工与销售。自麦趣尔上市以来，其业绩不尽人意。该公司于2014年上市，业绩在2015年达到相对高峰后变化进入了下滑的颓势。从2014—2018年年报数据来看，麦趣尔实现净利润分别为4 143.40万元、7 124.98万元、2 811.24万元、1 883.55万元、-15 412.91万元。对比其余11家上市乳品公司2014年至2018年期间的财报数据可以发现，无论是营业收入排行还是归属上市公司净利润指标排行，麦趣尔均排在同行后面。

对于业绩变动原因，公司曾预告为："因2016年中秋节受市场宏观环境影响，造成公司月饼销售及盈利未达到预期，较上年同期有所降低，使得整体净利润下滑。"在2017年，麦趣尔业绩继续下滑。实现营业收入57 957.82万元，同比增长3.53%；归属于上市公司股东的净利润1 883.55万元，同比降低33%。对于业绩下降，公司解释：因2017年受市场的宏观因素影响，造成公司节日产品的销售及盈利情况未达到预期，本报告期净利润较上年同期有所降低。进入2018年，麦趣尔交出的业绩更糟。其中基本每股收益-0.885 1元，这在12家上市乳品公司中，每股收益亏损最多。2018年公司实现营业收入60 020.52万元，同比增长3.56%；归属于上市公司股东的净利润-15 412.91万元，同比降低-919.05%。2018年，麦趣尔60 020.52万元的营业收入在12家上市乳品公司中排名倒数第一，同时，净利润排名倒数第二。

乳业专家宋亮对环球网财经分析称："虽然麦趣尔是以乳制品起家，但在上市后却将大量资金投入到烘焙业务中。但目前来看，自营烘焙业务的子公司包括北京麦趣尔收购的新美心等处于亏损状态，经营很不理想。而且其乳制品一直局限于新疆地区。虽然麦趣尔将自身的乳制品归为高端液态奶，但全年营收仅有超过2亿元的规模，与同处新疆的天润乳业存在一定的差距。目前来看麦趣尔的乳业呈现的是停滞不前的状态。"

资料来源：刘晓旭．麦趣尔净利润近三年逐年下滑　盈利能力落后于同行［EB/OL］.（2019-05-31）［2022-08-09］. https://baijiahao.baidu.com/s?id=1635004646781554507.

四、上市公司盈利能力分析

随着我国社会主义市场经济体制的建立、发展和改善，我国的企业管理体制正在由传统的管理体制向现代化企业制度转变。在这种转轨经济特点下，企业股份制改造是建立现代企业制度的重要形式。随着股份制企业的增多和资本市场的改善，上市公司也越来越多。

由上市公司自身特点所决定，其盈利能力除了可以通过一般企业盈利能力的指标分析，还应进行一些特殊性指标的分析，特别是一些与企业股票价格或市场价值有关的指标分析，如每股收益、普通股权益报酬率、股利发放率、价格与收益比率，以及每股经营现金流量等指标的分析。

（一）每股收益分析

1. 每股收益的概念和计算

每股收益，是指每股发行在外的普通股所能分摊到的净收益额。这一指标与普通股股东的利益关系极大，他们往往根据它进行投资决策。每股收益又分为基本每股收益与稀释每股收益。

（1）基本每股收益。基本每股收益是指归属于普通股股东的当时净利润与发行在外的普通股加权平均数之比。计算公式如下：

$$\text{基本每股收益}=\frac{\text{净利润}-\text{优先股股息}}{\text{发行在外的普通股加权平均数（流通股数）}} \quad (7\text{–}14)$$

由于优先股股东对股利的受领优先于普通股股东，因此在计算普通股股东所能享有的收益额时，应先将优先股股利扣除。公式中分母采用加权平均数，是因为本期内发行在外的普通股股数只能在增加以后的这一段时期内产生权益，减少的普通股股数在减少以前的期间内仍产生收益，所以必须采用加权平均数，以正确反映本期内发行在外的股份数额。发行在外的普通股加权平均数按下列公式计算：

$$\begin{aligned}\text{发行在外的普通股加权平均数}=&\text{期初发行在外普通股股数}+\text{当期新发行普通股股数}\times\\&(\text{已发行时间}\div\text{报告期时间当期})-\text{回购}\quad(7\text{–}15)\\&\text{普通股股数}\times(\text{已回购时间}\div\text{报告期时间})\end{aligned}$$

已发行时间、报告期时间和已回购时间一般按照天数计算；在不影响计算结果合理性的前提下，也可以简化计算方法。

例如，某公司 2021 年期初发行在外的普通股为 20 000 万股；2 月 28 日新发行普通股 10 800 万股；12 月 1 日回购普通股 4 800 万股，以备将来奖励职工之用。该公司当年实现净利润为 6 500 万元。2021 年度基本每股收益计算如下：

$$\begin{aligned}\text{发行在外的普通股加权平均数}&=20\,000+10\,800\times10\div12-4\,800\times1\div12\\&=28\,600\text{（万股）}\end{aligned}$$

$$\text{基本每股收益}=6\,500\div28\,600=0.23\text{（元）}$$

（2）稀释每股收益。稀释每股收益是指当企业存在稀释性潜在普通股时，应当分别调整归属于普通股股东的当期净利润和发行在外的普通股加权平均数，并据此计算稀释每股收益。所谓稀释性潜在普通股，是指假设当期转换为普通股会减少每股收益的潜在普通股，例如可转换公司债券、认股权证和股份期权。

① 计算稀释每股收益时，对归属于普通股股东的当期净利润的调整，应当根据下列事项对归属于普通股股东的当期净利润进行调整：当期已确认为费用的稀释性潜在普通股的利息；稀释性潜在普通股转换时产生的收益或费用。同时应当考虑相关的所得率影响。② 计算稀释每股收益时，对当期发行在外的普通股的加权平均数的调整，调整后的股数应当为计算基本每股收益时普通股的加权平均数与假定稀释性潜在普通股转换为已发行普

通股而增加的普通股股数的加权平均数之和。计算稀释性潜在普通股转换为已发行普通股而增加的普通股股数的加权平均数时，以前期间发行的稀释性潜在普通股，应当假设在当期期初转换；当期发行的稀释性潜在普通股，应当假设在发行日转换。

对于基本每股收益和稀释每股收益的计算，可以参见以下两例：

假设L公司2021年1月1日发行100万份认股权证，行权价格3.5元，2021年度净利润200万，发行在外普通股加权平均数为500万股，普通股平均市场价格为4元，则：

基本每股收益 $=200\div500=0.4$（元）

调整增加的普通股股数 $=100-100\times3.5\div4=12.5$（万股）

稀释的每股收益 $=200\div(500+12.5)=0.39$（元）

假设A公司2021年1月1日发行利率为4%的可转换债券，面值1 000万元。根据协议，该可转换公司债每100元债券可转换为面值为1元的普通股110股。2021年净利润4 500万元，2017年发行在外的普通股的加权平均数为4 000万股，所得税税率为25%，则：

基本每股收益 $=4\,500\div4\,000=1.125$（元）

净利润的增加 $=1\,000\times4\%\times(1-25\%)=30$（万元）

普通股股数的增加 $=1\,000\div100\times110=1\,100$（万股）

每股稀释的每股收益 $=(4\,500+30)\div(4\,000+1\,100)=0.84$（元）

下面，仍然利用X公司的信息进行每股收益分析。根据该公司会计报表及附注等资料，可以得到X公司的每股收益分析表，如表7–8所示。

表7–8　X公司每股收益分析表

项　　目	2021年	2020年	差异
净利润/万元	1 660 199	1 252 158	
优先股股息/万元	0	0	
发行在外所谓普通股加权平均股数/万股	1 343 330	1 343 330	
稀释效应——普通股的加权平均股数： 股权激励计划限制性股票/万股	36 945	13 434	
调整后发行在外普通股的加权平均股数/万股	1 380 275	1 356 764	
基本每股收益/元	1.24	0.93	0.31
稀释每股收益/元	1.20	0.92	0.28

由表7–8可知，该公司2021年度的每股收益比2020年度增长了30%以上，表明企业2021年度的盈利能力高于上年。当然，在运用每股收益判断企业盈利能力强弱时，应将几家不同行业或者同一企业不同时期的每股收益进行比较，才能得出正确的结论。

2. 每股收益的影响因素分析

为了分析企业每股收益变动的原因，应确定影响每股收益的因素，并对各个因素进行分析，测算各个因素的变动对每股收益的影响程度。简化起见，以下以基本每股收益为例。依据每股收益的影响因素，对每股收益指标作如下分解：

$$
\begin{aligned}
\text{每股收益} &= \frac{\text{净利润}-\text{优先股股息}}{\text{发行在外的普通股加权平均数(流通股数)}} \\
&= \frac{\text{普通股权益}}{\text{流通股数}} \times \frac{\text{净利润}-\text{优先股股息}}{\text{普通股权益平均额}} \\
&= \text{每股账面价值} \times \text{普通股权益报酬率}
\end{aligned} \tag{7-16}
$$

从式（7–16）中可知，每股收益主要取决于每股账面价值和普通股权益报酬率两个因素。每股账面价值，也称每股净资产，是指股东权益总额减去优先股权益后的余额与发行在外的普通股平均股数的比值。该指标可帮助投资者了解每股的权益，并有助于潜在的投资者进行投资分析。从每股账面价值与每股收益的关系看，反之亦然。普通股权益报酬率是影响每股收益的另一个重要因素，它的变动会使每股收益发生相同的变化，对它的分析将在下一问题中讲述。

（二）普通股权益报酬率分析

普通股权益报酬率是指净利润扣除应发放的优先股股利后的余额与普通股权益之比。其计算公式如下：

$$
\text{普通股权益报酬率} = \frac{\text{净利润}-\text{优先股股息}}{\text{普通股权益平均额}} \tag{7-17}
$$

该指标从普通股股东的角度反映企业的盈利能力，指标越高，说明盈利能力越强，普通股股东可得收益也越多。普通股权益报酬率应作为独立指标对企业盈利能力、投资收益水平进行分析。

从式（7–17）可知，普通股权益报酬率的变化受净利润、优先股股息和普通股权益平均额三个因素的影响。一般情况下，优先股股息比较固定，因此应着重分析其他两个因素。

（三）股利发放率分析

股利发放率是普通股股利与每股收益的比值，反映普通股股东从每股的全部获利中分到多少。其计算公式如下：

$$
\text{股利发放率} = \frac{\text{每股股利}}{\text{每股收益}} \times 100\% \tag{7-18}
$$

式中，每股股利是指实际发放给普通股股东的股利总额与流通股股数的比值。股利发放率反映了企业的股利政策，其高低要根据企业对资金需要量的具体情况而定，没有一个固定的衡量标准。

为了进一步分析股利发放率变动的原因，可按下式进行分解：

$$
\begin{aligned}
\text{股利发放率} &= \frac{\text{每股股利}}{\text{每股收益}} \times 100\% \\
&= \frac{\text{每股市价}}{\text{每股收益}} \times \frac{\text{每股股利}}{\text{每股市价}} \times 100\% \\
&= \text{价格与收益比率} \times \text{股利报偿率}
\end{aligned} \tag{7-19}
$$

从式（7–19）可以看出，股利发放率主要取决于价格与收益比率和股利报偿率。一般来说，长期投资者比较重视价格与收益比率，而短期投资者则比较注重股利报偿率。

股利报偿率，亦称股利与市价比率，是企业发放每股股利与股票市场价格之比。在价格与收益比率一定的情况下，股利报偿率越高，则股利发放率也越高，反之亦然。价格与收益比率将在下一部分中进行分析。

（四）价格与收益比率分析

价格与收益比率，亦称市盈率，是反映普通股的市场价格与当期每股收益之间的关系，可用来判断企业股票与其他企业股票相比较潜在的价值。其计算公式如下：

$$价格与收益比率=\frac{每股市价}{每股收益} \tag{7-20}$$

该指标在一个企业内的数值能够表明企业盈利能力的稳定性，可在一定程度上反映企业管理部门的经营能力和企业盈利能力及潜在的成长能力。同时，该指标还反映此股票市价是否具有吸引力，把多个企业的股票价格与收益比率进行比较，并结合对其所属行业的经营前景的了解，可以作为选择投资目标的参考。

一般，发展前景好的企业通常都有较高的市盈率；发展前景不佳的企业，这个比率较低。但是必须注意，当全部资产利润率很低或企业发生亏损时，每股收益可能为零或负数，因此价格与收益比率很高。在这一特殊情况下，仅仅利用这一指标来分析企业的盈利能力，常常会错误地估计企业的发展前景，所以还必须结合其他指标，予以综合考虑。

（五）托宾 Q 值分析

托宾 Q（Tobin Q）值是指公司的市场价值与其重置成本之比。若某公司的托宾 Q 值大于 1，则表明市场上对该公司的估价水平高于其自身的重置成本，该公司的市场价值较高；若某公司的托宾 Q 值小于 1，则表明市场上对该公司的估价水平低于其自身的重置成本，该公司的市场价值较低。

通常，人们用总资产的账面价值替代重置成本，普通股的市场价格和债务的账面值之和表示市场价值，则托宾 Q 值计算公式如下：

$$托宾\ Q\ 值=\frac{股权市场价格+长、短期债务账面价值合计}{总资产账面价值} \tag{7-21}$$

其中，要说明的是，之所以债务用账面价值而非市场价值，是因为一般来讲，公司债务的市场价值较难衡量，不过若可以衡量或估计其市场价值，则应当使用市场价值。如公司发行了公司债券，则债券的账面价值应当采用债券的市场价值。

不过，在运用托宾 Q 值判断公司盈利能力和市场价值时，由于股票价格影响因素具有多样性，有可能导致托宾 Q 值不能真实地反映公司的价值。如有市场投机性炒作时，市场在乐观情绪以及先进的推动下往往会出现非理性上涨。因而在用托宾 Q 值判断公司盈利能力和市场价值时，要根据资本市场的现实状况做出一定的判断或调整。

（六）现金分配率分析

现金分配率是指现金股利与经营活动净现金流量之间的比率。反映经营活动取得的现金中有多大比重用于现金股利。其计算公式为：

$$现金分配率=\frac{现金股利}{经营活动净现金流量} \tag{7-22}$$

以 X 公司 2021 年数据为例，得出计算公式结果如下：

$$现金分配率 =4\ 029\ 999 \div 3\ 647\ 913=11.05\%$$

该公司的现金股利支付率为 11.05%，说明公司经营活动产生的净现金流量对现金股利的分配具有较强保障，并且分配股利后有一定剩余，可用于扩大生产规模或者偿还债务。

（七）每股经营现金流量分析

每股经营现金流量是指经营活动净现金流量与发行在外的普通股股数的比率。反映每股发行在外的普通股所平均占有的经营净现金流量。这个指标越大，说明企业进行资本支出和支付股利的能力越强。其计算公式为：

$$每股经营现金流量=\frac{经营活动净现金流量}{发行在外的普通股股数} \quad (7\text{–}23)$$

该指标的分母是发行在外的普通股股数，与其在前述每股收益指标中的计算相同，指的是全年发行在外的加权平均普通股股数。

本章小结

1. 盈利能力通常是指企业在一定时期内赚取利润的能力。盈利能力分析的主要内容包括三个方面：资本经营盈利能力分析、资产经营盈利能力分析、商品经营盈利能力分析。同时，由于上市公司因为股权流通、股票价格公开等因素，而具有一些特殊的指标，因而还应对上市公司的盈利能力指标进行分析。

2. 资本经营盈利能力分析。资本经营是指企业以资本为基础，通过优化配置来提高资本经营效益的经营活动，其活动领域包括资本流动、收购、重组、参股和控股等实现资本增值的领域，从而使企业以一定的资本投入，取得尽可能多的资本收益。资本经营盈利能力分析主要对净资产收益率指标进行分析与评价。对净资产收益率产生影响的指标主要有总资产报酬率、负债利息率、企业资本结构和所得税税率等。

3. 资产经营盈利能力分析。资产经营是合理配置与使用资产，以一定的资产投入，取得尽可能多的收益。资产经营盈利能力分析主要是对总资产报酬率指标进行分析和评价。进一步探讨对总资产报酬率产生影响的指标主要有总资产周转率和销售息税前利润率。

4. 商品经营盈利能力分析。由于上市公司因为股权流通、股票价格公开等因素，而具有一些特殊的指标，因而还应对上市公司的盈利能力指标进行分析。上市公司盈利能力分析主要是对每股收益、普通股权益报酬率、股利发放率以及价格与收益比率、托宾 Q 值、现金分配率及每股经营现金流量等指标进行分析。

5. 对不同的指标还应结合因素分析法进行具体因素的分解，同时要参照历史标准和行业标准做出合理的判断。

练　习　题

一、名词解释

1. 盈利能力　2. 资本经营　3. 资产经营　4. 销售获现比率　5. 稀释每股收益　6. 托宾Q(Tobin Q)值

二、单项选择题

1. 总资产报酬率是指(　　)与平均总资产之间的比率。

A. 利润总额　　B. 息税前利润　　C. 净利润　　D. 息前利润

2. (　　)是反映盈利能力的核心指标。

A. 总资产报酬率　　B. 股利发放率　　C. 总资产周转率　　D. 净资产收益率

3. (　　)指标越高,说明企业资产的运用效率越好,也意味着企业的资产盈利能力越强。

A. 总资产周转率　　B. 存货周转率　　C. 总资产报酬率　　D. 应收账款周转率

4. 股利发放率的计算公式是(　　)。

A. 每股股利 / 每股市价　　B. 每股股利 / 每股收益

C. 每股股利 / 每股账面价值　　D. 每股股利 / 每股金额

5. 在企业各收入利润率中,(　　)通常是其他利润率的基础。

A. 产品销售利润率　　B. 营业收入利润率

C. 总收入利润率　　D. 销售净利率

6. 上市公司盈利能力分析与一般企业盈利能力分析的区别关键在于(　　)。

A. 利润水平　　B. 股东权益　　C. 股利发放　　D. 股票价格

7. 商品经营盈利能力分析是利用(　　)资料进行分析。

A. 资产负债表　　B. 现金流量表　　C. 利润表　　D. 利润分配表

三、多项选择题

1. 影响净资产收益率的因素主要有(　　　)。

A. 总资产报酬率　　B. 负债成本率

C. 企业资本结构　　D. 总资产周转率

E. 所得税税率

2. 反映企业盈利能力的指标有(　　　)。

A. 营业利润　　B. 利息保障倍数

C. 净资产收益率　　D. 成本利润率

E. 净利润

3. 影响总资产报酬率的因素有(　　　)。

A. 资本结构　　B. 销售利润率

C. 产品成本　　D. 销售息税前利润率

E. 总资产周转率

4. 反映商品经营能力的指标有(　　)。

A. 销售收入利润率　　B. 总资产报酬率

C. 普通股权益报酬率　　D. 净资产收益率

E. 销售成本利润率

5. 反映上市公司盈利能力的指标有(　　)。

A. 每股利润　　B. 普通股权益报酬率

C. 股利发放率　　D. 总资产报酬率

E. 市盈率

6. 资产经营盈利能力受(　　)的影响。

A. 资本经营盈利能力　　B. 商品经营盈利能力

C. 资产运营效率　　D. 产品经营盈利能力

E. 资本运营效率

7. 反映收入利润率的指标主要有(　　)。

A. 产品销售利润率　　B. 营业收入利润率

C. 总收入利润率　　D. 销售净利润率

E. 销售息税前利润率

四、判断题

1. 资本经营盈利能力分析主要对全部资产报酬率指标进行分析和评价。(　　)

2. 对企业盈利能力的分析主要指对利润额的分析。(　　)

3. 从会计学角度看,资本的内涵与我们通常所说的资产的内涵是基本相同的,它侧重于揭示企业所拥有的经济资源,而不考虑这些资源的来源特征。(　　)

4. 总资产报酬率越高,净资产收益率就越高。(　　)

5. 当总资产报酬率高于负债利息率时,提高负债与所有者权益之比,将使净资产收益率提高。(　　)

6. 资产经营、商品经营和产品经营都服从于资本经营目标。(　　)

7. 资本经营的基本内涵是合理配置与使用资产,以一定的资产投入,取得尽可能多的收益。(　　)

五、简答题

1. 盈利能力分析的基础是什么?

2. 盈利能力分析的内容有哪些?

3. 影响资本经营盈利能力的因素有哪些?

案 例 分 析

本年年底A公司拥有B公司20%有表决权资本的控制权，下年A公司有意对B公司继续投资。A公司认为B公司的盈利能力比财务状况、营运能力更重要，他们希望通过投资获得更多的利润。因此，A公司搜集了B公司的有关资料，如表7-9、表7-10和表7-11所示。

表7-9　利　润　表　　单位：万元

项　　目	本期金额	上期金额
一、营业收入	1 500 000	1 200 000
减：营业成本	1 100 000	1 050 000
税金及附加	15 000	8 000
销售费用	3 000	2 000
管理费用	15 000	12 000
研发费用	2 000	1 000
财务费用	1 000	4 000
其他收益	5 000	2 000
二、营业利润	371 000	125 000
加：营业外收入	30 100	8 200
减：营业外支出	6 000	18 000
三、利润总额	395 100	115 200
减：所得税费用	130 383	38 016
四、净利润	264 717	77 184

表7-10　财务费用表　　单位：万元

项　　目	本年度	上年度
利息支出	5 000	8 000
减：利息收入	2 893	10 039
汇兑损失	3 108	3 809
减：汇兑收益	1 320	956
其他	105	186
财务费用	4 000	1 000

表 7-11　平均总资产和平均净资产表　　单位：千元

项　　目	本年度	上年度
平均总资产	3 205 000	2 815 000
平均净资产	1 885 000	1 063 000

要求：根据案例中所给的资料，帮助 A 公司做好以下几方面工作，从而便于本年度的投资决策。

（1）计算反映资产经营盈利能力和资本经营盈利能力的指标。

（2）采用因素分析法分析总资产报酬率变动的原因。

（3）评价企业盈利能力状况。

第八章　企业营运能力分析

学习目标

1. 了解企业营运能力分析的目的和内容。
2. 掌握企业营运能力分析评价指标的概念。
3. 明确企业营运能力分析评价指标之间的关系。
4. 掌握企业营运能力指标的计算方法。
5. 明确企业营运能力指标的影响因素。
6. 熟练地运用因素分析法对企业营运能力进行因素分析。

引导案例

标榜股份冲刺上市，毛利率、存货周转率明显高于上市同行

江阴标榜汽车部件股份有限公司（以下简称“标榜股份”）近日提交了A股IPO招股书。跟近日不少上市的企业类似，标榜股份也是讲着“国产替代”的故事。相对于其已经上市的竞争对手鹏翎股份（300375.SZ）等企业，标榜股份在类似产品当中毛利率和存货周转率都明显高于对手，2019年的变动趋势也不一样。对此，有业内人士认为，如果主要财务数据跟同类型企业的差别比较大的话，监管部门很可能提出这方面的疑问，拟上市公司需要有更多“自圆其说”的解释，需要补充资料的可能性比较大。另一方面，标榜股份加紧冲刺之时，鹏翎股份的股东和董监高们却迫不及待在创业板套现，早在6月便已大举抛售。

2018年到2019年，标榜股份的毛利率上涨了大约3个百分点，而同行竞争对手们差别不大。在“动力系统连接管路”方面，标榜股份在2017年到2019年毛利率分别为24.23%，19.24%和24.42%；而鹏翎股份则从25.57%，20.91%和20.68%，连续三年下滑。

相比鹏翎股份，标榜股份的存货周转率也高得多。2017年年末至2019年年末，标榜股份存货账面价值分别为6 248.20万元，7 073.68万元和9 881.21万元，占资产总额的比例分别为27.58%，22.15%和20.01%。存货周转率方面来看，虽然2017年和2018年标榜股份和鹏翎股份的情况比较一致，但在2019年却出现了不同的变动趋势。2017年到2019年，标榜股份分别为3.43次、3.49次和4.56次，2019年有明显的拉升；不过鹏翎股份分别为3.48次、3.56次和3.25次，2019年则明显下滑。招股书当中，标榜股份的解释也比较简单：“2017年至2019年，公司存货周转率分别为3.43，3.49和4.56，基本保持稳定，公司存货周转率整体处于同行业中游水平。”然而数据却显示，标榜股份几乎每一家同类企业的存货周转率都有一定的下滑，变动趋势跟标榜股份其实并不一致。

对此，有投行人士向第一财经记者表示，存货周转率应当和行业变动趋势比较一致，标榜股份在2019年的变动已经有一定的不一致情况，估计监管部门会要求标榜股份对这一相对异常的数据作出更详细的解释，必须要"自圆其说"。

资料来源：李隽 . 标榜股份冲刺上市，毛利率、存货周转率明显高于上市同行[N]. 第一财经，2020-08-03.

第一节　企业营运能力分析概述

一、企业营运能力分析的目的

企业的营运资产，主体是流动资产和固定资产。尽管无形资产是企业资产的重要组成部分，并随着工业经济时代向知识经济时代转化，在企业资产所占比重越来越高，而且在提高企业经济效益方面发挥着巨大的作用，但无形资产的作用必须通过或依附于有形资产才能发挥出来。从这个意义上说，企业营运资产的利用能力，将从根本上决定企业的经营状况和经济效益。

企业营业能力主要指企业营运资产的效率与效益。营运资产的效率通常指资产的周转速度。营运资产的效益则指营运资产的利用效果，即通过资产的投入与其产出相比较体现。

进行企业营运能力分析，主要目的是：

（1）评价企业资产的流动性。企业的两大特征是收益性和流动性。企业经营的基本动机就是获取预期的收益。从一定意义上讲，流动性是比收益性更重要的概念。当企业的资产处于静止状态时，根本就谈不上什么收益；当企业运用这些资产进行经营时，才可能有收益的产生。企业的营运能力越强，资产的流动性就越高，企业获得预期收益的可能性就越大。流动性是企业营运能力的具体表现，通过对企业营运能力的分析，就可以对企业资产的流动性做出评价。

（2）评价企业资产利用的效益。提高企业资产流动性是企业利用资产进行经营活动的手段，其目的在于提高企业资产利用的效益。企业资产营运能力的实质，就是以尽可能少的资产占用，尽可能短的时间周转，生产出尽可能多的产品，实现尽可能多的销售收入，创造出尽可能多的收益。通过企业产出额的对比分析，可以评价企业资产利用的效益，为提高企业经济效益指明方向。

（3）挖掘企业资产利用能力的潜力。企业营运能力的高低，取决于多种因素。通过企业营运能力分析，可以了解企业资产利用方面存在哪些问题，还有多大的潜力，进而采取有效措施，提高企业资产营运能力。

二、企业营运能力分析的内容

企业营运能力分析的主要内容包括：

（1）总资产营运能力分析。揭示总资产周转速度和利用效率变动的原因，评价总资产营运能力。

（2）流动资产周转速度分析。揭示流动资产周转速度变动的原因，评价流动资产的利用效率和资产的流动性。

（3）固定资产利用效果分析。揭示固定资产利用效果变动的原因，评价资产的效益。

第二节　企业营运能力分析的评价指标

一、总资产营运能力分析

（一）总资产营运能力分析的评价指标计算和分析

企业总资产营运能力主要指企业总资产的效率和效益。总资产产值率和总资产收入率可以反映出企业总资产的效益，即投入或使用总资产所取得的产出能力。总资产周转率可以反映出企业总资产的效率，即总资产的周转速度。

1. 总资产产值率的计算和分析

总资产产值率反映了企业总资产与总产值之间的对比关系。其计算公式是：

$$\text{总资产产值率}=\frac{\text{总产值}}{\text{平均总资产}}\times 100\% \tag{8-1}$$

该指标数值越高，说明企业资产的投入产出率越高，企业总资产运营状况越好。在利用该指标评价企业总资产利用效果时应该注意到，企业总产值在按不变价格计算时，可以把总资产理解为企业在一定时期内产生的按价值计算的全部产品质量，是企业利用全部资产为社会创造的物质产品。但由于总产值中既包括完工产品，又包括在产品，所以总产值仅仅表示本期生产了多少，并不表明是否得到了社会的承认。企业生产的产品如果得不到社会上的认可，那么，生产的产品再多，也没有任何价值。分析时，要将该指标与固定资产收入率结合起来，才能做出正确的评价。

企业产出与总资产之间的关系，还可以从另一角度来反映，即百元产值资金占用，该指标本质上是总资产产值率的倒数，反映每百元产值占用的资产。其计算公式是：

$$\text{百元产值占用资金}=\frac{\text{平均总资产}}{\text{总产值}}\times 100\% \tag{8-2}$$

该指标越低，说明每一单位产出所占用的资产越少，表明企业资产营运能力越强。

2. 总资产收入率的计算和分析

总资产收入率反映了企业总资产与总收入之间的对比关系。其计算公式是：

$$\text{总资产收入率}=\frac{\text{营业收入}}{\text{平均总资产}}\times 100\% \tag{8-3}$$

该指标越高，说明企业总资产营运能力越强。如果说总资产产值率仅仅反映了企业生产过程中资产的利用效果，总资产收入率则反映出企业整个经营过程中资产的利用效率。收入的实现，表明企业的产品得到了社会的承认，满足了社会的某种需要，是企业资产的真正有效利用。因而，该指标比总资产产值率更准确、更真实地反映出企业总资产的营运能力。

$$总资产收入率=\frac{总产值}{平均总资产}\times\frac{营业收入}{总产值}\times100\%$$
$$=总资产产值率\times产品销售率 \tag{8-4}$$

从式（8-4）可以看出，提高总资产收入率取决于两大方面：一是要提高资产的生产效率，这是提高企业资产营运能力的基础，没有产品，就谈不上销售，更谈不上效益；二是要提高产品销售率，把生产出来的产品尽快、尽可能多地销售出去。

3. 总资产周转率的计算和分析

总资产收入率从资产周转率角度看，亦称总资产周转率（次数）。尽管这两个指标的计算方法相同，但总资产周转率却是从资产流动性方面反映总资产的利用效率。其计算公式是：

$$总资产周转率=\frac{总周转额（营业收入）}{平均总资产} \tag{8-5}$$

企业资金循环包括短期资金循环和长期资金循环。长期资金循环必须依赖短期资金循环，因此，流动资产周转速度的快慢是决定企业总资产周转速度的关键性因素。下面的分解式可以反映出这种关系，也为进行总资产周转率分析、提高总资产周转速度指明了方向。

$$总资产周转率=\frac{营业收入}{流动资产平均余额}\times\frac{流动资产平均余额}{总资产平均余额}$$
$$=流动资产周转率\times流动资产占总资产的比重 \tag{8-6}$$

式（8-6）表明，总资产周转速度的快慢取决于两大因素：一是流动资产周转率。流动资产的周转速度要高于其他类资产的周转速度。加速流动资产周转，就会使总资产周转速度加快；反之，则会使总资产周转速度减慢。二是流动资产占总资产的比重。由于流动资产周转速度快于其他类资产的周转速度，所以，企业流动资产所占比例越大，总资产周转速度越快；反之，则越慢。

（二）总资产营运能力的综合对比分析

总资产营运能力综合对比分析，就是将反映总资产营运能力的指标与反映流动资产和固定资产营运能力的指标结合起来进行分析。依据各类指标之间的相互关系进行综合对比分析，其主要包括以下内容：

1. 综合对比分析反映资产占用与总产值的关系

反映二者关系的指标有三个：固定资产产值率、流动资产产值率和总资产产值率。这些指标主要说明各类资产在企业生产过程中的利用效果。从静态上分析这三个指标，可分别反映固定资产、流动资产和总资产利用效果。从动态上进行分析，可分别反映总产值增长与各类资产的关系。

2. 综合对比分析反映资产占用与收入的关系

反映二者关系的指标有三个：固定资产周转率、流动资产周转率和总资产周转率。这些指标主要用于评价各类资产营运效益和周转速度。从静态上分析，可以反映整个企业经营过程中资产营运效率和营运效益。从动态上分析，可以反映销售收入增长与各类资产增长的关系。

3. 综合对比分析综合资产营运能力与盈利能力之间的关系

提高资产营运能力最终要为盈利能力这个目标服务。通过综合对比分析总资产营运能力与盈利能力之间的关系，可以理解总资产盈利能力变动的原因，为提高总资产盈利能力指明方向。

二、流动资产周转速度分析

（一）资产周转速度评价指标的计算和分析

资产周转速度是衡量企业营运效率的主要指标。资产周转速度越快，表明资产可供运用的机会越多，使用效率越高；反之，则表示资产利用效率越差。资产周转速度快慢，通常是用资产周转率（次数）和资产周转期（天数）两个指标来衡量。该指标是一定时期资产平均占用额与周转额的比率，是用资产的占用量与运用资产所完成的工作量之间的关系来表示营运效率的指标。

资产周转速度的计算方法是：

$$资产周转率=\frac{资产周转额}{资产平均余额} \tag{8-7}$$

$$\begin{aligned}资产周转期&=\frac{计算期天数}{资产周转率(次数)}\\&=\frac{资产平均余额\times 计算期天数}{资产周转额}\end{aligned} \tag{8-8}$$

资产周转次数和资产周转天数从两个不同的方向表示资产的周转速度。资产周转次数表示在一定时期内完成几个从资产投入到资产收回的循环，而周转天数则表示完成一个从资产投入到资产收回的循环需要多长时间。资产周转次数和周转天数成相反方向变动，在一定时期，资产周转次数越多，周转天数越少，周转速度就越快，营运效率就越高；反之，则周转速度就越慢，营运效率越低。

（二）流动资产周转速度评价指标的计算和分析

企业的运营过程，实质上是资产的转换过程。由于流动资产和固定资产的性质和特点不同，决定了它们在这一过程中的作用也不同。企业经营成果的取得，主要依靠流动资产的形态转换。尽管固定资产的整体实物形态都处在企业经营过程中，但从价值形态上讲，相当于折旧的那部分资金需参与企业当期的营运，它的价值实现（或者说是价值回收）要依赖于流动资产的价值实现。一旦流动资产的价值实现（或者说是形态转换）出现问题，不仅固定资产价值不能实现，企业所有的经营活动都会受到影响，因此可以说，流动资产营运能力分析是企业营运能力分析最重要的组成部分。

1. 流动资产周转速度评价指标的计算

流动资产完成从货币到商品，再到货币这一循环过程，表明流动资产周转了一次，以产品实现销售为标志。表明销售实现的指标有两个，即营业收入和营业成本。一般来说，使用营业成本这一指标作为周转额是用来说明垫付的流动资产周转速度，反映出流动资产的纯粹周转速度。如果使用营业收入这一指标，由于营业收入中包括了垫付资金以外的部分，如税金和利润等，因此计算出来的流动资产周转速度是一种扩大形式的周转速度，既反映了流动资产的纯粹周转速度，又反映了流动资产利用的效果。实务中，在计算流动资产周转速度指标时，究竟是使用营业收入还是营业成本，应视分析的目的而定。流动资产周转速度指标的具体计算公式如下：

$$流动资产周转率=\frac{营业收入}{流动资产平均余额} \tag{8-9}$$

$$流动资产周转期=\frac{流动资产平均余额\times计算期天数}{营业收入} \tag{8-10}$$

$$流动资产垫支周转率=\frac{营业成本}{流动资产平均余额} \tag{8-11}$$

$$流动资产垫支周转期=\frac{流动资产平均余额\times计算期天数}{营业成本} \tag{8-12}$$

2. 流动资产周转速度评价指标的分析

为了分析流动资产周转速度变动的原因，找出加速流动资产周转的途径，根据流动资产周转速度指标的经济内容和内在关系，可将流动资产周转速度指标作如下分解：

$$\begin{aligned}流动资产周转率&=\frac{营业收入}{流动资产平均余额}\\&=\frac{营业成本}{流动资产平均余额}\times\frac{营业收入}{营业成本}\\&=流动资产垫支周转率\times成本收入率\end{aligned} \tag{8-13}$$

式（8-13）表明，影响流动资产周转率的因素主要有两个：一是流动资产垫支周转率；二是成本收入率。流动资产垫支周转率反映了流动资产的真正周转速度；成本收入率说明了所费与所得之间的关系，反映出流动资产的利用效果。加速流动资产垫支周转速度是手段，提高流动资产利用效果才是目的，因此，加速流动资产垫支周转速度必须以提高成本收入率为前提。当成本收入率小于 1，企业所得补偿不了所费，流动资产垫支周转速度越快，企业亏损越多。

（三）流动资产周转速度评价指标的计算和分析

1. 存货周转速度评价指标的计算和分析

存货周转率是企业一定时期主营业务收入与平均存货余额的比率。用于反映存货的周转速度，即存货的流动性及存货资金占用量是否合理，促使企业在保证生产经营连续性的同时，提高资金的使用效率，增强企业的短期偿债能力，加强企业的存货管理。存货周转率低说明企业存货管理不良，存货的流动性弱以及存货资金占用量不合理，存货的利用效率较低等。

存货周转率指标的好坏反映企业存货管理水平的高低，它影响到企业的短期偿债能力，是整个企业管理的一项重要内容。一般来讲，存货周转速度越快，存货的占用水平越低，流动性越强，存货转换为现金或应收账款的速度越快。因此，提高存货周转率可以提高企业的变现能力。存货周转率计算公式如下：

$$成本基础的存货周转率（次数）=\frac{营业成本}{存货平均余额} \tag{8-14}$$

$$收入基础的存货周转率(次数)=\frac{营业收入}{存货平均余额} \quad (8-15)$$

计算存货周转率时，使用“营业收入”还是“营业成本”作为周转额，取决于分析的目的。如果分析目的是判断短期偿债能力，应采用营业收入；如果分析目的是评估存货管理业绩，应当使用营业成本。

存货周转率考核的目的在于从财务的角度计划预测整个公司的现金流，从而考核整个公司的需求与供应链运作水平。

存货周转率低反映出企业存在以下问题：

（1）存货的储量不合理，资金占用过大。因库存量大，导致流动资金占用额高，使得公司存货储备占用流动资金的额度明显高于其他的公司，无形中会挤压大量资金，这会给企业流动资金周转带来较大的困难。

（2）存货管理不规范。存货管理直接关系到企业的资金占用水平以及资产运作。不断提高企业存货管理水平有助于提高企业的竞争力，在企业生存、发展、获利等方面起到重大作用。存货管理中缺乏科学的存货采购计划，即购货的时点和最佳存货储存量是模糊的，会出现采购频繁、存货积压过多，从而库存成本和资金占用都会较高。

（3）存货内部控制不健全。企业的内部控制不健全会出现领用原材料的时候缺乏相关的审批手续。在进行定期或者不定期的存货清查盘查时，未对亏损或报废的情况及时做出处理意见，就会导致账实不符，采购部门就不能很好的了解公司的存货情况，无法做出正确的采购计划。

（4）企业各部门之间缺乏合作交流。企业的各部门之间对存货的库存有不同的要求，较难调节，往往存在一定的冲突。再加上企业各部门之间有时又缺乏必要的交流，导致信息不通，不能及时对存货库存作出合理的、正确的调整。

但存货周转速度偏高也不一定代表企业经营出色。当企业为了扩大销路而降低销售或大量赊销，则营业利润会受到影响或产生大量的应收账款。一个适度的存货周转率除参考企业的历史水平之外，还应参考同行业的平均水平。

2. 应收账款周转速度评价指标的计算分析

应收账款周转率是指企业一定时期赊销收入净额与应收账款平均余额的比率，用以反映应收账款的收款速度，一般用周转次数表示。其计算公式是：

$$应收账款周转率=\frac{赊销收入净额}{应收账款平均余额} \quad (8-16)$$

应收账款是指因商品购销关系所产生的债权资产，而不是单指会计核算上的应收账款科目，一般包括应收账款和应收票据。

应收账款周转率说明年度内应收账款转化为现金的平均次数，体现了应收账款的变现速度和各企业的收款效率。一般认为周转率越高越好，因为它表明：① 收款迅速，可节约营运资金；② 减少了坏账损失；③ 可减少收账费用；④ 资产流动性高。

反映应收账款周转率的另一个指标是应收账款周转期，也称做应收账款账龄或应收账款平均收账期。其计算公式是：

$$\text{应收账款周转期}=\frac{\text{计算期天数}}{\text{应收账款周转率}}=\frac{\text{应收账款平均余额}\times\text{计算期天数}}{\text{赊销收入净额}}=\frac{\text{应收账款平均余额}}{\text{平均每日赊销净额}} \tag{8-17}$$

分析时，通过以上指标本期数与前期数、计划数、同类企业先进水平的比较，可以了解应收账款周转率的变动情况、计划完成情况、与先进水平的差距等。

在分析计算应收账款周转率时，还应注意以下两个问题：

（1）计算公式中所采用的周转额从理论上说应采用赊销净额，不包括现销收入，但赊销净额作为企业的商业秘密并不对外公布，所以，外部分析者难以取得赊销收入的资料，因此一般用营业收入代替，即：

$$\text{应收账款周转率}=\frac{\text{营业收入}}{\text{应收账款平均余额}} \tag{8-18}$$

$$\text{应收账款周转期}=\frac{\text{应收账款平均余额}\times\text{计算期天数}}{\text{营业收入}} \tag{8-19}$$

（2）为了消除季节性的影响，最好采用月度应收账款平均余额计算，但企业外部分析人员只能根据资产负债表中的期初、期末数来计算应收账款平均余额，这样就可能造成周转率的虚增或虚减。

专栏 8-1

企业营运能力的理论基础与实证分析——以永辉超市股份有限公司为例

永辉超市成立于 2001 年，十年创业，飞跃发展，在现代物流业的支持下，已发展为以生鲜产品为主营，零售百货为辅的大型集团企业。不仅成为了中国 500 强企业之一，而且荣获“中国驰名商标”，并已在上交所主板上市（股票代码 601933）。永辉超市 2016 年实现净利润 12 亿元，同 2015 年相比增长超 1 倍，已发展成为我国生鲜超市龙头企业，并跻身中国快速消费品连锁百强前列。

永辉超市在 2012 年期间应收账款周转率较 2011 年减少了 23.5%，好在超市及时发现问题，做出相应的对策提高了超市的营业收入，使得永辉超市 2012—2015 年来的应收账款周转次数和应收账款周转天数整体保持稳定增长趋势，不过 2016 年的应收账款周转率突然急剧下降 58 个百分点，创下历年新低，如果企业不及时采取有效措施则可能会加大超市坏账发生的可能性。存货周转率在 2012—2016 年度一直保持一个良好的稳定增长趋势，除了 2016 年出现较小的波动，其中存货周转次数下降了 4%，周转天数增加 4.2%。流动资产周转率在 2011—2014 年期间增加 25.55%，而 2014—2016 年突然下降 34.98%，下降幅度较大，说明永辉超市在该期间的流动资产营运能力不强，导致资金流转能力不够。总周转率与流动资产周转率趋势整体保持一致，2011—2014 年平均每年增加 6 个百分点，在 2014—2016 年下降了 23.3 个百分点，出现该情况的可能原因是企业生产经营期间企业资产的管理质量和利用效率出现了问题，导致了资产在流转过程中速度减缓。

完善应收账款管理制度，可以有效提高超市应收账款周转率，实行销售责任挂钩制度，提高销售人员的风险意识，加强超市应收账款的成功收回。建立科学的存货管理制度，可有效提升超市存货周转率。超市应制定存货管理预算制度。事先进行存货预算，可以为存货的采购和销售提供依据，防止采购过量或缺货，增加库存成本。实施品类管理策略。品类管理强调向消费者提供超值的产品和服务，具体包括六个要素：品类策略、业务流程、品类指标、组织效能、信息技术、伙伴关系。因此实施品类管理可以加快存货周转速度，降低库存成本，从而提高永辉超市的经营效率和流动资产的获利能力，提高存货管理人员的专业技能。资金的利用效率超市应根据相关的经营成本，制定最佳的现金持有量，保证资金的合理使用，从而有效降低资金占用成本。

资料来源：吴军海，张梨娜．企业营运能力的理论基础与实证分析——以永辉超市股份有限公司为例[J]．武汉商学院学报，2018(6)．

三、固定资产利用效果分析

企业资产利用的直接成果是产品产量或销售量。通过产量（产值）和销售量（营业收入）与资产的对比，可以反映出企业资产的利用效率。这种对比，可以产生许多有价值的指标，其中固定资产产值率和固定资产收入率是比较重要的指标，将是本节分析的重点。

（一）固定资产产值率分析

固定资产产值率，又称“固定资产利用率”，是指企业在一定时期内产值与固定资产平均总值的比率，反映企业固定资产利用效果的综合性指标。其计算公式为：

$$\text{固定资产产值率}=\frac{\text{年度(季度)产值}}{\text{年度(季度)固定资产平均总值}}\times100\% \tag{8-20}$$

式中，分母项目是采用固定资产原值还是采用固定资产净值，目前尚有两种观点。一种观点主张采用固定资产原值计算，理由是：固定资产生产能力并非随着其价值的逐步转移而相应降低，比如，一种设备在其全新时期和半新时期往往具有同样的生产能力；再则，用原值，便于企业不同时间或不同企业进行比较，如果采用净值计算，则失去可比性。另一种观点主张采用固定资产净值计算，理由是：固定资产原值并非一直全部都被企业占用，其价值小的磨损部分已逐步通过折旧收回，只有采用净值计算，才能真正反映一定时期内企业实际占用的固定资金；实际上，单纯地采用哪一种计价方法都难免偏颇；为了既从生产能力又从资金占用两个方面来考核企业的固定资产利用水平，必须同时采用原值和净值两种计价标准，才能从不同角度全面地反映企业固定资产利用的经济效益。

在实际工作中，也常用固定资产产值率指标的倒数，即百元产值占用固定资产价值，作为反映和评价固定资产利用效果的综合性指标。百元产值占用固定资产价值的计算公式为：

$$百元产值占用固定资产价值=\frac{年度(季度)固定资产平均总值}{年度(季度)产值}\times100\% \quad (8\text{–}21)$$

这个指标的含义是：完成百元产值占用的固定资产越少，表明固定资产的利用效果越好；反之，则越差。利用固定资产产值率或百元产值占用固定资产价值指标，可以将不同时期的指标加以比较，以了解企业固定资产利用效果的改进状况；也可以与同类企业的水平相比较，以便找出差距，分析原因，寻求不断提高固定资产利用效果的途径。

固定资产产值率是一个综合性指标，受多种因素的影响，在众多的因素中，固定资产本身的因素最为重要。全部固定资产原值平均余额中，生产用固定资产占多少；在生产用固定资产中，生产设备占多少，都会影响到固定资产的利用效果。将固定资产产值率进行如下分解：

$$\begin{aligned}固定资产产值率&=\frac{总产值}{固定资产平均总值}\\&=\left(\frac{总产值}{生产设备平均总值}\right)\times\left(\frac{生产设备平均总值}{生产用固定资产平均总值}\right)\times\left(\frac{生产用固定资产平均总值}{固定资产平均总值}\right)\\&=生产设备产值率\times生产设备占生产用固定资产的构成率\times生产用固定资产构成率\end{aligned} \quad (8\text{–}22)$$

从式（8–22）中可以看出：生产设备产值率反映生产设备能力和时间的利用效果，它的数值大小直接影响着生产用固定资产的利用效果，进而影响全部固定资产的产值率。生产设备占生产用固定资产比重和生产用固定资产占全部固定资产平均总值比重，反映了企业固定资产的结构状况和配置的合理程度，其比重越大，则全部固定资产产值率就越高。因此，在分析固定资产产值率时应从固定资产的配置和利用两个方面进行。特别是要提高生产设备的利用效果，不断提高其单位时间的产量，才能提高固定资产产值率。固定资产产值率的分析是以实际数与计划数、上期实际数或历史最好水平进行比较，从中找出影响该指标的不利因素，由此对企业固定资产利用效果做出评价。

必须说明，固定资产产值率是一个比较综合的指标，容易计算。在考核固定资金利用效果中具有一定的作用。但是，也应该看到这个指标的局限性，由于按工厂法计算的总产值在有些情况下，不能真实地反映企业的生产成果，这也就影响了固定资产产值率指标的正确性。

（二）固定资产收入率分析

固定资产收入率是指一定时期实现的营业收入与固定这些平均总值的比率。其计算公式是：

$$固定资产收入率=\frac{营业收入}{固定资产平均总值}\times100\% \quad (8\text{–}23)$$

该指标与固定资产产值率指标一样，其分母既可用原值表示，也可用净值表示。该指标意味着每一元的固定资产所产生的收入。由于营业收入反映产品的数量和质量已得到社会承认，避免了总产值计算中存在的问题，所以该指标能比固定资产产值率更好地反映固定资产的利用效率。

固定资产收入率变动原因的分析，可依据下面的分解式进行：

$$\begin{aligned}\text{固定资产收入率} &= \frac{\text{总产值}}{\text{固定资产平均总值}}\times 100\%\times\frac{\text{营业收入}}{\text{总产值}} \qquad (8\text{–}24)\\ &= \text{固定资产产值率}\times\text{产品销售率}\end{aligned}$$

由此可见，要想要提高固定资产收入率，在提高固定资产产值率的基础上，还要做到产销均衡。

本章小结

1. 企业营运能力主要指企业营运资产的效率与效益。营运能力分析的目的是评价企业资产的流动性、评价企业资产的利用效益、挖掘企业资产利用的潜力。

2. 反映总资产营运能力的指标包括总资产产值率、总资产收入率和总资产周转率。总资产产值率反映了企业生产过程中资产的利用效果；总资产收入率反映出企业整体经营过程资产的利用效率；总资产收入率受总资产产值率和产品销售率两个因素影响。总资产周转率是从周转速度角度反映总资产利用效率的指标。总资产周转率的快慢，取决于流动资产周转率的快慢和流动资产比重的高低。通过以上指标的分析，可以评价企业总资产的营运能力。

3. 资产周转速度既可以用周转次数来表示，也可以用周转天数表示。反映流动资产周转速度的主要指标是流动资产周转率、存货周转率和应收账款周转率。流动资产周转速度指标既可以按营业收入计算，也可以按营业成本计算，为了区别，按营业收入计算时，称之流动资产周转率；按营业成本计算时，称之为流动资产垫支周转率。流动资产周转率受流动资产垫支周转率和成本收入率两个因素影响，流动资产垫支周转率则受存货周转率和存货构成率两个因素影响。存货周转率的快慢取决于供、产、销三个阶段的周转速度，此外，材料费用的比重、生产均衡状态和产销均衡状态也会影响存货的周转速度。应收账款周转率反映出企业回收赊销货款的平均速度。应收账款周转率高，表明企业收款迅速，可以减少坏账，节约收账费用，提高资产流动性。流动资产加速周转可以节约流动资产的占用，也可以扩大企业营业收入规模。流动资产周转加速所形成的节约可以区分为绝对节约和相对节约。通过以上指标的分析，可以评价企业流动资产的营运效率。

4. 固定资产的利用效果主要通过固定资产产值率和固定资产收入率来表示。影响固定资产产值率的核心因素是机器设备的利用效率，此外还有固定资产的内部结构。固定资产收入率的高低受固定资产产值率和产品销售率两个因素影响。通过对以上指标的分析，可以评价企业固定资产的利用效果。

练 习 题

一、名词解释

1. 营运能力 2. 总资产产值率 3. 总资产收入率 4. 固定资产产值率

二、单项选择题

1. 从资产流动性方面反映总资产效率的指标是(　　)。

A. 总资产产值率　B. 总资产收入率　C. 总资产周转率　D. 产品销售率

2. 影响总资产收入率的因素除总资产产值率外,还有(　　)。

A. 总资产报酬率　B. 总资产周转率

C. 固定资产产值率　D. 产品销售率

3. 流动资产占总资产的比重是影响(　　)指标变动的重要因素。

A. 总资产周转率　B. 总资产产值率

C. 总资产收入率　D. 总资产报酬率

4. 反映资产占用与收入之间关系的指标是(　　)。

A. 流动资产产值率　B. 流动资产周转率

C. 固定资产产值率　D. 总资产产值率

5. 影响流动资产周转率的因素是(　　)。

A. 产出率　B. 销售率　C. 成本收入率　D. 收入成本率

6. 当流动资产占用量不变时,由于流动资产周转加快会形成流动资金的(　　)。

A. 绝对浪费额　B. 相对浪费额　C. 绝对节约额　D. 相对节约额

7. 当流动资产占用量不变时,由于营业收入减少会形成流动资金的(　　)。

A. 绝对浪费额　B. 相对浪费额　C. 绝对节约额　D. 相对节约额

8. 提高固定资产产值率的关键在于(　　)。

A. 提高销售率　B. 增加生产设备

C. 增加生产用固定资产　D. 提高生产设备产值率

三、多项选择题

1. 反映企业营运能力的指标有(　　)。

A. 总资产收入率　B. 固定资产收入率

C. 流动资产周转率　D. 存货周转率

E. 应收账款周转率

2. 反映资产占用与总产值之间关系的指标有(　　)。

A. 固定资产产值率　B. 固定资产收入率

C. 流动资产产值率　D. 总资产收入率

E. 总资产产值率

3. 影响存货周转率的因素有(　　　　)。

A. 材料周转率　　　　B. 在产品周转率

C. 总产值生产费　　　　D. 产品生产成本

E. 产成品周转率

4. 应收账款周转率越高越好,因为它表明(　　　　)。

A. 收款迅速　　　　B. 减少坏账损失

C. 资产流动性高　　　　D. 销售收入增加

E. 利润增加

5. 存货周转率偏低的原因可能是(　　　　)。

A. 应收账款增加　　　　B. 降价销售

C. 产品滞销　　　　D. 大量赊销

E. 销售政策发生变化

6. 以下属于流动资金相对节约的情况有(　　　　)。

A. 流动资产存量不变,销售收入增加

B. 流动资产存量不变,流动资产周转加速

C. 销售收入增长速度超过流动资产增长速度

D. 销售收入不变,流动资产存量减少

E. 流动资产减少速度大于销售收入减少速度

7. 影响固定资产产值率的因素有(　　　　)。

A. 生产设备产值率

B. 增加生产用固定资产的数量

C. 生产设备占生产用固定资产的比重

D. 增加生产设备的数量

E. 生产用固定资产占全部固定资产的比重

四、判断题

1. 从一定意义上讲,流动性比收益性更重要。(　　)

2. 只要增加总产值,就能提高总资产产值率。(　　)

3. 总资产收入率与总资产周转率的经济实质是一样的。(　　)

4. 在其他条件不变时,流动资产比重越高,总资产周转速度越快。(　　)

5. 资产周转次数越多,周转天数越多,表明资产周转速度越快。(　　)

6. 使用营业收入作为周转额是用来说明垫支的流动资产周转速度。(　　)

7. 成本收入率越高,流动资产周转速度越快。(　　)

五、简答题

1. 企业营运能力分析的目的是什么?

2. 企业营运能力分析的内容有哪些?

3. 存货周转率低反映企业可能出现了哪些问题?

4. 固定资产产值率的经济含义是什么?受哪些因素影响?

案例分析

某公司有关资料如表8-1、表8-2和表8-3所示。

表8-1 资产负债表

编制单位：某公司　　　　2021年12月31日　　　　单位：万元

资　　产	期末	期初	负债和股东权益	期末	期初
流动资产：			流动负债：		
货币资金	165 141	81 219	短期借款	300	61 061
交易性金额资产	142 259	68 249	应付账款	225 641	178 892
预付账款	16 790	16 160	预收账款	116 352	51 773
其他应收款	65 413	36 287	应付职工薪酬	20 584	9 379
存货	376 290	312 085	应交税费	16 686	−7 368
持有待售资产	29	228	其他应付款	14 530	15 317
流动资产合计	765 922	514 228	持有待售负债	12 771	3 946
长期股权投资	74 077	36 258	流动负债合计	406 864	313 000
固定资产	94 961	61 652	非流动负债：		
在建工程	11 328	1 731	长期借款	113 000	87 600
无形资产	5 955	5 934	长期应付款	24 090	18 632
长期待摊费用	1 526	949	非流动负债合计	137 090	106 232
其他非流动资产	7 481	6 883	负债合计	543 954	419 232
资产总计	953 769	620 752	股东权益：		
			股本	55 608	41 340
			资本公积	219 231	64 777
			盈余公积	23 851	14 232
			未分配利润	111 125	81 171
			股东权益合计	409 815	201 520
			负债和股东权益合计	953 769	620 752

表 8-2 利 润 表 单位：万元

项　　目	期末	期初
一、营业收入	931 225	451 595
减：营业成本	612 191	289 130
税金及附加	659	286
销售费用	97 282	56 832
管理费用	164 525	70 102
财务费用	20 573	11 113
加：其他收益	688	247
投资收益	31 796	23 635
二、营业利润	68 479	48 014
加：营业外收入	2 079	1 432
减：营业外支出	1 614	1 179
三、利润总额	68 944	48 267
减：所得税费用	4 811	3 008
四、净利润	64 133	45 259

表 8-3 其他有关资料 单位：万元

项　　目	期末	期初
生产用固定资产	72 061	48 158
生产设备	32 427	19 263
材料存货	131 702	102 988
在产品存货	180 619	140 438
产成品存货	63 969	68 659
工业总产值	921 726	456 020
商品产值	912 600	460 627
当期材料费用	393 865	193 048
总产值生产费	605 946	288 132
产品生产成本	599 947	294 913

（为分析方便起见，均以当期余额代替平均余额）

要求：根据以上资料对该公司的营运能力进行分析并做出评价。

第九章　企业偿债能力分析

学习目标

1. 掌握偿债能力的概念，了解偿债能力分析的目的和内容。

2. 理解不同财务分析主体对企业偿债能力的要求。

3. 了解偿债能力分析与盈利能力分析的关系。

4. 熟悉影响短期偿债能力和长期偿债能力的主要因素。

5. 掌握偿债能力分析的基本思路和方法，及其评价指标的特点、计算方法和应注意的问题。

6. 理解资产负债表、利润表和现金流量表为偿债能力分析所提供的基础信息。

引导案例

恒大流动性危机

在 2021 年 6 月 29 日，三棵树集团在答复证监会的公告中披露了恒大逾期 5 137.06 万元的信息，半个多月后广发银行申请法院冻结恒大 1.32 亿元资产。而后恒大财富“暴雷”，商业票据大面积违约屡见报端，由此恒大流动性危机迅速发酵。对恒大的担忧最早来自三棵树 5 000 多万元商票未兑付的公告，随后在广发银行和金螳螂等多家公司的催告下，对恒大的信任危机遂成燎原之势。2021 年中报显示，恒大背负 5 700 亿元有息负债以及 9 500 亿元应付贸易款，合计 1.52 万亿元，其中短期债务为 1.19 万亿元，然而恒大账面货币资金仅有 1 652.3 亿元，短债现金缺口达 1.02 万亿元。

由表 9–1 可知，恒大的现金比率远低于同行业优质公司。但是其短期资产和长期资产的抵债程度仍处于正常水平，在保证现有资产变现能力的情况下能够偿付债务，因此恒大遇到的实际上是流动性危机。由此引发的信任危机最初在供应商和银行间蔓延，并反映于恒大股价，现在开始向客户蔓延。在现金比率和利息保障倍数方面，恒大 2021 年中报全部指标都低于 0.52，和泰禾处于同一区间，反映其流动性枯竭。若恒大以上指标达到万科与保利的水平，在当前资产负债规模下，则现金比率 1 应超过 2，现金比率 2 应超过 0.5，所需资金分别约为 3 933 亿元与 5 500 亿元。恒大账面仍有 5 700 亿元有息负债，有息负债规模超过招商银行 2021 年中贷款额的 10%，加上 9 500 亿元的应付账款，总计为 1.52 万亿元，超过 2020 年国有四大行利润的 1.5 倍。

表 9-1　恒大、万科、保利的偿债指标和抵债指标

偿债指标	2019年				2020年				2021年			
	万科	保利	恒大	泰禾	万科	保利	恒大	泰禾	万科	保利	恒大	泰禾
现金比率[1]	1.67	2.09	0.40	0.21	2.17	2.34	0.47	0.06	2.13	2.58	0.36	0.01
现金比率[2]	0.44	0.77	0.14	0.18	0.49	0.70	0.14	0.05	0.47	0.76	0.07	0.01
短期资产抵债程度	1.13	1.43	1.45	1.43	1.19	1.53	1.22	1.73	1.15	1.49	1.27	1.32
长期资产抵债程度	1.15	1.04	1.22	1.24	1.20	1.21	1.10	1.23	1.16	1.16	1.19	1.06
EBIT利息保障倍数	5.48	4.05	1.39	0.26	5.03	3.99	0.95	–0.51	3.50	3.01	0.51	–0.09

注：资料来源于公司年报、choice数据库。现金比率[1]=非限制货币资金/短期有息负债，反映账面可用货币资金对债权人的支付程度。现金比率[2]=非限制货币资金/(短期有息负债+应付款)，反映账面可用货币资金对债权人和供应商的支付程度。短期资产抵债程度=(存货+货币资金+应收款)/(短期有息债+应付款+预收款)，反映恒大流动资产对债权人短期债务、供应商和客户的抵债程度。长期资产抵债程度=(存货+货币资金+应收款+投资物业+长期股权投资)/(有息负债+应付款+预收款)，反映恒大长短期资产对债权人债务、供应商和客户的抵债程度。基于EBIT的利息保障倍数=EBIT/应付利息，反映恒大利润对于债权人利息的保障程度。

第一节　企业偿债能力分析概述

一、偿债能力的概念

偿债能力，是指企业偿还到期债务（包含本金及利息）的能力。能否及时偿还到期债务，是反映企业财务状况好坏的重要标志。通过对偿债能力的分析，可以考察企业持续经营的能力和风险，有助于对企业未来收益进行预测。企业的负债按偿还期的长短，可以分为流动负债和非流动负债两大类。企业偿债能力包括短期偿债能力和长期偿债能力两个方面。其中，反映企业偿付流动负债能力的是短期偿债能力；反映企业偿付非流动负债能力的是长期偿债能力。

偿债能力是企业经营者、投资人、债权人等都十分关心的重要问题，站在不同角度，分析目的也有区别。

二、偿债能力分析的目的

任何一家企业要想维持正常的生产经营活动，手中必须持有足够的现金或者随时变现的流动资产，以支付各种到期的费用账单和其他债务。其分析目的在于：

（一）了解企业的财务状况

能否及时偿还到期债务及偿债能力的强弱，是反映企业财务经济状况的重要指标。通过对企业偿债能力的客观分析，可以准确评价企业财务经济状况及其变动原因，帮助企业所有者、经营者、债权人及其他利益相关者了解企业经营状况，做出正确判断和决策。

（二）控制企业财务风险

举债必须以能偿还为前提，如果企业不能按时偿还所付债务的本息，势必影响企业筹措资金的信誉，从而影响到企业正常的生产经营，甚至危及企业的生存。即使是盈利不错的企业，也存在由于资金调度不灵、不能及时偿还债务而破产的风险。因此，企业负债经营的基本原则是举债适度和收益与风险对等，其基本含义是负债的规模控制在一定限度内，即企业能够以足够的现金或随时可以变现的资产及时足额偿还所欠债务。了解并控制企业财务风险，正是偿债能力分析的重要目标。

（三）预测企业筹资前景

企业通过各种渠道筹集资金是维持正常经营活动的必要前提。正确评价企业偿债能力、准确预测企业筹资前景，是企业债权人进行正确信贷决策的基础。企业偿债能力强，则企业财务状况较好，信誉较高，债权人的本金与资金利息的保障程度较高。因此，分析企业偿债能力，准确预测未来筹资前景，对于企业现实与潜在债权人的信贷决策至关重要。

（四）为企业进行各种理财活动提供重要参考

筹资、投资与资本收益的分配是企业财务活动的基本环节。企业筹集资金的实际数量，既取决于生产经营情况，也受制于债务偿还。到期债务的偿还，可以用企业自有资金偿还，也可以是借新债还旧债。因此，通过对企业偿债能力的分析，可以准确了解企业当前的现金与可变现资产状况，合理安排企业的财务活动，提高资产的利用效果。

三、偿债能力分析的内容

企业偿债能力分析的内容受企业负债的内容和偿债所需资产内容的制约。不同的负债其偿还所需要的资产不同，或者说不同的资产用于偿还的债务也有所不同。一般来说，由于负债分为流动负债和非流动负债，资产可以分为流动资产和非流动资产，因此，偿债能力分析通常分为短期偿债能力分析和长期偿债能力分析。

（一）短期偿债能力分析的内容

短期偿债能力是指企业偿还流动负债的能力。短期偿债能力分析，通过对反映短期偿债能力的主要指标和辅助指标的分析，了解企业短期偿债能力的高低和短期偿债能力的变化情况，揭示企业的财务状况和风险程度。

短期偿债能力分析包括短期偿债能力静态分析和动态分析。静态分析主要指标有营运资本、流动比率、速动比率；动态分析主要指标有主要有现金流动负债率、近期支付能力系数、速动资产够用天数和现金到期债务比率。此外，应收账款周转率、应付账款周转率和存货周转率也是从动态上反映企业短期偿债能力的辅助性指标。

（二）长期偿债能力分析的内容

长期偿债能力是指企业偿还本身所欠非流动负债的能力。长期偿债能力分析，通过对反映企业长期偿债能力指标的分析，了解企业长期偿债能力的高低及其变化情况，揭示企业整体财务状况和债务负担及偿债能力的保障程度。

长期偿债能力指标分析主要包括三方面指标分析：① 资产规模影响的指标分析，其主要指标有资产负债率、股东权益比率、产权比率、权益乘数、固定长期适合率、资产非流动负债率；② 盈利能力影响的指标分析，其主要指标有销售利息比率、利息保证倍数、债务本息保障倍数；③ 现金流量影响的指标分析，其主要指标有现金流量利息保障倍数、现金流量债务比率、到期债务本息偿付比率。

第二节 企业偿债能力分析的评价指标

一、短期偿债能力分析

（一）影响短期偿债能力的因素

短期偿债能力受多种因素的影响，包括行业特点、经营环境、生产周期、资产结构、流动资产运用效率等。仅凭某一期的单项指标，很难对企业短期偿债能力作出客观评价。因此，在分析短期偿债能力时，一方面应结合指标的变动趋势动态地加以评价；另一方面，要结合同行业平均水平进行横向比较分析。同时，还应进行预算比较分析，以便找出实际与预算目标的差距，探求原因，解决问题。 一些在财务报表中没有反映出来的因素，也会影响企业的短期偿债能力，甚至影响力相当大。增加偿债能力的因素有：可动用的银行贷款指标、准备很快变现的长期资产和偿债能力声誉。减少偿债能力的因素有：未作记录的或有负债、担保责任引起的或有负债等。财务报表的使用者，多了解一些这方面的情况，有利于做出正确的判断。

（二）短期偿债能力评价指标的计算和分析

1. 短期偿债能力的静态分析

依据资产负债表，可以看出一个企业的流动资产与流动负债的规模，但它们的规模并不能说明企业的偿债能力，只能表明企业流动资产与流动负债目前的流动性。而建立起企业流动资产与流动负债的关系，运用流动性的比率则能反映企业短期偿债能力，主要的流动比率有营运资本、流动比率、速动比率和现金比率。

（1）营运资本的计算与分析。其计算公式如下：

$$营运资本 = 流动资产 - 流动负债 \tag{9-1}$$

与下述的各种相对指标不同，营运资本指标属于绝对指标。在分析营运资本指标时需要注意：① 依据账面数据容易低估流动资产（尤其是存货），这导致营运资本常常会被低估；② 通常将营运资本与该指标在以前年度的表现进行比较，以确定是否合理；③ 不同企业之间以及同一企业的不同年份之间，在规模上可能会存在明显差异。此时，比较营运资本指标通常没有实际意义。

（2）流动比率的计算与分析。流动比率是企业流动资产与流动负债的比率。其计算公式如下：

$$流动比率=\frac{流动资产}{流动负债}\times 100\% \qquad (9-2)$$

流动比率是衡量企业短期偿债能力的一个重要财务指标,这个比率越高,说明企业偿还短期负债的能力越强,流动负债得到偿还的保障越大。但是,过高的流动比率也并非好现象。因为流动比率越高,可能是企业滞留在流动资产上的资金过多,未能有效加以利用,可能会影响企业的获利能力。经验表明,流动比率在 2∶1 左右比较合适。但是,对流动比率的分析应该结合不同的行业特点和企业流动资产结构等因素。有的行业流动比率较高,有的较低,不应该用统一的标准来评价各企业流动比率合理与否。只有和同行业平均流动比率、本企业历史的流动比率进行比较,才能知道这个比率是高还是低。因此,对流动比率要具体情况具体分析。

在对流动比率进行分析时,除了与经验数据 2 进行比较外,还应进行横向和纵向的比较。横向比较即是通过与同行业平均水平或竞争对手的比较,可以洞悉企业的流动性和短期偿债能力在整个行业中是偏高还是偏低。纵向比较即是通过与企业以往各期流动比率的比较,可以看出企业流动性的变动趋势。如果发现问题可及时找出原因及对策,以防止流动性和短期偿债能力的进一步恶化,出现财务危机。

专栏 9-1

电器公司的流动比率分析

两家电器公司 A 公司和 B 公司 2019—2021 年流动比率如表 9-2 所示。

表 9-2　A 公司和 B 公司 2019—2021 年的流动比率

公　　司	2019 年	2020 年	2021 年
A 公司	1.15	1.35	1.32
B 公司	1.38	1.24	1.22

由表 9-2 可见,四川长虹 2019—2021 年流动比率虽都没达到标准值 2,这并不意味着 A 公司的流动比率恶化,但一直达不到标准值的流动比例仍需引起重视。B 公司的流动比率在各年间变化不大,不过 A 公司的流动比率要相对高于 B 公司,这说明从流动比率上判断,A 公司在流动性和短期偿债能力上优于深圳康佳。

(3)速动比率的计算与分析。速动比率也称酸性测试比率,是企业速动资产与流动负债的比率。流动比率在评价企业短期偿债能力时,存在一定的局限性,如果流动比率较高,但流动资产的流动性较差,则企业的短期偿债能力仍然不强。在流动资产中,存货需经过销售,才能转变为现金;若存货滞销,则其变现就成问题。一般来说,流动资产扣除存货后称为速动资产。速动比率的计算公式为:

$$速动比率=\frac{速动资产}{流动负债}=\frac{流动资产-存货}{流动负债} \tag{9-3}$$

通常认为正常的速动比率为1,低于1的速动比率被认为是短期偿债能力偏低。但这仅是一般的看法,因为行业不同速动比率会有很大差别,没有统一标准的速动比率。例如,采用大量现金销售的商店,几乎没有应收账款,大大低于1的速动比率则是很正常的。相反,一些应收账款较多的企业,速动比率可能要大于1。根据经验,通常认为速动比率等于1比较合理。因此在财务分析中,往往以1作为速动比率的比较标准,但这个经验数据也不是绝对的,不同的环境、不同的时期、不同的行业,情况都不尽相同。

专栏 9-1(续)

电器公司的速动比率分析

在对速动比率进行分析时,除了要与经验数据1比较,还可以与同行业的平均水平或竞争对手进行横向比较,或与企业以往各期的速动比率进行纵向比较,从而判断企业在行业中所处的地位以及变动的趋势。A公司和B公司2019—2021年速动比率如表9-3所示。

表 9-3　A 公司和 B 公司 2019—2021 年速动比率

公　　司	2019年	2020年	2021年
A公司	0.74	0.89	0.95
B公司	0.98	0.86	0.9

由表9-3可见,A公司2019—2021年速动比率不断上升且靠近标准值1,2021年0.95的速动比率相当不错,小于1且不是太低,说明公司的流动性和短期偿债能力都比较合理,而2019年的0.74有点稍低。A公司的速动比率与B公司几乎差不多,这说明从速动比率上来看,A公司的流动性和短期偿债能力与B公司不相上下。B公司的速动比率总的来看比较平稳,2019年的速动比率值已经接近于1,说明B公司的流动性和短期偿债能力也非常强。

(4)现金比率的计算与分析。现金比率是企业现金类资产与流动负债的比率。现金类资产包括企业所拥有的货币资金和持有的有价证券(即资产负债表中的短期投资)。它是速动资产扣除应收账款后的余额,由于应收账款存在着发生坏账损失的可能,某些到期的账款也不一定能按时收回,因此速动资产扣除应收账款后计算出来的金额,最能反映企业直接偿付流动负债的能力。现金比率的计算公式为:

$$\text{现金比率}=\frac{\text{现金类资产}}{\text{流动负债}}=\frac{\text{货币资金}+\text{有价证券}}{\text{流动负债}}=\frac{\text{速动资产}-\text{应收账款}}{\text{流动负债}} \tag{9-4}$$

虽然现金比率最能反映企业直接偿付流动负债的能力，这个比率越高，说明企业偿债能力越强。但是，如果企业保持过多的现金类资产，现金比率过高，就意味着企业流动负债未能合理地运用，经常以获得能力低的现金类资产维持，这会导致企业机会成本的增加。通常现金比率保持在 30% 左右为宜。

2. 短期偿债能力的动态分析

企业偿债能力从本质上讲，是衡量企业能否按期归还到期账务的能力，但在计算短期偿债能力的静态指标中所使用的流动负债，是企业某一时点上的债务，它只能表明企业在这一时点上仍然承担的流动负债规模，并不表示这些债务已经到期，并且需要在这一时点上偿还，这些债务往往要在这一时点之后的未来某一时点偿还。企业偿还其债务是一个动态过程，其偿债能力也应该是在未来某一时点上的能力。当某一具体债务到期时，企业既可以通过现存资产的变现去偿还，也可以用债务到期前所获得的现金去偿还。所以，对企业短期偿债能力的分析还应该从动态方面进行。

从动态方面反映企业短期偿债能力的指标是建立在现金流量表和对经营中现金流量的分析基础之上的，主要有现金流动负债率、近期支付能力系数、速动资产够用天数和现金到期债务比率。此外，应收账款周转率、应付账款周转率和存货周转率也是从动态上反映企业短期偿债能力的辅助性指标。

（1）现金流动负债比率的计算和分析。现金流动负债比率是指经营活动现金流量净额与平均流动负债的比率，用来衡量企业的流动负债用经营活动所产生的现金来支付的程度。其计算公式是：

$$\text{现金流动负债比率}=\frac{\text{经营活动现金流量净额}}{\text{平均流动负债}}\times 100\% \tag{9-5}$$

经营活动现金流量净额反映出企业某一会计期间生产经营活动产生现金的能力，是偿还企业到期债务的基本资金来源。当该指标等于或大于 1 时，表示企业流动负债的偿还有可靠保证，但也并不是越大越好，该指标过大则表明企业流动资金利用不充分，盈利能力不强。如果该指标小于 1，表示企业生产经营活动产生的现金不足以偿还到期债务，必须采取对外筹资或出售资产才能偿还。

需要说明的是，本期经营活动现金流量净额是当前会计年度的经营结果，而流动负债则是年初和年末需要偿还债务的平均余额，二者的会计期间不同。因此，现金流动负债比率是建立在以上一年的经营活动现金流量来估计下一年经营活动现金流量的假设基础之上的。使用该比率时，需要考虑未来一个会计年度影响经营活动现金流量变动的因素。

（2）近期支付能力系数的计算与分析。近期支付能力系数是反映企业有无足够的支付能力来偿还到期债务的指标。其计算公式是：

$$近期支付能力系数=\frac{近期内能够用来支付的资金}{近期内需要支付的各项款项}\times 100\% \qquad (9\text{-}6)$$

式中，近期能够用来支付的资金包括企业现有的货币资金、近期能取得的营业收入、近期确有把握收回的各种应收账款项等。近期需要支付的各种款项包括：各种到期或逾期应交款项和未付款项，如职工工资、应付账款、银行借款、各项税金、应付利润等。

企业近期支付能力系数应等于或大于 100%，系数越高，说明企业近期支付能力越强。如果小于 100%，则说明企业近期支付能力不足，应采取积极有效的措施，从各种渠道筹集资金，以便按期偿还债务，保证企业生产经营活动的正常进行。

（3）速动资产够用天数的计算与分析。在财务分析中，除了通过以流动负债为基础，说明企业的短期偿债能力之外，还可以以营业开支水平说明企业的短期偿债能力。通常用"速动资产够用天数"来表示企业速动资产维持企业正常生产经营开支水平的程度。该指标可以作为速动比率的补充指标，其计算公式为：

$$速动资产够用天数=\frac{速动资产}{预计每天营业所需的现金支出} \qquad (9\text{-}7)$$

从该指标的计算公式中可以看出，如果速动资产较多，而每天营业所需现金开支较少，速动资产够用天数就多；反之，速动资产够用天数就少。企业速动资产够用天数少，表示企业偿债能力低。

（4）现金到期债务比率的计算与分析。现金到期债务比率是指经营活动现金流量净额与本期到期的债务的比率，用来衡量企业本期到期的债务用经营活动所产生的现金支付的程度。其计算公式是：

$$现金到期债务比率=\frac{经营活动现金流量净额}{本期到期的债务} \qquad (9\text{-}8)$$

当该指标等于或大于 1 时，表示企业有足够的能力以生产经营活动产生的现金来偿还当期的短期债务；如果该指标小于 1，表示企业生产经营活动产生的现金不足以偿还到期的债务，必须采取其他措施才能满足企业当期偿还到期债务的需要。

（5）反映企业短期偿债能力的辅助指标分析。

① 应收账款周转率和应付账款周转率的比较分析。流动资产中的应收账款（包括应收票据），是因为企业赊销商品产生的，其占用额不仅取决于企业的销售政策，而且取决于企业的信用政策和收账政策。

流动负债中的应付账款（包括应付票据），是因为企业赊购商品产生的，其占用额的大小，从主观因素来考察，取决于企业支付货款的速度和企业赊购的金额。金额越大，支付货款的速度越慢，其占用额越大。

流动比率实际上是企业流动资产和流动负债周转速度的函数。流动负债的周转速度越慢，企业的流动负债规模越大，流动比率越低。企业购入材料等物资的目的，在于通过企业的加工制成产品，然后通过销售收回现金，并实现价值的增值。

应收账款与应付账款这种相互关系，会对企业的短期偿债能力产生如下影响：

a. 应收账款与应付账款的周转期相同。在这种情况下，通过赊销商品所回收的现金恰好能满足偿付因赊购业务而产生的债务，不需要动用其他流动资产来偿还。企业的应收账款和应付账款的存在不影响其短期偿债能力指标。

b. 应收账款的周转速度快于应付账款的周转。这时，企业流动比率较低，以流动比率反映的静态短期偿债能力较弱。但从动态看，因为企业应收账款的回收速度比用现金偿付应付账款要快，故企业的实际偿债能力较强。

c. 应收账款的周转速度低于应付账款的周转速度。这时，企业流动比率较高，以流动比率反映的企业静态短期偿债能力较强。但从动态看，因为企业将其赊销商品所产生的应账款转化为现金的速度比支付现金去偿付因赊购业务而产生的应付账款要快，故企业的实际短期偿债能力比以流动比率表示的企业短期偿债水平要低。只有在动用其他流动资产的情况下，才能按期偿付因赊购而形成的债务。

② 存货周转率分析。存货周转率是反映企业存货资产利用效率的一个指标，同时也能反映企业的短期偿债能力。存货周转速度对存货规模有较大影响。当其他条件不变时，存货周转速度越快，存货规模越小，反之，存货规模越大。在流动比率一定的情况下，如果企业预期存货周转速度加快，则企业的短期偿债能力将会因此而提高；相反，如果预期存货周转速度减慢，则企业的短期偿债能力将会出现下降趋势。

流动比率在某一时点上，按既定的流动资产存量和流动负债计算的，这里也包括了一个隐含条件，即存货周转率也是既定的。

专栏 9–2

ST 金鸿陷资金链危机再变卖家产

2017 年，金鸿能源将名字变更为“金鸿控股”，并不断通过外延并购扩大业务范围，除了已收购正实同创进入环保业务，在天然气上游开发、新能源、新型储能方面大规模布局，还并陆续收购了河北宽城、湖南耒阳、苏州天泓等项目。然而好景不长，2017 年后，公司燃气业务、环保业务和矿产业务的毛利率持续下降，账上资金趋紧。此后，因连续亏损被戴帽的 ST 金鸿便频频依靠长期股权投资（子公司、联营企业）的处置来偿债。迫于资金压力，ST 金鸿甚至在 2019 年一次性出售 17 家子公司股权。当时公司财报显示，截至 2018 年 12 月 31 日，公司一年内到期的流动负债总额就达 56.68 亿元。同时，因资金周转困难，金鸿控股无法按时偿还借壳上市时发行的“15 金鸿债”及“16 中油金鸿 MTN001”两起债券，以致出现违约。

资金压力，一直是 ST 金鸿的“痛”。这一点可以从表 9–4 中 2019 年、2020 年、2021 年和 2022 年第一季度的数据看出：流动比率、速动比率均远小于行业平均值，且均有下降的趋势；资产负债率三年维持在 70% 以上，远高于行业平均水平。可见 ST 金鸿的偿债能力较低。

2022 年 3 月份，ST 金鸿发布公告称，公司全资子公司中油金鸿决定将其持有的荆门市金鸿和瑞燃气有限公司（简称“荆门和瑞”）60% 股权，以 7 600 万元出售给三个自然人，魏辅龙、魏辅强以及魏辅林。该项交易预计将影响上市公司当期损

益 -253.92 万元。从表 9-4 中总资产项目可知，不到两年的时间里，ST 金鸿的资产已缩减六成。依赖资产处置偿债或许可解燃眉之急，但却非长久之计，需尽快让自己形成造血能力才能彻底摆脱困境。

表 9-4 ST 金鸿和管道运输业的主要偿债能力指标

财务指标	ST 金鸿				管道运输业平均水平			
	2022 年 3 月	2021 年 12 月	2020 年 12 月	2019 年 12 月	2022 年 3 月	2021 年 12 月	2020 年 12 月	2019 年 12 月
流动比率	0.460 3	0.495	0.680 5	0.308 1	1.109	1.488	1.399	1.528
速动比率	0.450 9	0.477 5	0.657 3	0.539 4	1.107	0.963	1.251	1.366
资产负债率/(%)	74.559 1	74.816 3	63.972 4	84.898 1	61.319	59.702	48.198 8	51.038
总资产/百万元	3 012	3 253	4 063	9 234				

资料来源：根据证券日报和 ST 金鸿年报数据整理。

二、长期偿债能力分析

（一）影响长期偿债能力的因素

长期偿债能力是指企业偿还长期负债的能力。企业的长期负债主要有长期借款、应付长期债券、长期应付款等。对于企业的长期债权人和所有者来说，不仅关心企业短期偿债能力，更关心企业长期偿债能力。影响企业长期偿债能力的主要因素有：

1. 获利能力

企业能否有充足的现金流入供偿债使用，在很大程度上取决于企业的获利能力。企业对一笔债务总是负有两种责任：一是偿还债务本金的责任；二是支付债务利息的责任。短期债务可以通过流动资产变现来偿付，因为大多数流动资产的取得往往以短期负债为其资金来源。而企业的长期负债大多用于长期资产投资，在企业正常生产经营条件下，长期资产投资形成企业的固定资产能力，一般来讲，企业不可能靠出售资产作为偿债的资金来源，而只能依靠企业生产经营所得。另外，企业支付给长期债权人的利息支出，也要从所融通资金创造的收益中予以偿付。可见，企业的长期偿债能力是与企业的获利能力密切相关的。一个长期亏损的企业，正常生产经营活动都不能进行，保全其权益资本肯定是困难的事情，保持正常的长期偿债能力也就更无保障了。一般来说，企业的获利能力越强，长期偿债能力越强；反之，则长期偿债能力越弱。如果企业长期亏损，则必须通过变卖资产才能清偿债务，最终要影响投资者和债权人的利益。因此，企业的盈利能力是影响长期偿债能力的重要因素。

2. 投资效果

企业所举借的长期债务，主要用于固定资产等方面，进行长期投资。投资的效果就是决定了企业是否有能力偿还长期债务。当然,作为对债权人的一种保障,企业必须有相当比例的权益资金,不能因为某项投资的效果不佳而损害债权人利益。但如果企业每一项投资都达不到预期目标时,即使有相当比例的权益资金做保证,其偿还能力也会受到相当程度的影响。

3. 权益资金的增长和稳定程度

尽管企业的盈利能力是影响长期偿债能力最重要的因素,但如果企业将绝大部分利润分配给投资者,权益资金增长很少,就会降低偿还债务的可靠性。对于债权人来说,将利润的大部分留在企业,会使权益资金增加,减少利润外流,这对投资人并没有什么实质的影响,却会增加偿还债务的可靠性,从而提高企业的长期偿债能力。

4. 权益资金的实际价值

权益资金的实际价值是影响企业最终偿还能力的最重要因素。当企业结束经营时,最终的偿债能力取决于企业权益资金的实际价值。如果资产不能按其账面价值处理,就有可能损害债权人的利益,不能全部清偿其债务本息。

5. 经营现金流量

企业的主要债务还是要用现金来清偿。虽然说企业的盈利能力是偿还债务的根本保证,但是企业盈利毕竟不等于企业现金流量充足。企业只有具备较强的变现能力,有充裕的现金,才能保证具有真正的偿还能力。因此,企业的现金流量状况是决定偿还能力的关键之所在。

(二)长期偿债能力评价指标的计算和分析

从资产、盈利能力以及现金流量的内容、特点和作用可以看出,这些因素是从不同角度反映企业偿债能力的。资产是清偿债务的最终物质保障,盈利能力是清偿债务的经营收益保障,现金流量是清偿债务的支付保障。只有将这些因素加以综合分析,才能真正揭示企业的偿还能力。所以,长期偿债能力分析应从以下三个方面进行:

1. 资产规模对长期偿债能力影响的分析

企业的偿债能力体现在资产与负债的对比关系上。由这种对比关系反映出来的企业长期偿债能力的指标主要有资产负债率、股东权益比率、产权比率(净资产负债率)、权益乘数、固定长期适合率和资产非流动负债率。

(1)资产负债率的计算与分析。资产负债率是综合反映企业偿债能力的重要指标,它通过负债与资产的对比,反映在企业资产中,有多少是通过举债获得的,其计算公式是:

$$资产负债率=\frac{负债总额}{总资产}\times100\% \tag{9-9}$$

该指标越大,说明企业的债务负担越重;反之,说明企业的债务负担越轻。对债权人来说,该指标越低越好,因为企业的债务负担越轻,其总体偿债能力越强,债权人权益的保证程度越高。特别是公司破产清算时,资产变现所得很可能低于其账面价值,而公司的所有者(股东)一般只承担有限责任,所以如果此指标过高,债权人可能遭受损失。对企业来说希望该指标大些,虽然这样会使企业债务负担加重,但企业可以通过扩大举债规模获得较多的财务杠杆利益。如果该指标过高,会影响企业的筹资能力。因为人们认识到,该企业的财务风险较大,当经济衰退或不景气时,企业经营活动所产生的现金收入可能满足不了利息费用开支的需要，所以，人们不会再向该企业提供借款或购买其发行的债券。如果资产负债率大于 100%，则表明公司已经资不抵债，视为到达破产的警戒线。

（2）股东权益比率的计算与分析。股东权益比率是指所有者权益同资产总额的比率，反映企业全部资产中有多少是投资人投资所形成的。其计算公式是：

$$\begin{aligned}股东权益比率&=\frac{股东权益总额}{资产总额}\times100\% \\ &=1-资产负债率\end{aligned} \tag{9-10}$$

这是表示长期偿债能力保证程度的重要指标。该指标越高，说明企业资产中由投资人投资所形成的资产越多，偿还债务的保证越大。由股东权益比率与资产负债率之和等于 1 可以看出，这两个比率从不同的侧面来反映企业长期财务状况。股东权益比率越大，资产负债比率就越小，企业财务风险就越小，偿还长期债务的能力就越强。

（3）产权比率（净资产负债率）的计算与分析。产权比率是负债总额与所有者权益总额的比率，其计算公式是：

$$产权比率=\frac{负债总额}{股东权益}\times100\% \tag{9-11}$$

这一比率是衡量企业长期偿债能力的指标之一。它是企业财务结构稳健与否的重要标志。该指标表明由债权人提供的和由投资者提供的资金来源的相对关系，反映企业基本财务结构是否稳定。一般说来，产权比率高是高风险、高报酬的财务结构，产权比率低是低风险、低报酬的财务结构。使用时需注意：① 企业在评价产权比率适度与否时，应从提高获利能力与增强偿债能力两个方面综合进行（在保障偿债安全的前提下，应尽可能提高产权比率）。也就是说，该指标既不能过高（偿债能力低），也不能过低（获利能力低）。② 产权比率与资产负债率对评价偿债能力的作用基本相同，两者的主要区别是：资产负债率侧重于分析债务偿付安全性的物质保障程度，产权比率则侧重于揭示财务结构的稳健程度（指标过高，反映财务结构不稳健）以及自有资金对偿债风险的承受能力。

（4）权益乘数的计算与分析。其计算公式是：

$$权益乘数=\frac{资产总额}{股东权益} \tag{9-12}$$

权益乘数又称为杠杆比率。一般情况下，权益乘数越高，表明企业负债越重，所有者投入资产占总资产的比率越低，企业的财务杠杆比率越高，企业面临的财务风险也越大。

（5）固定长期适合率的计算与分析。固定长期适合率是指固定资产净值与股东权益和非流动负债的比率。其计算公式是：

$$固定长期适合率=\frac{固定资产净值}{股东权益+非流动负债}\times100\% \tag{9-13}$$

就大多数企业来说，其固定资产方面的投资都希望用权益资金来解决，这样就不会因为固定资产投资回收期长而影响企业短期偿债的能力了。当企业固定资产规模较大，而权益资金规模较小、难以满足固定资产投资的需要时，可以通过举借长期债务来解决。一般认为，该指标必须小于1。就是说，当该指标超过1时，说明企业使用了一部分短期资金进行固定资产投资，而流动资产的投资全部由流动负债来解决，这对企业短期偿债能力是一个十分危险的信号。当企业的固定长期适合率小于1时，表明企业有一部分长期资金用于流动资产投资，这可以减轻企业短期偿债的压力。

（6）资产非流动负债率的计算与分析。资产非流动负债率是非流动负债总额与总资产的比率，反映企业全部资产中有多少是由非流动负债形成的。这是从清算角度计算与分析企业最终清偿能力的保守指标。其计算公式是：

$$资产非流动负债率=\frac{非流动负债总额}{总资产}\times 100\% \quad (9-14)$$

该指标越大，说明每1元资产中非流动负债所占比重越高，企业主要依赖长期债务进行融资，长期偿债能力风险较大。该指标应结合行业进行分析。通常受经济环境变得影响而导致销售额波动较大的企业，一般倾向于避免高负债，因为偿还固定利息会给长期偿债能力带来压力。比如，零售业往往通过短期债务进行融资，资产非流动负债率通常较低。

2. 盈利能力对长期偿债能力影响的分析

盈利能力对长期偿债能力影响的分析，主要指标有销售利息比率、利息保证倍数。

（1）销售利息比率的计算与分析。销售利息比率是指一定时期的利息费用与营业收入的比率。其计算公式是：

$$销售利息比率=\frac{利息费用}{营业收入}\times 100\% \quad (9-15)$$

这一指标可以反映企业销售状况对偿付债务的保证程度，该指标越小越好。该指标越小，说明通过销售所得现金用于偿付利息的比例越小，企业的偿债压力越小。

（2）利息保障倍数的计算与分析。利息保障倍数是企业的息税前利润与利息费用的比率，也称为已获利息倍数。其计算公式如下：

$$利息保障倍数=\frac{息税前利润}{利息费用} \quad (9-16)$$

式中，息税前利润是指利润表中未扣除利息费用的税前利润，即“净利润+利息费用+所得税费用”。由于在利润表中利息费用包含在财务费用中，因此，报表分析者往往使用“净利润+财务费用+所得税费用”来计算。此外，要注意的是，该指标计算中作为分母的利息费用包括企业各类长、短期负债所要支付的全部利息费用，即不但包括记入财务费用账户的利息费用，也包括列入固定资产、在建工程等各项资本化支出的利息费用。简便起见，本例中使用财务费用代替。

长期债务不需要每年还本，却需要每年付息。利息保障倍数表明每1元债务利息有多少倍的息税前利润作保障，它可以反映债务政策的风险大小。如果企业一直保持按时付息的信誉，则长期负债可以延续，举借新债也比较容易。利息保障倍数越大，利息支付越有保障。如果利息支付尚且缺乏保障，归还本金就很难指望。因此，利息保障倍数可以反映长期偿债能力。

长远看，企业利息保障倍数至少要大于1，企业才有偿还利息费用的能力，否则就不能举债经营。如果企业利息保障倍数小于1，表明企业自身产生的经营收益不能支持现有的债务规模。企业利息保障倍数等于1也是很危险的，因为息税前利润受经营风险的影响是不稳定的，而利息的支付却是固定数额。但是在短期内利息保障倍数小于1，企业仍有可能支付利息，这是因为有些费用（如折扣、摊销等）不需要当期支付现金。利息保障倍数越大，公司拥有的偿还利息的缓冲资金越多。

企业在确定合理的利息保障倍数时，应注意与行业水平比较，特别是与本行业平均水平进行比较，以分析决定本企业的指标水平。同时，从稳健性的角度出发，最好比较本企业连续几年的该项指标，并选择指标值较低年度的数据作为标准。因为企业在经营好的年头要偿债，在经营不好的年头也要偿还大约相同量的债务，而某一个年度利润很高，利息保障倍数就会很高，但不可能年年如此。采用指标值较低年度的数据，可以保证最低的偿还能力。

（3）债务本息保障倍数计算与分析。债务本息保障倍数是指企业一定时期息税前利润与还本付息金额的比率，反映现金流入对财务需要（现金流出）的保证程度，通常用倍数来表示。其计算公式如下：

$$\text{债务本息保障倍数}=\frac{\text{息税前正常营业利润}}{(\text{利息费用}+\text{年度还本额})/(1-\text{所得税税率})} \tag{9-17}$$

债权人贷款给企业的目的虽然是获得利息收入，但基本前提是本金的安全。因此，企业的偿债义务是按期支付利息和到期归还本金，所以企业偿债能力的高低不能仅看偿付利息的能力，更需要看其偿还本金的能力。因而在根据企业的经营状况反映偿债能力的保证度方面，债务本息保障倍数比利息保障倍数更精确。在企业正常经营条件下，偿还本金必须以企业经营所获得的利润来支付。

企业偿还本金与支付利息是有区别的，利息是所得税前列支项目。每支付1元的利息，只需1元的营业收入，换句话说是减少1元的利润额；而偿还本金则需动用企业的净收入，即企业每偿还1元的本金需要更多的税前利润，因此有必要将偿还的本金数还原到所得税前水平。

该指标越高，表明企业偿债能力越强。该指标值最低标准为1。如果小于1，说明企业偿债能力较弱，还本付息可能会造成资金周转困难，支付能力下降，影响企业信誉。

3. 现金流量对长期偿债能力影响的分析

现金流量可以比较真实地反映企业的偿债能力。评价企业的长期偿债能力，还可以通过将现金流量与负债进行比较的方式。主要指标有现金流量利息保障倍数、现金流量债务比率、到期债务本息偿付比率。

（1）现金流量利息保障倍数计算与分析。现金流量利息保障倍数，是指经营活动现金净流量与利息费用的比率。其计算公式如下：

$$\text{现金流量利息保障倍数}=\frac{\text{经营活动现金净流量}}{\text{利息费用}} \tag{9-18}$$

现金流量利息保障倍数表明每 1 元的利息费用有多少倍的经营活动现金净流量作保障。它比收益基础的利息保障倍数更可靠，因为实际用以支付利息的是现金，而不是收益。

（2）现金流量债务比率计算与分析。现金流量债务比率是指经营活动产生的现金净流量与平均负债的比率。其计算公式如下：

$$现金流量债务比率=\frac{经营活动现金净流量}{负债平均余额}\times 100\% \qquad (9-19)$$

该比率表明企业用经营活动现金流量偿还全部债务的能力。该比率越高，承担债务总额的能力越强。

（3）到期债务本息偿付比率计算与分析。到期债务本息偿付比率用来衡量企业到期的债务本金及利息可由经营活动创造的现金来支付的程度。其计算公式如下：

$$到期债务本息偿付比率=\frac{经营活动现金净流量}{本期到期的债务本息}\times 100\% \qquad (9-20)$$

经营活动现金净流量是企业最稳定的经常性的现金来源，是清偿债务的基本保证。如果到期债务本息偿付比率小于 1，说明企业经营活动产生的现金不足以偿付到期债务和利息支出，企业必须通过其他渠道筹资或通过出售资产才能清偿债务。这一指标数值越大，表明企业长期偿债能力越强。

专栏 9-3

格力电器居高不下的资产负债率

巴菲特认为，投资者购买的股票，其负债率一定要低；公司负债率越高，你的投资风险就越大。美国《财富》杂志曾经总结财富 500 强企业，也得出结论：这些公司相对于本身能够支付利息的能力而言，负债很少。一般认为，资产负债率的适宜水平是 40%～60%。从图 9-1 可知，格力电器虽然从 2017 年开始不断降低资产负债率，最低点时降到 57.575%，但近几年资产负债率不断攀升徘徊在百分之六十以上，截至 2022 年一季度，资产负债率高达 69.73%。远高于同行业平均水平。

一般认为，高负债会产生较高的财务费用，从而拖累公司业绩，那么事实是否如此？事实上，这一说法并不适用于格力电器。负债可以分为两类，有息负债和无息负债。无息负债主要指的是来自于供应商的应付账款和来自客户或经销商的预收账款。有息负债主要是指银行借款、债券。

查看格力电器的 2022 年一季度报资产负债表就会发现，公司负债主要是流动负债，流动负债绝大部分主要是应付票据及应付账款，金额高达 7，946，813.92 万元，而非流动负债中，占比最高的长期借款仅达 962，195.93 万元。公司大多数的负债属于无息负债，有息负债的数量其实很少。再看其利润表，格力电器多年来的财务费用其实是处于负数的状态，也就是说财务收入大于财务支出。因此，高资产负债率的企业财务风险不一定很大，对资产负债率进行分析时要结合负债结构和实际的利息负担等因素来考虑。

图 9–1　格力电器资产负债率趋势图

专栏 9–4

艾为电子闯关科创板：资产负债率升至近 70%，偿债能力大幅弱于可比同行

艾为电子是一家专注于高品质数模混合信号、模拟、射频的集成电路设计企业，主营业务为集成电路芯片研发和销售。

2017—2019 年及 2020 年上半年，艾为电子分别实现营收 5.24 亿元、6.94 亿元、10.18 亿元和 5.08 亿元，分别实现净利润 2 782.22 万元、3 829.75 万元、9 008.89 万元和 4 884.94 万元。2017—2019 年，以及 2020 年上半年各期期末，艾为电子短期借款分别为 6 400 万元、7 029.71 万元、1.45 亿元和 4.24 亿元。短期借款迅速上升也导致艾为电子流动比率、速动比率下降。各期期末，公司流动比率分别为 1.71，1.46，1.26 及 1.09，速动比率分别为 0.94，0.62，0.53 及 0.55。对此艾为电子表示，主要原因系公司业务规模扩大增加了对营运资金的需求，而公司主要采用银行借款的形式进行融资，导致流动负债规模处于较高水平。此外，艾为电子 2020 年上半年年末期末资产负债率高达近 70%，较上年同期增加较多，则是“疫情贷款”所致。艾为电子表示，2020 年上半年银行为符合条件的企业提供“疫情贷款”，公司为了抵御 2020 年上半年新冠疫情可能带来的经营及资金影响，因此增加银行借款导致短期借款余额上升。

相较艾为电子的负债水平，可比同行（圣邦股份、卓胜微、芯朋微和思瑞浦）的资产负债率则要低得多。截至 2020 年上半年年末，可比同行资产负债率均值分别为 22.57%，20.50%，17.31% 和 14.78%。一方面，可比同行资产负债率均值大幅低于艾为电子；另一方面，可比同行资产负债率均值呈现出下降趋势，而艾为电子则呈现出上升趋势。特别是截至2020年上半年末，可比同行资产负债率均值反而从上一年期末17.31%降至14.78%。同样是受疫情影响，可比同行资产负债率在下降，而艾为电子的资产负债率在上升，且公司负债水平远高于可比同行均值。

另外，艾为电子偿债能力也大幅低于可比同行。截至2020年上半年末，艾为电子流动比率、速动比率分别为1.09和0.55，而可比同行均值分别为7.45，5.85。对此艾为电子表示，主要系公司未引入外部投资者进行股权融资，银行借款是其主要的融资渠道，流动负债规模处于较高水平。

本章小结

1. 偿债能力是指企业偿还各种债务的能力。企业的负债按偿还期的长短，可以分为流动负债和非流动负债两大类。其中，反映企业偿付流动负债能力的是短期偿债能力；反映企业偿付非流动负债能力的是长期偿债能力。偿债能力是企业经营者、投资人、债权人等都十分关心的重要问题。其分析的目的在于：第一，了解企业的财务状况；第二，揭示企业所承担的财务风险程度；第三，预测企业筹资前景；第四，为企业进行各种理财活动提供重要参考。偿债能力分析主要包括两方面的内容：一是短期偿债能力分析，二是长期偿债能力分析。

2. 短期偿债能力一般也称为支付能力，主要是通过流动资产的变现，来偿还到期的短期债务。影响短期偿债能力的因素，总的来说可以分为企业内部因素和企业外部因素。企业内部因素是指企业自身的经营业绩、资金结构、资产结构、融资能力等因素。企业外部因素是指与企业所处经济环境相关的因素，如经济形势、证券市场的发育情况、银行的信贷政策等因素。企业短期偿债能力可以从两个方面进行分析评价：一是根据资产负债表进行静态分析评价；二是根据现金流量表和其他有关资料进行动态分析评价。从静态方面最能反映企业短期偿债能力的指标，是根据资产负债表信息建立在对企业流动资产和流动负债关系分析之上的，主要包括流动比率、速动比率和现金比率。从动态方面最能反映企业短期偿债能力的指标是建立在现金流量表和对经营现金流量的分析基础之上的，主要有现金流量比率、近期支付能力系数、速动资产够用天数和现金到期债务比率。此外，应收账款周转率、应付账款周转率和存货周转率也是从动态上反映企业短期偿债能力的辅助性指标。

3. 长期偿债能力是指企业偿还非流动负债的能力。影响企业长期偿债能力的主要因素有企业的盈利能力、投资效果、权益资金的增长和稳定程度、权益资金的实际价值以及企业经营现金流量。长期偿债能力分析包括三个方面，第一，资产规模对长期偿债能力影响的分析。由这种对比关系中反映出来的企业长期偿债能力的指标主要有资产负债率、股东权益比率、产权比率、固定长期适合率和资产非流动负债率。第二，盈利能力对长期偿债能力影响的分析。从盈利能力角度分析，评价企业长期偿债能力的主要指标有销售利息比率、利息保障倍数、债务本息保障倍数。第三，现金流量对长期偿债能力影响的分析。将现金流量与负债相比较，用来评价企业的长期偿债能力，主要指标有到期债务本息偿付比率、现金流量债务比率和现金流量利息保障倍数。

练 习 题

一、名词解释

1. 偿债能力　2. 近期支付能力系数　3. 速动资产够用天数　4. 现金到期债务比率

二、单项选择题

1. 某企业现在的流动比率为 2，下列(　　)会引起该比率降低。

A. 用银行存款偿还应付账款　B. 发行股票收到银行存款

C. 收回应收账款　D. 开出短期票据借款

2. 如果流动比率大于 1，则下列结论中成立的是(　　)。

A. 速动比率大于 1　B. 现金比率大于 1

C. 营运资金大于 0　D. 短期偿债能力绝对有保障

3. 在企业速动比率是 0.8 的情况下，会引起该比率提高的经济业务是(　　)。

A. 银行提取现金　B. 赊购商品

C. 收回应收账款　D. 开出短期票据借款

4. 某企业年初流动比率为 2.2，速动比率为 1；年末流动比率为 2.4，速动比率为 0.9，发生这种情况的原因可能是(　　)。

A. 存货增加　B. 应收账款增加　C. 应付账款增加　D. 预收账款增加

5. 如果流动资产大于流动负债，则月末用现金偿还一笔应付账款会使(　　)。

A. 营运资金减少　B. 营运资金增加　C. 流动比率提高　D. 流动比率降低

6. 影响企业短期偿债能力的最根本的原因是(　　)。

A. 企业的经营业绩　B. 企业的融资能力

C. 企业的权益结构　D. 企业的资产结构

7. 运用资产负债表可计算的比率有(　　)。

A. 应收账款周转率　B. 总资产报酬率　C. 利息保障倍数　D. 现金比率

三、多项选择题

1. 下列项目中，属于速动资产的有(　　　)。

A. 库存现金　B. 应收账款

C. 其他应收款　　D. 固定资产

E. 存货

2. 下列各项指标中,反映短期偿债能力的指标有(　　)。

A. 流动比率　　B. 速动比率

C. 资产负债率　　D. 净资产负债率

E. 赚取利息倍数

3. 企业采取备抵法核算坏账损失,如果实际发生一笔坏账,冲销应收账款,则会使(　　)。

A. 流动比率提高　　B. 流动比率降低

C. 流动比率不变　　D. 速动比率不变

E. 营运资金不变

4. 计算速动资产时,把存货从流动资产中扣除的原因有(　　)。

A. 存货的变现速度慢　　B. 存货的周转速度慢

C. 存货的成本与市价不一致　　D. 有些存货可能已经报废

E. 有些存货可能已经被抵押

5. 某企业流动比率为2,以下业务中会使该比率下降的有(　　)。

A. 收回应收账款　　B. 赊购商品与材料

C. 偿还应付账　　D. 从银行取得短期借款已入账

E. 赊销商品

6. 反映短期偿债能力的动态指标有(　　)。

A. 近期支付能力系数　　B. 流动比率

C. 现金比率　　D. 期末支付能力系数

E. 速动比率

四、判断题

1. 对债权人而言,企业的资产负债率越高越好。(　　)

2. 对任何企业而言,速动比率应该大于1才是正常的。(　　)

3. 现销业务越多,应收账款周转率越高。(　　)

4. 流动比率越高,表明企业资产运用效果越好。(　　)

5. 利息保障倍数、债务本息偿付保障倍数越高,则长期偿债能力保证程度就越强。(　　)

6. 企业的负债最终要以企业的资产去偿还。(　　)

7. 期末支付能力系数和近期支付能力系数是反映短期偿债能力的指标。(　　)

五、简答题

1. 偿债能力分析的目的是什么?

2. 偿债能力分析的内容是什么?

案例分析

辉山乳业资金链的断裂

辉山乳业倡导自营牧场和全产业链运营模式，在全国多地投入全产业链集群项目，是国内产业链垂直整合度最高的乳品公司之一。全产业链的构建包括：牧草种植、精饲料加工、良种奶牛饲养繁育、全品类乳制品加工、乳制品研发、质量管控和品牌运营。2013 年 9 月，辉山乳业在香港主板上市。2016 年的 12 月 16 日和 19 日，著名的做空机构浑水（Muddy Waters Research）接连发布了两篇做空辉山乳业（6863.HK）的报告：① 辉山乳业价值接近零，指该公司最少自 2014 年以来一直发布不实的财务数据，包括盈利造假、夸大资本开支等，又指公司主席杨凯有可能挪用公司至少 1.5 亿元人民币资产，真实数字或更大。② 辉山收入造假，这份报告以国家税务总局增值税数据为证，显示辉山存在大量欺诈性收入。2017 年 3 月 24 日，辉山乳业的资金链断裂危机终于传导至股价，其 322 亿港元的市值 1 小时内灰飞烟灭，当日收盘仅剩 56.6 亿港元。

要求：请结合表 9-5 至表 9-10 数据对辉山乳业资金断裂的原因进行分析。

表 9-5　2013—2016 年辉山乳业资产负债情况　　单位：百万元

项目	2016-09-30	2016-03-31	2015-03-31	2014-03-31	2013-03-31
现金及存款	8 156.78	2 185.253	2 613.628	5 062.619	825.673
存货	1 936.943	1 992.670	1 582.346	915.383	446.618
流动资产合计	13 992.019	10 103.526	7 821.052	7 282.546	2 141.112
固定资产	8 867.621	8 619.365	7 504.672	5 336.929	3 636.753
非流动资产合计	20 100.372	19 418.243	16 727.586	13 737.534	8 369.703
资产合计	34 092.391	29 521.769	24 548.638	21 020.080	10 510.815
应付账款	1 173.28	1 067.495	566.920	546.917	588.280
银行贷款	10 804.988	6 947.481	2 887.199	1 641.192	908.534
流动负债合计	15 862.779	11 016.867	5 320.921	2 919.153	2 292.091
非流动负债合计	5 298.601	6 069.662	5 457.055	4 905.733	2 335.780
负债合计	21 171.380	17 086.529	10 777.976	7 824.886	4 627.871
权益合计	12 931.011	12 435.240	13 770 662	13 195.194	5 882.944

数据来源：新浪财经网。

表 9-6　辉山乳业偿债能力情况

项目	2016-09-30	2015-03-31	2014-03-31	2013-03-31
资产负债率/(%)	57.88	43.90	37.23	44.03
速动比率	0.74	1.17	2.18	0.65
流动比率	0.92	1.47	2.49	0.85

数据来源：辉山乳业财报。

表 9-7　2013—2016 年辉山乳业银行贷款情况　单位：万元

项目	2016-09-30	2016-03-31	2015-03-31	2014-03-31	2013-03-31
一年内	1 080 498.8	694 748.1	286 711.9	164 119.2	90 853.4
一年后两年内	183 091.7	205 344.1	206 249.7	143 818.5	57 566.2
两年后五年内	211 908.7	265 374.0	229 096.1	222 312.1	129 628.6
五年后	59 870.0	66 484.0	78 635.0	97 285.0	23 082.3
长期贷款	454 870.4	537 202.1	513 980.8	467 915.6	210 277.1
合计	1 535 369.2	1 231 950.2	800 700.7	632 034.8	301 130.5

数据来源：辉山乳业财报。

表 9-8　2013—2016 年辉山乳业盈利情况　单位：百万元

项目	2016-03-31	2015-03-31	2014-03-31	2013-03-31
营业额	4 526.533	3 923384	3 530.419	2 552.243
毛利	940.152	888.952	708.0982	442.243
经营溢利	1 420.613	1 250.705	1 499.953	1 154.029
融资成本	-734.218	-424.005	-266.172	-141.614
税后盈利	659.589	867.709	1 249.229	945.370

数据来源：新浪财经网。

表 9-9　2013—2016 年辉山乳业盈利能力情况　单位：%

项目	2016-03-31	2015-03-31	2014-03-31	2013-03-31
毛利率	20.76	22.65	20.08	63.15
净利率	14.57	19.11	15.38	41.97
资产报酬率	2.44	3.80	7.92	48.58
所有者权益报酬率	5.03	6.44	13.10	32.14

数据来源：辉山乳业财报。

表 9-10　2013 年以来辉山乳业投资概况

主要业务	集团实际控制权 /（%）	投资金额 / 亿元
投资控股	100	77.9
	50	6.96
饲料加工、乳品销售及投资控股	100	5.85
奶牛养殖、苜蓿草及其他草料种植	100	16.76
乳制品销售	100	18.05
液态奶产品生产和销售	100	6.64
奶粉业务	50	7.32
光伏能源发电	100	0.8
生物性能源	100	0.989
总计		141.269

数据来源：辉山乳业财报。

第十章　企业增长能力分析

学习目标

1. 理解增长能力的概念和反映形式。
2. 了解增长能力分析的目的和内容。
3. 掌握各种增长能力分析评价指标的概念和计算。

引导案例

以岭药业为何能保持稳步增长

在新冠肺炎疫情下靠连花清瘟成功“出圈”的以岭药业，其2017—2021年五年的业绩数据，可以说增长是以岭药业的主旋律。根据图10–1，从营收上看，以岭药业保持了每年稳步增长的步伐，五年营收复合增长率高达25%。从增速上看，2020年增速较快。这一年，以岭药业实现主营业务收入87.82亿元，同比增长50.76%；2021年，以岭药业营收首破百亿元，实现101.17亿元，同比增长15.19%。净利润也表现出同样的趋势。2021年，以岭药业实现净利润13.44亿元，同比增长10.43%，较2017年增长148%，五年净利润复合增长率为26%。

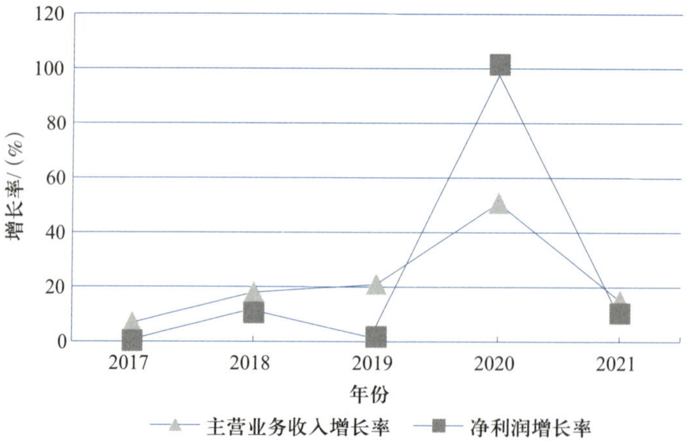

图10–1　以岭药业2017—2021年业绩增长情况

以岭药业之所以创造如此惊人的业绩，呼吸系统类产品的营收贡献功不可没。2020年，连花清瘟成功“破圈”，呼吸系统类产品在这一年实现了飞速增长，实现42.56亿元，较

2019年同比增长150%。在这一年,呼吸系统类产品成为近五年以来第一大营收支柱。在心脑血管领域,以岭药业研发了通心络胶囊、参松养心胶囊和芪苈强心胶囊三个创新专利中药,市场份额迅速上升,在2021年心脑血管类产品取代呼吸类成品成为以岭药业的第一大营收来源。除新冠疫情带来的契机,以岭药业的业绩的增长一方面得益于以岭药业的多元化布局体现:创新中药、化生药、健康产业三大板块齐头并进;另一方面,则源自于以岭药业注重研发投入的长效布局体现。

第一节　企业增长能力分析概述

一、增长能力的概念

增长能力通常是指企业未来生产经营活动的发展趋势和发展潜能,也可以称之为发展能力。企业价值在很大程度上取决于企业未来的获利能力,取决于资产规模、销售收入、收益、现金流等指标的未来增长,而不是公司过去或目前所取得的收益状况。企业应该追求健康的、可持续的增长,这需要管理者利用股东和债权人的资本进行有效运营,合理控制成本,增加收入,获得利润,在补偿了债务成本之后,实现股东财富增加,进而增加企业价值。这种增长的潜力就是企业的发展能力。

二、增长能力分析的目的

企业的增长能力是企业实现盈利的根本途径,通过对这种能力进行分析,能够对企业的未来成长性进行预测,从而评估企业价值。利用价值信息,投资者再确定针对企业的投资战略,于是新一轮的循环开始。通过对这一过程的简述,可以看出企业增长能力分析是其中重要的一环,目的在于:

(一)补充和完善传统财务分析

一方面,传统的财务分析侧重回顾过去,但财务分析的最大贡献不在于了解过去,而是开启未来,而企业增长能力分析是展望未来,这种对企业未来发展的预期满足了报表使用者的需求;另一方面传统财务分析从静态角度分析盈利能力、运营能力以及偿债能力,而增长能力分析则是这三种能力的综合体现。

(二)为预测分析与价值评估铺垫

企业增长能力分析并不是对报表项目逐一分析,而是根据收入、利润、股东权益和资产之间的联系使这些数据相互贯通,从而衡量企业的增长。而从企业增长能力分析中得出的增长率数据将是以后一系列预测分析和价值评估工作的基础数据来源,对于以预测分析为基础的价值评估而言十分重要。

(三)满足相关利益者的决策需求

对于股东来说,可以通过增长能力分析衡量企业创造股东价值的能力,从而为采取下一步战略提供依据;对于潜在的投资者来说,可以通过增长能力分析评价企业的成长性,从而选择合适的目标企业做出正确的投资决策;对于经营者来说,可以通过增长能力分析发现影响企业未来发展的关键性因素,从而采取正确的经营策略和财务策略,促使企业可持续增长；对于债权人来说，可以通过增长能力分析判断企业未来的盈利能力，从而做出正确的信贷决策。

第二节　企业增长能力分析的评价指标

一、增长能力分析的概念和内容

企业增长能力的大小是一个相对的概念。仅仅利用增长额只能说明企业某一方面的增减额度，无法反映企业在某一方面的增减幅度，既不利于不同规模企业之间的横向对比，也不能准确地反映企业的发展能力。因此，在实践中通常是使用增长率来进行企业发展能力分析的。由于企业不同方面的增长率相互作用、相互影响，所以，只有将各方面的增长率交叉比较分析，才能全面分析企业的增长能力。

由此可见，企业增长能力分析的内容可以分为企业单项增长能力分析和企业整体增长能力分析两部分。根据内容的不同，增长能力评价指标也就不同。

（1）单项增长能力分析。企业价值要获得增长，就必须依赖于股东权益、利润、收入和资产等方面的不断增长。所以，企业单项增长能力分析要通过计算和分析股东权益增长率、利润增长率、收入增长率、资产增长率等指标，分别衡量企业在股东权益、利润、收入、资产等方面所具有的增长能力，并对其在股东权益、利润、收入、资产等方面所具有的发展趋势进行评估。

（2）整体增长能力分析。企业要获得可持续增长，就必须在股东权益、利润、收入和资产等各方面谋求协调发展。所以，企业整体增长能力分析要通过计算和分析股东权益增长率、利润增长率、收入增长率和资产增长率等指标的实际值，分别将这些增长率指标实际值与以前不同时期增长率数值、同行业平均水平进行比较，分析企业在股东权益、利润、收入和资产等方面的增长能力，从而综合判断企业的整体增长能力。

二、单项增长能力分析

（一）股东权益增长率的计算和分析

股东权益的增加反映了股东财富的增加。在实践中，也可以采用比率表示股东权益的增加。股东权益的增加就是期初余额到期末余额的变化，利用股东权益增长率能够解释这种变化。股东权益增长率是本期股东权益增加额与股东权益期初余额之比，也叫做资本积累率，其计算公式为：

$$\text{股东权益增长率}=\frac{\text{本期股东权益增加额}}{\text{股东权益期初余额}}\times 100\% \qquad (10\text{–}1)$$

股东权益增长率越高，表明企业本期股东权益增加越多；反之，股东权益增长率越低，表明企业本期股东权益增加得越少。

由于股东权益变动表反映了股东权益在会计期间发生增减变化的原因，因此可以结合股东权益变动表对股东权益增长率进行分析。综合而言，股东权益的增加主要来源于经营活动产生的净利润、融资活动产生的股东净支付以及其他综合收益额。所谓的股东净支付就是股东对企业当年的新增投资扣除当年发放的股利。这样股东权益增长率还可以表示为以下计算公式：

$$
\begin{aligned}
\text{股东权益增长率} &= \frac{\text{本期股东权益增加额}}{\text{股东权益期初余额}} \times 100\% \\
&= \frac{\text{净利润} + (\text{股东新增投资} - \text{支付股东股利}) + \text{其他综合收益}}{\text{股东权益期初余额}} \\
&= \frac{\text{净利润} + \text{对股东的净支付} + \text{其他综合收益}}{\text{股东权益期初余额}} \\
&= \text{净资产收益率} + \text{股东净投资率} + \text{其他净损益占股东权益比率}
\end{aligned}
\qquad (10\text{–}2)
$$

从式（10–2）中可以看出股东权益增长率是受净资产收益率、股东净投资率、其他净损益占股东权益比率这三个因素驱动的。其中净资产收益率反映了企业运用股东投入资本创造收益的能力，股东净投资率反映了企业利用股东新投资的程度，而其他净损益占股东权益的比率则反映了其他综合收益额在股东权益中所占的份额。这三个比率的高低都反映了股东权益增长的影响程度。

从根本上看，一个企业的股东权益增长应主要依赖于企业运用股东投入资本所创造的利润，也就是公式中的净利润，这种净利润已经扣除了非经常性损益。其原因在于：其一，利得和损失通常是由于正常经营活动以外的因素引起的，一般和企业管理者是否努力经营无关，不能反映企业真实的盈利能力，因此，在计算净资产收益率时应该从净利润中扣除非经常性损益。其二，尽管一个企业的价值在短期内可以通过筹集和投入尽可能多的资本来获得股东权益的增加，并且这种行为在扩大企业规模的同时也有利于经营者，但是这种策略通常不符合股东的最佳利益，因为它忽视了股东权益资本具有机会成本并应获得合理投资报酬的事实。

为正确判断和预测企业股东权益规模的发展趋势和发展水平，应将企业不同时期的股东权益增长率加以比较。对这种发展趋势分析的意义除了能够评价企业的发展能力以外，还是进行预测分析和基本预测分析的价值评估的重要参考数据。由于通常预测的股东权益变动表数据来自预测的利润表及资产负债表，这种方式得到的数据对其他预测报表的依赖性非常大。如果其他报表数据预测出现不妥，则会影响该报表及后续的分析和评估。利用股东权益增长率进行不同角度的数据印证，可以减少这种预测失误，也会为之后的价值评估带来正面效果。

（二）利润增长率的计算和分析

如前所述，一个企业的股东权益增长应主要依赖于企业运用股东投入资本所创造的利润，也就是说，企业的价值主要取决于盈利及其增长。因此，企业利润的增长也是反映企业增长能力的重要方面。由于利润可表现为营业利润、利润总额、净利润等多种指标，因此相应的利润增长率也具有不同的表现形式。

由于净利润是企业经营业绩的综合结果，净利润的增长是企业成长性的基本表现，因此在实际当中，主要采用净利润增长率进行利润增长能力分析。净利润增长率是本期净利润增长额与上期净利润之比，其计算公式如下：

$$净利润增长率 = \frac{本期净利润增长额}{上期净利润} \times 100\% \quad (10\text{-}3)$$

需要说明的是,如果上期净利润为负值,则计算公式的分母应该取其绝对值。该公式反映的是企业净利润增长的情况。净利润增长率为正数,则说明企业本期净利润增加,净利润增长率越大,则说明企业收益增长得越多;净利润增长率为负数,则说明企业本期净利润减少,收益降低。

如果一个企业营业收入增长,但利润并未增长,那么从长远看,它并没有增加股东收益。同样,一个企业如果净利润增长,但营业收入并未增长,也就是说净利润的增长并不是来自于营业收入,很可能是来自于非经常性收益项目,如资产重组收益、债务重组收益、财政补贴等项目,那么这样的增长对于企业而言也是无法持续保持的,因为非经常性损益并不代表企业真实的盈利能力,具有较大的偶然性和意外性。

当然,除了分析净利润增长以外,为了观察其具体的构成,还应进一步分析利润增长率等指标,利用营业利润增长率这一比率可以更好地考察企业利润的成长性。营业利润增长率是本期营业利润增加额与上期营业利润之比,其计算公式如下:

$$营业利润增长率 = \frac{本期营业利润增加额}{上期营业利润} \times 100\% \quad (10\text{-}4)$$

同样,如果上期营业利润是负值,则计算公式的分母也应取其绝对值。该公式反映的是企业营业利润的增长情况。营业利润增长率为正数,则说明企业本期营业利润增加,营业利润增长率越大,则说明企业收益增长越多;营业利润增长率为负数,则说明企业本期营业利润减少,收益降低。

在进行利润增长率分析时,应首先关注利润增长的来源。从利润表来看,利润增长大致来源于三个方面:一是企业正常经营活动带来的利润增长,这种增长代表的企业增长能力具有可持续性。二是不构成企业日常经营活动的投资活动产生的收益,在利润表中常体现在公允价值变动损益、投资收益等项目,应对这部分收益带来的营业利润增长的合理性保持警戒,因为企业很可能会通过投资收益操纵利润。三是非经常性收益项目,这是指那些具有偶然性和意外性的收益,如资产重组收益、债务重组收益、财政补贴等,这些收益会导致净利润增加,但它们并不能代表企业真实的盈利能力,由此带来的增长也是无法持续保持的。要分析营业利润增长情况,应结合企业的营业收入增长情况一起进行。如果企业的营业利润增长率高于企业的收入增长率,则说明企业正处于成长期,业务不断拓展,企业的盈利能力不断增强;反之,如果企业的营业利润增长率低于企业营业收入增长率,则反映企业营业成本、营业税费、期间费用等成本费用项目上升超过了营业收入的增长,说明企业的商品经营盈利能力并不强,营业利润发展潜力值得怀疑。

为了更正确地反映企业净利润和营业利润的成长趋势,应将企业连续多期的净利润增长率和营业利润增长率指标进行对比分析,这样可以排除个别时期偶然性或特殊性因素的影响,从而更加全面、真实地揭示企业净利润和营业利润的增长情况。

利润增长率分析的意义在于揭示了企业未来获利能力的发展趋势,同时也为预测分析以及价值评估提供了有益的参考数据。考虑企业实际情况后对利润增长率进行适当调整,就能大概地预测企业下一年或者以后多年的利润值,从而为判断预测利润表中计算得出的数值的合理性提供依据。所以，提高预测利润表的正确性对提高后续一切分析的科学性至关重要。

下面以净利润增长率为例，根据 X 公司相关信息，来分析该公司的利润发展能力，如表 10–1 所示。

表 10–1　X 公司利润增长率指标计算表　　金额单位：万元

项目	2018 年	2019 年	2020 年	2021 年
净利润	1 287 700	903 612	1 451 451	1 911 935
半年净利润增加额		–384 088	547 839	460 484
净利润增长率 /（%）		–29.83	60.63	31.73

根据表 10–1，对比三年的净利润增长率，可以发现该公司这三年的净利润增长率年度之间变化较大，从 2019 年的 –29.83% 增加到 2020 年的 60.63%，之后在 2021 年又下降到 31.73%。需要说明的是，2019 年净利润增长率为负数，这与该年净利润增加额为负值有关，主要原因在于该年营业利润增加为负数，并且营业外支出大幅度增加。由于 2019 年度净利润大幅度下降，导致该年度净利润绝对额较小，而 2020 年其数值较大，所以 2020 年度的净利润增长率较大，而 2021 年净利润增长额趋近于正常，故其相对于 2020 年度净利润增长率有所下降。

最后，还可以针对利润增长率进行行业间比较分析，如表 10–2 所示。

表 10–2　同行业公司 2021 年净利润增长率比较表

公司	净利润 / 万元	增长率 /（%）	差异 /（%）
X 公司	1 911 935	31.73	100.00
烽火通信	174 268	65.84	107.50
永鼎股份	56 382	16.80	47.05
中天科技	171 522	67.35	112.26
东方通信	103 603	–48.53	252.95

由表 10–2 可以看出，X 公司净利润增长率在同行业中的五家公司中处于中等水平，既不像烽火通信、中天科技那样急速增长，也不像永鼎股份和东方通信呈现负增长，这说明该公司处于成熟的发展阶段。

综合以上分析，X 公司在净利润方面的增长能力较好。

（三）收入增长率的计算和分析

收入是利润的源泉，对利润增长的分析还需要结合收入增长的分析。企业的销售情况越好，说明其在市场上所占份额越大，实现的营业收入也就越多，企业生存和发展的市场空间也就越大，因此可以用收入增长率来反映企业在销售方面的增长能力。收入增长率就是本期营业收入增加额与上期营业收入之比。其计算公式如下：

$$收入增长率 = \frac{本期营业收入增加额}{上期营业收入} \times 100\% \quad (10-5)$$

需要说明的是，如果上期营业收入为负值，则计算公式的分母应取其绝对值。该公式反映的是企业某期整体销售增长情况。收入增长率为正数，则说明企业本期销售规模增加，收入增长率越大，则说明企业营业收入增长得越快，销售情况越好；收入增长率为负数，则说明企业销售规模减小，销售出现负增长，销售情况较差。

在利用收入增长率来分析企业在销售方面的增长能力时，应该注意以下几个方面：

（1）要判断企业在销售方面是否具有良好的成长性，必须分析销售增长是否具有效益性。如果营业收入的增加主要依赖于资产的相应增加，也就是收入增长率低于资产增长率，说明这种销售增长不具有效益性，同时也反映企业在销售方面可持续增长能力不强。正常的情况下，一个企业的收入增长率应高于其资产增长率，只有在这种情况下，才说明企业在销售方面具有良好的成长性。

（2）要全面、正确地分析和判断一个企业营业收入的增长趋势和增长水平，必须将一个企业不同时期的收入增长率加以比较和分析。因为收入增长率仅仅就某一个时期的销售情况而言，可能会受到一些偶然的和非正常的因素影响，而无法反映出企业实际的销售增长能力。

（3）可以利用某种产品收入增长率指标来观察企业产品的结构情况，进而也可以分析企业的成长性。其计算公式如下：

$$某种产品收入增长率 = \frac{某种产品本期营业收入增加额}{上期营业收入净额} \times 100\% \quad (10-6)$$

根据产品生命周期理论，每种产品的生命周期一般分为四个阶段。每种产品在不同的阶段反映出的销售情况也不同：在投放期，某种产品收入增长率往往比较低；在成长期，销售量扩大，某种产品收入增长率较高；在成熟期，由于市场已经基本饱和，产品销售将不再有大幅度的增长，即某种产品收入增长率与上期相比变动不大；在衰退期，由于产品的市场萎缩，某种产品收入增长率较上一期变动非常小，甚至表现为负数。根据这一原理，借助某种产品收入增长率指标，大致可以分析企业生产经营的产品所处的生命周期阶段，据此也可以判断企业发展前景。

（4）要分析收入增长的来源。仅根据财务报表的数字并不能清晰地认识收入增长的来源，只有分析收入增长的来源，才能断定企业是否具有销售方面的增长能力。企业的收入增长可能源于外汇汇率的变动，也可能源于债务重组产生的利润，还有可能是源于会计政策或会计估计变更引起的变动。如果是由于诸如此类原因引起的收入增加，那么这种增长力就是不可持续的，不能说明企业的销售能力。另外，收入的质量也值得关注，有些收入造成的坏账准备数额较大，这种收入并没有给企业带来增长的动力。

分析收入增长率的意义是在于它不仅是分析企业销售增长能力的重要比率，也是进行预测分析时的关键参考数据。预测分析的起点就是预测利润表，而该表大多数报表项目的预测都要依赖于预计营业收入，因此营业收入预测的合理性对后续的一系列预测分析以及基于预测分析展开的价值评估的有效性起着基础性和决定性的作用。对于某种产品收入增长率的分析结合企业所处经济环境的定性分析将有助于修正预测的营业收入，使之尽可能接近企业实际发展情况。用此方法可以得出之后连续多年的财务预测数据，这也为价值评估奠定基础。

一方面，根据 X 公司 2018—2021 年会计报表的相关数据，分别计算该公司的收入增长率指标，如表 10–3 所示。

表 10–3　X 公司收入增长率指标计算表　　金额单位：万元

项目	2018 年	2019 年	2020 年	2021 年
营业收入	21 740 750	232 144 680	34 777 185	44 293 425
增加额		1 473 980	11 562 605	9 516 250
增长率 /（%）		6.35	33.25	21.48

从表 10–3 可以看出，该公司自 2019 年以来，其销售规模不断扩大，营业收入从 2019 年的 232 144 680 千元提高到 2021 年的 44 293 425 千元；从增长幅度来看，三年均为正值，说明该公司的销售额一直在增长，尤其是 2020 年增长幅度较大，不排除存在一些偶然性或者特殊性。

另一方面，还可以进行同行业公司营业收入增长率比较分析，比较结果如表 10–4 所示。

表 10–4　同行业公司营业收入增长率比较分析　　金额单位：万元

公司	2020 年	2021 年	增长额	增长率 /（%）	差异 /（%）
X 公司	34 777 185	44 293 425	9 516 240	21.48	100.00
烽火通信	2 325 004	3 124 262	799 258	34.38	60.04
永鼎股份	1 318 948	1 681 557	362 609	27.49	27.99
中天科技	1 988 434	2 912 121	923 687	46.45	116.26
东方通信	12 774 728	8 790 183	–3 984 545	–31.19	245.21

由表 10–4 可以看出，X 公司的营业收入增长率在同行业五家公司处于中等水平，虽然低于烽火通信和中天科技，但是绝对增长率没有低于 20%，这说明 X 公司的销售规模依然在增长，只是增长速度慢于烽火通信和中天科技，这与企业所处的生命周期阶段相关联。烽火通信 2010 年上市，中天科技 2011 年上市，它们目前还都处于成长阶段，所以才会有较高的收入增长率。而 X 公司 1997 年即招股上市，发展至今已到成熟阶段，有 21.48% 的收入增长率已经是相当高的，这也说明 X 公司的增长能力较为可观。

综合以上分析可以得出结论，该公司销售增长能力良好。

根据这样的增长趋势，可以初步推测 2022 年 X 公司在外部环境基本稳定的情况下会继续保持强劲的势头，考虑到 2019 年收入增长率异常，可以依据 2020 年和 2021 年数据的平均值作为对 2022 年收入增长率的粗略估计。当然，在实际预测分析中还要结合企业具体情况加以调整，或者利用多角度预测进行支撑性验证，以便使据此进行的其他预测和价值评估等信息更具有参考意义。

（四）资产增长率的计算和分析

企业要增加收入，就需要通过增加资产投入来实现。可以利用资产增长率指标反映企业在资产投入方面的增长情况。资产增长率就是本期资产增加额与资产期初余额之比。其计算公式如下：

$$资产增长率=\frac{本期资产增加额}{资产期初余额}\times 100\% \tag{10-7}$$

资产增长率是用来考核企业资产投入增长幅度的财务指标。资产增长率为正数,则说明企业本期资产规模增加,资产增长率越大,则说明资产规模增加幅度越大;资产增长率为负数,则说明企业本期资产规模缩减,资产出现负增长。

在对资产增长率进行具体分析时,应该注意以下几点：

（1）企业资产增长率高并不意味着企业的资产规模增长就一定适当。评价一个企业的资产规模增长是否适当,必须与销售增长、利润增长等情况结合起来分析。只有在一个企业的销售增长、利润增长超过资产规模增长的情况下,这种资产规模增长才属于效益型增长,才是适当的、正常的。

（2）需要正确分析企业资产增长的来源,因为企业的资产来源一般来自于负债和所有者权益,在其他条件不变的情形下,无论是增加负债规模还是增加所有者权益规模,都会提高资产增长率。如果一个企业资产的增长完全依赖于负债的增长,而所有者权益项目在年度里没有发生变动或者变动不大,则说明企业不具备良好的增长潜力。从企业自身的角度来看,企业资产的增加应该主要取决于企业盈利的增加。当然,盈利的增加能带来多大程度的资产增加还要视企业实行的股利政策而定。

（3）为全面认识企业资产规模的增长趋势和增长水平,应将企业不同时期的资产增长率加以比较。因为一个健康的处于成长期的企业,其资产规模应该是不断增长的,如果时增时减,则反映出企业的经营业务并不稳定,同时也说明企业并不具备良好的增长能力。所以只有将一个企业不同时期的资产增长率加以比较,才能正确评价企业资产规模的增长能力。

（4）分析资产增长率的意义在于资产增长率除了能够衡量企业增长能力以外,也是预测分析和价值评估的基础数据之一。在进行必要的定性分析前提下,经过调整的资产增长率一方面可以直接预测企业未来资产规模的大小,另一方面可以作为其他预测方法得到结果的验证性数据。

利用相关数据计算 X 公司资产增长率指标,如表 10-5 所示。

表 10-5　X 公司资产增长率指标计算表

金额单位：万元

项目	2018 年	2019 年	2020 年	2021 年
资产总额	21 660 700	25 760 693	39 229 556	50 865 921
资产增加额		4 099 993	13 468 863	11 636 365
资产增长率 /（%）		18.93	52.28	29.66
股东权益增加额		604 596	1 562 571	2 295 139
股东权益增加额占资产增加额的比率 /（%）		14.75	11.60	19.72

从表 10–5 可以看出，X 公司自 2019 年以来，其资产规模不断增加，资产增加额从 2019 年的 4 099 993 万元增加到 11 636 365 万元；自 2019 年以来，三年的资产增长率均为正值，说明资产投入一直保持增长，当然 2020 年的增长有点偏高，不排除存在一些偶然性或特殊性因素的影响。

要全面判断 X 公司的资产增长能力，还必须分析该公司资产增长的效益性和资产增长的来源。资产增长的效益性已经在前文的收入增长率分析和利润增长率分析中涉及，所以在此只重点分析资产增长的来源。如表 10–5 所示，2019—2021 年三年的股东权益增加额占资产增加额的比重分别是 14.75%、11.60% 和 19.72%，可看出该公司这三年股东权益增加在资产增加额中所占的比重较低，资产的增长绝大部分来自负债的增加，说明这三年资产增加的来源并不理想；而自 2020 年股东权益的增加在资产增加额中所占的比重有所下降，达到了 11.60%，但在 2021 年又有所增加，为 19.72%，说明 2021 年资产增长来源有了较大程度的改观，资产增长能力得到增强。

另外，为了更全面地分析 X 公司资产增长能力，还可以进行同行业公司资产增长率比较分析，如表 10–6 所示。

表 10–6　同行业公司资产增长率比较分析　　金额单位：万元

公司	2020 年	2021 年	增长额	增长率 /（%）	差异 /（%）
X 公司	39 299 556	50 865 921	11 636 365	29.66	100.00
烽火通信	4 971 578	5 654 387	682 809	13.73	53.71
永鼎股份	3 939 025	4 039 555	100 530	2.55	91.40
中天科技	2 190 226	2 845 663	655 437	29.93	0.91
东方通信	4 019 301	4 110 723	91 422	2.27	92.35

由表 10–6 可以看出，X 公司 2021 年的资产规模增长速度在同行业的五家公司中处于第二位，并且增长率接近 30%。资产是一个公司的盈利基础，如此快速的资产增长使得 X 公司在同行业中具有先行一步的优势。

综合以上分析可以得出 X 公司的资产增长能力较好，并且假如有理由相信未来几年经济环境稳定，那么可以根据资产增长率对公司未来资产规模进行预测或检验其预测值的合理性。

三、整体增长能力分析

评价企业的增长能力，除了对企业的单项增长能力进行分析，还需要分析企业的整体发展能力，因为在市场竞争中，企业不仅要在企业内部进行精细化管理，使各项指标趋于合理，不断得以提高，还需要与同行业其他企业进行比较，找到与其他企业的差异，从而促进企业更好地发展。其原因在于：其一，股东权益增长率、利润增长率、收入增长率和资产增长率等指标，只是从股东、利润、收入和资产等不同的侧面考察了企业的增长能力，不足以涵盖企业增长能力的全部；其二，这些指标之间存在相互作用、相互影响的关系，不能截然分开。因此，在实际运用时，只有把四种类型的增长率指标相互联系起来进行综合分析，才能正确评价一个企业的整体增长能力。

根据以上计算得到的 X 公司 2019—2021 年的股东权益增长率、净利润增长率、收入增长率和资产增长率等单项增长率实际值进行分析，并判断该公司整体增长能力。计算结果如表 10–7 所示。

表 10–7　X 公司 2019—2021 年单项增长率分析表

金额单位：%

项　　目	2019 年	2020 年	2021 年	行业平均值	行业优秀值
股东权益增长率	5.64	13.80	17.81	–1.9	7.1
净利润增长率	–29.83	60.63	31.73		
收入增长率	6.35	33.25	21.48	3.6	21.3
资产增长率	18.93	52.28	29.66	0.8	14.3

根据表 10–7，可以发现该公司 2019 年以来股东权益增长率、收入增长率、资产增长率都为正值，这说明该公司这三年的股东权益、营业收入一直都在增加，资产规模一直都在扩大。而净利润增长率除了 2019 年为负值外，2020 年、2021 年均为正值，说明该公司 2019 年之后利润一直在增长。

为了更加全面地判断该公司的增长能力，还应将该公司增长率水平与行业标准值进行比较。行业标准值可以通过查阅相应年份的国务院国资委发布的《企业绩效评价标准值》获得，也可以通过查找公开行业信息获取。根据表 10–7 可以看出，X 公司除 2019 年外，2020 年和 2021 年的股东权益增长率均超过了行业优秀水平；最近三年的收入增长率、资产增长率均明显超过行业平均水平，且这两年达到行业优秀水平。综合起来看，与同行业相比，除个别比率以外，X 公司最近三年股东权益、收入和资产增长情况基本达到行业优秀水平，这反映出其他各方面的增长情况非常不错。

通过观察表 10–7 可以发现该公司股东权益增长率一直处于上升趋势，净利润增长率、收入增长率及资产增长率都出现先增后降的趋势，这种趋势属于暂时性的还是持续性的需要进一步深入分析。问题的焦点集中在 2020 年，可以观察到，该公司 2020 年的净利润增长率明显高于其他年份，而其他增长率指标与其他年份的差别并不是特别大，不排除 2020 年存在一些偶然性或特殊性的原因。

再比较各种类型的增长率之间的关系。首先，看收入增长率和资产增长率，可以看出该公司这三年的收入增长率均低于资产增长率，除 2019 年超出幅度较大外，其他两年相差无几，说明从近期看公司的销售增长并不是主要依赖于资产投入的增加，说明该公司具有较好的效益性。

其次，比较股东权益增长率与净利润增长率。该公司 2020 年和 2021 年的净利润增长率均高于当年的股东权益增长率，这一方面说明该企业这两年的股东权益增长主要来自于生产经营活动所创造的净利润，属于好现象；另一方面，股东权益增长率与净利润增长率之间出现较大的差异，应进一步分析二者出现较大差异的原因。

通过以上分析，对X公司的增长能力可以得出一个初步的结论，即该公司除了个别方面的增长存在效益性问题，大多方面都表现出较强的增长能力，且达到了行业优秀水平，所以总体而言，该公司具有较强的整体增长能力。当然，考虑到企业增长能力还受到许多其他复杂因素的影响，要得到关于企业增长能力的更为准确的结论，还需要利用更多的资料进行更加深入的分析。

本章小结

1. 企业所追求的目标通常被概括为生存、发展与获利，从中可以窥见发展对企业的重要性，它是企业实现盈利的根本途径。增长能力通常是指企业未来生产经营活动的增长趋势和发展潜能，也可以称为企业发展能力。企业应该追求健康的可持续增长，这需要管理者利用股东和债权人的资本进行有效运营，合理控制成本，增加收入获得利润，在补偿了债务资本成本之后从而实现股东财富增加，进而提高企业价值。

2. 进行企业增长能力分析的目的在于：第一，补充和完善传统财务分析。财务分析的最大贡献不在于了解过去，而是开启未来，而企业增长能力分析就是展望未来，这种对企业未来增长的预期满足了报表使用者的需求。第二，为预测分析与价值评估做铺垫。从企业增长能力分析中得出的增长率数据将是以后一系列预测分析和价值评估工作的基础数据来源，对于以预测分析为基础的价值评估十分重要。第三，满足相关利益者的决策需求。

3. 企业单项增长能力分析。企业价值要获得增长，就必须依赖于股东权益、利润、收入和资产等方面的不断增长。企业单项增长能力分析就是通过计算和分析股东权益增长率、利润增长率、收入增长率、资产增长率等指标，分别衡量企业在股东权益、利润、收入、资产等方面所具有的增长能力。并对其在股东权益、利润、收入、资产等方面所具有的发展趋势进行评估。

4. 企业整体增长能力分析。企业要获得可持续增长，就必须在股东权益、利润、收入和资产等各方面谋求协调发展。企业整体增长能力分析就是通过对股东权益增长率、利润增长率、收入增长率、资产增长率等指标进行相互比较与全面分析，综合判断企业的整体增长能力。

练 习 题

一、名词解释

1. 增长能力　2. 资本积累率

二、单项选择题

1. 可以反映股东权益账面价值增加变化的指标是(　　)。

A. 权益乘数　　B. 股东权益增长率

C. 产权比率　　D. 三年资本平均增长率

2. 下列项目中,不属于企业资产规模增加的原因的是(　　)。

A. 企业对外举债　　B. 企业实现盈利

C. 企业发放股利　　D. 企业发放股票

3. 如果企业某一种产品处于成长期,其销售增长率的特点是(　　)。

A. 比值比较大　　B. 与上期相比变动不大

C. 比值比较小　　D. 与上期相比变动非常小

4. 下列指标中,不可以用来表示收益增长能力的指标是(　　)。

A. 净利润增长率　　B. 营业利润增长率

C. 销售增长率　　D. 三年利润平均增长率

5. 下列指标中,属于增长率指标的是(　　)。

A. 产权比率　　B. 资本收益率

C. 不良资产比率　　D. 资本积累率

三、多项选择题

1. 企业发展能力分析的目的在于(　　)。

A. 股东通过发展能力分析衡量企业创造价值的程度以作出正确的战略决策

B. 潜在的投资者通过发展能力分析评价企业的成长性以作出正确的投资决策

C. 债权人通过发展能力分析判断企业未来盈利能力以作出正确的信贷决策

D. 经营者通过发展能力分析发现影响企业未来发展的关键因素以作出正确的经营和财务决策

E. 政府通过发展能力分析评估企业社会贡献水平以制定正确的宏观经济政策

2. 企业单项发展能力包括(　　)。

A. 资产发展能力　　B. 收益发展能力

C. 销售收入发展能力　　D. 负债发展能力

E. 股东权益发展能力

3. 股东权益增长率的大小直接取决于下列因素中的(　　)。

A. 净资产收益率　　B. 总资产周转率

C. 总资产报酬率　　D. 股东净投资率

E. 净损益占股东权益比率

4. 可以用于反映企业发展能力的财务指标包括(　　)。

A. 资产增长率　　B. 收入增长率

C. 资本积累率　　D. 净利润增长率

E. 营业利润增长率

5. 可以用来反映企业收益增长能力的财务指标有(　　)。

A. 净利润增长率　　B. 收入增长率

C. 总资产报酬率　　D. 资本积累率

E. 营业利润增长率

6. 一个发展能力强的企业,表现为(　　)。

A. 资产规模不断增加　　B. 营运效率不断提高

C. 股东财富持续增长　　D. 财务风险不断加大

四、判断题

1. 从长远角度看,上市公司的增长能力是决定公司股票价格上升的根本因素。(　　)

2. 和盈利能力不一样,增长能力的大小不是一个相对概念。(　　)

3. 若两个企业的三年资本平均增长率相同,则这两个企业具有相同的资本增长趋势。(　　)

4. 净资产收益率可以反映企业运用股东投入资本创造收益的能力,而股东净投资率反映了企业利用股东新投资的程度。(　　)

5. 企业资产增长率越高,则说明企业的资产规模增长势头一定越好。(　　)

6. 要正确分析和判断一个企业营业收入的增长趋势和增长水平,必须将一个企业不同时期的销售增长率加以比较和分析。(　　)

7. 获利能力强的企业,其增长能力也强。(　　)

8. 在产品生命周期的成熟期,产品营业收入增长率一般趋于稳定。(　　)

9. 仅分析某一项发展能力指标,我们无法得出企业整体发展能力情况的结论。(　　)

五、简答题

1. 增长能力分析的目的是什么?

2. 利用收入增长率来分析企业在销售方面的增长能力时,应该注意哪些问题?

案例分析

上汽集团发展能力分析

上汽集团成立于1984年4月16日，前身为上海汽车股份有限公司，总部设在上海。1997年11月7日，上汽集团向社会公众公开发行境内上市A股股票并上市交易，股票代码为600104，发行价格为每股7.02元，注册资金116.83亿元。上汽集团主营业务为汽车、摩托车、拖拉机等各种机动车整车，机械设备，总成及零部件的生产、销售，期刊出版，利用自有媒体发布广告，实业投资，货物及技术进出口业务，汽车租赁及机械设备租赁。截至2020年3月31日，公司股东13.14万人，公司员工216 360人，净利润11.21亿元。

2016年，上汽集团进入财富世界500强；2017年，在《财富》中国500强中排名第四，在2017中国企业500强中排名第九。2018年5月9日，“2018中国品牌价值百强榜”发布，上汽集团位列第34。上汽集团的发展趋势如日中天，那么它是否可以持续这样快速地发展呢？

要求：根据表10–8，对上汽集团的发展能力状况进行分析和评价。

表10–8　2014—2019年上汽集团成长能力指标一览表　　单位：%

项目	2014年	2015年	2016年	2017年	2018年	2019年
主营业务收入增长率	11.25	5.53	12.83	14.97	3.46	−6.88
净利润增长率	7.49	4.77	9.70	7.17	2.73	−27.10
净资产增长率	14.39	14.01	11.46	15.74	4.64	5.66
总资产增长率	11.03	23.32	15.44	22.50	8.19	8.50

4

第四篇

财务综合评价与分析

第十一章　企业综合分析

学习目标

1. 了解综合分析的概念和目的。
2. 明确综合分析的内容。
3. 掌握杜邦财务分析体系的基本原理。
4. 了解帕利普分析体系。
5. 掌握经营业绩评价综合指数法的原理和实施步骤。
6. 掌握沃尔评分法的原理和实施步骤。

引导案例

滨江集团和万科股份盈利能力的差异分析

杭州滨江房产集团股份有限公司（简称“滨江集团”）于 1992 年成立，是一家具有近 30 年的一级开发资质民营房地产企业。2008 年 5 月在中国深交所成功上市，截至 2019 年 12 月 31 日公司拥有总股本 31.11 亿元，总市值 131 亿元。万科企业股份有限公司（简称“万科股份”）于 1984 年成立，自 1991 年上市以来，万科股份的年营业收入复合增长率约 27.35%，权益净利润复合增长率约 29.78%，在持续盈利年限、持续现金分红年限上均位列中国 A 股上市公司前茅。

滨江集团在 2015 年和 2016 年销售净利率保持较低水平（10% 左右），主要是市场销售行情较差，很多确收的项目主要是 2013 年和 2014 年房地产低迷期销售，相对于的销售净利率较低。而到 2016 年房地产行业快速回暖，房价上涨飞速，比较明显的就是滨江集团 2017 年销售净利率 17% 保持最高水平，因此滨江集团对市场刺激带来的影响是最为明显的，对国家政策和市场行情，反应也是较为敏感和容易受到影响。反观万科股份销售净利率最高点在 2018 年的 17%，说明其高净资产品主要集中在 2016 和 2017 年，同时也受到新会计准则影响。总体来看两家企业销售净利率都保持相当水平，盈利能力在同行业都保持较高水平。

总资产报酬率可以反映企业总资产的盈利能力，总资产报酬率是按利润总额和利息支出之和占总资产的比重。万科股份从 2015 年到 2019 年（6% 到 5%），总资产报酬率保持平稳，总体回落 1%，而滨江集团将近 5 年，保持在 6% 没有回落，在 2018 年还上涨 1%，可以看出滨江集团总资产盈利能力要好于万科股份，由于滨江集团战略定位主要产品定位于杭州和浙江省内一二线城市，而万科股份定位于全国，可能出现三四线城市资产盈利能力较差项目。

从净资产收益率来看，万科股份（20%到23%）要明显强于滨江集团（14%到19%），虽然滨江集团净资产收益率有所上升，但是和万科股份还是有所差距。净资产收益率反映了企业净资产的盈利能力，万科股份近几年保持平稳，滨江集团虽然有所提升，但总体上滨江集团净资产的盈利能力没有万科股份强。

盈利能力还受到成本和期间费用的影响，近几年万科股份销售成本率在逐年下降，产品毛利在逐年上升，滨江集团除了2016年销售成本率上升外，其他几年都在保持下降。一方面能说明公司节约成本，企业产品毛利上升有利于企业发展，从另外一方面来看，也有可能是公司降低耗材成本，降低产品品质换来产品毛利上升。总体上两家公司销售成本率保持相当水平，产品毛利也相当。

资料来源：吴谊东.战略视角下的房地产企业财务分析——滨江集团和万科股份比较研究[D].景德镇：景德镇陶瓷大学，2020.

第一节　企业综合分析概述

一、综合分析的目的

财务分析从盈利能力、营运能力和偿债能力角度对企业的经营活动、投资活动和筹资活动状况进行了深入、细致的分析，以判明企业的财务状况和经营业绩，这对于企业投资者、债权人、经营者、政府及其他企业利益相关者了解企业的财务状况和经营成效是十分有益的。但前述财务分析通常是从某一特定角度，就企业某一方面的经营活动所做的分析。这种分析不足以全面评价企业的总体财务状况和财务成效，很难对企业总体财务状况和经营业绩的关联性做出综合结论。为弥补财务分析的这一不足，有必要在财务能力单项分析的基础上，将有关指标按其内在联系结合起来进行综合分析。

综合分析的目的在于：

（1）通过综合分析评价明确企业财务活动与经营活动的相互关系，找出制约企业发展的“瓶颈”所在。

（2）通过综合分析评价全面评价企业财务状况及经营业绩，明确企业的经营水平、位置及发展方向。

（3）通过综合分析评价为企业利益相关者进行投资决策提供参考。

（4）通过综合分析评价为完善企业财务管理和经营管理提供依据。

二、综合分析的内容

根据上述对综合分析的意义和目的的分析，综合分析至少应包括以下两方面内容。

（一）财务目标与财务环节相互关联综合分析评价

企业财务目标是资本增值最大化。资本增值的核心在于资本收益能力的提高，而资本收益能力受企业各方面、各环节财务状况的影响。本部分分析正是要以净资产收益率为核心，并通过对净资产收益率的分解，找出企业经营各环节对其影响的关系与程度，从而综合评价企业各环节及各方面的经营业绩。杜邦财务分析体系是进行这一分析的最基本方法。

（二）企业经营业绩综合分析评价

虽然财务目标与财务环节的联系分析可以解决单项指标分析或单方面分析给予评价带来的困难，但由于没能采用某种计量手段给相互关联指标以综合评价，因此，往往难以准确得出公司经营业绩改善与否的定量结论。企业经营业绩综合分析评价正是从解决这一问题出发，利用业绩评价的不同方法对企业经营业绩进行量化分析，最后得出企业经营业绩评价的唯一结论。

第二节　企业综合分析的评价指标

一、杜邦财务分析体系

（一）杜邦财务分析体系的概念

杜邦财务分析体系，亦称杜邦财务分析法，是指根据各主要财务比率指标之间的内在联系，建立财务分析指标体系，综合分析企业财务状况的方法。由于该指标体系是由美国杜邦公司最先采用的，故称杜邦财务分析体系。杜邦财务分析体系的特点，是将若干反映企业盈利状况、财务状况和营运状况的比率按其内在联系有机地结合起来，形成一个完整的指标体系，并最终通过净资产收益率（或资本收益率）这一核心指标来综合反映。

（二）杜邦财务分析体系的指标关系

在杜邦财务分析体系中，包含了几种主要的指标关系，可以分为两大层次：

第一层次包括：

（1）净资产收益率 = 总资产净利率 × 业主权益乘数。即：

$$\frac{\text{净利润}}{\text{净资产}}\times 100\% = \left(\frac{\text{净利润}}{\text{总资产}}\times 100\%\right)\times\frac{\text{总资产}}{\text{净资产}} \tag{11-1}$$

（2）总资产净利率 = 销售净利率 × 总资产周转率。即：

$$\frac{\text{净利润}}{\text{总资产}}\times 100\% = \left(\frac{\text{净利润}}{\text{营业收入}}\times 100\%\right)\times\frac{\text{营业收入}}{\text{总资产}} \tag{11-2}$$

以上关系表明，影响净资产收益率最重要的因素有三个，即：

$$\text{净资产收益率} = \text{销售净利率}\times\text{总资产周转率}\times\text{业主权益乘数} \tag{11-3}$$

第二层次包括：

（1）销售净利率的分解。其计算公式如下：

$$\text{销售净利率} = \frac{\text{净利润}}{\text{营业收入}}\times 100\% = \frac{(\text{总收入}-\text{总成本})}{\text{营业收入}} \tag{11-4}$$

（2）总资产周转率的分解。其计算公式如下：

$$\text{总资产周转率}=\frac{\text{营业收入}}{\text{总资产}}=\frac{\text{营业收入}}{(\text{流动资产}+\text{非流动资产})} \tag{11-5}$$

杜邦财务分析体系分解图如图 11-1 所示。

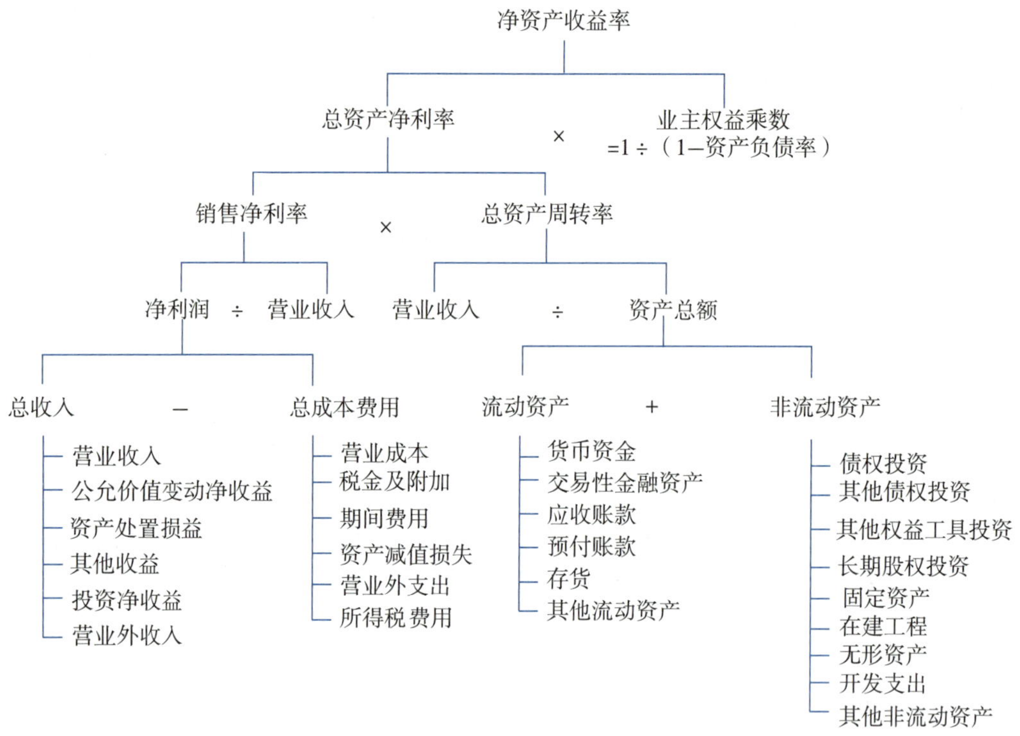

图 11-1　杜邦财务分析体系分解图

（三）杜邦财务分析体系的财务信息

杜邦财务分析体系为进行企业综合分析提供了极具价值的财务信息。

（1）净资产收益率是综合性最强的财务指标，是企业综合财务分析的核心。这一指标反映了投资者投入资本获利能力的高低，体现了企业经营的目标。从企业财务活动和经营活动的相互关系上看，净资产收益率的变动取决于企业的资本经营、资产经营和商品经营。所以净资产收益率是企业财务活动效率和经营活动效率的综合体现。

（2）总资产周转率是反映企业营运能力最重要的指标，是企业资产经营的结果，是实现净资产收益率最大化的基础。企业总资产由流动资产和非流动资产组成。流动资产体现企业的偿债能力和变现能力，非流动资产体现企业的经营规模、发展潜力和盈利能力。各类资产的收益性又有较大区别，如现金、应收账款几乎没有收益。所以，资产结构是否合理以及营运效率高低是企业资产经营的核心问题，并最终影响到企业的经营业绩。

（3）销售净利率是反映企业商品经营盈利能力最重要的指标，是企业商品经营的结果，是实现净资产收益率最大化的保证。企业从事商品经营，目的在于获利，其途径只有两条，一是扩大营业收入，二是降低成本费用。

（4）业主权益乘数既是反映企业资本结构的指标，也是反映企业偿债能力的指标，是企业资本经营，即筹资活动的结果，它对提高净资产收益率起到杠杆作用。适度负债经营，合理安排企业资本结构,可以提高净资产收益率。

根据 ACC 公司的有关资料,绘制杜邦财务分析图,如图 11-2 所示。

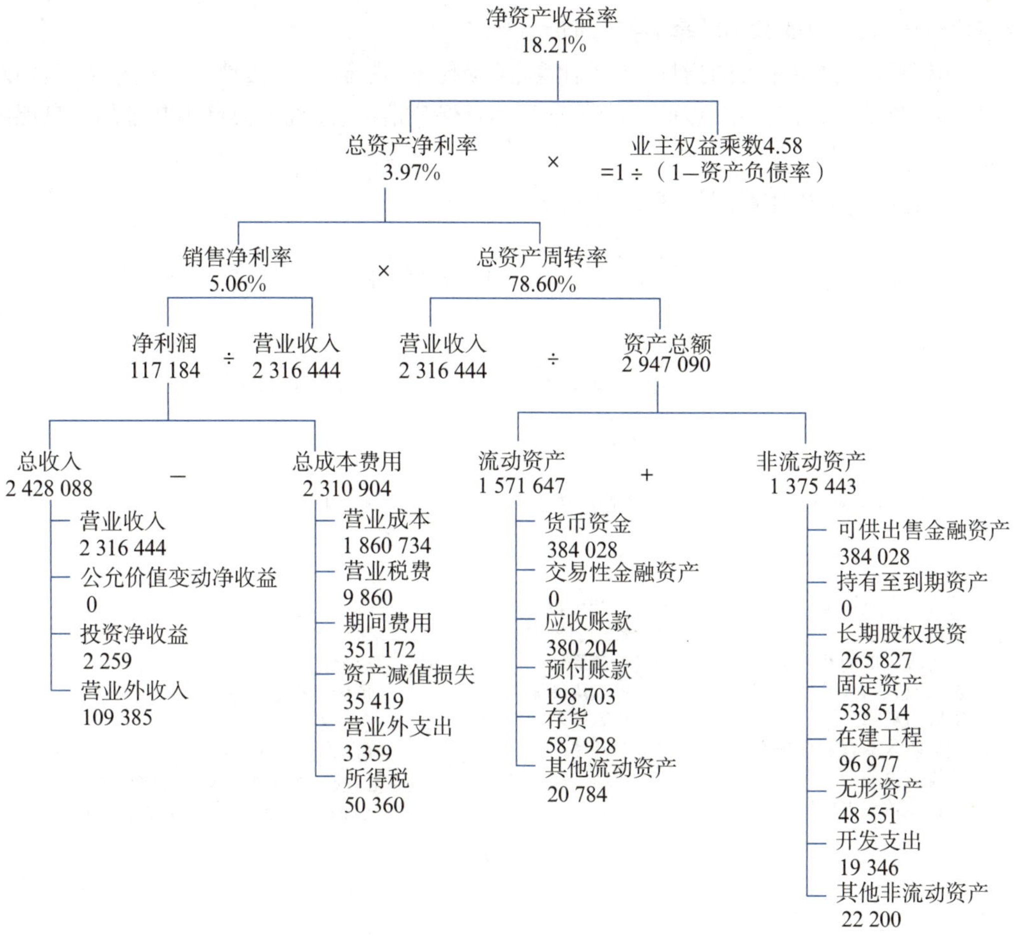

图 11–2 ACC 公司杜邦财务分析图

二、杜邦财务分析体系的变形与发展——帕利普财务分析体系

杜邦财务分析体系自产生以来在实践中得到广泛应用与好评。随着经济与环境的发展、变化和人们对企业目标认识的进一步升华,许多人对杜邦财务分析体系进行了变形、补充,使其不断完善与发展。美国哈佛大学教授帕利普等在其所著的《企业分析评价》一书中,将财务分析体系(本书将其称为帕利普财务分析体系)界定为以下几种关系式:

$$\text{可持续增长比率}=\text{净资产收益率}\times(1-\text{支付现金股利}\div\text{净利润}) \tag{11-6}$$

$$\begin{aligned}\text{净资产收益率}&=\frac{\text{净利润}}{\text{净资产}}\\&=\frac{\text{净利润}}{\text{营业收入}}\times\frac{\text{营业收入}}{\text{总资产}}\times\frac{\text{总资产}}{\text{净资产}} \qquad (11\text{-}7)\\&=\text{销售净利率}\times\text{总资产周转率}\times\text{财务杠杆作用}\end{aligned}$$

与销售净利率相关的指标:销售收入成本率、销售毛利率、销售收入期间费用率、销

售收入研究开发费用率、销售净利率、销售收入非营业损失率、销售息税前利润率、销售税费率。

与总资产周转率相关的指标：流动资产周转率、营运资金周转率、固定资产周转率、应收账款周转率、应付账款周转率、存货周转率等。

与财务杠杆作用相关的指标：流动比率、速动比率、现金比率、负债对权益比率、负债对资本比率、负债对资产比率、以收入为基础的利息保障倍数、以现金流量为基础的利息保障倍数等。

帕利普财务分析体系图如图 11-3 所示。

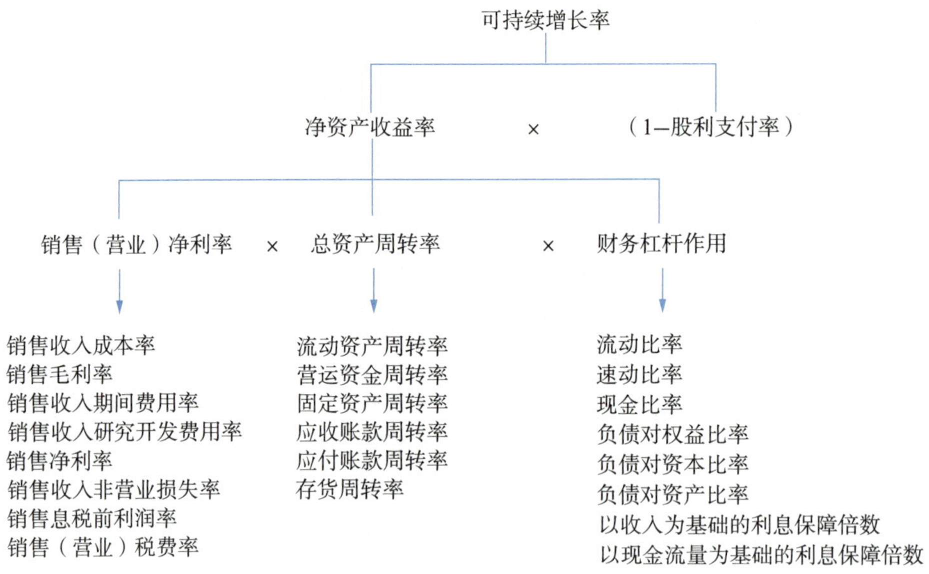

图 11-3　帕利普财务分析体系图

第三节　企业经营业绩综合评价

进行企业经营业绩综合评价通常可采用综合指数法和综合评分法，即通过计算企业经营业绩综合指数或综合分数，反映企业总体经营业绩水平的高低。

一、经营业绩评价综合指数法

运用综合指数法进行业绩评价的一般程序或步骤包括选择业绩评价指标，确定各项指标的标准值，计算指标单项指数，确定各项指标的权数，计算综合经济指数，评价综合经济指数。下面以财政部 1995 年颁布的《企业经济效益评价指标体系（试行）》为例，说明综合指数法的应用。

（一）选择经营业绩评价指标

进行经营业绩评价的首要步骤是正确选择评价指标。指标选择要根据分析的目的和要求，考虑分析的全面性、综合性。财政部颁布的“企业经济效益评价指标体系”中选择的经济效益指标包括三个方面的十项指标：

1. 盈利能力和资本保值增值指标

反映盈利能力的指标主要有三个，即：

（1）销售（营业）利润率，反映企业营业收入的获利水平，其计算公式为：

$$销售利润率=\frac{利润总额}{营业收入}\times 100\% \tag{11-8}$$

（2）总资产报酬率，用于衡量企业运用全部资产获利的能力，其计算公式为：

$$总资产报酬率=\frac{利润总额+利息支出}{平均总资产}\times 100\% \tag{11-9}$$

式中，平均资产总额 $=\frac{期初资产总额+期末资产总额}{2}$。

（3）资本收益率，指企业运用投资者投入资本获得收益的能力，其计算公式为：

$$资本收益率=\frac{净利润}{实收资本}\times 100\% \tag{11-10}$$

反映企业资本保值增值能力的指标是资本保值增值率，主要反映企业投资者投入资本的完整性和保全性，其计算公式为：

$$资本保值增值率=\frac{期末所有者权益总额}{期初所有者权益总额}\times 100\% \tag{11-11}$$

该指标等于100%为资本保值，该指标大于100%为资本增值。

2. 资产负债水平和偿债能力指标

反映企业资产负债水平和偿债能力的指标有四个，即：

（1）资产负债率，可用于衡量企业负债水平高低情况，其计算公式为：

$$资产负债率=\frac{负债总额}{资产总额}\times 100\% \tag{11-12}$$

（2）流动比率或速动比率，流动比率是衡量企业在某一时点偿付即将到期债务的能力，其计算公式为：

$$流动比率=\frac{流动资产}{流动负债}\times 100\% \tag{11-13}$$

速动比率是衡量企业在某一时点上运用随时可变现资产偿付到期债务的能力。其计算公式为：

$$速动比率=\frac{速动资产}{流动负债}\times 100\% \tag{11-14}$$

式中，速动资产 = 流动资产 − 存货。

（3）应收账款周转率，是用于衡量企业应收账款周转速度快慢的指标，其计算公式为：

$$应收账款周转率=\frac{赊销净额}{平均应收账款余额}\times 100\% \tag{11-15}$$

式中，$平均应收账款余额=\frac{期初应收账款余额+期末应收账款余额}{2}$，赊销净额 = 营业收入 − 现销收入 − 销售退回、折扣、折让。

由于企业赊销资料作为商业机密不对外公布，所以应收账款周转率公式中的分子一般用赊销和现销总额，即营业收入。

（4）存货周转率，用于衡量企业在一定时期内存货资产的周转速度，是反映企业的购、产、销平衡效率的一种尺度，其计算公式为：

$$存货周转率=\frac{营业成本}{平均存货成本}\times100\% \qquad (11\text{–}16)$$

式中，$平均存货成本=\frac{期初存货成本+期末存货成本}{2}$。

3. 企业对国家或社会贡献水平指标

反映企业对国家或社会贡献水平的指标有两个，即：

（1）社会贡献率，可用于衡量企业运用全部资产为国家或社会创造或支付价值的能力。

$$社会贡献率=\frac{企业社会贡献总额}{企业平均资产总额}\times100\% \qquad (11\text{–}17)$$

式中，企业社会贡献总额包括工资（含奖金、津贴等工资性收入）、劳保退休统筹及其他社会福利支出、利息支出净额、应交增值税、应交产品销售税金及附加、应交所得税、其他税收和净利润等。

（2）社会积累率，可用于衡量企业社会贡献总额中有多少用于上交国家财政。

$$社会积累率=\frac{上交国家财政总额}{企业社会贡献总额}\times100\% \qquad (11\text{–}18)$$

式中，上交国家财政总额包括应交增值税、应交产品销售税金及附加、应交所得税和其他税收等。

（二）确定各项业绩指标的标准值

业绩评价指标标准值可根据分析的目的和要求确定，可用某企业某年的实际数，也可用同类企业、同行业或部门的平均数，还可用国际标准值。一般地说，当评价企业经营计划完成情况时，可以用企业计划水平为标准值；当评价企业经营业绩水平变动情况时，可以用企业前期水平为标准值；当评价企业在同行业或在全国或国际上所处地位时，可用行业标准值或国家标准值或国际标准值。

财政部十个指标标准值的确定主要参考以下两方面：

（1）适当参照国际通用标准，如流动比率 200%、速动比率 100%、资产负债率 50% 等，但考虑到我国整体效益水平偏低，与国际上发达国家差距较大，国际通行标准值仅是一个参考依据。

（2）参考我国企业在近三年的行业平均值。

（三）计算各项业绩指标的单项指数

单项指数是指各项经济指标的实际值与标准值之间的比值。其计算公式为：

$$单项指数=\frac{某指标实际值}{该指标标准值} \quad (11-19)$$

这一单项指数计算公式适用于经济指标为纯正指标或纯逆指标。如果为正指标，单项指数越高越好；如果为逆指标，则单项指数越低越好。如果某经济指标既不是纯正指标，又不是纯逆指标，如资产负债率、流动比率、速动比率等，对于这种指标，其单项指数可按下式计算：

$$单项指数=\frac{标准值-实际值与标准值差额的绝对值}{标准值}\times 100\% \quad (11-20)$$

例如，假设流动比率的标准值200%，则当流动比率实际值为220%时，单项指数计算公式如下：

$$单项指数=[200\%-(220\%-200\%)]\div 200\%\times 100\%=90\%$$

（四）确定各项业绩指标的权数

综合经济指数不是单项指数的简单算术平均数，而是一个加权平均数。因此，要计算综合经济指数，应在计算单项指数的基础上，确定各项指标的权数。各项经济指标权数的确定应依据各指标的重要程度而定。一般地说，某项指标越重要，其权数就越大；反之，则权数就越小。假定10项经济效益指标的权数总和为100，经测算、验证，并参照美国、日本等国家的做法，确定各项经济效益指标的权数如表11-1所示。

表11-1　经济效益指标的权数

经济效益指标	权数	经济效益指标	权数
销售利润率	15	流动比率（或速动比率）	5
总资产报酬率	15	应收账款周转率	5
资本收益率	15	存货周转率	5
资本保值增值率	10	社会贡献率	10
资产负债率	5	社会积累率	15

（五）计算综合经济指数

综合经济指数是以各单项指数为基础，乘以各指标权数所得到的一个加权平均数，有两种计算方法。

1. 按各项指标实际指数计算（不封顶）

在按各项指标实际指数计算时，其计算公式为：

$$综合经济指数=\sum(某指标单项指数\times 该指标权数) \quad (11-21)$$

2. 按扣除超过100%部分后计算（封顶）

在全部指标中没有逆指标时，如果某项指标指数超过100%，则扣除超出部分，按100%计算；如果某项指标指数低于100%，则按该指标实际指数计算。其计算公式为：

$$综合经济指数=\sum[某指标指数(扣除超出部分)\times 该指标权数] \quad (11-22)$$

根据 ACC 公司的有关资料，按上述程序，采用第一种计算方法计算该企业的综合经济指数，如表 11–2 所示。

表 11–2 ACC 公司综合经济指数计算表

经济指标	标准值	实际值	单项指数	权数	综合经济指数
销售利润率 /（%）	18	7.23	40	15	6.00
总资产报酬率 /（%）	20	6.81	34	15	5.10
资本收益率 /（%）	25	40.44	162	15	24.30
资本保值增值率 /（%）	105	125.37	119	10	11.90
资产负债率 /（%）	50	77.19	46	5	2.30
流动比率 /（%）	200	117.42	59	5	2.95
速动比率 /（%）	100	90.94	91	5	4.55
应收账款周转率 / 次	12	7.16	60	5	3.00
存货周转率 / 次	10	3.83	38	5	1.90
社会贡献率 /（%）	35	35	100	10	10.00
社会积累率 /（%）	30	30	100	15	15.00
综合经济指数				100	87.00

注：社会贡献率和社会积累率实际值由于资料限制，假设其为标准值；利息支出用财务费用代替。

（六）综合经济指数评价

按照第二种方法计算综合经济指数，其最高值为 100%。越接近 100%，说明企业经营业绩总体水平越好；按照第一种方法计算综合经济指数，当各项业绩指标中没有正指标时，综合经济指数以小于 100% 为好，而且越低越好。当各项业绩指标中没有逆指标时，一般地说，综合经济指数达到 100%，说明企业经营业绩总体水平达到标准要求，或者说企业取得了较好的经济效益，该指标越高，经济效益越高；否则，综合经济指数低于 100%，说明企业经济效益水平没达到标准要求，该指标越低，经营业绩水平越差。

本例中企业综合经济指数仅为 87%，没有达到经营业绩标准要求。在运用综合经济指数法进行经营业绩综合评价时，应特别注意以下两个问题：

第一，选择的各项经济指标在评价标准上应尽量保持方向的一致性，即尽量都选择正指标，或都选择逆指标。因为全部为正指标，评价标准越高越好；全部为逆指标则评价标准越低越好；而既有正指标又有逆指标，则应将逆指标转为正指标或相反。如上述周转速度指标，如果以次数计算为正指标，而以天数计算为逆指标，因为大部分指标为正指标，因此，周转速度应采取正指标形式。至于资产负债率、流动比率和速动比率这种既不是正指标，又不是逆指标的指标，其标准值具有绝对性，即大于或小于标准值都不好，单项指数最高为 1 或 100%。进行综合经济效益指数评价时应注意这些指标的特点，否则可能得出错误结论。

第二,综合经济指数是否可高于100%的问题。如果各单项指数取值高于100%时,综合经济指数可能高于100%。这样做的优点是,综合经济指数不封顶,该指标越高,说明企业经营业绩越好。缺点是,可能以某些完成状况好的指标的数值弥补完成状况差的指标的数值,即使综合经济指数大于或等于100%,也不能说明企业各项经济指标都达到了标准值要求,掩盖了企业在某些方面存在的问题。

如果各单项指数取值最高为100%(即大于100%时按100%计算,小于100%时按实际计算)时,综合经济指数最高为100%。这种方法的优点是,只要综合经济指数达到了100%,就说明企业各项经济指标都达到或超过了标准值,取得了理想的经营业绩,低于100%则说明企业在某些方面一定存在问题。这种方法的缺点是,如果几个企业的综合效益指数都达到100%时,很难分出优劣。

因此,进行企业经济效益指数综合评价,在标准值比较先进时,可采用指数封顶的方法;当标准值为平均值时,则应采取指数不封顶的方法。企业在进行自身经营业绩评价时,也可将两种方法结合使用,取长补短,从而准确地评价企业的经营业绩。

二、沃尔评分法

(一)沃尔评分法的概念和原理

在进行财务分析时,人们常遇到的一个道要困难是在计算出各项财务比率后,无法判定其是偏高还是偏低。将实际比率与本的历史水平或预算指标相比,也只能看出本企业自身的变化,很难评价其在市场竞争中的优劣地位。为了弥补这些缺点,美国财务学家亚历山大·沃尔在其1928年出版的《信用晴雨表研究》和《财务报表比率分析》中提出了信用能力指数的概念。他选择了七个财务比率,即流动比率、产权比率、固定资产比率、存货周转率、应收账款周转率、固定资产周转率和自由资金周转率,分别指定各指标的比重;然后确定标准比率(以行业平均数为基础),将实际比率与标准比率相比,得出相对比率;将此相对比率与各指标比重相乘,得出总评分,即信用能力指数,以此来评价企业的财务状况。这就是沃尔评分法的雏形。因此,沃尔评分法就是将选定的财务比率用线性关系结合起来,并分别给定各自的分值比重,然后通过与标准比率进行比较,确定各项指标的得分及总体指标的素计分数,从而对企业的信用水平作出评价的方法。

原始的沃尔评分法为综合评价企业的财务状况提供了一个非常重要的思路,但它从理论上来说存在着一定的缺陷:首先,它未能证明为什么选择这7个指标,而不是更多或者更少,或者选择别的财务比率。其次,它未能证明每个指标所占比重的合理性、比率的标准值如何确定。这个问题至今仍然没有从理论上得到解决。

(二)沃尔评分法的步骤

尽管原始的沃尔评分法存在着上述缺陷,但它在实践中仍被广泛应用并得到不断的改进和发展。在社会发展的不同阶段和不同环境,人们应用沃尔评分法时所选择的财务比率不断地变化,各个比率的权重不断地修正,各个比率的标准值不断地调整,评分方法不断地改进,但是沃尔评分法的基本思路始终没有改变,其应用的基本步骤也没有发生大的变化。

沃尔评分法的基本步骤如下:

1. 选择财务比率

不同的分析者所选择的财务比率可能都不尽相同,但在选择财务比率时应注意以下几点原则：首先，所选择的比率要具有全面性，反映偿债能力、盈利能力、营运能力和发展能力等的比率都应包括在内，只有这样才能反映企业的综合财务状况；其次，所选择的比率要具有代表性，即在每个方面的众多财务比率中要选择那些典型的，重要的比率；最后，所选择的比率最好具有变化方向的致性，即当财务比率增大时表明财务状况的改善，当财务比率变小时表明财务状况的恶化。例如，在选择反映偿债能力的比率时，最好选择股东权益比率而不选择资产负债率，因为通常认为在一定的范围内，股东权益比率高说明企业的偿债能力强，而资产负债率高说明企业的负债安全程度低。

2. 确定各个财务比率的比重

如何将100分的总分合理地分配给所选择的各个财务比率，是沃尔评分法中一个重要的环节。分配的标准是依据各个比率的重要程度，越重要的比率分配的权重越高。对各个比率重要程度的判断，应结合企业的经营状况、管理要求、发展趋势以及分析目的等具体情况而定。

3. 确定各个财务比率的标准值

财务比率的标准值也就是判断财务比率高低的比较标准。只有有了标准，我们才能判断企业的某个财务比率偏高还是偏低。这个比较的标准可以是企业的历史水平，可以是竞争企业的水平，也可以是同行业的平均水平，等等。其中，最常见的是选择同行业的平均水平作为财务比率的标准值。

4. 计算各个财务比率的实际值

利用相关的财务数据计算企业各个财务比率的实际值。

5. 计算各个财务比率的得分

通过各个财务比率实际值与标准值的比较，得出各个财务比率状况好坏的判断，再结合各个比率的权重即所分配的分数，计算各个财务比率的得分。

（三）沃尔评分法的应用——我国企业绩效评价体系

沃尔评分法在实践中有着非常广泛的应用。以我国为例，20世纪90年代以来，各部委颁布了一系列的综合评价体系。这些综合评价体系虽然财务比率不断创新，标准不断变化，结构不断调整，计分方法不断修正，考虑的因素也越来越周全，但始终没有脱离沃尔评分法的基本思想。

2006年9月12日，为规范开展中央企业综合绩效评价工作，有效发挥综合绩效评价工作的评判、引导和诊断作用，推动企业提高经营管理水平，根据《中央企业综合绩效评价管理暂行办法》（国资委令第14号），国务院国有资产监督管理委员会印发了《中央企业综合绩效评价实施细则》。细则规定的企业综合绩效评价指标由22个财务绩效定量评价指标和8个管理绩效定性评价指标构成。同时为满足企业开展国际国内对标工作需要，国资委每年出版一本书:《企业绩效评价标准值》，此书根据《中央企业综合绩效评价管理暂行办法》（国资委令第14号）等有关规定，依据全国国有企业有关财务数据、国家统计部门有关统计资料、各行业协会有关运行材料等，结合对每年度国民经济各行业运行情况的客观分析，运用数理统计方法测算编制，为不同行业、不同规模企业提供评价标准。

根据2006年国务院国有资产监督管理委员会发布的《中央企业综合绩效评价实施细则》（国资委令第14号），我国企业绩效评价体系如下：

1. 选择业绩评价指标

进行经营业绩综合分析的首要步骤是正确选择评价指标。指标选择要根据分析目的和要求，考虑分析的全面性、综合性。根据 2006 年国务院国有资产监督管理委员会颁布的实施细则，企业综合绩效评价指标体系包括 22 个财务绩效定量评价指标和 8 个管理绩效定性评价指标，具体如表 11–3 所示。

表 11–3　企业综合绩效评价指标体系

<table>
<tr><th rowspan="2">评价指标类别</th><th colspan="2">财务绩效定量评价指标</th><th rowspan="2">管理绩效定性评价指标</th></tr>
<tr><th>基本指标</th><th>修正指标</th></tr>
<tr><td>一、盈利能力状况</td><td>净资产收益率
总资产报酬率</td><td>销售（营业）利润率
盈余现金保障倍数
成本费用利润率
资本收益率</td><td rowspan="4">战略管理
发展创新
经营决策
风险控制
基础管理
人力资源
行业影响
社会贡献</td></tr>
<tr><td>二、资产质量状况</td><td>总资产周转率
应收账款周转率</td><td>不良资产比率
流动资产周转率
资产现金回收率</td></tr>
<tr><td>三、债务风险状况</td><td>资产负债率
已获利息倍数</td><td>速动比率
现金流动负债比率
带息负债比率
或有负债比率</td></tr>
<tr><td>四、经营增长状况</td><td>销售（营业）增长率
资本保值增值率</td><td>销售（营业）利润增长率
总资产增长率
技术投入比率</td></tr>
</table>

（1）财务绩效基本指标及其计算。

① 净资产收益率，指企业运用投资者资本获得收益的能力。其计算公式为：

$$净资产收益率=\frac{净利润}{平均净资产}\times 100\% \quad (11\text{–}23)$$

式中，$平均净资产=\frac{期初所有者权益+期末所有者权益}{2}$。

② 总资产报酬率，用于衡量企业运用全部资产获利的能力。其计算公式为：

$$总资产报酬率=\frac{利润总额+利息支出}{平均资产总额}\times 100\% \quad (11\text{–}24)$$

式中，$平均资产总额=\frac{期初资产总额+期末资产总额}{2}$。

③ 总资产周转率，指企业在一定时期营业收入与平均资产总额的比值，是综合评价企业全部资产经营质量和利用效率的重要指标。其计算公式为：

$$总资产周转率=\frac{营业收入}{平均资产总额}\times 100\% \quad (11\text{–}25)$$

④ 应收账款周转率，指企业一定时期营业收入与应收账款平均余额之比。其计算公式为：

$$\text{应收账款周转率}=\frac{\text{营业收入}}{\text{应收账款平均余额}}\times 100\% \tag{11-26}$$

式中，应收账款平均余额 $=\frac{\text{年初应收账款余额}+\text{年末应收账款余额}}{2}$，应收账款余额 = 应收账款净额 + 应收账款坏账准备。

⑤ 资产负债率，可用于衡量企业负债水平与偿债能力的情况。其计算公式为：

$$\text{资产负债率}=\frac{\text{负债总额}}{\text{资产总额}}\times 100\% \tag{11-27}$$

⑥ 已获利息倍数，指息税前利润与利息支出之间的比率，可用于衡量企业的偿债能力。其计算公式为：

$$\text{已获利息倍数}=\frac{\text{利润总额}+\text{利息支出}}{\text{利息支出}} \tag{11-28}$$

⑦ 销售（营业）增长率，是反映企业销售（营业）收入增长情况的指标。其计算公式为：

$$\text{销售（营业）增长率}=\frac{\text{本年营业收入}-\text{上年营业收入}}{\text{上年营业收入}}\times 100\% \tag{11-29}$$

⑧ 资本保值增值率，可用于衡量企业所有者权益的保持和增长幅度。其计算公式为：

$$\text{资本保值增值率}=\frac{\text{扣除客观增减因素的年末所有者权益}}{\text{年初所有者权益}}\times 100\% \tag{11-30}$$

根据上述公式，ACC 公司 2021 年财务绩效基本指标如表 11–4 所示。

表 11–4　ACC 公司 2021 年财务绩效基本指标

基本指标	2021 年
净资产收益率 /（%）	15.89
总资产报酬率 /（%）	6.81
总资产周转率 / 次	0.69
应收账款周转率 / 次	7.16
资产负债率 /（%）	77.19
已获利息倍数 / 倍	3.68*
销售增长率 /（%）	28.81
资本保值增值率 /（%）	125.37

* 利息支出由于资料限制，用财务费用替代。

（2）财务绩效修正指标及其计算。计算公式如下：

$$销售(营业)利润率=\frac{营业利润}{营业收入}\times100\% \quad (11\text{-}31)$$

$$盈余现金保障倍数=\frac{经营现金净流量}{净利润}\times100\% \quad (11\text{-}32)$$

$$成本费用利润率=\frac{利润总额}{成本费用总额}\times100\% \quad (11\text{-}33)$$

式中，成本费用总额 = 营业成本 + 销售费用 + 管理费用 + 财务费用。

$$资本收益率=\frac{净利润}{平均资本}\times100\% \quad (11\text{-}34)$$

式中，$平均资本=\frac{(年初实收资本+年初资本公积)+(年末实收资本+年末资本公积)}{2}$。

$$不良资产比率=\frac{资产减值准备余额+应提未提和应摊未摊的潜亏挂账+未处理资产损失}{资产总额+资产减值准备余额}\times100\% \quad (11\text{-}35)$$

$$流动资产周转率=\frac{营业收入}{平均流动资产余额}\times100\% \quad (11\text{-}36)$$

式中，$平均流动资产余额=\frac{年初流动资产总额+年末流动资产总额}{2}$

$$资产现金回收率=\frac{经营现金净流量}{平均资产总额}\times100\% \quad (11\text{-}37)$$

$$速动比率=\frac{速动资产}{流动负债}\times100\% \quad (11\text{-}38)$$

式中，速动资产 = 流动资产 − 存货。

$$现金流动负债比率=\frac{经营现金净流量}{流动负债}\times100\% \quad (11\text{-}39)$$

$$带息负债比率=\frac{短期借款+一年内到期的长期负债+长期借款+应付债券+应付利息}{负债总额}\times100\% \quad (11\text{-}40)$$

$$或有负债比率=\frac{或有负债余额}{所有者权益}\times100\% \quad (11\text{-}41)$$

式中，或有负债余额 = 已贴现承兑汇票 + 担保余额 + 贴现与担保外的被诉事项金额 + 其他或有负债。

$$销售利润增长率=\frac{本年营业利润-上年营业利润}{上年营业利润}\times100\% \quad (11\text{-}42)$$

$$总资产增长率=\frac{年末资产总额-年初资产总额}{年初资产总额}\times100\% \quad (11\text{-}43)$$

$$技术投入比率=\frac{本年科技支出合计}{营业收入}\times 100\% \tag{11-44}$$

根据上述公式，ACC 公司 2021 年财务绩效修正指标如表 11–5 所示。

表 11–5　ACC 公司 2021 年财务绩效修正指标

修正指标	2021 年
销售利润率 /（%）	2.46
盈余现金保障倍数 / 倍	2.24
成本费用利润率 /（%）	7.54
资本收益率 /（%）	16.99
不良资产比率 /（%）	0.97
流动资产周转率 / 次	0.98
资产现金回收率 /（%）	7.78
速动比率 /（%）	90.94
现金流动负债比率 /（%）	12.26
带息负债比率 /（%）	52.30
或有负债比率 /（%）	6.1
销售利润增长率 /（%）	81.53
总资产增长率 /（%）	14.03
技术投入比率 /（%）	1.50

注：由于数据资料有限，或有负债比率和技术投入比率都是假设值，取行业平均值。

2. 确定各项经济指标的标准值及标准系数

为了准确评价企业经营业绩，对于各项经济指标标准值的确定，根据企业类型不同及指标分类情况规定了不同的标准。

（1）财务绩效基本指标标准值及标准系数。

基本指标评价的参照水平即标准值由财政部定期颁布，分为五档。不同行业、不同规模的企业有不同的标准值。例如，2021 年金属加工机械制造业大型企业财务绩效基本指标标准值如表 11–6 所示。

表 11–6　金属加工机械制造业大型企业财务绩效基本指标标准值

指标	优秀	良好	平均	较低	较差
	1	0.8	0.6	0.4	0.2
净资产收益率	13.8	10.3	6.4	2.7	–0.9
总资产报酬率	9.1	7.3	4.0	2.2	0.0
总资产周转率	1.1	0.9	0.7	0.6	0.5
应收账款周转率	8.6	6.8	4.2	2.9	1.7

续表

指标	优秀	良好	平均	较低	较差
	1	0.8	0.6	0.4	0.2
资产负债率	40.2	53.4	62.1	74.8	84.7
已获利息倍数	5.7	3.4	2.3	1.7	0.9
销售增长率	35.7	27.5	18.3	14.2	3.5
资本保值增值率	111.7	109.2	106.1	102.4	98.3

（2）财务绩效修正指标标准值及修正系数。

基本指标有较强的概括性，但是不够全面。为了更加全面地评价企业绩效，财政部另外设置了 4 类 14 项修正指标。根据修正指标的高低计算修正系数，用得出的系数去修正基本指标得分。2021 年金属加工机械制造业大型企业财务绩效修正指标标准值，如表 11-7 所示。

表 11-7　金属加工机械制造业大型企业财务绩效修正指标标准值

指标	优秀	良好	平均	较低	较差
	1	0.8	0.6	0.4	0.2
一、盈利能力状况					
销售利润率	20.9	18.4	15.0	11.4	7.0
盈余现金保障倍数	6.4	3.5	1.0	−0.5	−2.3
成本费用利润率	10.9	7.8	4.7	0.4	−3.3
资本收益率	16.3	10.4	5.9	0.7	−1.2
二、资产质量状况					
不良资产比率	0.6	2.4	5.0	7.2	11.5
流动资产周转率	1.8	1.4	1.0	0.8	0.6
资产现金回收率	10.6	9.2	4.4	1.5	0.3
三、债务风险状况					
速动比率	105.3	87.1	59.3	42.7	26.7
现金流动负债比率	18.3	14.3	7.5	4.1	1.8
带息负债比率	21.7	30.5	42.1	55.2	70.4
或有负债比率	0.4	1.3	6.1	14.7	23.8
四、经营增长状况					
销售（营业）利润增长率	37.6	29.1	21.1	4.5	−5.7
总资产增长率	22.3	16.7	10.5	3.5	−1.9
技术投入比率	4.3	2.4	1.5	0.8	0.0

3. 确定各项经济指标的权数

指标的权数根据评价目的和指标的重要程度确定。表 11–8 是企业综合绩效评价指标及其权重。

表 11–8　企业综合绩效评价指标及其权重

单位：分

财务绩效定量指标（权重 70%）					管理绩效定性指标（权重 30%）	
指标类别（100）	基本指标（100）		修正指标（100）		评议指标（100）	
一、盈利能力状况（34）	净资产收益率 总资产报酬率	20 14	销售（营业）利润率 盈余现金保障倍数 成本费用利润率 资本收益率	10 9 8 7	战略管理 发展创新 经营决策 风险控制 基础管理 人力资源 行业影响 社会贡献	18 15 16 13 14 8 8 8
二、资产质量状况（22）	总资产周转率 应收账款周转率	10 12	不良资产比率 流动资产周转率 资产现金回收率	9 7 6		
三、债务风险状况（22）	资产负债率 已获利息倍数	12 10	速动比率 现金流动负债比率 带息负债比率 或有负债比率	6 6 5 5		
四、经营增长状况（22）	销售（营业）增长率 资本保值增值率	12 10	销售（营业）利润增长率 总资产增长率 技术投入率	10 7 5		

4. 各类指标得分计算

（1）财务绩效基本指标得分计算。

基本指标反映企业的基本情况，是对企业绩效的初步评价。它的计分是按照功效系数法计分原理，将评价指标实际值对照行业评价标准值，按照规定的计分公式计算各项基本指标得分。

① 财务绩效单项指标得分的计算。其计算公式为：

$$\text{单项基本指标得分} = \text{本档基础分} + \text{调整分} \qquad (11\text{–}45)$$

式中：本档基础分 = 指标权数 × 本档标准系数

上档基础分 = 指标权数 × 上档标准系数

调整分 = 功效系数 ×（上档基础分 − 本档基础分）

$$\text{功效系数} = \frac{\text{实际值} - \text{本档标准值}}{\text{上档标准值} - \text{本档标准值}}$$

本档标准值是指上下两档标准值中居于较低等级的一档。

根据ACC公司2021年财务绩效基本指标，结合金属加工机械制造业大型企业财务绩效基本指标标准值及系数，按上述公式计算ACC公司各项基本指标得分。例如，2021年总资产报酬率6.81%。此时，该企业的总资产报酬率已超过“平均”（4.0%）水平，处于“平均”档，因此可以得到“平均”档基础分。另外，它处于“良好”档（7.3%）和“平均”档（4.0%）之间，同时需要调整。

$$本档基础分=指标权数\times 本档标准系数=14\times 0.6=8.4（分）$$

$$\begin{aligned}本档调整分&=\frac{实际值-本档标准值}{上档标准值-本档标准值}\times（上档基础分-本档基础分）\\&=\frac{6.81\%-4.0\%}{7.3\%-4.0\%}\times(14\times 0.8-14\times 0.6)\\&=2.38（分）\end{aligned}$$

$$总资产报酬率指标得分=8.4+2.38=10.78（分）$$

其他基本指标得分的计算方法与此相同，不再举例。

② 财务绩效基本指标总分的计算。其计算公式为：

$$分类指标得分=\sum 类内各项基本指标得分 \tag{11-46}$$

$$基本指标总分=\sum 各类基本指标得分 \tag{11-47}$$

ACC公司单项指标得分的计算结果如表11-9第三列所示，分类指标得分如第四列所示。

表11-9 ACC公司绩效指标得分的计算表

单位：分

类　别	基本指标总分	单项指标得分	分类指标得分
一、盈利能力状况	净资产收益率（20）	20.00	30.78
	总资产报酬率（14）	10.78	
二、资产质量状况	总资产周转率（10）	5.80	15.88
	应收账款周转率（12）	10.08	
三、债务风险状况	资产负债率（12）	4.22	12.46
	已获利息倍数（10）	8.24	
四、经营增长状况	销售（营业）增长率（12）	9.98	19.98
	资本保值增值率（10）	10.00	
基本指标总分			79.10

（2）财务绩效修正指标修正系数计算

对基本指标得分的修正，是按指标类别得分进行的，需要计算“分类的综合修正系数”。分类的综合修正系数，由“单项指标修正系数”加权平均求得；而单项指标修正系数的大小主要取决于基本指标评价分数和修正指标实际值两项因素。

① 单项指标修正系数的计算。其计算公式为：

$$单项指标修正系数=1.0+(本档标准系数+功效系数\times 0.2-该类基本指标分析系数) \quad (11-48)$$

单项指标修正系数控制修正幅度为 0.7 ~ 1.3。

下面以盈余现金保障倍数为例说明单项指标修正系数的计算。

a. 标准系数的确定。根据表 11-5 可知，ACC 公司盈余现金保障倍数为 2.24，发现该指标的实际值介于良好和平均之间，其标准系数应为 0.6。

b. 功效系数的计算。其计算公式为：

$$功效系数=\frac{指标实际值-本档标准值}{上档标准值-本档标准值} \quad (11-49)$$

盈余现金保障倍数指标的功效系数 =（2.24–1.0）÷（3.5–1.0）=0.496

c. 分类基本指标分析系数的计算。其计算公式为：

$$某类基本指标分析系数=\frac{该类基本指标得分}{该类指标权数} \quad (11-50)$$

根据表 11-9 可知盈利能力类基本指标得分为 30.78，其权数 34，则计算公式为：

$$盈利能力类基本指标分析系数=30.78\div 34=0.905$$

根据以上结果，可以计算出盈余现金保障倍数指标的修正系数，其计算公式为：

$$盈余现金保障倍数指标修正系数=1.0+(0.6+0.496\times 0.2-0.905)=0.794$$

在计算修正指标单项修正系数过程中，对于一些特殊情况作如下规定：

第一，如果修正指标实际值达到优秀值以上，其单项修正系数的计算公式如下：

$$单项修正系数=1.2+本档标准系数-该部分基本指标分析系数 \quad (11-51)$$

第二，如果修正指标实际值处于较差值以下，其单项修正系数的计算公式如下：

$$单项修正系数=1.0-该部分基本指标分析系数 \quad (11-52)$$

第三，如果资产负债率≥ 100%，指标得 0 分；其他情况按照规定的公式计分。

第四，如果盈余现金保障倍数的分子为正数，分母为负数，单项修正系数确定为 1.1；如果分子为负数，分母为正数，单项修正系数确定为 0.9；如果分子分母同为负数，单项修正系数确定为 0.8。

第五，如果不良资产比率≥ 100% 或分母为负数，单项修正系数确定为 0.8。

第六，对于销售（营业）利润增长率指标，如果上年主营业务利润为负数，本年为正数，单项修正系数为 1.1；如果上年主营业务利润为零，本年为正数，或者上年为负数，本年为零，单项修正系数确定为 1.0。

按照上述方法，可以计算出销售（营业）利润率、成本费用利润率和资本收益率三项修正指标的单项修正系数分别为 0.095，0.878，1.295。

② 分类综合修正系数的计算。其计算公式为：

$$分类综合修正系数=\sum 类内单项指标的加权修正系数 \quad (11\text{-}53)$$

式中，单项指标加权修正系数的计算公式是：

$$单项指标加权修正系数=单项指标修正系数\times 该项指标在本类指标中的权数$$

例如，盈余现金保障倍数指标属于盈利能力指标，其权数为 9，盈利能力类指标总权数为 34。其计算公式如下：

$$盈余现金保障倍数指标的加权修正系数=0.794\times(9\div 34)=0.21 \quad (11\text{-}54)$$

盈利能力类的修正指标有 4 项，已计算出盈余现金保障倍数指标的加权修正系数为 0.21，销售（营业）利润率指标的单项指标修正系数为 0.095，根据单项修正系数控制修正幅度为 0.7 ~ 1.3，0.095 远远小于 0.7，可以不予考虑。成本费用利润率指标的加权修正系数为 0.21，资本收益率指标的加权修正系数为 0.27，则：

$$盈利能力类修正系数=0.21+0.21+0.27=0.69$$

其他类别指标的综合修正系数计算方法与上述方法相同，不再举例。

（3）修正后得分的计算。

$$修正后总分=\sum(分类综合修正系数\times 分类基本指标得分)$$

通过 ACC 公司基本指标得分和分类综合修正系数，可计算出修正后定量指标的总得分，如表 11–10 所示。

表 11–10　修正后定量指标得分的计算

项　　目	分类综合修正系数	基本指标得分	修正后得分
盈利能力状况	0.69	30.78	21.24
资产质量状况	1.06	15.88	16.83
债务风险状况	1.10	12.46	13.71
经营增长状况	1.00	19.98	19.98
修正后定量指标总得分			71.76

（4）管理绩效定性指标的计分方法。

① 管理绩效定性指标的内容。管理绩效定性评价指标的计分一般通过专家评议打分形式完成，聘请的专家应不少于 7 名；评议专家应当在充分了解企业管理绩效状况的基础上，对照评价参考标准，采取综合分析判断法，对企业管理绩效指标做出分析评议，评判各项指标所处的水平档次，并直接给出评价分数。表 11–11 是一名评议专家给出的各项管理绩效定性评价指标等级表。

表 11–11　管理绩效定性评价指标等级表

评议指标	权数	等级（参数）				
		优 1	良 0.8	中 0.6	低 0.4	差 0.2
1. 战略管理	18		√			
2. 发展创新	15	√				
3. 经营决策	16		√			
4. 风险控制	13		√			
5. 基础管理	14			√		
6. 人力资源	8		√			
7. 行业影响	8	√				
8. 社会贡献	8		√			

② 单项评议指标得分。其计算公式为：

$$单项评议指标分数 = \sum(单项评议指标权数 \times 各评议专家给定等级参数) \div 评议专家人数 \quad (11\text{–}55)$$

假设评议专家有 7 人，对“战略管理”的评议结果为：优等 4 人，良等 3 人。

$$战略管理评议指标得分 = (18\times1+18\times1+18\times1+18\times1+18\times0.8+18\times0.8+18\times0.8)\div7=16.46$$

其他指标的计算方法与上述方法相同，不再举例。

③ 评议指标总分的计算。其计算公式为：

$$评议指标总分 = \sum 单项评议指标分数 \quad (11\text{–}56)$$

前面已计算出“战略管理”评议指标分数为 16.46，假设其他 7 项评议指标的单项得分分别为 14，14，11，12，6，8 和 7，则：

$$评议指标总分 =16.46+14+14+11+12+6+8+7=88.46$$

5. 综合评价得分计算

在得出财务绩效定量评价分数和管理绩效定性评价分数后，应当按照规定的权重，耦合形成综合绩效评价分数。其计算公式为：

$$企业综合绩效评价分数 = 财务绩效定量评价分数 \times 70\% + 管理绩效定性评价分数 \times 30\% \quad (11\text{–}57)$$

根据以上有关数据，ACC 公司的综合评价得分计算如下：

$$综合评价得分 =71.76\times70\%+88.46\times30\%=76.77$$

在得出评价分数以后，应当计算年度之间的绩效改进度，以反映企业年度之间经营绩效的变化状况。其计算公式为：

$$\text{绩效改进度}=\text{本期绩效评价分数}\div\text{基期绩效评价分数} \tag{11-58}$$

绩效改进度大于 1，说明经营绩效上升；绩效改进度小于 1，说明经营绩效下滑。

6. 确定综合评价结果等级

企业综合绩效评价结果以 85，70，50，40 分作为类型判定的分数线。具体的企业综合绩效评价类型与评价级别如表 11-12 所示。

表 11-12　企业综合绩效评价类型与评价级别

评价类型	评价级别	评价得分
优（A）	A++	A++ ≥ 95 分
	A+	95 分 >A+ ≥ 90 分
	A	90 分 >A ≥ 85 分
良（B）	B+	85 分 >B+ ≥ 80 分
	B	80 分 >B ≥ 75 分
	B−	75 分 >B− ≥ 70 分
中（C）	C	70 分 >C ≥ 60 分
	C−	60 分 >C− ≥ 50 分
低（D）	D	50 分 >D ≥ 40 分
差（E）	E	E<40 分

本例中，ACC 公司综合得分 76.77 分，其综合绩效等级属于良（B）级。

本章小结

1. 业绩评价是指在综合分析的基础上，运用业绩评价方法对企业财务状况和经营成果所做的综合结论。业绩评价以财务分析为前提，财务分析以业绩评价为结论，财务分析离开业绩评价就没有太大的意义了。就单项财务能力所做的分析及评价，其结论具有片面性，只有在综合分析的基础上进行业绩评价，才能全面评价企业的财务状况及经营成果。

2. 杜邦财务分析体系亦称杜邦财务分析方法，是根据各主要财务比率指标之间的内在联系，建立财务分析指标体系，综合分析企业财务状况的方法。杜邦财务分析体系的特点是将若干反映企业盈利状况、财务状况和营运状况的比率按其内在联系有机地结合起来，形成一个完整的指标体系，并最终通过净资产收益率这一核心指标来综合反映。

3. 随着经济与环境的发展、变化和人们对企业目标认识的进一步提高，许多人对杜邦财务分析体系进行了变形、补充，使其不断完善和发展，从而形成了帕利普财务分析体系。

4. 进行企业经营业绩综合评价通常可采用综合指数法和综合评分法，即通过计算企业经营业绩综合指数或综合分数，反映企业总体经营业绩水平的高低。

5. 运用综合指数法进行业绩评价的一般程序或步骤包括选择业绩评价指标、确定各项指标的标准值、计算指标单项指数、确定各项指标的全数、计算综合经济指数和评价综合经济指数。

6. 运用沃尔评分法的一般程序或步骤包括选择业绩评价指标、确定各项指标的标准值、确定各项业绩评价指标的权数、计算各类业绩评价指标得分、计算经营业绩综合评价分数和确定经营业绩综合评价等级。

练 习 题

一、名词解释

1. 杜邦财务分析体系　2. 经营业绩评价综合指数法　3. 沃尔评分法

二、单项选择题

1. 杜邦财务分析体系的核心指标是（　　）。

A. 总资产周转率　　B. 净资产收益率

C. 销售净利率　　D. 成本利润率

2. 可持续增长比率的计算公式是（　　）。

A. 总资产收益率 $\times\left(1-\dfrac{\text{支付现金股利}}{\text{净利润}}\right)$

B. 总资产收益率 $\times\left(1+\dfrac{\text{支付现金股利}}{\text{净利润}}\right)$

C. 净资产收益率 $\times\left(1-\dfrac{\text{支付现金股利}}{\text{净利润}}\right)$

D. 净资产收益率 $\times\left(1+\dfrac{\text{支付现金股利}}{\text{净利润}}\right)$

3. 总资产报酬率的计算公式是(　　)。

A. $\frac{销售利润+利息支出}{平均资产总额}$　　B. $\frac{净利润+利息支出}{平均资产总额}$

C. $\frac{营业利润+利息支出}{平均资产总额}$　　D. $\frac{利润总额+利息支出}{平均资产总额}$

4. 以下指标中,属于正指标的是(　　)。

A. 资产负债率　　B. 流动比率

C. 流动资产周转天数　　D. 资本收益率

5. 资产负债率的标准值为50%,实际值为60%,其单项指数为(　　)。

A. 120%　　B. 100%　　C. 80%　　D. 83.33%

6. 盈余现金保障倍数的计算公式是(　　)。

A. $\frac{企业现金净流量}{净利润}$　　B. $\frac{经营现金净流量}{净利润}$

C. $\frac{企业现金净流量}{利润总额}$　　D. $\frac{经营现金净流量}{利润总额}$

7. 资本收益率指标中的资本是指(　　)。

A. 股东权益　　B. 资本公积

C. 实收资本　　D. 资产总额

8. 在企业综合绩效评价指标体系中,资产现金回收率指标反映的财务状况属于(　　)。

A. 盈利能力状况　　B. 债务风险状况

C. 资产质量状况　　D. 经营增长状况

三、多项选择题

1. 综合分析评价的目的包括(　　)。

A. 明确企业财务活动与经营活动的相互关系

B. 评价企业财务状况及经营业绩

C. 为投资决策提供参考

D. 为完善企业管理提供依据

E. 是进行职工奖励的基础

2. 根据杜邦财务分析体系,影响净资产收益率的因素有(　　)。

A. 业主权益乘数　　B. 速动比率

C. 销售利润率　　D. 成本利润率

E. 总资产周转率

3. 根据帕利普财务分析体系,影响净资产收益率的因素有(　　)。

A. 销售利润率　　B. 财务杠杆作用

C. 总资产利润率　　D. 总资产周转率

E. 股利支付率

4. 根据帕利普财务分析体系,与财务杠杆作用相关的指标有(　　)。

A. 流动比率　　B. 速动比率

C. 负债与资本比率　　D. 负债与资产比率

E. 现金比率

5. 经营业绩评价综合指数法所选择的经济效益指标包括(　　)。

A. 盈利能力指标　　B. 资本保值增值指标

C. 偿债能力指标　　D. 资产负债水平指标

E. 对国家贡献水平指标

6. 企业社会贡献总额包括(　　)。

A. 应交增值税　　B. 工资

C. 利息支出净额　　D. 利润

E. 净利润

7. 经营业绩评价综合评分法所选择的业绩评价指标包括(　　)。

A. 财务效益状况指标

B. 资产运营状况指标

C. 偿债能力状况指标

D. 发展能力状况指标

E. 社会贡献状况指标

8. 反映财务效益状况的修正指标有(　　)。

A. 净资产收益率　　B. 资本保值增值率

C. 总资产报酬率　　D. 主营业务利润率

E. 成本费用利润率

四、判断题

1. 最能体现企业经营目标的财务指标是净资产收益率。(　　)

2. 业主权益越大,财务杠杆作用就越大。(　　)

3. 股利支付率越高,可持续增长率就越高。(　　)

4. 综合经济指数按不封顶计算时,如果等于或超过100%,说明各项指标均达到或超过标准值。(　　)

5. 只要期末股东权益大于期初股东权益,就说明通过企业经营使资本增值。(　　)

6. 盈余现金保障倍数的计算公式是经营现金净流量除以净利润。(　　)

7. 带息负债比率中的带息负债包括短期借款和长期借款,但不包括应付利息。(　　)

五、简答题

1. 综合分析的目的是什么?

2. 综合分析的内容是什么?

3. 经营业绩评价综合指数法的程序是怎样的?

4. 沃尔评分法的程序是怎样的?

案例分析

某企业不良资产比率为4%，三年资本平均增长率为6%，三年销售平均增长率为9.5%，技术投入比率为0.6%。其他有关资料如表11–13、表11–14、表11–15和表11–16所示。

表11–13　有关财务数据　　单位：万元

项目	上年	本年
总资产	89 978	93 542
流动资产	40 490	44 900
其中：		
应收账款	11 225	12 123
存货	21 055	23 797
负债	38 690	43 029
其中：		
流动负债	20 675	22 938
主营业务收入	65 684	71 124
主营业务成本	40 724	43 386
期间费用	18 675	22 514
利润总额	3 218	3 725
净利润	2 542	2 980
利息支出	851	952
经营现金净流量	1 323	1 950

表11–14　企业绩效评价标准值表　　单位：%

档次（标准系数）项目	优秀	良好	平均值	较低值	较差值
	（100）	（80）	（60）	（40）	（20）
净资产收益率	10.0	6.1	2.6	–0.4	–6.4
总资产报酬率	5.9	3.9	1.8	–1.1	–3.4
总资产周转率	1.0	0.7	0.4	0.3	0.1
流动资产周转率	2.3	1.9	1.2	0.8	0.4

续表

档次（标准系数）项目	优秀（100）	良好（80）	平均值（60）	较低值（40）	较差值（20）
资产负债率	37.9	48.1	66.2	83.2	93.4
已获利息倍数	3.6	2.7	1.2	−0.2	−2.2
销售增长率	29.3	17.5	4.5	−12.2	−25.8
资本积累率	12.2	4.7	0.5	−10.6	−17.7

表 11–15　修正指标的标准值区段等级表

单位：%

指标（标准系数）项目	优秀（100）	良好（80）	平均（60）	较低（40）	较差（20）
一、财务效益状况					
资本保值增值率	106.9	104.7	101.8	97.8	93.6
主营业务利润率	20.9	14.9	8.8	2.5	−5.2
盈余现金保障倍数	7.7	3.6	1.9	0.6	−0.9
成本费用利润率	9.9	6.4	0.3	−8.3	−18.9
二、资产营运状况					
存货周转次数	7.9	5.9	4.2	2.5	1.3
应收账款周转率	11.7	7.6	5.0	2.6	1.1
不良资产比率	0.1	1.8	11.5	20.7	28.9
三、偿债能力状况					
速动比率	118.3	90.3	64.4	44.8	28.0
现金流动负债比率	15.3	10.3	5.2	−1.3	−4.7
四、发展能力比率					
三年资本平均增长率	16.2	8.1	1.1	−7.4	−17.3
三年销售平均增长率	16.2	9.1	2.9	−8.9	−24.2
技术投入比率	1.1	0.8	0.4	0.3	0

表 11-16 企业评价指标体系

单位：分

定量指标（权重 80%）			定性指标（权重 20%）
评价指标类别（100）	基本指标（100）	修正指标（100）	专家评议指标（100）
一、财务效益状况（38）	净资产收益率（25） 总资产报酬率（13）	资本保值增值率（12） 销售利润率（8） 成本费用利润率（10） 盈余现金保障倍数（8）	1. 经营者基本素质（18） 2. 产品市场占有能力（16） 3. 基础管理水平（12） 4. 发展创新能力（14） 5. 经营发展战略（12） 6. 在岗员工素质（10） 7. 技术装备更新水平（10） 8. 综合社会贡献（8）
二、资产运营状况（18）	总资产周转率（9） 流动资产周转率（9）	存货周转率（5） 应收账款周转率（5） 不良资产比（8）	
三、偿债能力状况（20）	资产负债率（12） 已获利息倍数（8）	现金流动负债比率（10） 速动比率（10）	
四、发展能力状况（24）	销售增长率（12） 资本积累率（12）	三年资本平均增长率（9） 三年销售平均增长率（8） 技术投入比率（7）	

要求：根据以上资料，采用综合评分法，对该企业经营业绩做出评价（已知评议指标总分为 86.5 分）。

第十二章 企业战略管理与分析

学习目标

1. 了解战略和战略管理的概念。
2. 理解财务战略管理和传统财务管理的区别。
3. 掌握企业外部和内部环境分析的内容和方法。

引导案例

新冠肺炎疫情下永辉超市的战略分析

永辉超市成立于2001年，2010年在上海证券交易所上市。永辉超市一直采用差异化竞争战略，进行食品加工，发展现代农业，并逐渐形成了以生鲜为特色的市场品牌。2014年以来，永辉超市对其打造的品牌不断升级；2017年，“超级物种”开业，永辉超市开始了新业态布局，开始发展生鲜供应链改革的示范项目。2020年，新冠肺炎疫情暴发，社区商超、实体超市、超市线上业务等面临极大挑战的同时也迎来了新的机遇，永辉超市第一季度的到家业务销售额同比增长了239%。如何制定合适的竞争战略，借助疫情带来的机遇实现进一步发展，成为永辉超市发展的关键。

永辉超市在总成本领先战略方面具有明显优势：在生鲜供应链建设方面，永辉超市建成第三方物流，构建供应链生态，进一步降低成本，建设生鲜采购、从交付到销售的良性商业闭环；永辉超市对生产商的需求量较大，直接采购的力度很大，在供应商议价能力上占有较强优势；为弥补自身在物流上的短板，永辉与京东达成合作，借力京东到家的物流配送优势，扬长补短，强化自身的营运水平。在疫情期间，永辉的供应链和物流优势在购买防疫物资上发挥了重要作用，有效地保障了员工的安全。

永辉超市在差异化战略方面具有明显优势：永辉超市在大部分地区形成成熟的运营模式，以经营生鲜特色为主营业务，战略定位明确。疫情期间，消费者在线上购买生鲜果的习惯逐步养成，对城市中线上生鲜渠道发展带来利好。永辉超市的实体营销渠道布局较为完善，商品的种类齐全，具有层次性，且有不同的定位的各种子品牌。

大型连锁商超在疫情期间对稳定社会供应方面发挥了积极作用，商务部和地方都出台了很多政策对零售业进行了补贴，疫情之后其社会公用将会被提升到更高的层次。目前，如果永辉超市能深化差异化竞争，借助实体店面运营的经验、供应链等优势，优化后台体系，发挥内部优势，进一步整合提高物流配送能力，发挥好产品优势，把线下客流资源引到线上，在线上渠道守住忠实用户，适应当前的外部环境，就有可能在疫情之下取得可观的收益增长，实现新的发展。

资料来源：武子筠．疫情之下零售龙头企业的竞争战略分析——以永辉超市为例[J]．中国乡镇企业会计，2021(6)．

第一节 企业战略管理

一、战略和战略管理的概念

（一）战略的概念

战略主要涉及组织的长期发展方向和范围，力求使资源与环境（尤其是市场）、消费者相匹配，以达到组织的预期目标。战略具有全局性、长远性、整体性、系统性、基础性、发展性、相对稳定性、竞争性、差异性和匹配性等基本特征。根据安索夫 1965 年在《企业战略》中提出的观点，企业战略由以下四个要素组成：

1. 经营范围

经营范围是企业从事生产经营活动的领域、反映企业和外部环境相互作用的程度，也反映了企业计划与外部环境发生作用的要求。企业根据所处的行业、产品和市场来确定经营范围。

2. 资源配置

资源配置是企业对所拥有的资源和技能进行配置、整合的能力与方式。资源配置的优劣极大地影响着战略的实施目标程度。因此，异质性战略资源的配置，被视为形成企业核心竞争力的基础。资源配置是企业生产经营活动的支撑点。

3. 竞争优势

竞争优势是指企业通过其资源配置模式与经营范围的决策，在市场上形成优于其竞争对手的竞争地位。竞争优势既可以来自企业的产品和市场上的地位，也可以来自企业对特殊资源的正确运用。

4. 协同作用

协同作用是指企业从资源配置和经营范围的决策中所能寻求到的各种共同努力的效果。协同作用作为战略要素极具抽象性，在广义上，可被看做资源配置与整合的规模优势。协同作用主要表现为投资协同、作业协同、销售协同、管理协同四个方面。

（二）战略管理的概念

从动机上来看，战略管理是一种确保当前利润最大化、同时追求长远利益的组织行为；从功能上看，战略管理致力于对市场营销、财务会计、生产作业、研究和开发及管理信息系统进行综合的管理，并确保公司在正确的轨道上进行；在流程上，战略管理是一个包括战略规划、战略实施以及战略评价和控制在内的过程。

一般的，战略管理是制定、实施和评价使组织能够达到其目标的跨功能决策的科学和艺术。战略管理有广义和狭义之分，狭义的战略管理即战略决策；广义的战略管理不仅包括战略制定（即战略决策），还包括战略实施和战略评价。本书所指的战略管理是广义的。

战略管理涉及三个持续的环节：分析、决策和行动。组织领导者首先对组织内外环境进行分析，在此基础上形成若干战略备选方案；然后根据组织目标和有关要素，从众多方案中确定最恰当的方案；最后就是分配资源，采取必要的行动以实施战略。战略管理的三个环节相互作用，共同构成一个持续演进的过程。

需要指出的是，战略管理的核心内容是如何赢得竞争。管理者必须决定企业如何进行竞争才能获得竞争优势，以及如何在市场上保持竞争优势，使之可持续发展。

管理涉及因素较多，牵涉面广，对企业的生存和发展影响深远，因此是一件非常复杂的工作。其复杂性至少有三个原因：

（1）战略决策通常有很高的不确定性。

（2）战略管理要求用一系列综合的方法去整合和管理组织。

（3）战略管理可能涉及组织的重大变革。

二、战略管理者

（一）战略管理者的构成

战略管理者一般包括企业的董事会、高层经理、中层管理者、战略管理部门、非正式的组织领导、企业智囊团等。他们是企业战略管理的主体，是企业内外环境的分析者、战略的制定者，是战略实施的领导者和组织者，还是战略实施的控制者和评价者。

按照企业的职能层次结构，可以将企业的战略管理者划分为三个层次：高层、中层和基层。不同层次的管理者承担的战略管理责任和工作各有差异。具体而言，高层决策者是企业战略的决策者，其战略管理的重点是确立企业的核心价值观，制定和实施企业的使命、目标、政策和策略；中层决策者是企业事业部战略的责任者，其战略管理的重点是使各职能部门的功能协同配合，确保公司战略、事业部战略的具体落实。简单而言，企业总体战略的实施和控制是企业中下层管理者的主要职责。

（二）战略管理者的任务

从战略管理职能的角度分析，企业各层决策者在战略管理的主要职责有：

1. 战略决策

战略决策，有指导整个企业的基本决策（如长期规划、市场研究），还有指导某一战略阶段的决策（如竞争分析），或就某一重大行动所做的决策（如并购）。这些不同的决策，解决不同范围的问题，既有总体的，又有阶段性的和各个竞争领域的，再加上具体的指挥活动，构成了对企业全面系统的指导。战略决策由企业的董事和首席执行官等公司高管人员担当。

2. 变革管理

战略往往涉及变革，能否管理好变革，尤其是重大变革，是企业在竞争中成败的关键。通过变革管理，确定变革策略，提出行动方案与各种配套措施，对内部层级、工作流程以及企业文化进行必要的调整，进而推动企业不断提高活力，以适应外部市场环境的变化。变革管理是企业高管人员的重要职责。高管人员不仅要制定战略，把战略向各个职能部门和业务单元进行解释和渗透，还要花大力气推动组织变革。

3. 资源配置

为了有效的实施战略，需要正确而高效的管理和配置包括人员、装备、原材料、资金和信息等在内的各种资源；同时采取强有力的措施，监督和控制企业的资源分配系统，使各部门之间的资源配置达到最佳状态，以实现企业在一定资源约束下的高效率和高收益。

4. 应急处理

企业管理者必须学会处理影响企业正常运行的突发事件，化解在推行战略的过程中下属之间或企业与外部组织之间的冲突，驾驭非自愿情况以及部分不可控情况。企业管理者要树立危机意识，强化主体意识和责任意识；同时，企业要加强应急管理机构人员和设备配置，制定各项应急管理制度，排查内部管理存在的薄弱环节和隐患，对外部环境或有的威胁保持高度警惕，制定切实可行的应急预案，采取适当措施纠正偏差或消除突发事件的影响，把可能遭受的资源损失减少到最低。

5. 运营管理

管理人员的时间虽然大致平均分配在战略制定和战略执行的两个方面，但后者才是他们的侧重点，运营管理是战略执行的关键所在。管理人员需着力构建和持续改进运营系统，尤其要优化流程，注意监控关键要素的业绩，及时掌握动态，通过信息流，使人流、物流、能流、金流协同有序。对那些业绩不好的环节及偏离既定战略路线的行为采取果断措施，确保战略目标的达成。

战略管理过程虽然要求企业各层级的管理者共同参与，但是相对而言，战略管理的主要职责还是应该由企业的高层管理者承担，其次是中层管理者，基层管理者再次之。与此相反，企业作业管理主要依靠基层管理者，中层管理者和高层管理制在这方面所承担的责任依次递减。

三、财务战略管理

（一）财务战略管理的概念

财务信息——决策者制定战略决策的重要依据。战略管理，是一种着重于制定、实施和评估企业管理决策和行动过程的具有综合功能的艺术和科学。确切地说，战略管理是指在变化的市场环境中，企业从整体和长远利益出发，就经营目标、内部资源以及环境的适应性等问题进行谋划和决策，并依靠企业内部能力将这些谋划和决策付诸实施的过程。其中，战略决策是战略管理中极为重要的环节，企业在发展的各个时期都需要制定战略决策，战略决策可以说是战略管理的基础和核心。

总体来说，决策信息主要来源于企业外部环境和内部资源两个渠道。在战略制胜的时代，凡是有关产业环境、市场竞争力的信息，都是企业进行战略决策所必备的。而企业对这些外部资源进行决策的前提是对组织内部资源的分析，因为外部资源本身不具有某一组织的特性，而只有当外部资源环境和内部资源相互作用之后，整合资源才具有企业特征。因此，尽管战略管理着重于全局、长远的战略问题，它也必须以企业内部资源信息作为制定决策的基础。从企业内部资源看，企业的经济活动以及经营活动的信息集中反映在财务报表上，财务报表以数据的形式综合反映了企业的资产状况、盈利状况、经营成果等，同时也提供了企业管理层决策所需要的原始信息。由此可见，数据能够为企业制定战略决策提供信息。

财务战略管理是指企业在分析理财环境的基础上、服从和服务于企业战略的前提下，对企业资源筹集和配置活动进行的全局性和长远性的谋划，它是战略理论在财务管理领域的应用和延伸。财务战略管理是为实现企业战略目标和加强企业竞争优势，运用财务战略管理的分析工具，确认企业的竞争地位，对企业战略的决策与选择、实施与控制、计量与评价等活动进行全局性、长期性和创造性的谋划过程。财务战略管理既是企业战略管理的一个不可或缺的组成部分，也是企业财务管理的一个十分重要的方面。因此，财务战略管理既要体现企业战略管理的原则要求，又要遵循企业财务活动的基本规律。

（二）财务战略管理与传统财务管理的区别

财务战略管理与传统财务管理的区别集中体现在以下几个方面：

1. 视角与层面不同

财务战略管理运用理性的战略思维，着眼于未来，以企业的筹划、投资及收益的分配为工作对象，规划了企业未来较长时间（至少3年，一般为6年以上）财务活动的发展方向、目标以及实现目标的基本途径和策略，是企业日常财务管理活动的行动纲领和指南。传统管理多属“事务型”管理，主要依靠经验来实施财务管理工作。

2. 逻辑起点差异

财务战略管理以理财环境分析和企业战略为逻辑起点，围绕企业战略目标规划战略性财务活动。传统财务管理主要以历史财务数据为逻辑起点，多采用简单趋势分析来规划财务计划。

3. 职能范围不同

财务战略管理的职能范围比传统财务管理更宽泛得多，它除了应履行传统财务管理所具有的筹资职能、投资职能、分配职能、监督职能外，还应全面参与企业战略的制定与实施过程，履行分析、检查、评估与修正职能等，因此，财务战略管理包含许多对企业整体发展具有战略意义的内容，是牵涉面甚广的一项重要职能战略。

（三）财务战略管理的基本特征

1. 动态性

由于财务战略管理以理财环境和企业战略为逻辑起点，理财环境和企业战略的动态性特征也就决定了财务战略管理的动态性。财务战略管理的动态性主要体现在四个方面：一是财务战略管理具有连续性；二是财务战略管理具有循环性；三是财务战略管理具有适时性；四是战略管理对象具有权变性。正确把握企业财务战略管理的动态性特征非常关键。

2. 全局性

财务战略管理面临复杂多变的理财环境，从企业战略管理的高度出发，其涉及的范围更加广泛。财务战略管理重视有形资产的管理，更重视无形资产的管理；既重视非人力资产的管理，也重视人力资产的管理。传统财务管理所提供的信息多是财务信息，而财务战略管理由于视野开阔，能够大量提供诸如质量、市场需求量、市场占有率等极为重要的非财务信息。

3. 外向性

现代企业经营的实质就是在复杂多变的内外环境条件下，解决企业外部的环境、内部条件和经营目标三者之间的动态平衡问题。财务战略管理把企业与外部环境融为一体，观察分析外部环境的变化为企业财务管理活动可能带来的机会与威胁，增强了对外部环境的应变性，从而大大提高了企业的市场竞争能力。

4. 长期性

财务战略管理以战略管理为指导。需要财务决策者树立战略意识,以利益相关者财富最大化为理财目标,从战略角度来考虑企业的理财活动,制定财务管理发展的长远目标。充分发挥财务管理的资源配置和预警功能,以增强企业在复杂环境中的应变能力,不断提高企业竞争力。

第二节 企业战略分析

一、企业外部环境分析

(一) 宏观环境分析

一般来说,宏观环境因素可以概括为以下四类:① 政治和法律因素(political and law factors);② 经济因素(economical factors);③ 社会和文化因素(social and cultural factors);④ 技术因素(technological factors)。这四个因素的英文第一个字母组合起来就是 PEST,所以宏观环境分析也称为 PEST 分析。

1. 政治和法律环境

政治和法律环境,是指那些制约和影响企业的政治要素和法律系统及其运行状态。政治环境包括国家的政治制度、权力机构、颁布的方针政策、政治团体和政治形势等因素。法律环境包括国家制定的法律、法规、法令以及国家的执法机构等因素。政治和法律因素是保障企业生产经营活动的基本条件。

(1) 政治环境分析。具体来讲,政治环境一般包括以下四个方面:

① 企业所在国家和地区的政局稳定情况;② 政府行为对企业的影响;③ 执政党所持的态度和推行的基本政策,以及这些政策的连续性和稳定性;④ 各政治利益集团对企业活动产生的影响。一方面,这些集团通过议员或代表来发挥/施加自己的影响,政府的决策会去适应这些力量;另一方面,这些集团也可以对企业施加影响,如诉诸法律、利用传播媒介等。

(2) 法律环境分析。法律环境分析一般是对以下四个因素进行分析:① 法律法规,特别是适合企业经营密切相关的经济法律法规,如我国的公司法、中外合资经营企业法、合同法、专利法、商标法、税法、企业破产法等。② 国家司法机关和执法机关。在我国主要有人民法院、人民检察院、公安机关以及各种行政执法机关。而与企业关系较为密切的行政执法机关有市场监督管理机关、税务机关、物价机关、计量管理机关、政府审计机关,等等。除此之外,还有一些临时性的行政执法机关,如各级政府的财政、税收、物价检查组织等等。③ 企业的法律意识。这是企业的法律观念和法律思想的总称,是企业对法律制度的认识和评价。而这种意识,最终都会物化为一定性质的法律行为,并造成一定的法律后果,成为每个企业必须面对的法律环境。④ 国际法所规定的国际法律环境和目标国的国内法律环境。

(3) 政治和法律环境对企业战略影响的特点。① 不可测性。企业无法准确预测国家政治环境的变化。② 直接性。国家政治环境直接影响企业的经营状况。③ 不可逆转性。

政治法律环境一旦影响到企业，就会发生十分迅速和明显的变化，而企业对于这种变化是无法进行推卸和转移的。

2. 经济环境

经济环境，是指构成企业生存和发展的社会经济状况及国家的经济政策，包括社会经济结构、经济体制、发展状况、宏观经济政策等要素。通常衡量经济环境的指标有国内生产总值、就业水平、物价水平、消费支出分配规模、国际收支状况，以及利率、通货供应量、政府支出、汇率等国家货币和财政政策等。经济环境对企业生产经营的影响更为直接、具体。

（1）社会经济结构，是指国民经济中不同的经济成分、不同的产业部门及社会再生产各方面在组成国民经济整体时相互的适应性、量的比例以及排列关联的状况。社会经济结构主要包括产业结构、分配结构、交换结构、消费结构和技术结构。其中，最重要的就是产业结构。

（2）经济发展水平。经济发展水平，是指一个国家经济发展的规模、速度和所达到的水平。反映一个国家经济发展的常用指标有国内生产总值（GDP）、人均 GDP 和经济增长速度。

（3）经济体制。经济体制，是指国家经济组织的形式，它规定了国家与企业、企业与企业、企业与各经济部门之间的关系，并通过一定的管理方法和手段来调控和影响经济流动的范围、内容和方式等等。

（4）宏观经济政策。宏观经济政策，是指实现国家经济发展目标的战略与策略，它包括综合性的全国发展战略和产业政策、国民收入分配政策、价格政策、物资流通政策等。

（5）当前经济状况。当前的经济状况会影响一个企业的财务业绩。经济的增长率取决于商品和服务需求的总体变化。其他经济影响因素包括税收水平、通货膨胀率、贸易差额和汇率、失业率、利率、信贷投放以及政府补助等。

（6）其他一般经济条件。其他一般经济条件和发展趋势对一个企业的成功也是至关重要的。工资水平、供应商及竞争对手的价格以及政府政策，会影响产品的生产成本和服务的提供成本以及它们被出售的市场的情况。

3. 社会和文化环境

社会和文化环境，是指企业所处的社会结构、社会风俗和习惯、信仰和价值观念、行为规范、生活方式、文化传统、人口规模与地理分布等因素的形成和变动。自然环境，是指企业所处的自然资源与生态环境，包括土地、森林、河流、海洋、生物、矿产、能源、水源、环境保护、生态平衡等方面的发展变化。这些因素关系到企业确定投资方向、产品改进与革新等重大经营决策问题。

社会文化环境是指一个国家或地区人们共同的价值观、生活方式、人口状况、文化传统、教育程度、风俗习惯、宗教信仰等，这些因素是人类在长期的生活和成长过程中逐渐形成的，人们总是自觉不自觉地接受这些准则作为行动的指南。

社会文化因素对企业有着多方面的影响，其中有些是直接的，有些是间接的，最主要的是它能够极大地影响社会对产品的需求和消费。特别是外贸出口产品，如果对出口国家的社会文化环境了解得不深、不透，就会影响产品销路。

（1）人口因素。① 人口总数直接影响着社会生产总规模；② 人口的地理分布影响着企业的厂址选择；③ 人口的性别比例和年龄结构在一定程度上决定了社会需求结构，进而影响社会供给结构和企业生产结构；④ 人口的教育文化水平直接影响着企业的人力资源状况；⑤ 家庭户数及其结构的变化与耐用消费品的需求和变化趋势密切相关，因而也就影响到耐用消费品的生产规模等。

（2）社会流动性。社会流动型主要涉及社会的分层情况、各阶层之间的差异以及人们是否可在各阶层之间转换、人口内部各群体的规模、财富及其构成的变化以及不同区域的人口分布等。不同阶层对企业的期望也有差异。① 社会各阶层包括股东、董事会成员、原材料供应者、产品销售人员及其他与企业有关的阶层。② 各阶层对企业的期望是不同的，例如，股东集团评价战略的标准主要是看投资回报率、股东权益增长率等；企业工作人员评价战略的标准主要是看工资收益、福利待遇及其工作环境的舒适程度等；消费者则主要关心企业产品的价格、质量、服务态度等；政府机构评价企业的立足点主要是看企业经营活动是否符合国家的政策、法规和有关各项行政规章制度。

（3）消费者心理。① 在当代物质丰富的条件下，人们购买商品不仅是要满足生理需求，更重要的是，还要获得心理或精神上的享受。② 企业在制定战略时，必须注意到消费者的心理因素，树立“创造市场、创造需求”的观念。

（4）社会发展趋势。① 社会环境方面的变化日趋加快，打破了传统习惯。人们开始重新审视自己的信仰、追求和生活方式，穿着款式、消费倾向、业余爱好，以及对产品与服务的需求不断变化，从而使企业面临更严峻的挑战。② 现代社会发展的主要倾向之一是人们对物质生活的要求越来越高。一方面，人们已从“重义轻利”转向注重功利和实惠，有些人甚至走到唯利是图的地步；产品的更新换代日益加速；日益增长的物质需求给企业发展创造了外部条件。另一方面，随着物质水平的提高，人们正在产生更加强烈的社交、自尊、信仰、求知、审美、成就等高层次需求。人们希望从事能够发挥自己才能的工作，使自己的潜力得到充分的发挥。

（5）文化传统。① 文化传统是一个国家或地区在较长历史时期内所形成的一种社会习惯。② 文化环境对企业的影响是间接、潜在和持久的。文化的基本要素包括哲学、宗教、语言与文字、文学艺术等，它们共同构成文化系统，对企业文化有重大的影响。哲学是文化的核心部分，在整个文化中起着主导作用；宗教作为文化的一个侧面，在长期发展过程中与传统文化有着密切联系；语言文字和文化艺术是文化的具体表现，是社会现实生活的反映，它对企业职工的心理、人生观、价值观、性格、道德及审美观点的影响和导向作用不容忽视。

（6）价值观。① 价值观是指社会公众评价各种行为的观念标准。② 不同的国家和地区，其价值观是不同的。

4. 技术环境

技术环境，是指企业所处的环境中的科技要素及与该要素直接相关的各种社会现象的集合，包括国家科技体制、科技政策、科技水平和科技发展趋势等。技术环境影响到企业能否及时调整战略决策，以获得新的竞争优势。

（二）产业环境分析

产业环境是指对于同一产业内的组织都会发生影响的环境因素。与一般环境不同的是，产业环境只对处于某一特定产业内的企业以及与该产业存在业务关系的企业产生影响。

产业环境对企业行为和绩效产生直接的影响，是企业所处的直接环境。产业环境分析的基本目的是评价一个产业的总体经济吸引力。处于经济上极具吸引力产业的企业，其平均绩效将优于处在经济上缺乏吸引力产业的企业的平均绩效。当然，产业分析不应是对产业威胁和机会的随意罗列，这样的罗列将是不全面且不能抓住关键要素的。

对产业环境分析有产业寿命周期分析和五因素产业分析。

1. 产业寿命周期分析

产业寿命周期分析是分析产业发展阶段状况的常用方法，企业了解了某产业所处的寿命周期阶段，就能决定是进入、维持还是撤退。对一项新的投资，把握了产业寿命周期阶段才能进行正确的决策。

产业寿命周期可分为导入期、成长期、成熟期和衰退期等四个阶段。

（1）导入期。新产品投入市场，便进入介绍期。此时，顾客对产品还不了解，只有少数追求新奇的顾客可能购买，销售量很低。为了扩展销路，需要大量的促销费用，对产品进行宣传。在这一阶段，由于技术方面的原因，产品不能大批量生产，因而成本高，销售额增长缓慢，企业不但得不到利润，反而可能亏损。产品性能也有待进一步完善。

（2）成长期。这时顾客对产品已经熟悉，大量的新顾客开始购买，市场逐步扩大。产品大批量生产，生产成本相对降低，企业的销售额迅速上升，利润也迅速增长。竞争者看到有利可图，将纷纷进入市场参与竞争，使同类产品供给量增加，价格随之下降，企业利润增长速度逐步减慢，最后达到生命周期利润的最高点。

（3）成熟期。市场需求趋向饱和，潜在的顾客已经很少，销售额增长缓慢直至转而下降，标志着产品进入了成熟期。在这一阶段，竞争逐渐加剧，产品售价降低，促销费用增加，企业利润下降。

（4）衰退期。随着科学技术的发展，新产品或新的代用品出现，将使顾客的消费习惯发生改变，转向其他产品，从而使原来产品的销售额和利润额迅速下降。于是，产品又进入了衰退期。

2. 五因素产业分析

迈克尔·波特将构成环境的主要因素划分为五类：有产业内企业间的竞争形成的产业竞争强度、有可能进入产业的潜在进入者、产业的供应方、产业的买方，以及替代品。这些因素的共同作用决定了产业的基本活动方式、产业内企业的基本关系、产业竞争强度、产业的基本获利能力和获利潜力。

（1）现有企业之间的竞争强度分析。产业竞争强度和产业一般获利水平是由产业内企业之间的竞争直接造成。对尚未进入某一产业的企业来说，进行产业分析的目的首先是要确定该产业已有的竞争强度，从而估计在此竞争强度下产业的可能获利水平，是否值得进入。其次是要确定在该产业中本企业的目标位置，即确定主要的竞争对手。

现有竞争强度分析：现有竞争企业的数量和力量对比分析；成本结构分析；产品差异分析；退出障碍和转移成本分析；生产能力扩大方式的分析；竞争者类型分析；产业投资目的分析。

确定主要竞争对手。即使在同一个产业内，也很少有哪个企业将产业内处于同一价值环节的所有企业都作为自己的竞争对手，而往往是以一定的标志将企业划分为若干群，以处于同一战略中的企业为竞争对手。最能综合反映企业竞争实力的指标有发展能力、市场竞争能力、获利能力三个。

企业所在产业的结构特征决定了企业所面对的选择与约束的范围。在完全竞争产业中，企业是单纯的价格接受者，它们对供求变化做出反应但不能影响供求水平，它们可作的选择很少但受到的约束甚多。处于完全竞争产业中的企业至多能产生正常绩效，而社会福利达到最大化。因此，如果一个产业的结构为完全竞争，则企业行为是确定的，企业长期绩效也是确定的。

新进入企业的潜在进入威胁分析。对潜在进入威胁的分析可分为两个层次：一是分析由产业特征形成的对潜在进入者的进入障碍，二是分析哪些企业有更大可能成为潜在进入者。

进入障碍分析：明显的规模经济作用；独特的产品差异；对资本量的要求；较高的转移成本；企业对分销渠道的支配；规模经济之外的成本优势；政府政策支持；产业内企业的共同抵制。

（2）典型的潜在进入者分析。比较容易取得成功的潜在进入者主要有以下几类：具有克服进入障碍能力的企业；存在与产业内企业明显协同作用的企业；将对产业的投资视为其战略发展过程的企业；有可能并有压力进行纵向一体化的企业。在竞争性较低的产业，企业面对较少的约束而有更多的选择。有些选择可以使企业获得竞争优势并取得高于正常绩效。而进入障碍等产业结构特征决定了一个产业中的企业能在多长时间内取得高于正常水平的绩效。即使在这种情况下，产业结构也决定了产业行为和企业绩效。

（3）供应商分析。供应商供应能力分析。关键供应物包括劳动力、生产设备和原材料、技术及特定工艺、服务等。进行供应能力分析时，首先需要分析产业的生产能力。劳动力供应受人力短期内移动困难的特征的影响。设备供应状况不但受现有市场可获设备与企业对设备的要求间差别的影响，还受设备能力形成期长度的影响。原材料的供应最终受自然环境和政府进口政策的影响。

供应商分析中还需要包括分析其他具有替代作用的供应物和供应商的组织结构和互相之间的关系、供应物的变化趋势等产业组织的发展方向和未来产业价值链的构成变化、预计由产业组织的改变可能引起的供应关系的变化因素。② 供应商产业价值占有力分析：供应商集中程度；供应商前向一体化的可能性；供应物差异性；供应物替代情况；供应物重要性。

（4）买方分析。买方分析可以分为两个层面：一层是对买方需求的分析，需求状况将决定产业的市场容量和市场发展潜力；另一层是买方价值占有能力的分析，买方价值占有能力将影响产业的获利能力。

① 需求分析，需求分析包括以下三方面：

总需求分析。总需求分析涉及市场容量、支付能力和潜在需求等内容。

需求结构分析。需求结构分析涉及对产业内不同大类产业或产品的需求类别、不同需求类别之间的关系、用户类型特征和地区分布等内容。

购买力分析。购买力分析是对需求的更进一步研究，主要包括该产业的一般购买力水平、购买力变化情况和变化趋势、影响购买力的各种因素等。

② 买方价值占有能力分析

主要包括：买方集中程度和进货批量；买方产品成本结构；买方转移成本；产品差异

性；买方后向一体化可能性。

（5）替代产品分析。替代品是指能提供相同功能的产品。替代品的存在使客户对产品有了选择余地，一旦产品价格与其功能之比使客户认为不值，他们就会转向替代品。替代品的存在为现有产业规定了价值上限，同时为现有产业的获利水平规定了上限。

专栏 12-1

中国调味品产业五种竞争力分析

一、调味品行业的竞争压力

受益于生产技术水平的不断提高以及下游需求市场的不断扩大，调味品行业在中国国内和国际市场上发展形势都十分被看好，但国内调味品生产企业却面临着日益激烈的竞争压力：

其一，海外调味品企业纷纷通过收购国内老品牌或用其原有品牌在国内建厂这两种方式进入中国市场。其二，生产用原辅料成本、用工成本不断上涨已成为调味品企业面临的共性问题，而由于国内生产企业众多，产品差异较小，用户有充分的选择，加上国内居民人均收入水平不高，消费者总是千方百计为获得优惠价格进行有选择性地购买，致使生产厂家受到双重挤压，利润微薄。其三，随着产品市场细分程度的提升以及消费者对于保健和养生食品需求的增加，具有美味和天然营养的综合型调料品层出不穷，对传统的调味品形成部分替代。

在激烈的竞争环境中，天地、开达、锦豪等几个老字号的调味品企业却始终保持着优势地位。天地公司注重构建企业的规模优势，目前达到了世界最大的调味品生产规模，包揽了国内调味品行业“规模最大、品类最多、技术最好”等多项第一。开达公司以产品创新在行业中著称，其开达牌味极鲜酱油是公司的“拳头产品”，属国内首创，其高利润的产品线是公司竞争的主要优势。锦豪公司则专注于国内餐饮业调味品细分市场，成为餐饮市场调味品企业的“领头羊”，并与许多餐饮业企业建立了长期的合作关系。

这些老字号调味品企业凭借建立起来的竞争优势，逐步淘汰了国内调味品市场实力弱小的企业，改变着市场竞争格局，也对包括外资企业在内的潜在进入者形成很强的进入障碍。

二、用波特五力模型分析国内调味品生产企业的竞争压力

运用波特五力模型，分析国内调味品生产企业面对的竞争压力如下：

（1）潜在进入者的进入威胁。“海外调味品企业纷纷通过收购国内老品牌或用其原有品牌在国内建厂这两种方式进入中国市场”。

（2）替代品的替代威胁。随着产品市场细分程度的提升以及人民对于保健和养生食品需求的增加，具有美味和天然营养的综合型调料品层出不穷，对传统的调味品形成部分替代。

（3）供应者讨价还价。生产用原辅料成本、用工成本不断上涨已成为调味品企业面临的共性问题。

（4）购买者讨价还价。用户有充分的选择，加上国内居民人均收入水平不高，消费者总是千方百计为获得优惠价格进行有选择性地购买。

（5）产业内现有企业的竞争。国内生产企业众多，产品差异较小。

三、调味品企业应对竞争压力的战略措施

天地、开达、锦豪等几个老字号的调味品企业应对五种竞争力的战略措施如下：

（1）通过利用成本优势或差异优势把公司与五种竞争力相隔离，从而能够超过它们的竞争对手。天地公司树立成本优势，注重构建企业的规模优势，目前达到了世界最大的调味品生产规模，包揽了国内调味品行业规模最大、品类最多、技术最好等多项第一；开达公司树立差异优势，开达公司以产品创新在行业中著称，其开达牌味极鲜酱油是公司的拳头产品，属国内首创，其高利润的产品线是公司竞争的主要优势。

（2）实施波特提出的“集中战略”。锦豪公司则专注于国内餐饮业调味品细分市场，成为餐饮市场调味品企业的领头羊。

（3）努力改变五种竞争力。公司可以通过与供应者或购买者建立长期战略联盟，以减少相互之间的讨价还价；公司还必须寻求进入阻绝战略来减少潜在进入者的威胁。锦豪公司专注于国内餐饮业调味品细分市场，与许多餐饮业企业建立了长期的合作关系；这些老字号调味品企业凭借建立起来的竞争优势……改变着市场竞争格局，也对包括外资企业在内的潜在进入者形成很强的进入障碍。

四、调味品企业的竞争优势对潜在进入者的进入障碍

从结构性障碍角度，天地、开达、锦豪等几个老字号的调味品企业凭借建立起来的竞争优势对潜在进入者形成进入障碍主要表现为：

（1）规模经济。天地公司注重构建企业的规模优势，目前达到了世界最大的调味品生产规模，包揽了国内调味品行业“规模最大、品类最多、技术最好”等多项第一。

（2）现有企业对关键资源的控制。锦豪公司与许多餐饮业企业建立了长期的合作关系。

（3）现有企业的市场优势。开达公司以产品创新在行业中著称，其开达牌味极鲜酱油是公司的拳头产品，属国内首创。

专栏 12-2

致臻老窖公司在高端白酒业所具备的竞争优势

随着国内消费的不断升级，中高端白酒产品日益成为酒业的消费热点。由于高端白酒在窖池、工艺、环境、品牌等多方面的进入门槛很高，高端白酒长期处于供不应求的状态，使其对消费者具有更强的议价能力，并且高端白酒通常具备一定的收藏价值，这对价格不太敏感的高端酒客户来说更具吸引力。一些以中低端酒为主的酒企也开始特型升级，调整产品结构，增加高端产品的占比，以适应国内消费升级的变化趋

势。此外，对国内白酒业整体而言，进口红酒的冲击也不可小视，如今商务宴请中喝红酒的人越来越多，抢占了一定的市场份额。

S省酒业有着悠久的历史。改革开放后，S省白酒地理优势、技术优势和人才优势逐步凸显，白酒产业迅速发展，保持着校强的盈利能力。S省既有多家全国品牌大企业，也有诸多地方品牌中小企业。2019年1月，S省白酒行业协会推出的《白酒产业圾兴发展培育方案》指出，要做专做优做强白酒名优企业，提升企业效益，增强企业核心竞争力；支持名优企业通过兼并、收购等多种方式整合省内中小企业；支持名优企业之间强强联合、战略合作；推进白酒产业与旅游文化产业的融合发展，充分发挥S省得天独厚的旅游文化资源等。

作为国内名优白酒品牌的龙头企业之一，S省致臻老窖公司近年来实施一系列战略举措以打造其在高端白酒业的竞争优势：① 采取“公司＋农户”的订单模式，大力开发建设生态酿酒原料生产基地，从源头上把好质量关。② 启动“酿酒废弃物热化学能源化与资源化耦合利用技术”研究项目，为实现“高梁种植→白酒酿造→固废资源化利用→优质高梁种植→优质白酒酿造”的绿色循环产业链打下坚实基础。③ 投资实施智能化包装中心技改项目，打造自动化、智能化的现代化包装基地，推动公司包装物流体系的转型升级。④ 通过音乐、艺术等国际通用的“语言”将白酒文化传播到世界各地，拓展海外市场，抵消了部分进口红酒在国内市场的替代威胁。

从五种竞争力分析角度，简要分析数臻老窖公司在高端白酒业所具备的竞争优势如下：

（1）潜在进入者的进入威胁。一些以中低端酒为主的酒企也开始转型升级，调整产品结构，增加高端产品的占比，以适应国内消费升级的变化趋势；高端白酒在窖池、工艺、环境、品牌等多方面的进入门槛很高。

（2）替代品的替代威胁。对国内白酒业整体而言，进口红酒的冲击也不可小视，如今商务实请中唱红酒的人越来越多，抢占了一定的市场份额；致塘老窖公司通过音乐、艺术等国际通用的“语言”将白酒文化传播到世界各地，拓展海外市场，抵消了部分进口红酒在国内市场的替代威胁。

（3）供应者讨价还价。采取“公司＋农户”的订单模式，大力开发建设生态酿酒原料生产基地，从源头上把好质量关。

（4）购买者讨价还价。高端白酒长期处于供不应求的状态，使其对消费者具有更强的议价能力，并且高端白酒通常具备一定的收藏价值，这对价格不太敏感的高端酒客户来说更具吸引力。

（5）产业内现有企业的竞争。作为国内名优白酒品牌的龙头企业之一，S省致臻老窖公司近年来实施一系列战略举措以打造其在高端白酒业的竞争优势……

（三）竞争环境分析

作为产业环境分析的补充，竞争环境分析的重点在于直接竞争的每一个企业。竞争环境分析可以从个别企业视角去观察分析竞争对手的实力，还可以从产业竞争结构视角观察分析企业所面对的竞争格局。

1. 竞争对手的目标

对竞争对手目标的分析与了解,有利于预测竞争对手对其目前的市场地位以及财务状况的满意程度,从而推断其改变现行战略的可能性以及对其他企业战略行为的敏感性。对竞争对手目标的分析从以下三个方面展开:

(1)竞争对手目标分析对本公司制定竞争战略的作用。制定战略的一种方法是在市场中找到既能达到自身目的又不威胁竞争对手的位置。了解竞争对手的目标,就有可能找到每个公司都相对满意的位置。竞争对手的目标分析非常关键,因为这能帮助公司避免那些可能威胁到竞争对手达到其主要目标从而引发激烈战争的战略行动。

(2)竞争对手业务单位目标分析。波特认为,分析竞争对手业务单位目标可以考虑以下十一个方面的因素:

① 竞争对手公开表示的与未公开表示的财务目标是什么?

② 竞争对手对风险持何种态度?

③ 竞争对手是否有对其目标有重大影响的经济性或非经济性组织价值观或信念?

④ 竞争对手组织结构如何(职能结构情况,是否设置产品经理,是否设置独立的研究开发部门,等等)?

⑤ 现有何种控制与激励系统?主管人员报酬如何?

⑥ 现有何种会计系统和规范?

⑦ 竞争对手的领导阶层由哪些人构成?

⑧ 领导阶层对未来发展方向表现出多大的一致性?

⑨ 董事会成分如何?

⑩ 什么样的合同义务可能限制公司的选择余地?

⑪ 对公司的行为是否存在任何条例、反托拉斯法案,或其他政府或社会限制因素?

(3)多元化公司母公司对其业务单位未来目标的影响分析。

即分析竞争对手战略在母公司总体战略中的重要性和匹配性。母公司对其业务单位未来目标的影响分析需考虑因素:

① 母公司当前经营情况(销售增长、回报率等)如何?

② 母公司的总目标是什么?

③ 一个业务单位在母公司的总战略中有何重要的战略意义?

④ 母公司为何要经营这项业务(因为剩余生产能力、纵向整合需要或为了开发分销渠道以及为了加强市场营销的力量)?

⑤ 该业务在母公司业务组合中与其他业务的经济关系如何(纵向整合、相互补偿、分担、分享研究开发)?

⑥ 整个公司高级领导层持何种价值观或信念?

⑦ 母公司是否在其他众多业务中应用了一种基本战略并将同样用于这一业务?

⑧ 假定母公司的总战略及其他部门的经营状况和要求已知,竞争对手的业务部门所面临的销售目标、投资收益障碍以及资金限制如何?

⑨ 母公司的多元化计划如何?

⑩ 母公司的组织结构中提供了何种关于该业务单位在母公司眼中的相对状况、地位以及目标等方面的线索?

⑪ 在母公司的总体架构中，是如何对部门管理层进行控制和奖惩的？

⑫ 母公司奖励了哪些类型的经理？

⑬ 母公司从何处招聘？

⑭ 是否存在对母公司整体的反托拉斯法案、法规或社会敏感因素从而波及和影响到它的业务部门。

⑮ 母公司或组织中个别高层经理是否对这个部门具有感情？

2. 竞争对手的假设

对竞争对手的假设分析，目的在于揭示竞争对手对其自身、所处产业以及产业内其他企业的评价和看法，是企业各种战略行为取向的最根本动因。① 竞争对手假设分析对本公司制定竞争战略的作用。竞争对手的假设分为两类：一是竞争对手对自己的假设；二是竞争对手对产业及产业中其他公司的假设。竞争对手对其自身、所处产业以及产业内其他企业的评价和看法可能存在误区和盲点，这些误区和盲点可帮助公司把握一些战略契机，同时辨识立即遭到报复的可能性，并有针对性地采用行动，以使竞争对手的报复失灵。② 分析竞争对手假设的主要因素。包括竞争对手的市场占有率分析；竞争对手的财务状况分析；竞争对手盈利能力分析；竞争对手的成长性分析；其他的财务状况分析；竞争对手的产能利用率分析；竞争对手的创新能力分析；对竞争对手的领导人进行分析。③ 竞争对手的现行战略。对竞争对手现行战略的分析，目的在于揭示竞争对手正在做什么、能够做什么。通过对竞争对手现行战略的分析，可以帮助公司了解竞争对手目前是如何进行竞争的，以及如果将来竞争结构发生了变化，竞争对手进行战略调整的力度。④ 竞争对手的能力。竞争对手的目标、假设和现行战略会影响其进行战略反击的可能性、时间、性质及强烈程度。对竞争对手能力的分析，目的在于揭示竞争对手的强项和弱点，而其优势与劣势将决定其发起战略反击行动的能力以及处理所处环境或产业中事件的能力。竞争性行动在本质上分为战略性和战术性两种，战略性行动需要获取大量的资源，并难以被成功地执行和改变。相反，采取战术性行动需要较少的资源，相对来说更容易执行和改变。竞争对手的能力分析，主要围绕竞争对手以下几方面的能力：核心能力；成长能力；快速反应能力；适应变化的能力；持久力；竞争对手的现行战略；竞争对手的能力。

（四）市场需求分析

公司外部环境分析的另一个重要方面是对市场需求状况的分析。市场需求状况直接与公司营销战略决策有关。下面，我们将从市场需求的决定因素以及消费者两个角度，对市场需求进行探讨。

1. 市场需求的决定因素

经济学理论认为，决定一个消费者对一种产品的需求数量的主要因素有：该产品价格、消费者收入水平、相关产品价格、消费者偏好、消费者对产品的价格预期等。一个市场上所有消费者对该种产品的总需求量还取决于这个市场上消费者的数量。

在市场需求的决定因素中，人口和购买力一般作为进入一个新市场的考察依据。

市场需求的决定因素中消费者购买欲望是生产厂商可以把握的因素，也是众多厂商市场营销策略的着眼点。产品的价格、差异化程度、促销手段等环节可能会影响消费者的购买欲望，又往往与市场竞争策略交织在一起。

2. 消费者分析

消费者分析是企业制定战略时应重点考虑的内容。归根结底，是消费者提供收入使企业的财富得以增长。企业战略制定过程的一部分工作是说服消费者选择本企业的而不是竞争对手的产品或服务。消费者分析对消费者的主要特征及消费者如何作出购买决策进行了描述。

消费者分析可从三个战略问题展开：即消费细分、消费动机以及消费者未满足的需求。

（1）消费细分。① 市场细分。市场细分的概念是美国市场学家温德尔·史密斯（Wendell R.Smith）于20世纪50年代中期提出来的。市场细分是指营销者通过市场调研，依据消费者的需要和欲望、购买行为和购买习惯等方面的差异，把某一产品的市场整体划分为若干消费者群的市场分类过程。每一个消费者群就是一个细分市场，每一个细分市场都是具有类似需求倾向的消费者构成的群体。市场细分的价值在于将具有盈利或明确特征的市场进行细分，允许以相似方式对待相似消费者，区分不同的客户群组。市场细分可以基于不同的基础，传统的方法是按人口细分。这是许多细分做法的起点，但研究发现人口细分不是影响购买力的唯一决定因素。② 产业市场细分。上面的方法常常应用于消费者商品和服务市场。细分产业市场的变量，有一些与消费者市场细分变量相同，如追求利益、使用者情况、使用程度、对品牌的信赖程度、购买准备阶段、使用者对产品的态度等。此外，细分产业市场的常用变量还有最终用户、顾客规模等。

（2）消费动机。进行消费细分后，就需要了解消费动机。如商务人员偏重快捷、方便交通方式和舒适的服务，对价格不太敏感；一般的旅行者可能更关心旅行的费用。个人电脑用户与商业用户对电脑的要求是完全不同的。对消费者动机的了解能够帮助企业获得持续竞争优势，对制定新战略和开发新的销售渠道具有推动作用。

（3）消费者未满足的需求。从战略上来讲，了解消费者的未满足需求是非常重要的，因为未满足需求表明企业拥有进入市场或增加市场份额的机会。同时也表明企业正面临威胁，因为竞争对手同样拥有抢占市场份额的机会。

消费者并不是任何时候都能意识到自己未满足的需求，这是因为他们已经习惯了现有产品的局限性或者未满足需求并不明显。认识到消费者未满足的需求，企业应该开发新的产品或者对产品进行调整。有时，消费者不仅可以发现问题，还能提供解决问题的方案。

二、企业内部环境分析

在对企业进行详尽而全面的外部环境分析之后，战略分析的另一个方面是进行企业内部环境分析。通过内部环境分析，企业可以决定能够做什么，即企业所拥有的独特资源与能力所能支持的行为。

（一）企业资源分析

企业资源分析的目的在于识别企业的资源状况、企业资源方面所表现出来的优势和劣势以及对未来战略目标制定和实施的影响如何。

企业资源，是指企业所拥有或控制的有效因素的总和，包括资产、生产或其他作业程度技能和知识等。按照竞争优势的资源基础理论，企业的资源禀赋是其获得持续竞争优势的重要基础。

企业资源分析是指公司为找出具有未来竞争优势的资源，对所拥有的资源进行识别和评价的过程。这一过程包括确定公司所拥有的资源，然后应用资源价值原理来确定哪些资源真正具有价值。

1. 企业资源的主要类型

（1）有形资源是指可见的、能用货币直接计量的资源，主要包括物质资源和财务资源。物质资源包括企业的土地、厂房、生产设备、原材料等，是企业的实物资源；财务资源是企业可以用来投资或生产的资金。有形资源一般都反映在企业的资产当中，但是，由于会计核算的要求，资产负债表所记录的账面价值并不能完全代表有形资源的战略价值。

有些类似的有形资源可以被竞争对手轻易地取得，因此，这些资源便不能成为企业竞争优势的来源。但是，具有稀缺性的有形资源能使公司获得竞争优势。

（2）无形资源是指企业长期积累的、没有实物形态的、甚至无法用货币精确度量的资源。无形资源通常包括品牌、商誉、技术、专利、商标、企业文化及组织经验等。尽管无形资源难以精确度量，但由于无形资源一般都难以被竞争对手了解、购买、模仿或替代，因此，无形资源是一种非常重要的企业核心竞争力的来源。

例如，技术资源就是一种重要的无形资源，它主要是指专利、版权和商业秘密等。技术资源具有先进性、独创性和独占性等特点；使得企业可以据此建立自己的竞争优势。商誉也是一种关键的无形资源。商誉，是指企业由于管理卓越、顾客信任或其他特殊优势而具有的企业形象，它能给企业带来超额利润。

需要注意的是，由于会计核算的原因，资产负债表中的无形资产并不能代表企业的全部无形资源，甚至可以说，有相当一部分无形资源是游离在企业资产负债表之外的。

（3）人力资源是指企业的员工向企业提供的技能、知识以及推理和决策能力。大量研究发现，那些能够有效开发和利用其人力资源的企业比那些忽视人力资源的企业发展的更快、更好。在技术飞速发展、信息化加速的新经济时代，人力资源在企业中的作用越来越突出。

2. 决定企业竞争优势的企业资源判断标准

在分析一个企业拥有的资源时，必须知道哪些资源是有价值的，可以使企业获得竞争优势。其主要的判断标准如下：

（1）资源的稀缺性。如果一种资源是所有竞争者都能轻易取得的，那么，这种资源便不能成为企业竞争优势的来源。如果企业掌握了取得处于短缺供应状态的资源，而其他的竞争对手又不能获取这种资源，那么，拥有这种稀缺性资源的企业便能获得竞争优势。

（2）资源的不可模仿性。资源的不可模仿性是竞争优势的来源，也是价值创造的核心。资源的不可模仿性主要有以下四种形式：① 物理上独特的资源。有些资源是物质本身的特性所决定的。② 具有路径依赖性的资源。这是指那些必须经过长期积累才能获得的资源。③ 具有因果含糊性的资源。有些资源的潜在的复制者不能清楚其价值究竟在何处，或不能找出准确的复制方法。④ 具有经济制约性的资源。这是指产业市场领导者的竞争对手已经拥有复制其资源的能力，但由于市场空间有限只好作罢。例如，企业在市场上处于领导者的地位，其战略是在特定的市场上投入大量资本。这个特定市场可能会由于空间太小，不能支撑两个竞争者同时盈利，企业的竞争对手再有能力，也只好放弃竞争。这种资源便是具有经济制约性的资源。

（3）资源的持久性。资源的贬值速度越慢，就越有利于形成核心竞争力。一般来说，有形资源往往都有自己的损耗周期，而无形资源和组织资源则很难确定其贬值速度。

（4）资源的不可替代性。不可替代的资源是指不具有战略对等性的资源。所谓战略对等性的资源是指如果当两种资源可以分别用于实施同一种战略的话，那么这两种资源就被视为具有战略对等性的资源。通常来说，一项资源越是来源于知识与技能的结合，就越难找到战略对等性的资源。

综上所述企业资源是企业所拥有或控制的有效因素的总和，包括资产、生产或其他作业程序、技能和知识等。

（二）企业能力分析

企业能力，是指企业配置资源，发挥其生产和竞争作用的能力。企业能力来源于企业有形资源、无形资源和组织资源的整合，是企业各种资源有机组合的结果。

企业能力分析的目的是帮助企业决策者确定长远以及近期的企业战略，如果企业战略已经落实，再进行企业能力分析的目的是重新衡量战略的落实可能性，并判断是否需要进行修订，或用以决策企业是否需要通过能力改进手段进行能力完善。

1. 企业能力的主要类型

（1）研发能力。研发能力已成为保持企业竞争活力的关键因素。企业的研发活动，能够加快产品的更新换代，不断提高产品质量，降低产品成本，更好地满足消费者的需求。企业的研发能力主要从研发计划、研发组织、研发过程和研发效果几个方面进行衡量。

（2）生产管理能力。生产，是指将投入（原材料、资本、劳动等）转化为产品或服务并为消费者创造效用的活动，生产活动是企业最基本的活动。生产管理能力主要涉及五个方面，即生产过程、生产能力、库存管理、人力管理和质量管理。

（3）营销能力。企业的营销能力是指企业引导消费、争取竞争优势以实现经营目标的能力。企业的营销能力可以分解为以下三种能力：产品竞争能力、销售活动能力和市场决策能力。① 产品竞争能力。产品竞争能力主要可从产品的市场地位、收益性、成长性等方面来分析。产品的市场地位可以通过市场占有率、市场覆盖率等指标进行衡量。产品的收益性可以通过利润空间和量本利进行分析。产品的成长性可以通过增长销售率、市场扩大率等指标进行比较分析。② 销售活动能力。销售活动能力是指对企业销售组织、销售绩效、销售渠道、销售计划等方面的综合考察。销售组织分析主要包括对销售机构、销售人员和销售管理等基础数据的评估。销售绩效分析是以销售计划完成率和销售活动效率为主要内容。销售渠道分析则主要分析销售渠道结构、中间商评价和销售渠道管理。③ 市场决策能力。市场决策能力是以产品竞争能力、销售活动能力的分析结果为依据的，是领导者对企业市场进行决策的能力。

（4）财务能力。企业的财务能力主要涉及两方面：一是筹集资金的能力；二是使用和管理所筹资金的能力。筹集资金的能力可以利用资产负债率、流动比率和已获利息倍数等指标来衡量；使用和管理所筹集资金的能力可以用投资报酬率、销售利润率和资产周转率等指标来衡量。

（5）组织管理能力。组织管理能力主要可以从以下一些方面进行衡量：① 职能管理体系的任务分工；② 岗位责任；③ 集权和分权的情况；④ 组织结构（直线职能、事业部等）；⑤ 管理层次和管理范围的匹配。

2. 企业的核心能力

企业持续竞争的源泉和基础在于核心能力。核心能力是在1990年由两位管理科学家哈默尔和普拉哈拉德在《哈佛商业评论》发表《企业核心能力》一文中提出的。核心能力和企业能力理论在企业发展和企业战略研究方面迅速占据了主导地位，成为指导企业经营和管理的重要理论之一。它的产生代表了一种企业发展的观点：企业的发展由自身所拥有的与众不同的资源决定，企业需要围绕这些资源构建自己的能力体系，以实现自己的竞争优势。根据麦肯锡咨询公司的观点，所谓核心能力是指某一组织内部一系列互补的技能和知识的结合，它具有使一项或多项业务达到竞争领域一流水平的能力。核心能力由洞察预见能力和前线执行能力构成。洞察预见能力主要来源于科学技术知识、独有的数据、产品的创造性、卓越的分析和推理能力等；前线执行能力产生于这样一种情形，即最终产品或服务的质量会因前线工作人员的工作质量而发生改变。企业核心能力是企业的整体资源，它涉及企业的技术、人才、管理、文化和凝聚力等方面，是企业各部门和全体员工的共同行为。

（1）核心能力的概念。核心能力是企业在长期生产经营过程中的知识积累和特殊的技能（包括技术的、管理的等）以及相关的资源（如人力资源、财务资源、品牌资源、企业文化等）组合成的一个综合体系，是企业独具的、与其他企业不同的一种能力。

（2）核心能力的辨别。企业核心能力辨别的三个关键测试要同时满足：① 它对顾客的价值。② 它与企业竞争对手相比是否有优势。③ 它是否很难被模仿或复制。

但是，企业的核心能力就其本质来讲是非常微妙和复杂的，一般很难满足上述三个关键性的测试，因而识别企业的核心能力并非易事。然而，即使它很难被识别，但还是存在几种识别的方法，包括功能分析、资源分析以及系统过程分析。① 功能分析。考察企业功能是识别企业核心竞争力常用的方法，这种方法虽然比较有效，但是它可能只能识别出具有特定功能的核心能力。② 资源分析。分析实物资源比较容易，例如，企业商厦所处的区域、生产设备以及机器的质量等，而分析商标或者商誉这类无形资源则比较困难。③ 过程系统分析。过程涉及企业多种活动从而形成系统。过程和系统有可能仅是企业单一的功能，但是通常都涉及多种功能，因而过程系统本身是比较复杂的，但是企业通常还是会使用这种方法来识别企业的核心能力，因为只有对整个系统进行分析才能很好地判断企业的经营状况。

（3）核心能力的评价。评价核心能力的方法有：① 企业的自我评价。一种极快速又经济的办法就是企业自己在内部收集信息，例如，可以进行绩效趋势分析来判断企业经营到底是在改善还是在恶化。另外，企业的内部人员也可以根据自己的行业经验来判断企业是否在某一特定方面强于竞争对手。② 行业内部比较。产业专家通常会收集这个产业内企业的某些数据进行企业间的比较，所收集的数据包括市场份额、成本结构、关键成本以及顾客满意度等。这些信息可以告诉企业自己是否强于竞争对手，但是并没有告诉其导致该结果的原因。③ 基准分析。最理想的方法是把企业和一流企业相比，无论它们是否处在同一个行业。基准对象的不同决定了不同的基准类型。基准类型主要包括内部基准、竞争性基准、过程或活动基准、一般基准、顾客基准五种类型。由于基准对象不是直接的竞争对手，因而更容易获取相关的信息，从而更有利于企业发现不足之处或创新点。

基准对象主要关注以下几个领域：占用较多资金的活动；能显著改善与顾客关系的活动；能最终影响企业结果的活动，等等。

基准对象的不同决定了不同的基准类型，基准类型主要包括内部基准（基准对象是企业内部）、竞争基准（基准对象是竞争对手）、过程或活动基准（基准对象是具有类似核心经营的企业）、一般基准（基准类型是具有相同业务功能的企业）、顾客基准（基准对象是顾客）五种类型。

① 内部基准。即企业内部之间互为基准进行学习与比较。由于企业内部存在着不同地理区域的部门，它们之间有着不同的历史和文化、不同的业务类型以及管理层与职员之间不同程度的融洽关系，因此可互为基准进行比较。

② 竞争基准。即直接以竞争对手为基准进行比较。企业需要收集关于竞争对手的产品、过程以及业务、业绩方面的具体信息，与企业自身的情况进行比较。由于有些在商业上比较敏感的信息不容易获取，因而有时还需要借助第三方的帮助。

③ 过程或活动基准。即以具有类似核心经营的企业为基准进行比较，但是二者之间的产品和服务不存在直接竞争的关系。这类基准分析的目的在于找出企业做得最突出的方面，例如，生产制造、市场营销、产品工艺、存货管理以及人力资源管理等方面。

④ 一般基准。即以具有相同业务功能的企业为基准进行比较。

⑤ 顾客基准。即以顾客的预期为基准进行比较。

（4）成本驱动力和作业成本法。与传统的成本会计方法相比，作业成本法能提供更有用的信息。然而，找出成本驱动力并非易事，因为作业一般不仅仅是某项具体的活动，而是由一系列活动形成的系统。因此为了简便起见，我们可以找出对顾客没有什么价值但投入较多，以及对顾客有价值但投入不够的活动。

（5）竞争对手的信息。企业有多种收集其竞争对手信息的方式，主要包括：与顾客进行沟通；与供应商、代理人、发行人以及产业分析师进行沟通；对竞争对手进行实地考察；分析竞争对手的产品；通过私下沟通、电话交谈以及网上交谈的方式询问对方的产品；雇用竞争对手的员工等。

3. 企业核心能力与成功关键因素的关系

企业核心能力与成功关键因素是两类不同的概念。成功关键因素应被看做是产业和市场层次的特征，而不针对某个个别公司。拥有成功关键因素是获得竞争优势的必要条件，而不是充分条件。

企业核心能力和成功关键因素的共同之处在于它们都是公司盈利能力的指示器。虽然它们在概念上的区别是清楚的，但在特定的环境中区分它们并不容易。一个成功关键因素可能是某产业所有企业要成功都必须具备的，但它也可能是特定公司所具备的独特能力。

（三）价值链分析

价值链分析是由美国哈佛商学院教授迈克尔·波特提出来的，是一种寻求确定企业竞争优势的工具。该方法视企业为一系列的输入、转换与输出的活动序列集合，每个活动都有可能相对于最终产品产生增值行为，从而增强企业的竞争地位。企业信息技术和关键业务流程的优化是实现企业战略的关键。企业通过在价值链过程中灵活应用信息技术，发挥信息技术的使能作用、杠杆作用和乘数效应，可以增强企业的竞争能力。

1. 价值链的概念

价值链是指企业进行的一系列符合特定模式的活动。或者说,价值链是企业生产的产品或服务增值的环节或链条。价值链中的每项活动都增加了产品或服务的价值。

2. 价值链的内容

企业价值链是以企业内部价值活动为核心所形成的价值链体系。企业的价值活动可以分为两类活动,即基本活动和辅助活动。

(1)基本活动。基本活动是那些涉及产品实物形态的生产、营销和向买方的支付,以及产品支持和售后服务等,可分为:

① 内部后勤:指与接收、存储和分配相关联的各种活动。

② 生产经营:指与将各种投入转化为最终产品相关联的各种活动。

③ 外部后勤:指与集中、仓储和将产品发送给买方相关联的各种活动。

④ 市场营销:指与提供一种买方购买产品的方式和引导它们进行购买相关联的各种活动。

⑤ 服务:指因购买产品而向顾客提供的、能使产品保值增值的各种服务,如安装、维修、零部件供应等。

(2)辅助活动。辅助活动指的是那些对企业基本活动有辅助作用的投入和基础设施。辅助活动,包括:

① 采购:指购买用于企业价值链各种投入的活动。

② 技术开发:每项价值活动都包含着技术成分,无论是技术诀窍、程序,还是在工艺设备中所体现的技术。技术开发由一定范围的各项活动组成,这些活动可以被广泛地分为改善产品和工艺的各种努力。技术开发可以发生在企业中的许多部门,与产品有关的技术开发对整个价值链起到辅助作用,而其他的技术开发则与特定的基本和辅助活动有关。

③ 人力资源管理:指与各种人员的招聘、培训、职员评价以及工资、福利相关联的各种活动。它不仅对单个基本辅助活动起作用,而且支撑着整个价值链。

④ 企业基础设施:企业基础设施由大量活动组成,包括总体管理、计划、财务、会计、法律、政治事务和质量管理等。与其他辅助活动不同,它不是通过单个活动而是通过整个价值链起辅助作用。

3. 价值链的确定

为了判定企业的竞争优势,有必要为在一个特定产业的竞争而定义价值链。从基本价值链分析入手,个体的价值链活动在一个特定的企业中得到确认。价值链中的每一个活动都能分解为一些相互分离的活动。

在对企业价值活动进行分解时需要把握的原则是:① 具有不同的经济性。② 对产品差异化产生很大的潜在影响。③ 在成本中比例很大或所占比例在上升。

4. 企业资源能力的价值链分析

价值链分析的关键是,要认识企业不是机器、货币和人员的随机组合,如果不将这些资源有效地组织起来,保证生产出最终顾客认为有价值的产品或服务,那么这些资源将毫无价值。换句话说,价值活动和资源能力之间的联系是组织的竞争优势的源泉。因此,资源分析必须是一个从资源评估到对怎样使用这些资源的评估过程。

资源使用的价值链分析要明确以下几点：

（1）确认哪些是支持企业竞争优势的关键性活动。虽然价值链的每项活动，包括基本活动和支持活动都是企业成功所必经的环节，但是，价值链的每项活动对组织竞争优势的影响不同。在关键价值活动的基础上建立和强化这种优势很可能获得成功。支持企业竞争优势的关键性活动事实上就是企业的独特能力的一部分。

（2）明确价值链内各种活动之间的联系。价值链中基本活动之间、基本活动与支持活动之间以及支持活动之间存在各种联系，选择或构筑最佳的联系方式对于提高价值创造和战略能力是十分重要的。

（3）明确价值系统内各项价值活动之间的联系。价值活动的联系不仅存在于企业价值链内部，而且存在于企业与企业的价值链之间。

5. 价值链与企业间的联系

根据价值链理论，企业的经营活动可以根据其对企业经营价值的影响分成若干个小的活动。它们被称为“价值活动”。

企业所创造的价值是由其产品或服务的购买者所愿意支付价钱的多少来衡量的。企业之所以盈利，是因为企业所创造的价值超过了企业从事该价值活动所支付的成本。企业要取得竞争优势、超过竞争对手，就必须做到：要么以更低的成本从事价值创造活动；要么从事的经营活动会导致差异性的结果；或者创造更多的价值，从价值的提高中取得更多的盈利。

（四）业务组合分析

价值链分析，有助于对企业的能力进行考察，这种能力来源于独立的产品、服务或业务单位。但是，对于多元化经营的公司来说，还需要将企业的资源能力作为一个整体来考虑。因此，公司战略能力分析的另一个重要部分就是对公司业务组合的分析。保证业务组合的优化是公司战略管理的主要责任。波士顿矩阵和通用矩阵分析就是公司业务组合分析的主要方法。

1. 波士顿矩阵

（1）基本概念。波士顿矩阵（BCG Matrix），又称“市场增长率——相对市场份额”矩阵、波士顿咨询集团法、四象限分析法、产品系列结构管理法等。这种方法的核心在于，要解决如何使企业的产品品种及其结构适合市场需求的变化。同时，如何将企业有限的资源有效地分配到合理的产品结构中去，以保证企业收益，是企业在激烈竞争中能否取胜的关键。

波士顿矩阵认为一般决定产品结构的基本因素有两个：即市场引力与企业实力。

① 市场引力，包括市场增长率、目标市场容量、竞争对手强弱及利润高低等。最主要的是反映市场引力的综合指标——“市场增长率”，这是决定企业产品结构是否合理的外在因素。

② 企业实力，包括企业市场占有率，以及技术、设备、资金利用能力等，其中“市场占有率”是决定企业产品结构的内在要素，它直接显示出企业竞争实力。

③ 市场增长率与市场占有率既相互影响，又互为条件：

a. 市场引力大，市场占有率高，显示了产品发展的良好前景，企业也具备相应地适应能力，实力较强；

b. 仅有市场引力大，而没有相应的高市场占有率，则说明企业尚无足够实力，则该种产品也无法顺利发展；

c. 企业实力强而市场引力小的产品也预示了该产品的市场前景不佳。

（2）基本原理。波士顿矩阵将企业所有产品从市场增长率和相对市场占有率角度进行再组合，如图 12-1 所示。波士顿矩阵的纵轴表示市场增长率，是指企业所在产业某项业务前后两年市场销售额增长的百分比。这一增长率表示每项经营业务所在市场的相对吸引力，通常用 10% 平均增长率作为增长高、低界限。波士顿矩阵的横轴表示企业在产业中的相对市场占有率，是指以企业某项业务的市场份额与这个市场上最大的竞争对手的市场份额之比。这一市场占有率反映企业在市场上的竞争地位。相对市场占有率的分界线为 1.0（在该点本企业的某项业务与该业务市场上最大竞争对手市场份额相等），划分为高、低两个区域。

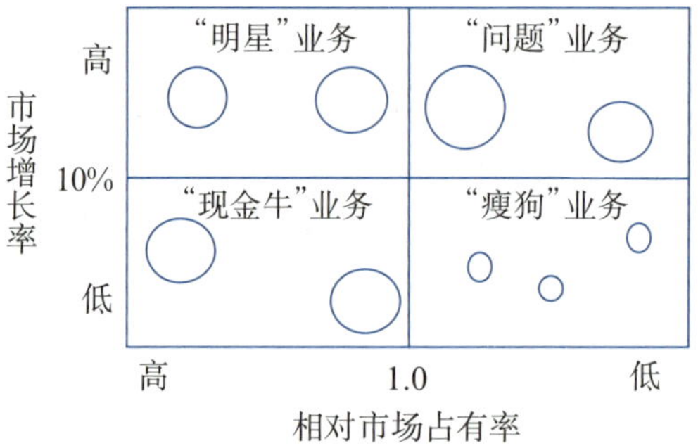

图 12-1　波士顿矩阵

根据有关业务或产品的市场增长率和企业相对市场占有率标准，波士顿矩阵可以把企业全部的经营业务定位在四个区域中，分别为：

① "高增长——强竞争地位"的"明星"业务。这类业务处于迅速增长的市场，具有很大的市场份额。"明星"业务的增长和获利有着极好的长期机会，但它们是企业资源的主要消费者，需要大量的投资。为了保护和扩展"明星"业务在增长的市场上占主导地位，企业应在短期内优先供给它们所需的资源，支持它们继续发展。"明星"业务适宜采用的战略是：积极扩大经济规模和市场机会，以长远利益为目标，提高市场占有率，加强竞争地位。"明星"业务的管理组织最好采用事业部形式，由对生产技术和销售两方面都很内行的经营者负责。

② "高增长——低竞争地位"的"问题"业务。在产品生命周期中处于引进期、因种种原因未能开拓市场局面的新产品即属此类问题的业务。

这类业务通常处于最差的现金流量状态。一方面，所在产业的市场增长率高，企业需要大量的投资支持其生产经营活动；另一方面，其相对市场占有率低，能够生成的资金很少。

对问题业务应采取选择性投资战略。首先确定对该象限中那些经过改进可能会成为"明星"的业务进行重点投资，提高市场占有率，使之转变成"明星"业务；对其他将来有希望成为"明星"的业务则在一段时期内采取扶持的对策。

对"问题"业务的改进与扶持方案一般均列入企业长期计划中。

对问题产品的管理组织，最好是采取智囊团或项目组织等形式，选拔有规划能力、敢于冒风险、有才干的人负责。

③ “低增长——强竞争地位”的“现金牛”业务。这类业务处于成熟的低速增长的市场中，市场地位有利，盈利率高，本身不需要投资，反而能为企业提供大量资金，用以支持其他业务的发展。

对这一象限内的大多数产品可采用收获战略，即所投入资源以达到短期收益最大化为限。a. 把设备投资和其他投资尽量压缩；b. 采用榨油式方法，争取在短时间内获取更多利润，为其他产品提供资金。对于这一象限内的市场增长率仍有所增长的业务，应进一步进行市场细分，维持现存市场增长率或延缓其下降速度。

对于“现金牛”产品，适合于用事业部制进行管理，其经营者最好是市场营销型人物。

④ “低增长——弱竞争地位”的“瘦狗”业务。这类业务处于饱和的市场当中，竞争激烈，可获利润很低，不能成为企业资金的来源。对这类产品应采用撤退战略：a. 减少批量，逐渐撤退。对那些还能自我维持的业务，应缩小经营范围，加强内部管理；而对那些市场增长率和企业市场占有率均极低的业务则应立即淘汰；b. 将剩余资源向其他产品转移；c. 整顿产品系列，最好将“瘦狗”产品与其他事业部合并，统一管理。

（3）波士顿矩阵的运用。

① 发展。以提高经营单位的相对市场占有率为目标，甚至不惜放弃短期收益。若问题类业务想尽快成为“明星”，就要增加资金投入。

② 保持。投资维持现状，目标是保持业务单位现有的市场占有率。对于较大的“现金牛”可以此为目标，以使它们产生更多的收益。

③ 收割。这种战略主要是为了获得短期收益，目标是在短期内尽可能地得到最大限度的现金收入。对处境不佳的“现金牛”类业务及没有发展前途的“问题”类业务和“瘦狗”类业务应视具体情况采取这种策略。

④ 放弃。目标在于清理和撤销某些业务，减轻负担，以便将有限的资源用于效益较高的业务。这种目标适用于无利可图的“瘦狗”类和“问题”类业务。一个公司必须对其业务加以调整，以使其投资组合趋于合理。

2. 通用矩阵

通用矩阵，又称行业吸引力矩阵，是美国通用电气公司设计的一种投资组合分析方法，如图 12-2 所示。

（1）基本原理。

① 通用矩阵改进了波士顿矩阵过于简化的不足。

a. 在两个坐标轴上都增加了中间等级；

b. 其纵轴用多个指标反映产业吸引力，横轴用多个指标反映企业竞争地位。

② 通用矩阵不仅适用于波士顿矩阵所能使用的范围，而且对不同需求、技术寿命周期曲线的各个阶段以及不同的竞争环境均可使用。九个区域的划分，更好地说明了企业中处于不同地位经营业务的状态。

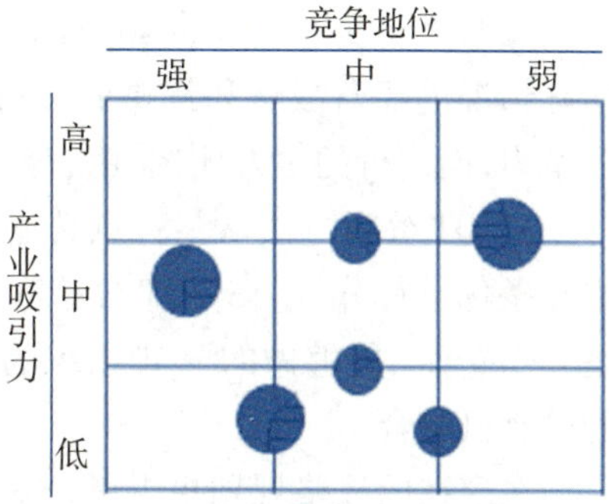

图 12-2　通用矩阵

③ 产业吸引力和竞争地位的值决定着企业某项

业务在矩阵上的位置。矩阵中圆圈面积的大小与产业规模呈正比。圈中扇形部分（画线部分），表示某项业务的市场占有率。

④ 通用矩阵的应用。企业中处于左上方三个方格的业务最适于采取增长和发展战略，企业应优先分配资源；处于对角线三个方格的业务，应采取维持或有选择地发展的战略，保护原有的发展规模，同时调整其发展方向；处于右下方三个方格的业务，一般采取停止、转移、撤退战略，如图 12-3 所示。

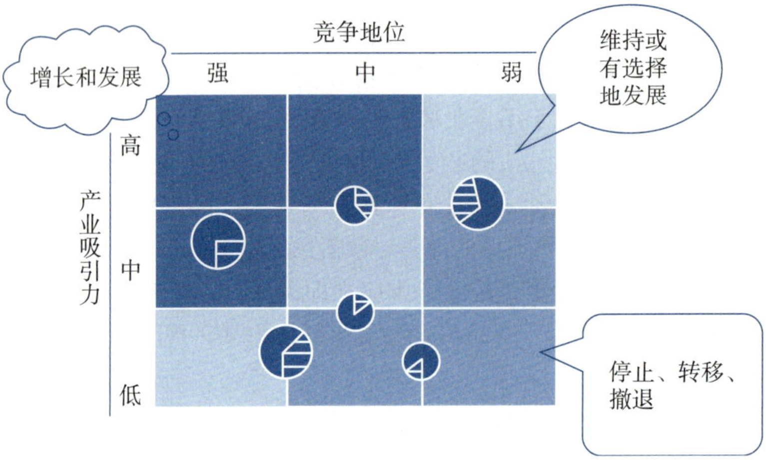

图 12-3　通用矩阵的应用

（2）通用矩阵的局限。

① 用综合指标来测算产业吸引力和企业的竞争地位。这些指标在一个产业或一个企业的表现可能会产生不一致，评价结果也会由于指标权数分配的不准确而带来偏差。

② 分划较细。对于多元化业务类型较多的大公司必要性不大，且需要更多数据，方法比较繁杂。

三、SWOT 分析

SWOT 分析又称态势分析，是 20 世纪 80 年代初由旧金山大学的管理学教授提出来的。SWOT 分析法是一种能够较客观而准确地分析和研究一个单位现实情况的方法。

（一）基本原理

SWOT 分析是把组织内外环境所形成的机会（opportunities）、风险（threats）、优势（strengths）、劣势（weaknesses）四个方面的情况，结合起来进行分析，以寻找制定适合组织实际情况的经营战略和策略的方法。人力资源 SWOT 分析是指企业为了提升人力资源的竞争力，而进行的对人才选、用、育、留等方面在这四个方面的分析。

SWOT 分析方法从某种意义上来说隶属于企业内部分析方法，即根据企业自身的既定内在条件进行分析。SWOT 分析有其形成的基础。按照企业竞争战略的完整概念，战略应是一个企业“能够做的”（即组织的强项和弱项）和“可能做的”（即环境的机会和威胁）之间的有机组合。

在现在的战略规划报告里，SWOT 分析应该算是一个众所周知的工具。来自于麦肯锡咨询公司的 SWOT 分析，包括分析企业的优势、劣势、机会和威胁。因此，SWOT 分析实际上是将对企业内外部条件各方面内容进行综合和概括，进而分析组织的优势和劣势、面临的机会和威胁的一种方法。SWOT 分析模型如图 12-4 所示。

优势 strengths	劣势 weakness
机会 opportunities	威胁 threats

图 12-4　SWOT 分析模型

著名的竞争战略专家迈克尔·波特提出的竞争理论从产业结构入手对一个企业“可能做的”方面进行了透彻的分析和说明，而能力学派管理学家则运用价值链解构企业的价值创造过程，注重对公司的资源和能力的分析。在综合两者的基础上，以资源学派为代表的学者将公司的内部环境分析（即 20 世纪 80 年代中期管理学界权威们所关注的研究取向，以能力学派为代表）与产业竞争环境的外部环境分析（即更早期战略研究所关注的中心主题，以安德鲁斯与迈克尔·波特为代表）结合起来，形成了自己结构化的平衡系统分析体系。

（二）SWOT 分析的应用

SWOT 分析根据企业的目标列出对企业生产经营活动及发展有着重大影响的内部及外部因素，并且根据所确定的标准对这些因素进行评价，从中判定出企业的优势与劣势、机会和威胁，如图 12-5 所示。

		外部环境	
		机会	威胁
内部环境	优势	增长型战略（SO） （Ⅰ）	多元化战略（ST） （Ⅳ）
	劣势	扭转型战略（WO） （Ⅱ）	防御型战略（WT） （Ⅲ）

图 12-5　SWOT 分析应用

（1）优势——机会（SO）。增长型战略是一种发展企业内部优势与利用外部机会的战略，是一种理想的战略模式。当企业具有特定方面的优势，而外部环境又为发挥这种优势提供有利机会时，可以采取该战略。例如良好的产品市场前景、供应商规模扩大和竞争对手有财务危机等外部条件，配合企业市场份额提高等内在优势可成为企业收购竞争对手、扩大生产规模的有利条件。

（2）劣势——机会（WO）。扭转型战略是利用外部机会来弥补内部劣势，使企业改劣势而获取优势的战略。存在外部机会，但由于企业存在一些内部劣势而妨碍其利用机会，可采取措施先克服这些劣势。

（3）劣势——威胁（WT）。防御型战略是一种旨在减少内部劣势，回避外部环境威胁的防御性战略。当企业存在内忧外患时，往往面临生存危机，进行业务调整，设法避开威胁和消除劣势。

（4）优势——威胁（ST）。多元化战略是指企业利用自身优势，回避或减轻外部威胁所造成的影响。如竞争对手利用新技术大幅度降低成本，给企业很大成本压力；同时材料供应紧张，其价格可能上涨；消费者要求大幅度提高产品质量；企业还要支付高额环保成本，等等。但若企业拥有充足的现金、熟练的技术工人和较强的产品开发能力，便可利用这些优势开发新工艺、简化生产工艺过程、提高原材料利用率，从而降低材料消耗和生产成本。另外，开发新技术产品也是企业可选择的战略。新技术、新材料和新工艺的开发与应用是最具潜力的成本降低措施，同时它可提高产品质量，从而回避外部威胁影响。

SWOT分析是一种综合考虑企业内部条件和外部环境的各种因素进行系统评价，从而选择最佳经营战略的方法。因此，SWOT分析实际上是将对企业内外部条件各方面内容进行综合和概括，分析企业的优、劣势、面临的机会和威胁，进而帮助企业进行战略选择的一种方法。

通过SWOT分析，可以帮助企业把资源和行动聚集在自己的强项和有最多机会的地方，并让企业的战略变得更加明朗。优势和劣势分析主要是着眼于企业自身的实力及其与竞争对手的比较，而机会和威胁分析则将注意力放在外部环境的变化及对企业的可能影响上。在分析时，应把所有的内部因素（即优势和劣势）集中在一起，然后用外部的力量来对这些因素进行评估。

SWOT分析的四个要素：优势、劣势、机会、威胁，如表12-1所示。

表12-1　SWOT的四个要素

要素	含义	表现	判断标准
优势	能给企业带来重要竞争优势的积极因素或独特能力。	企业的资金、技术设备、员工素质、产品、市场、管理技能等方面。	判断企业内部的优势和劣势一般有两项标准：一是单项的优势和劣势。例如，企业资金雄厚，则在资金上占优势；市场占有率低，则在市场上处于劣势。二是综合的优势和劣势。为了评估企业的综合优势和劣势，应选定一些重要因素，加以评价打分，然后根据其重要程度按加权平均法加以确定。
劣势	限制企业发展且有待改正的消极方面。		
机会	随着企业外部环境的改变而产生的有利于企业的时机。	政府支持、高新技术的应用、良好的购买者和供应者关系等。	
威胁	随着企业外部环境的改变而产生的不利于企业的时机。	如新竞争对手的出现、市场增长缓慢、购买者和供应者讨价还价能力增强、技术老化等。	

通过 SWOT 分析可以将企业战略分析过程中总结出的企业的优势与劣势、外部环境的机会与威胁转换为企业下一步的战略开发方向。SWOT 分析成为战略分析与战略选择两个阶段的连接点。值得注意的是,有时几个不同的象限会出现相同的战略方向。事实上,企业在进行 SWOT 分析之后,对于转换出的战略方向还要进行总结和梳理,最终确定公司战略选择的主要方向。

本章小结

1. 财务战略管理是指企业在分析理财环境的基础上,服从和服务于企业战略的前提下,对企业资源筹集和配置活动进行的全局性和长远性的谋划,它是战略理论在财务管理领域的应用和延伸。

2. 企业外部环境分析包括宏观环境分析(又称 PEST 分析)、产业环境分析(包括产业寿命周期分析和五因素产业分析)、竞争环境分析、市场需求分析。

3. 企业内部环境分析包括企业资源分析、企业能力分析、价值链分析、业务组合分析(包括波士顿矩阵分析和通用矩阵分析)。

4. SWOT 分析又称态势分析,是一种能够较客观而准确地分析和研究一个单位现实情况的方法,是把组织内外环境所形成的机会(opportunities)、风险(threats)、优势(strengths)、劣势(weaknesses)四个方面的情况,结合起来进行分析,以寻找制定适合组织实际情况的经营战略和策略的方法。

练习题

一、名词解释

1. 战略管理 2. 财务战略管理 3. 产业环境 4. 企业能力 5. 核心能力 6. 价值链 7. SWOT 分析法

二、单项选择题

1. 战略分析包括企业外部环境分析和(　　)两部分。

A. 企业内部环境或条件分析　　B. 企业经营情况分析

C. 企业管理情况分析　　D. 市场环境分析

2. 关于战略的概念,安索夫和安德鲁斯的观点是(　　)。

A. 都认为包括企业要实现的目的和实现目的的途径

B. 都认为只包括企业要实现的目的

C. 前者认为包括企业要实现的目的和实现目的的途径，后者认为包括要实现的目的

D. 前者认为只包括企业要实现的目的，后者认为要实现的目的和实现目的的途径

3. 战略管理过程的核心问题是（　　）。

A. 企业使命的确定　　B. 外部环境分析

C. 资源的协同配置　　D. 外部环境和内部环境的匹配

4. 在下面四种协同中，（　　）是以管理经验的积累为核心基础的。

A. 投资协同作用　　B. 销售协同作用

C. 作业协同作用　　D. 管理协同作用

三、多项选择题

1. 消费者分析是企业制定战略时应重点考虑的，分析的内容主要包括（　　）。

A. 市场份额　　B. 消费细分

C. 消费动机　　D. 消费者未满足的需求

2. 企业采用收缩战略的原因主要包括（　　）。

A. 大企业战略重组需要　　B. 小企业的短期行为

C. 外部原因　　D. 企业失去竞争优势

四、判断题

1. 企业资源主要有三种类型：有形资源、无形资源和管理资源。（　　）

2. 价值链是指企业生产的产品或服务增值的环节或链条，价值链中的每一个环节都可以增加商品或服务的价值。（　　）

3. 波士顿矩阵的基本原理是将企业所有产品从市场增长率和市场占有率两个维度进行再组合。（　　）

4. SWOT 分析中只考察对企业生产经营活动以及发展有重大影响的外部环境。（　　）

5. 战略管理设计三个持续环节，分别是分析、决策和行动，三者之间是一个持续推演的过程。（　　）

五、简答题

1. 企业战略的构成要素有哪些？

2. 企业各层决策者在战略管理的主要职责有哪些？

3. 财务战略管理的基本特征有哪些？

4. 核心能力辨别的关键性测试是什么？

5. 价值的基本活动包括什么？

案例分析

1. 宜家在马甸15 000平方米的店面，创造出5.4亿元/年的销售额。这个世界500强将在明年年初搬离马甸，引起了媒体和社会的广泛关注——既关心宜家的前景，也关心马甸的发展趋势。

马甸曾经被北京市商委规划为北京市十个商业中心的一个。马甸经历过两次辉煌，一次是在亚运会期间，马店是亚运会商品集散地，那时大众和社会对马甸作为商业中心有了初步认识。第二次是在马甸被大规模开发以后，特别是宜家进驻以后，形成了马甸商业上真正的繁荣。据了解，宜家在选址上有两点必备的条件，第一，必须处于交通要道。马甸地区有四通八达的交通，马甸立交桥交通流量巨大。第二，宜家在世界各国的发展，物业都是自己的，不采取租用的办法。宜家初进北京，在马甸破例采取了租赁的方式来开店，也证明了马甸的商业价值。

宜家出走可能基于三个原因：① 15 000平方米营业面积已不能满足经营需求；② 宜家失去了在马甸的定价权，成本为王的经营理念使宜家难以接受马甸区域日益成熟带来的租金上涨的成本压力；③ 马甸由纯商业向商业与商务结合的大势，已使宜家失去了小资定位的环境土壤。

商业和商务应该是互为表里、相辅相成的，不同的业态，对商务的支持也各不相同。从这个角度来说，宜家“出走”也许意味着这个区域的商业或商务价值的新陈代谢。

宜家搬走不一定是坏事，通过马甸商业的重新整合和洗牌，让市场来检验马甸区域真正的商务和商业价值。

要求：

（1）根据宜家在选址上的两个条件，谈谈你对企业战略的认识。

（2）根据上述资料谈谈你对战略实施的认识。

2. T公司是国内一家二级民管电信运管商，专注于宽带接入业务，在国内一些重要城市设有20多个大规模主机托管数据中心机房，形成密集覆盖、高稳定、高品质的互联网资源。T公司的供应商主要分为带宽供应商和设备供应商。带宽供应商主要是三家一级电信运营商，他们控制了绝大部分互联网出口带宽资源。T公司与其他二级电信运营商一样，只能从这三家一级运营商手中购买带宽资源。设备供应商则数量众多且规模较小，T公司每年都可以选择从不同供应商手中采购大量设备，在价格及付款方式等方面已达成很好的默契。T公司的客户主要是中小企业，这些企业的资金实力有限，对T公司产品的价格较为敏感，加之T公司目前的产品较为单一，且容易被竞争对手复制，因而使客户具有较强的议价能力。政府制定政策，将宽带定位为重要的公共基础设施，并对民间资本进一步敞开了进入电信运营业的大门，以适应经济快速增长和互联网普及率迅速提高的需求。面对十分广阔的市场前景，许多投资者跃跃欲试，准备跻身于宽带接入行业。尤其是三大一级运营商，手中积累了大量资金，打造“全产业链”正在成为其战略取向。一旦业务延伸到宽带接入领域，他们将很可能成为该领域的主导者。有的一级供应商还有可能一举用更为先进的5G技术来代替传统的宽带接入技术，从根本上改变行业竞争格局。这些一级运营商在直接介入宽带业务之前，已经利用其市场知名度和资金优势，调整市场开发策略，通过扶植众多的代理商参与市场竞争。这些代理商虽然目前实力较弱，覆盖区域较小，但价格灵活，服务的客户比较集中，他们往往以价格为利器与T公司展开竞争，其中个别代理商提供的产品价格已达到与T公司产品价格持平甚至略低的水平。

要求：

（1）从五种竞争力分析角度分析T公司面临的机会与威胁。

（2）从宏观环境角度分析T公司面临的机会与威胁。

第十三章　智能财务分析

学习目标

1. 掌握智能财务分析的起源与发展历程。
2. 熟悉智能财务分析的概念和基础理论。
3. 了解智能财务体系的构建原则和影响因素。

引导案例

酷特公司的智能财务运用

2007 年青岛酷特智能股份有限公司成立，利用了大规模智能化定制流程，主要负责服装定制业务。2013 年，中国互联网大会提出的“大智移云”，为酷特公司的转型提供了新的契机。2014 年，酷特公司全资子公司凯瑞创智正式创立，其使命是帮助中国传统工业企业转型升级，颠覆和创新世界工业的传统模式，为全球打造个性化定制工业提供咨询、培训和项目执行等一站式解决方案。

以源点论为指导思想，酷特公司开启了服装制造行业进行大规模定制的新篇章，成为了智能制造的先行者。酷特公司利用数据驱动的智能系统，以 C2M 模式作为目前的商业生态模式，以源点论理论为支撑，一切以顾客为主，满足顾客需求。酷特公司逐步向私人服装定制转型，C2M 模式下追求零库存，按需选用原材料，降低了运营成本，这一商业模式将会彻底颠覆传统服装定制“作坊裁缝”的现状。酷特公司在业财融合开展的过程中，立足于财务共享平台的基础，利用大数据将整个生产流程与用友系统进行对接，通过智能化生产线的改造，将繁重的核算工作全部随着生产流程计入到计算机或大数据后台处理器中进行实时处理，实现财务核算凭证的自动生成以及其余诸多业务的顺利展开，系统会根据客户的个性化需求按照“面料 × 单号 + 加工费 + 特殊工艺费 + 其他”进行每件衣服的成本核算。客户支付成功后，系统就开始计算和确认收入，整个流程上传统的记账功能弱化，财务管理也向管理会计转型，充分体现了大数据时代下的智能财务化。

2017 年春天，酷特公司决定将红领划为酷特公司个性化定制平台旗下的一个品牌，红领集团公司正式注销。酷特公司在积极运行与发展的进程中，一直将“互联网 + 工业”作为核心宗旨，最终构建了“大规模个性化定制”的发展模式。推出酷特云蓝 APP，充分利用“大智移云”，助力企业转型，现今的酷特公司在北京和青岛设立三家分公司，并进入上市辅导期，这无疑将为集团的未来带来更大的发展空间。

资料来源：李亚诺 . 酷特公司智能财务体系构建及应用研究[D]. 青岛：青岛大学，2020.

第一节　智能财务分析概述

一、智能财务的起源和发展

20世纪70年代至90年代，我国财务管理的发展已从会计电算化阶段过渡为会计信息化阶段。20世纪70年代，我国处于会计电算化阶段，财务人员手工会计核算已经逐步被微型数据库和简易型的计算机财务软件替代。会计电算化阶段，会计人员与财务软件是各自独立开展财务核算工作，整个会计核算的程序与大体架构保持一致，不过是财务软件承担了部分财务工作的步骤。

20世纪90年代，我国财务管理进入了信息化阶段。随着互联网的普及和推广，各行业利用互联网的优势，将业务与网络智能相结合，逐渐将核算型的财务管理转化成管理型。2005年以后，财务共享服务模式应运而生，大数据、云计算等技术也在很大程度上加快了财务信息化的步伐。财务信息化阶段的财务共享服务指的是对财务会计过程的信息处理，遵循标准化和流程化的基本原则。2010年，人工智能技术不仅结合高性能的计算机能力和大数据分析技术，还将专家系统、模式识别、机器推理等技术附加了很多新的应用场景，提出了新一代人工智能的发展目标。随着信息技术的发展和不断的完善，财务管理仍然面临更多的挑战与机遇，出现了更多与之相适应的算法和模型。目前的新信息技术，为财务管理提供极大的便利，促进财务管理更快更好地向智能化发展。

传统的财务分析方法存在一定的局限性，随着不同人对选取财务指标的不同，得出的结论也不尽相同。传统财务分析方法所采用的标准值或参考系也各有不同，这些标准值和参考系也难以得出一个科学的公认标准。但智能财务分析方法，通过构建新的财务分析体系，尽可能得出唯一且准确的分析结论，使智能分析成为可能。

二、智能财务的概念

学术界虽然没有给智能财务下一个准确的定义，但通常认为：智能财务是通过电子计算机的高效协同作用与人的有机结合，对公司的财务管理数据进行分析处理。逐步对智能财务体系进行摸索与进步，直至形成一套成熟的财务系统体系，以替代一些烦琐的专职财务人员的工作，总之，智能财务体系的建立有利于实务工作。无论我们分析和处理的问题有多困难复杂，但是拥有了统一的分析体系，逐一准确地解决问题就可以实现科学化分析，进而推动相关科学的进步。

三、智能财务分析的概念

研究发现，有诸多的财务问题，如盈亏平衡问题、资金缺口问题等，均可以通过模型，准确进行计算。将分析过程编写成计算机软件程序，让计算机软件自动智能地得出相应分析结论。因为计算机在数字计算和逻辑判断方面标准化，不带有人类大脑的诸多主观判断，可以快速准确地得出相应财务分析结论，进而实现财务分析的智能化，这就是智能财务分析方法。

在许多情况下，事先预定的判断层次、思路和结论会与实际情况不一致，比如有很多情况我们过去没有考虑，或者没有遇到过。当我们依据过去的经验、思路和方法，发生了判断错误，与实际情况不一致的时候，只要再回过头来寻找原因，发现未考虑的因素及其导致的实际变化情况，然后将这些未考虑的因素和实际变化情况再追加考虑进去，增加一种思路或一条分析路径，就可以了。我们每追加一种新情况，就会使我们的财务分析知识和经验提高一步，就会使我们分析判断的准确性、科学性向前迈进一步。同样道理，即使我们已经对一种可能情况的可能结果有了定论，但如果我们发现所得出的分析判断结论和实际情况确实不一致，那么只要能找到原因，证明谁对谁错，我们也可以将错误的思路改正过来。借助于计算机手段来实现对财务分析的智能学习和记忆，并用这些已经记忆的经验和方法反过来自动对企业情况进行分析判断，得出分析结论，这便是智能分析法的最大优点，它能够从分析错误中获得今后分析判断正确的经验和方法，使分析判断的准确率不断提高。

四、智能财务分析的基础理论

（一）大数据理论

大数据理论是利用大数据的手段对信息数据进行搜集并分析，采用整体数据分析的方式。当前社会已经进入了大数据时代，智能产品的普及以及其不断的更新发展，为人们的工作和生活提供了便利。

大数据使思维方式有了巨大的转变。原先人们进行科学分析，习惯用随机采用样本的方法，而随着技术手段的进步，人们会采用全部样本作为研究的对象，而非单个的样本，这种研究方法被称为“全球分析”。这种研究的精度更加精确，不会因为个别样本的误差而影响研究结果。大数据决策也成为一种新的决策方式，因数据的价值密度较低，信息比较零散，分散在海量的数据库中，由此可以预测未来智能财务发展的趋势。随着网络科技的迅速发展，电子设备时刻都在产生数据，企业管理者所需要处理的数据也越来越多，因此对于处理企业数据的能力提出了更高的要求，传统的数据处理技术已经落后，这就需要依据大数据的特点进行变革。

（二）C2M 模式理论

C2M（Customer-to-Manufactory），简述为消费者与工厂进行直接沟通，省掉了烦琐的中间商和代理商的环节，使得消费者可以获得物美价廉的心仪产品。制造商也根据顾客的需求有针对性地涉及个性化、差异化的商品，在设计商品的过程中让消费者全程参与。

C2M 是新兴起来的电商模式，发展时间较短，必然会存在不足之处，加上该模式发展不够完善，很多传统的企业在应用 C2M 商业模式时面临着较多的问题。一是传统企业的转型所需时间长。供应链主要就是由消费者、零售商、分销商、制造商构成，供应链的充分整合，对于供应链中的各主体要求也有所提升：从制造商获取信息，通过物流运输，完成与消费者的对接，整个销售流程才能完毕。对此，传统企业仍需要一段时间的改革推进；二是订单分散且交付时间长。传统模式是大量生产商品，然后确定具体派送地点，制造商如果是为了小订单量进行生产，那么将会导致成本增加，加上用户过于分散，物流配送成本较高。与普通网购对比来看，C2M 平台更为关注的是为消费者提供产品定制服务，尽管从下单到收货需要一段时间，但这并不会影响消费者对产品的满意度。提高了消费者的满意度，那么回购率也会有所提升；三是销售体系尚未健全。传统电商模式虽然已经健全售后体系，但 C2M 模式为消费者提供定制商品，根据消费者个性化需求进行定制商品，对增强消费者满意度更加具有优势，并且根据《消费者权益保护法》，定制商品无法享受 7 天无理由退款，因此大多数企业是不支持退货服务的；最后一点是消费者认知度偏低，C2M 模式当前使用比较少，并且面对的消费群体过于单一，消费者对 C2M 模式的熟悉度欠缺。

第二节　智能财务体系

一、智能财务体系的概念

智能财务体系是将人工智能和财务管理结合在一起加以利用的体系，可以说是对管理会计信息化发展体系的延伸。管理会计是当前会计发展的重要分支，信息化是管理会计理念与方法成功实现的技术手段，为了规范和引导企业有序、健康、高效地开展管理会计信息化工作，需要认真构思和布局发展体系。

体系是指若干有关事物或某些意识相互联系的系统而构成的一个有特定功能的有机整体。智能财务体系是指管理会计信息系统在智能化发展过程中所涉及的主体和过程的集合。智能财务体系可以将企业业务活动和财务活动相互联系起来，作为一个整体，实时监控各个环节，通过展示更加直观的数据，给企业内外部管理者提供更合理、高效决策的智能化财务系统。

二、智能财务体系的构建原则

（一）普遍性原则

智能财务体系要适合每个企业的不同的经营性质和需求，但是不同的企业类型多种多样，发展情况、发展路径都不尽相同，所以智能财务体系要有普适性。构建的智能财务体系必须能够反映大部分企业的一般性规律。

（二）系统性原则

构建智能财务体系不能仅立足于企业某一个层面看问题，需要综合考虑财务会计系统和管理会计系统之间的内在逻辑关系，站在整个企业的业务层面，系统地去进行。

（三）层次性原则

如果说系统性是从宏观角度看智能财务体系，那么层次性就是微观角度看待智能财务体系。考虑企业内部和企业外部两个层次的业务情况，不仅要考虑到宏观经济环境对于企业智能财务体系的影响，也要考虑企业内部的固有发展情况。

（四）动态性原则

财务人员要以发展的眼光看待智能财务体系，要考虑到智能财务未来的发展，并且熟悉未来随着社会不断进步的更迭的智能财务体系。

三、智能财务体系构建的影响因素

（一）会计环境

智能财务体系是智能工具在财务工作的运用，其本质还是对财务信息的整理和处理，会计环境是需要考虑的主要影响因素。在当下的会计大环境中，财务工作人员在获取财务信息后，要对信息的完整性和真实性进行审核，并将审核之后的信息传输到智能财务会计核算系统。

（二）智能工具的应用

财务人员要适应当前财务大环境，熟悉不断更迭的智能工具，掌握智能财务体系在财务工作中的应用，对智能工具的掌握程度影响智能财务体系的质量。

（三）财务信息的输入和输出

财务人员借助于财务信息进行财务管理及决策，要对财务信息进行及时记录并整理，并对财务信息的真实性和完整性的控制。导入智能财务系统，能够对财务报表使用者提供更为真实的信息。

（四）财务信息的内部控制

为能够更好地降低风险，财务人员对财务信息的内部控制应给予一定重视，但内部控制过度，容易导致一件业务在公司层面重复审批，降低效率。内部控制不足，失真的财务数据输到智能财务体系系统里形成的结果也没什么太多的借鉴意义。因此，只有对财务信息保持适度的内部控制，才有利于财务体系的高效工作。

本 章 小 结

1. 传统的财务分析方法存在一定的局限性，随着财务报表使用者对选取财务指标的不同，得出的结论也不尽相同。即便使用相同的分析指标和指标体系，因依据的标准值和参考系不同得出的分析结论也不尽相同。标准值或参考系的选择是否科学恰当很难得到一个社会公认的标准分析结论。

2. 财务报表数据造假事件近年来层出不穷，引起了监管部门、银行和投资者的广泛关注。无论是传统的财务分析方法，还是智能分析方法，如果财务数据本身的真实性不足，那么基于虚假数据得出的财务分析结论也没有太大的借鉴意义。

3. 通过智能分析方法对财务数据的计算流程进行检验，通过各个报表的勾稽关系可以发现一些数据的逻辑上的错漏，进而对公司财务报表粉饰行为起到积极的监督作用。智能财务分析系统的引进会使财务数据分析更系统化更高效。

练 习 题

一、名词解释

1. 智能财务　2. 大数据理论　3. 源点论理论　4. C2M 模式理论

二、单项选择题

1. 因不同的情况,往往财务人员会采用不同的财务分析方法。下列各项中不属于财务分析方法的是(　　)。

A. 比较分析法　　B. 因素分析法　　C. 连环替代法　　D. 比率分析法

2. 不同的利益相关者对财务指标分析因为角度不同会产生差异,但是财务数据分析使用者对数据的需求基本是面向(　　)企业的发展。

A. 历史　　B. 当下　　C. 将来　　D. 均有

3. 下列各项中,不是智能财务分析所基于的基础理论是(　　)。

A. 源点论理论　　B. 大数据理论　　C. C2M 模式理论　　D. MM 理论

4. 同一主体不同会计期间进行比较,通过总结历史经验,也可以对当前的经营情况进行对比分析。通过发展趋势,对企业的未来发展进行预测的财务分析方法是(　　)。

A. 直接判断法　　B. 指标分解法

C. 纵向比较分析法　　D. 横向比较分析法

5. 下列各项中,不属于智能财务分析目前面临的挑战和困难的是(　　)。

A. 相关财务人员对人工智能的应用不够熟悉

B. 我国财务信息的处理相对落后

C. 财务数据的保密性不强

D. 智能财务分析对不同的财务人员具有不同意义

6. 下列各项中,不属于智能财务体系构建的影响因素的是(　　)。

A. 智能工具的应用

B. 财务人员对财务数据的个人判断

C. 财务信息的内部控制

D. 财务信息的输入和输出

三、多项选择题

1. 下列各项中,属于智能财务分析的特征有(　　)。

A. 流程化　　B. 分析结果可视化

C. 重要性　　D. 静态性

2. 传统的财务分析方法存在的局限性包括(　　)。

A. 传统财务分析方法所采用的标准值或参考系也各有不同,这些标准值和参考系也

难以得出一个科学的公认标准

B. 即便使用相同的分析指标或指标体系，但因依据的标准值和参考系不同得出的分析结论也不尽相同

C. 标准值或参考系的选择是否科学恰当很难得到一个社会公认的标准分析结论

D. 财务报表中的数据分析均是基于过去的财务指标，对企业未来没有借鉴意义

3. 智能财务体系的构建原则有（　　）。

A. 普遍性原则　　B. 系统性原则　　C. 层次性原则　　D. 动态性原则

4. 以下各项中，属于智能财务分析背景下进行财务分析的建议的有（　　）。

A. 加强财务数据的保密性

B. 高校改变对财务专业传统的授课方式

C. 企业对财务人员进行在职培训

D. 以人工智能为基础，建立合理科学的财务监督体系

四、判断题

1. 20 世纪 90 年代至今为财务管理发展的末期阶段。（　　）

2. 20 世纪 90 年代，我国财务管理进入了信息化阶段，逐渐将核算型的财务管理转化成管理型。（　　）

3. 财务分析只要收集信息即可，不同的财务人员对财务数据的分析结论都会一致。（　　）

4. 人工智能技术可能使基础、繁琐的会计工作被人工智能所取代。（　　）

五、简答题

1. 我国当下智能财务分析目前面临的挑战和困难是什么？

2. 传统财务分析方法的局限性有哪些？

案 例 分 析

中国工商银行智能财务分析

在新技术应用和财务数字化发展的背景下，面对海量的财务与非财务数据，对财务精细化管理提出了更高要求，“智能化”成为财务分析备受关注的热点和焦点，工商银行智能财务分析项目就是在上述背景下开始创新实践的。与传统财务分析相比，工商银行智能财务分析有两个特点：一是延伸分析对象，对影响财务变动的因素按照业务动因进行穿透式分析，从机构分析延伸至产品和客户分析，除财务指标外，更加关注业务层面产品的“量、价、质”，关注客户层面持有该产品客群的主要特征（如年龄、消费习惯、金融资产等）；二是分析结果引入大数据、人工智能等技术，面对上千只产品的业

绩变化，亿级客户的金融产品偏好，应用人工智能自动找出影响业绩变动的业务和客户动因，这是传统财务分析难以企及的。智能财务分析项目的应用和实施，不仅提升财务分析的效率，更为重要的是拓宽财务分析的广度，从更深层次洞察企业财务变动背后的业务和客户问题，为经营决策提供更加精准的数据支持。

智能财务分析技术：智能财务分析是大数据、人工智能、数据可视化和商业智能等多项技术的融合，要强大的数据存储、算力、算法做支持。大数据服务云技术为海量的数据存储和复杂的分析算法提供了支撑；人工智能算法和知识图谱为智能财务分析提供了关键技术；数据可视化技术为快速定位业绩差异、直击问题焦点提供了支持。

智能财务分析体系：智能财务分析项目基于差异分析模型，实现从财务穿透至业务、业务穿透至客户的智能分析链路，为经营分析、预算管控、量价协调、风险控制、客户挖掘等活动提供有力决策支持。智能财务分析的构建，来源于差异分析模型；以“业财融合”理念为核心，以营业利润等价值指标为业务和财务沟通的桥梁，构建“财务→业务→客户”的层层穿透式差异分析链路，并将客户分析结果应用于业务管理和财务决策，形成分析和管理相互配合、财务和业务同频共振的应用闭环。

智能财务分析应用场景：智能财务分析项目适用于经营分析、风险管控、客户挖掘等应用场景，业务人员和财务人员均可快速精确定位业务发展和经营管理中的问题、弱势和短板，以进一步精准施策，找准经营发展的突破口，挖掘内外部潜力，提升产品和客户贡献，不断增强市场竞争力和综合实力。

要求：结合中国工商银行的智能财务分析，谈谈在你对智能财务分析的理解。

参考答案

参 考 文 献

［1］徐芳奕，梁毕明．本科财务分析课程教学实践困境之思考［J］．商业会计，2015（4）．

［2］徐芳奕，梁毕明．OTO 教学模式在财务报表分析课程教学中的设计及应用［J］．商业会计，2019（3）．

［3］徐芳奕．本科“财务分析”课程教学中若干问题探讨［J］．吉林工程技术师范学院学报，2012（2）．

［4］梁毕明，于晓红．地方财经院校“财务分析”课程的案例教学法新探［J］．中国管理信息化，2014（6）．

［5］周雪峰，韩露．新技术在财务分析课程教学中的应用问题及对策研究［J］．商业会计，2021（7）．

［6］吴乐．帕利普财务分析体系在高校的应用研究［J］．会计之友，2018（3）．